Jürgen Grässlin

Ferdinand Piëch
Techniker der Macht

Gewidmet unserer Tochter Sandra

Jürgen Grässlin

Ferdinand Piëch

Techniker der Macht

Droemer

Besuchen Sie uns im Internet:
www.droemer-weltbild.de

Die Folie des Schutzumschlags sowie die Einschweißfolie
sind PE-Folien und biologisch abbaubar.
Dieses Buch wurde auf chlor- und säurefreiem
Papier gedruckt.

Umschlaggestaltung: ZERO Werbeagentur, München
Umschlagabbildung: Marc Darchinger, Bonn
Gestaltung und Herstellung: Josef Gall, Geretsried
Satz: Ventura Publisher im Verlag
Druck und Bindung: Franz Spiegel Buch GmbH, Ulm
Printed in Germany
ISBN 3-426-27182-6

5 4 3 2 1

Inhalt

Bildnachweis

Vorwort: Vision und Wirklichkeit

»Der Vorstandsvorsitzende von Volkswagen hat natürlich mehr
Macht als ich. Das zu kapieren ist nötig, um sich selber richtig
einzuordnen.«
Gerhard Schröder, als Ministerpräsident von Niedersachsen (1992)

»Der mächtigste Automobilmanager des Kontinents.«
Michael Fleischhacker, österreichischer Motorjournalist

»Dieser Mann hätte nie VW-Chef werden dürfen.«
Stefan Baron, Chefredakteur der »Wirtschaftswoche«

Dieses Buch setzt bewusst Schwerpunkte, die Ferdinand Piëchs Lebensweg und die unterschiedlichen Facetten seiner Persönlichkeit veran-
schaulichen sollen. *Teil I* und *Teil II* dieser Biografie sind weitgehend
chronologisch verfasst und zeichnen seinen steilen Aufstieg zu einem
der mächtigsten Manager der Automobilbranche nach. In *Teil III* werden die erfolgreiche Machtstrategie des VW-Vorsitzenden sowie sein
Verhältnis zu den politischen Entscheidungsträgern beleuchtet und hinterfragt.

Der *Prolog* wirft einen Blick zurück auf die Firmengeschichte. Die ist
seit der Grundsteinlegung zum Volkswagen-Werk (1938) und den Un-
ternehmensgründungen des Porsche-Piëch-Clans in Gmünd/Kärnten
(1947) sowie der Verlagerung nach Salzburg beziehungsweise Stuttgart-
Zuffenhausen (1949) schon immer auch Familiengeschichte gewesen.
Piëchs Großvater Ferdinand Porsche und sein Vater Anton Piëch spielen
hier die Hauptrollen – als Geschäftsführer im Volkswagen-Werk unter
der NS-Herrschaft sowie als Firmengründer in der Nachkriegszeit.

Das *1. Kapitel* schildert Ferdinand Piëchs Jugend vor dem Hintergrund
des österreichischen Familienclans. Seine Karriere als Automanager
nimmt ihren Anfang bei der Stuttgarter Porsche KG. Welche europa-
weite Macht sich das Familienimperium mit dem Autovertrieb durch die
Salzburger Porsche Holding OHG mittlerweile erobert hat und mit wel-

chen Methoden diese Position weiter ausgebaut wird, zeigt sich – der Chronologie entsprechend – im *10. Kapitel*.

Bei der Ingolstädter Audi AG stellt Piëch sein technisches Können unter Beweis. *Kapitel 2 und 3* schildern auch, wie der Wiener – trotz fraglicher Managementleistungen – im zweiten Anlauf 1988 zum Audi-Chef avanciert und wie er in die »Audi-Familie« hineinwirkt. 1993 wird er VW-Vorsitzender, wobei er sich gegen eine Riege von Konkurrenten um die Nachfolge von Carl H. Hahn durchsetzen kann. Spätestens jetzt tritt er aus dem Schatten seines übermächtigen Großvaters.

In den Jahren 1992 bis 1996 erschüttert der bislang bedeutendste Fall deutsch-amerikanischer Industriespionage den VW-Konzern. Gerichtlich konnte die Affäre bis heute nicht aufgeklärt werden. Anhand von vertraulichen Dokumenten werden in *Kapitel 4 bis 6* die Machenschaften von José Ignacio López und seinen Mittätern aufgerollt. Ein beispielloser Wirtschaftsthriller mit dem »Krieger« Ferdinand Piëch in einer seiner eindrucksvollsten Rollen.

Kapitel 7 bis 10 sind dem »Globalisierer« gewidmet, der bis heute einen »Vielfrontenkrieg« führt. Gemäß den Lehren der Samurai-Krieger versucht der Wiener seine Gegner in Deutschland, Europa und Übersee zu besiegen und eine Vormachtstellung in der Welt zu erlangen.

Geschickt weiß er den Prozess der Globalisierung für sich zu nutzen. Selbst der Bundeskanzler und der deutsche Umweltminister werden in Piëchs Sinn aktiv, wenn es das Wohl des Unternehmens verlangt.

Seine Ideen als Techniker sind beachtlich, seine Erfolge als Manager werden weithin bewundert: Mit innovativer Fahrzeugtechnik und einem harten Sanierungskurs hat der VW-Vorsitzende den Konzern an die Spitze der Autoindustrie geführt. Kaum ein Markt, in dem Volkswagen nicht mit Vollgas voraus die Konkurrenz bedrängt.

Mut und Übermut, geistige Größe und Größenwahn, Vision und Wirklichkeit liegen bei ihm nahe beieinander. Ferdinand Piëch hat hoch gepokert – und bisher gewonnen. Seine konzerninternen Kritiker haben vor der Macht dieses Managers kapituliert, die Aufsichtsräte lassen ihn nahezu unumschränkt regieren.

Jetzt neigt sich die Ära Piëch ihrem Ende entgegen. In den letzten Jahren hat er noch schnell Bugatti und Bentley, Rolls-Royce, Lamborghini und Scania eingekauft. Mit den Glastürmen der Autostadt in Wolfsburg und dem Palast der Gläsernen Manufaktur in Dresden setzt er sich Denkmäler zu Lebzeiten.

Noch immer ist sein erklärtes Ziel nicht erreicht, VW zu einem profitableren Unternehmen zu machen, als es die Chrysler Corporation ist. Zwei Jahre Zeit bleiben dem Vorstandsvorsitzenden noch. Wenn er dann in den Aufsichtsrat wechselt, wird sich zeigen, ob die von Piëch geformte Volkswagen AG in einer Zeit gnadenlosen Wettbewerbs eine Zukunft hat.

🚗

Welche Macht verbirgt sich hinter dem Familienclan Porsche-Piëch? Dank welcher Fähigkeiten und mit welcher Strategie konnte Piëch zum Vorsitzenden von Audi und Volkswagen aufsteigen? Warum und mit welchen Methoden führt er seine »Kriege«? Was wird sein, wenn sich »der gläserne Traum des Ferdinand Piëch« *(Frankfurter Rundschau)* zum Alptraum entwickelt, wenn der Wiener mit seiner Plattformstrategie überzieht, wenn sich Kunden und Aktionäre vom Konzern abwenden? Wird es dem Globalisierer gelingen, die Volkswagen-Gruppe an die Spitze der Automobilindustrie zu führen – oder wird er scheitern?

Prolog

Die Patriarchen – Ferdinand Porsche und Anton Piëch

»Er bittet uns, ein Werk für die Fabrikation einer Geheimwaffe,
die in einem Bergwerk unter Tag stattfindet und 3½ Tausend
Arbeitskräfte braucht, als KL-Betrieb zu übernehmen.«
Anforderung von Zwangsarbeitern durch Ferdinand Porsche

»Er war durch die Kriegs- und Nachkriegswirren fast nie da.«
Der Enkel über den Großvater

»Ferdinand Porsche und Anton Piëch müssen gewusst haben,
was in den Baracken vor sich geht.«
*Gisela Abel, »Verein zur Unterstützung ehemaliger Zwangsarbeiter
im VW-Werk e.V.«*

Die beiden Bilder haben wenig miteinander gemein. Ein roter Beetle in
einer Gebirgslandschaft, davor reckt eine Kuh ihren Kopf gen Himmel.
Die Skyline New Yorks, davor rennen mehrere Menschen beim Mara-
thon in entgegengesetzter Richtung.
Immerhin beleben die Kunstwerke den ansonsten eher nüchternen Bü-
roraum in der sechsten Etage der Konzernzentrale. Hier, in der Vogel-
weiderstraße 75 in Salzburg, schlägt das Herz der österreichischen Fahrzeugindustrie. Von hier aus wird der Großhandel der Automarken des
VW-Konzerns und der Porsche Holding Austria (OHG) für Österreich,
Ungarn, Slowenien und die Slowakei sowie für verschiedene Hersteller
in Rumänien, Tschechien und Frankreich gemanagt.

🚗

Der Mann hat die Ruhe weg. Stolz erzählt Pressesprecher Hermann Becker vom steten Aufstieg des Unternehmens. Heute hält die Porsche
OHG in der Alpenrepublik einen Marktanteil von 33 Prozent, »das ist
ein historischer Höchststand«.

Erstaunlich schnell kommen wir auf die Vergangenheit zu sprechen. Der kleine, preiswerte Volkswagen sei auf Anforderung des Reichsverbands der Deutschen Automobilindustrie entwickelt worden – nicht im Auftrag der nationalsozialistischen Führung. Für Ferdinand Porsche sei die Verwirklichung des Projekts entscheidend gewesen – er war durch und durch Techniker. Dr. Anton Piëch, damals Porsches Rechtsberater, habe die juristischen Dinge geregelt – er hat nur die Verträge abgeschlossen. Dreieinhalb Stunden später weiß ich eine Menge mehr – und eine Reihe von Fragen ist nach wie vor offen. Was hat es mit dem Aufstieg der Familie Porsche-Piëch im Nationalsozialismus auf sich? Mit der vollständigen Umstellung auf Rüstungsproduktion im Volkswagenwerk zu Fallersleben, dem heutigen Wolfsburg? Mit der Anforderung von Zwangsarbeitern? Mit der Behandlung der Menschen, die in den Baracken und im Kinderheim krank wurden und starben? Mit der Rolle der Werksleiter Ferdinand Porsche und Anton Piëch?

🚗

»Die Geschichte der Familien Porsche und Piëch ist eine zutiefst österreichische. Es ist die Geschichte einer Familie, die ganz wesentlich zur Entwicklung des Automobils beigetragen hat.« So steht es in der von Hermann Becker überreichten Werkschronik *Von Porsche zu Porsche,* die zu Recht feststellt: »Über Generationen hinweg waren Familiengeschichte und Unternehmensgeschichte immer ineinander verwoben.« Doch die offizielle Geschichtsschreibung der Porsche Holding Austria unterschlägt geflissentlich, mit welchen Methoden und auf wessen Kosten der »geniale Konstrukteur« Karriere gemacht hat. Und sie schweigt sich darüber aus, woher die finanziellen Mittel zum Aufbau des Autoimperiums gekommen sind.

Wer den Aufstieg des Porsche-Piëch-Clans und damit auch den des Volkswagen-Konzerns nachvollziehen will, muss weit zurückblicken. In eine Zeit, da sich Ferdinand Porsche, unterstützt von seinem Schwiegersohn Anton Piëch, mächtige Freunde gesucht hat, mit deren Unterstützung er zum bekanntesten Autokonstrukteur des 20. Jahrhunderts werden konnte. Wer mehr erfahren will über die Verwicklungen von Porsche und Piëch in die Machenschaften der nationalsozialistischen Diktatur, der braucht andere Quellen als diese Werkschronik.

Vom sechsten Stock der Konzernzentrale hat man eine gute Übersicht über die Salzburger Berge. Nicht weit von hier, in Zell am See, befindet sich noch heute das Gut der Porsches und Piëchs – in den ersten Jahren der Nachkriegszeit zum Firmensitz des Volkswagen-Konzerns umfunktioniert.

Von dort sollte zwei Generationen später einer aus dem Familienclan zum bekanntesten Automanager des Kontinents aufsteigen: begünstigt durch das Elternhaus, begleitet vom Mythos um Ferdinand Porsche und technisch begabt wie sein Großvater – der Porsche-Enkel Ferdinand Piëch.

* 🚗 *

Wiederholt muss er Rückschläge einstecken. Wegen persönlicher Reibereien mit Carl Benz und weil seine Pkw- und Lkw-Entwicklungen wenig erfolgreich sind, lässt der Daimler-Vorstand Ferdinand Porsches Vertrag nach fünf Jahren auslaufen. Die finanziellen Verpflichtungen des technischen Direktors gegenüber den Untertürkheimern sind mittlerweile drastisch angestiegen. Porsche verlässt Daimler-Benz 1928.

Sein Schwiegersohn Anton Piëch – ein Wiener Rechtsanwalt, verheiratet mit der Porsche-Tochter Louise – stimmt dem Vergleich zu. Schließlich ist abzusehen, dass die anstehenden juristischen Auseinandersetzungen kaum zu gewinnen sind. Dagegen muss Daimler-Benz seinen Anspruch auf die Verbindlichkeiten weitgehend aufgeben.

Der Bruch bleibt nicht ohne Folgen. Denn als Porsche 1929 technischer Direktor der österreichischen Steyr-Werke wird, überrascht ihn der Austro-Daimler-Zusammenschluss und kostet ihn den Job.

So macht er sich im Dezember 1930 eher notgedrungen selbständig und gründet das »Konstruktionsbüro für Motoren-, Fahrzeug-, Luftfahrzeug- und Wasserfahrzeugbau«. 70 Prozent der Anteile der Ferdinand Porsche GmbH in der Stuttgarter Kronenstraße entfallen auf Porsche selbst, je 15 Prozent auf Anton Piëch und den Rennsportfahrer Adolf Rosenberger. Immerhin gelingt es ihm, ein erfahrenes Techniker- und Ingenieurteam um sich zu scharen, das in den kommenden Jahren innovative Produkte entwickelt.

🚗

Nach Kräften versucht der Techniker, Hitler und den Reichsverband der Deutschen Automobilindustrie (RDA) zur Finanzierung des »deutschen Volkswagens« zu bewegen. Im August 1932 wendet sich der RDA dann an Reichskanzler Franz von

14

Papen: Damit »die deutsche Kraftfahrzeugindustrie ihre wehrpolitischen Aufgaben erfüllen« könne, müsse die Überwindung des wirtschaftlichen Tiefstands erleichtert werden.

In seinem »Exposé betreffend den Bau eines Volkswagens« legt Porsche im Januar 1934 seine Vorstellungen der Reichsregierung dar: Ein Volkswagen solle über »die nötige Bergsteigefähigkeit« und die »entsprechende Antriebsleistung« verfügen. Mittels eines einfachen Karosseriewechsels müsse er »allen praktisch vorkommenden Zwecken genügen, also nicht nur als Personenwagen, sondern auch als Lieferwagen und für bestimmte militärische Zwecke geeignet sein«.

Ursula Krause-Schmitt sieht in der wehrtechnischen Tauglichkeit des Kraft-durch-Freude-Wagens (KdF) – des späteren Käfers – den für die Nationalsozialisten entscheidenden Punkt. Denn in Reichswehrkreisen sei, so die Frankfurter Historikerin, »der umfassenden Motorisierung der Armee größte Bedeutung zugemessen« worden. Porsches Konzept überzeugt. Nach langwierigen Verhandlungen kommt es am 22. Juni 1934 zur Unterzeichnung des Konstruktionsvertrags mit dem automobilen Reichsverband. Erste Prototypen des Volkswagens entstehen in einer Stuttgarter Garage. Mit den vom RDA insgesamt gezahlten 1,75 Millionen Reichsmark kann er sein Konstruktionsbüro sanieren.

Auch Anfang 1937 ist die gesamtwirtschaftliche Situation äußerst problematisch: Angesichts der umfassenden Aufrüstung sind die Finanzen des Reichs angespannt, die Rohstofflage ist bedenklich, die Fahrzeugproduktion sinkt. Dagegen nehmen die Pläne zur Errichtung einer Fabrik zur Volkswagenfertigung Konturen an. Am 20. Februar nutzt Adolf Hitler die Internationale Automobilausstellung, um seine Vorstellungen zur Volkswagenproduktion zu verkünden. Wenig später erfolgt die Anbindung des Projekts an das KdF-Amt, die Reichsregierung erteilt der Deutschen Arbeiterfront (DAF) den Auftrag zur Errichtung des Volkswagenwerks nebst eigener Stadt.

Die Ansprüche an den Standort des zu errichtenden Automobilwerks sind groß: Mitten in Deutschland soll es liegen, verkehrstechnisch optimal angebunden sein und genügend Gelände für spätere Firmenerweiterungen bieten. Die Entscheidung fällt zu Gunsten von Fallersleben, nahe der Ansiedlung Wolfsburg gelegen. Zeitgleich mit den Fertigungsstätten soll auch die Stadt gebaut werden, in der die noch anzuwerbenden Arbeitskräfte wohnen können.

Während die Vorbereitungen zur Errichtung eines monumentalen Werks getroffen

15

werden, tritt am 17. April 1937 im fernen Wien ein Ereignis ganz anderer Art ein. Dort nämlich erblickt einer von letztlich acht Enkeln des berühmten Ferdinand Porsche das Licht der Welt. Sein Name: Ferdinand Piëch.

🚗

Hinter den Parteinummern 5 643 287 sowie 6 114 404 verbergen sich führende Köpfe der deutschen Rüstungsindustrie: Am 1. Mai 1937, dem »Tag der deutschen Arbeit«, tritt Porsche in die NSDAP ein, Anton Piëch folgt ihm exakt ein Jahr später. Seinen Lebenslauf poliert Porsche sogar noch auf, indem er vermerkt, er sei bereits 1933 in die Partei eingetreten.
Zum eigenen Nutzen, wie sich zeigen sollte.

🚗

26. Mai 1938. Anlässlich der Grundsteinlegung des Volkswagenwerks verkündet Hitler werbewirksam: Damit der Kraftwagen nicht länger »ein klassentrennendes Instrument« sei, soll ein »allgemeines Verkehrsinstrument« entwickelt werden, »ein wirkliches Verkehrsmittel breitester Massen«.
Doch der Kriegsbeginn macht solche Ambitionen zunichte. Das VW-Werk wird zunächst dem Heeresoberkommando unterstellt und später zu einem Rüstungskonzern der Luftwaffe umfunktioniert. Bis Ende des Zweiten Weltkriegs bleibt das Reichsluftfahrtministerium Auftraggeber Nr. 1 der Waffenproduzenten in Fallersleben.
In Ferdinand Porsche findet der Reichskanzler einen eifrigen Unterstützer der Motorisierungs- und Aufrüstungspläne, denn der Techniker hat erkannt, dass er von einer engen Kooperation nur profitieren kann.
Mit der Verlängerung des zwischen RDA und der Porsche GmbH geschlossenen Vertragswerks mit der DAF wird das Stuttgarter Konstruktionsbüro de facto zur VW-Außenstelle für technische Entwicklungen. Der Ingenieur nutzt die wirtschaftliche Stabilisierung seines Unternehmens zur Umwandlung der Porsche GmbH in eine Kommanditgesellschaft. Je 15 Prozent der Anteile halten sein Sohn Ferry und seine Tochter Louise gemeinsam mit Schwiegersohn Anton Piëch.

🚗

6. September 1938, Nürnberg. Reichsminister Hanns Kerrl verkündet auf dem Parteitag der NSDAP, in diesem Jahr beginne eine »neue Epoche deutscher Geschichte«. Der gebürtige Fallersleber – bis heute Ehrenbürger von Wolfsburg – macht Stimmung: »Österreich ist heimgekehrt, Großdeutschland ist geworden!«

In Hitlers Auftrag ergreift danach Josef Goebbels das Wort, um einen bedeutenden Mann zu ehren: »Der Führer krönt dieses geniale Wirken« mit der Zuerkennung des Deutschen Nationalpreises für Kunst und Wissenschaft. Ausführlich schildert der Reichsminister für Propaganda die Karriere des 1875 im deutsch-böhmischen Maffersdorf Geborenen: »Mit 18 Jahren kam er nach Wien, wo er in einem großen Elektrizitätswerk bereits mit 22 Jahren Leiter eines Prüfungslaboratoriums wurde.« Die weiteren Stationen: der Lohner-Porsche-Elektro-Wagen, die Rennsporterfolge, Technischer Direktor im Daimler-Stammwerk Untertürkheim, Tätigkeit in der Waffenfabrik Steyr, die Gründung eines eigenen Konstruktionsbüros in Stuttgart, der Bau des Porsche-Rennwagens bei der Auto-Union und die damit erzielten drei Weltrekorde.

»Auf Grund der Erfahrungen, die Porsche als Arbeiter und Konstrukteur von der Pike auf gesammelt hatte, war er geradezu dazu berufen«, so Goebbels, »den Auftrag des Führers auf Konstruktion des neuen Volkswagens zu erfüllen.« Die ersten dreißig Wagen hätten nun »die härtesten Prüfungen unter allen möglichen Beanspruchungen bestanden«, preist der Minister Porsches Produkte. Und »bis in die kleinsten Einzelteile ist der Wagen so vollendet konstruiert, dass er die Anforderungen, die an einen deutschen Volkswagen billigerweise gestellt werden dürfen, voll erfüllt«. Gemeint sind der Preis – Porsches Gefährt soll 990 Reichsmark kosten und damit unterhalb der 1000-Mark-Grenze liegen – und der 24-PS-Motor, der nicht mehr als sechs bis sieben Liter verbrauchen darf. Jetzt ist das Volkswagenwerk »im Bau«, verkündet der Reichsleiter, »die Aufgabe des Konstrukteurs kann als erfüllt angesehen werden«.

Goebbels spart nicht mit Superlativen: »Ein wahres deutsches Erfinder- und Konstrukteursleben steht in Dr. Porsche vor uns. Er hat mit genialer Begabung und unermüdlicher Energie auf einem technischen Gebiet Bahnbrechendes und Bewundernswertes geleistet. In einigen Jahren wird sein Volkswagen das Glück von Hunderttausenden Familien darstellen.« Der Name Porsche gehe »damit in die Geschichte der Technik unseres Volkes über«.

≈

Die Ehrendoktorwürde hat der Maffersdorfer bereits in den Jahren zuvor an den Technischen Hochschulen in Stuttgart und Wien erhalten. 1940 ernennt ihn der Reichsminister für Wissenschaft, Erziehung und Volksbildung zum Honorarprofessor der Stuttgarter TH. Das NS-Regime weiß seinen verdienten Techniker zu würdigen und zu nutzen.

≈

Im Juni 1941 wird die so genannte Panzerkommission gebildet. Porsche wird deren Vorsitzender und damit zur Schlüsselfigur des deutschen Panzerbaus. Nach mehreren Besprechungsrunden entscheidet man sich für eine Kapazität von sechshundert Stück.

Der Erfolg allerdings lässt zu wünschen übrig, der vom VW-Werksleiter Porsche entwickelte Panzer »Maus« entpuppt sich als zu schwer und vergleichsweise untauglich. Und der nach seinem Erfinder benannte Kampfpanzer »Ferdinand« versagt in der Schlacht am Kursker Bogen. Als weitaus erfolgreicher erweisen sich dagegen die Fortentwicklungen des KdF-Wagens zum Kübel- und zum Schwimmwagen.

🚗

Das Verhältnis von Schwiegervater und Schwiegersohn ist eng. Rechtliche Fragen überlässt der Werksleiter dem Juristen. Seit seiner Ernennung zu einem der Hauptgeschäftsführer der Volkswagenwerk GmbH und Porsches Tätigkeit in der Panzerkommission kann Anton Piëch nahezu selbständig agieren. Porsche interveniert lediglich dann, wenn es des direkten Kontakts zu Hitler bedarf.

Das Duo Porsche-Piëch ist erfolgreich, der Rüstungsbetrieb erzielt Gewinne. Und je mehr sich der Maffersdorfer aus dem Führungsgeschäft zurückzieht und in der Panzerkommission engagiert, desto mehr wächst der Einfluss des Wieners.

🚗

Zielstrebig wird die Planung der staatlich organisierten Rüstungswirtschaft vorangetrieben. Im September 1941 benötigt Werksleiter Anton Piëch fürs Erste »etwa 4000 Arbeiter, im Verlauf eines ganzen Jahres etwa 10 000 Personen« zur Fertigung militärischer Kübelwagen und Panzerlaufräder. Auch Maybach-Panzermotoren sollen im VW-Werk produziert werden.

Die »Fertigstellung und Inbetriebnahme insbesondere der Leichtmetall-Gießerei im Volkswagenwerk ist mit allen Mitteln zu beschleunigen«, fordert der Führer. Sollte die »Schutzstaffel« Material und Arbeitskräfte für die Gießerei in Fallersleben bereitstellen, könnten 4000 Kübelwagen für die Waffen-SS geliefert werden, so Porsches Zusage. Adolf Hitler genehmigt »den Vorschlag des Pg. Professor Dr. Porsche«. Mitte Februar 1942 unterzeichnen Porsche und Piëch den Bewilligungsantrag zum Bau des »Häftlingslagers Gießerei«.

Die kommenden Wochen sind vom Bemühen der beiden Werksleiter gekennzeichnet, das Bauvorhaben voranzubringen. Die Arbeitskräfte werden im »Arbeitsdorf« untergebracht – so die verharmlosende Bezeichnung des Konzentrationslagers.

18

1987 fassen der VW-Vorstandsvorsitzende Dr. Carl H. Hahn, Rechtsvorstand Dr. Peter Frerk und der bei Volkswagen für die Bildungsarbeit zuständige Professor Dr. Peter Meyer-Dohm den Beschluss, eine umfassende historische Studie über VW und seine Arbeiter zur Zeit des Nationalsozialismus erstellen zu lassen.

Im Oktober 1991 veröffentlicht Hans Mommsen einen kürzeren Abriss über die »Geschichte des Volkswagenwerks im Dritten Reich«. Darin spricht der von VW mit der Recherche beauftragte Historiker unumwunden davon, dass »durch die überragende Rolle Ferdinand Porsches die Frage der Verantwortung der Werksleitung für die Verstrickung in die verbrecherische Politik des Dritten Reiches in hohem Maße personalisiert worden« sei. »Insbesondere in der Spätphase des im Grunde genommen bereits verlorenen Krieges entpuppte sich Porsche als Vorkämpfer einer Rüstungsproduktion um jeden Preis«, erklärt Mommsen in seinen damaligen Forschungsergebnissen.

🚗

Sie testen Autos, ein jeder auf seine Art.
Schon früh wird Klein-Ferdinand in der hohen Schule des Fahrens unterwiesen. Stolz auf dem Beifahrersitz hockend, darf er den Gang einlegen und sogar schalten, wenn Anton Piëch beim unsynchronisierten Getriebe Gas gibt. Geht die Aktion daneben, dann muss er sich bis zur nächsten Gelegenheit gedulden, bevor er einen weiteren Versuch machen darf.
In diesen Tagen erprobt aber nicht nur der Fünfjährige seine Fertigkeiten am Lenkrad. Zugleich testen die Soldaten die Kriegstauglichkeit des vom Großvater konstruierten Kraft-durch-Freude-Wagens: »Auf den schlechten Vormarschstraßen des Ostens und in der Gluthitze Afrikas« bestehen Porsches Entwicklungen »mit immer gleichmäßigerem Erfolg die schwersten Prüfungen«, heißt es in Berichten von der Front.

🚗

Die Recherchen der Frankfurter Historikerin Ursula Krause-Schmitt zur Zwangsarbeit belegen, dass Ferdinand Porsche »sogar Pioniertaten« vollbracht hat: Und »zwar beim Einsatz von sowjetischen Kriegsgefangenen im Herbst 1941 sowie im Frühjahr 1942 bei der Erprobung der zweckmäßigsten Formen, unter denen der Arbeitseinsatz von KZ-Häftlingen zu gestalten sei«.

Die Legendenbildung um Porsche, so Krause-Schmitt, verschweige »wohlwissend die Arbeitsbedingungen« der ausländischen Zwangsarbeiter im »nationalsozialistischen Musterbetrieb« und »wohlwissend die Lebensbedingungen in den Barackenlagern« der Stadt des Kraft-durch-Freude-Wagens, wie Wolfsburg damals hieß.

⌷

Nach Ernst (1929), Louise (1932) und Ferdinand (1937) erblickt 1942 Hans Michael das Licht der Welt. Die Erziehung der vier Kinder überlässt Anton Piëch weitgehend seiner Frau.

Im März 1943 wird der Wiener Rechtsanwalt zum Wehrwirtschaftsführer ernannt – zum Dank für seine herausragenden Leistungen in der Volkswagen-Rüstungsproduktion. Und, wie der Wolfsburger Stadtarchivar Klaus-Jörg Siegfried erläutert, auch als Anerkennung für seine Regimetreue. Einen Monat später steigt Piëch in die VW-Hauptgeschäftsführung auf. Das war nur konsequent, denn: »Mein Schwiegervater war durch andere Aufgaben in erheblichem Umfang in Anspruch genommen.« Und da sich sein gleichrangiger Kollege Dr. Bodo Lafferentz weitgehend in Berlin aufhielt, war er der einzige im Werk tätige Hauptgeschäftsführer.

»Ich habe mich bemüht«, erklärt Anton Piëch sein Streben nach forcierter Waffenproduktion, »Fertigungen höherer Dringlichkeit hereinzubekommen«. Stolz kann er später bilanzieren, dass ihm das in »weitem Umfang geglückt« sei. Hatte er das Werk mit 4000 Arbeitern übernommen, so waren es zum Ende des Kriegs 54 000, davon allein 25 000 in der Stadt des KdF-Wagens.

⌷

Bereits 1942, im zarten Alter von fünf Jahren, darf der Knirps »mit Fluggerät umgehen«. Klein-Ferdinand pflegt intensiven Kontakt zu Diplomingenieur Mickl, dem Theoretiker seines Großvaters, der ein offenes Ohr für den Winzling hat. Denn der beschäftigt sich »mit allem, von der Windkraftmaschine über die Rakete bis hin zum Gebläse des Käfers«.

⌷

Im Frühjahr 1942 wird Porsche für seine »genialen« Leistungen als »Pionier der Arbeit« ausgezeichnet, der höchsten Ehrung des NS-Regimes »auf dem Felde wirtschaftlicher Organisation«. Denn der »Wagen des deutschen Arbeiters hat sich auf allen Fronten in unübertrefflicher Weise bewährt«.

20

DER FÜHRER

Auf Grund meiner Anordnung über die Auszeichnung „National-
sozialistischer Musterbetrieb" vom 29. August 1936 habe ich der
Betriebsgemeinschaft Dr.-Ing. h. c. F. Porsche A.-G., Stuttgart-
Zuffenhausen, am 1. Mai 1941 die Auszeichnung „Nationalsozia-
listischer Musterbetrieb" verliehen. Die Leistungen dieser Betriebsgemeinschaft haben die Voraussetzung zur Verwirklichung der Pläne
und Forschungsergebnisse ihres Betriebsführers geschaffen, durch
die dem deutschen Kraftwagen Weltgeltung gewonnen worden ist.
Darüber hinaus ist durch die Schöpfung und Entwicklung des
deutschen Volkswagens, der seine höchste Bewährungsprobe im
deutschen Entscheidungskampf bestanden hat, eine wahrhaft sozia-
listische Tat vollbracht worden. All diese Erfolge verdanken wir dem
unermüdlichen schöpferischen Einsatz des Betriebsführers

Prof. Dr.-Ing. h. c. Ferdinand Porsche

dem ich heute am Nationalfeiertag des Deutschen Volkes auf
Vorschlag des Reichsorganisationsleiters und Leiters der Deutschen
Arbeitsfront als siebentem deutschen Betriebsführer
die Auszeichnung

PIONIER DER ARBEIT

und das Ehrenzeichen hierzu in Gold verliehe.

Berlin, den 1. Mai 1942

Am 1. Mai 1942 erhält Prof. Dr. Ing. h.c. Ferdinand Porsche für die Entwicklung des – im Krieg bewährten – Volkswagens die Auszeichnung »Pionier der Arbeit«.

Militärisch sei der Flugbombe 1943 ein eher »geringer Nutzen« zugekommen, urteilt der Wolfsburger Stadtarchivar. In Anbetracht der drohenden Niederlage hat die unter anderem im »nationalsozialistischen Musterbetrieb« gefertigte V1-Rakete allerdings »einen hohen Propagandawert«, erklärt Klaus-Jörg Siegfried. Denn mit ihr konnte das NS-Regime die Öffentlichkeit glauben machen, »ihr Terroreinsatz könne in letzter Stunde die Wende herbeiführen«. Nahezu die Hälfte aller V1-Raketen wird bei Volkswagen produziert. Das Werk entwickelt sich damit zum größten Flugbombenproduzenten im Dritten Reich.

☂

Zusammengefunden haben sich die rüstigen Wolfsburger, als die Diskussion über ihre Galionsfigur absolut nicht in ihrem Sinne verlief. Denn anstatt den genialen Techniker uneingeschränkt zu ehren, sind die kritischen Stimmen in den Neunzigerjahren immer lauter geworden.

Bei den Porsche-Sympathisanten läuft das Fass über, als im Stadtrat heftig um die Rolle des früheren VW-Werksleiters gestritten wird. »Was wäre Wolfsburg ohne Ferdinand Porsche?«, fragt Günther Wagner. In der Herrenrunde ist man sich einig. »Ohne Porsche würden wir heute noch Radieschen pflanzen«, ist Hans Abele überzeugt. »Und Spargel ernten«, ergänzt Alex Koschel angeregt, denn »dieser Mann hat unsere Lebensader geschaffen«.

Dissens herrscht über den heutigen Umgang mit den Oberen der Volkswagen AG zur Zeit der NS-Diktatur. »In jeder anderen Stadt werden die großen Söhne mit Denkmälern geehrt«, beschwert sich Koschel. »Und hier stellt man sich hin und verteufelt den Mann, dem Wolfsburg die Existenz zu verdanken hat.« Dem pflichten Richard Thiele und viele andere aufgebrachte Bürger bei. Sie setzen sich zusammen und gründen die Bürgerinitiative »Porsche und wir«, die noch für viel Zündstoff sorgen sollte.

☂

Zusammengefunden haben sich die kritischen Köpfe, weil in Wolfsburg jahrzehntelang verdrängt worden ist, was sich hier während der NS-Zeit abgespielt hat. Aus Sicht von Gisela Abel, Hartwig Hohnsbein und anderen aufgebrachten Wolfsburgern geht die Aufklärung zu schleppend voran, wird noch immer viel zu viel vertuscht. Sie setzen sich zusammen und gründen den »Verein zur Unterstützung ehemaliger Zwangsarbeiter im VW-Werk e.V.«. Gemeinsam mit dem DGB, der Gewerkschaft Erziehung und Wissenschaft, Aktion Sühnezeichen, der deutsch-polnischen Gesellschaft und dem Kirchenkreis Wolfsburg organisieren sie seit 1968 zum Jahrestag des Kriegsendes am 8. Mai Gedenkfeiern gegen das Vergessen.

Der Preis, den Gisela Abel für ihr Engagement zahlt, ist hoch. Anonym schickt man ihr obszöne Zeichnungen und Texte zu: »Porsche kommt über sie.« Sie wird als »Judenpack« oder »Kommunistenfreund« beschimpft. Auch nächtliche Anrufe mit Morddrohungen hat sie schon erhalten, ebenso die Drohung: »Wir fackeln Ihr Haus ab.« Dann fährt die Polizei wieder Streife. Doch die pensionierte Gymnasiallehrerin beweist Rückgrat: »All das hindert mich nicht im Mindesten daran, mich weiter für meine Mitmenschen zu engagieren.« Vor allem das Schicksal der ehemaligen Ostarbeiter bei VW liegt ihr am Herzen.

»Die Baracken, in denen die Zwangsarbeiter untergebracht waren, sind sauber gewesen«, sagt Richard Thiele, lange Jahre Bauklempner bei Volkswagen. Außerdem sei »Professor Porsche überhaupt nicht in den Baracken« gewesen. So begründet der 75-Jährige, dass der damalige VW-Werksleiter gar nicht gewusst haben kann, welche Gräuel die vornehmlich aus dem Ausland herbeigekarrten Arbeiterinnen und Arbeiter durchmachen mussten.

Gisela Abel lässt das nicht gelten. »Ferdinand Porsche und Anton Piëch müssen gewusst haben, was in den Baracken vor sich geht.« Sie meint, der Werksleiter brauchte »in seiner Funktion nicht in die Baracken gehen, um zu wissen, dass die Menschen dort litten«.

Ihre Ansicht wird durch die historische Forschung gestützt. Für Stadtarchivar Siegfried ist die Sachlage klar: »Keineswegs war der Betriebsführung des Volkswagenwerks die Lage der KZ-Häftlinge unbekannt. Im Gegenteil, die restlose Ausschöpfung ihrer Arbeitskraft überließ sie nicht der SS, sondern wirkte aktiv an ihr mit.« Die Hauptgeschäftsführer des Gesamtkonzerns – Ferdinand Porsche, Anton Piëch und Bodo Lafferentz – »müssen um die Lage und die Behandlung der Häftlinge im Volkswagenwerk gewusst haben«.

Der heutige VW-Werksarchivar Manfred Grieger stellt sogar die besondere Verantwortung Anton Piëchs heraus. Um den von Hitler vorgegebenen Kaufpreis der Käfer einhalten zu können, habe der Wiener gefordert, eine dauerhafte Barackenstadt zu errichten, damit die zivile Fertigung des Volkswagens durch Sklavenarbeiter erfolgen könne.

🚗

Nein, Ferdinand Porsche sei kein schlechter Mensch gewesen. Ganz im Gegenteil. »Um den Zwangsarbeitern zu helfen, ist Professor Porsche nach Berlin gefahren«, erklärt Hans Abele von der Pro-Porsche-Initiative. Der »in der Stadt des KdF-Wagens« geborene Abele fing 1956 als Laufjunge bei Volkswagen an, arbeitete sich im Wolfsburger Werk zum Werkzeugmechaniker und später in die Standortabteilung hoch. Heute gilt der versierte Hobbyarchivar als einer der besten Kenner der VW-Historie.

In der Reichshauptstadt wollte der Maffersdorfer »für die Zwangsarbeiter, die im VW-Werk arbeiteten, sogar vernünftiges Essen besorgen«. Abeles Urteil basiert auch auf den Aussagen des Porsche-Biografen Peter Müller: »Er stellte Missstände ab, hatte mit dem Leiter der Kriegsgefangenenabteilung erregte Auseinandersetzungen und sorgte dafür, dass die russischen Soldaten, die im Werk arbeiten mussten, bessere Verpflegung bekamen.« Müllers Darstellung zufolge beschwerte sich der VW-Werksleiter persönlich im Führerhauptquartier »über die mangelnde Verpflegung der Gefangenen«.

Gisela Abel will darin keine mitmenschlichen Motive erkennen. »Die Zwangsarbeiter wurden nur deshalb versorgt, damit sie besser arbeiten konnten«, erklärt sie. Sonst wären diese »zu schwach zum Arbeiten gewesen«. Also »mussten die Menschen Futter zum Arbeiten haben«. Ihre Schlussfolgerung: »Hier wurde eine Maschine mit Öl geschmiert.«

Für Günther Wagner, lange Jahre als Maschinenarbeiter und später als Betriebsbuchhalter bei VW beschäftigt, steht dagegen im Vordergrund, dass »von Professor Porsche Leistung verlangt« wurde. »Die Anforderung von Zwangsarbeitern war notwendig, er musste auf Fremdarbeiter zurückgreifen«, meint der inzwischen 82-Jährige. Denn »wenn ich keine eigenen Leute habe, dann muss ich auf Fremde zurückgreifen«. Wagner, Mitte der Fünfzigerjahre zum stellvertretenden Betriebsratsvorsitzenden und Aufsichtsratsmitglied der Volkswagen GmbH aufgestiegen, empfindet die Angriffe als ungerechtfertigt. Schließlich befanden sich »die Deutschen im Kriegseinsatz«.

⌘

War Ferdinand Porsche also darüber informiert, was im Werk vor sich ging? »Porsche war ein Fachidiot, ein versessener Techniker.« Alex Koschel, lange Jahre als Dreher und dann als EDV-Sachbearbeiter bei VW tätig, ist sich seiner Sache sicher: Als Werksleiter »wollte er die Produktion des Volkswagenwerks durchdrücken«, und dazu »brauchte er ein Potenzial an Menschen«. Um die Zwangsarbeiter »hat er sich nicht gekümmert«. Keinesfalls habe er »mit der Folterung der Menschen zu tun gehabt«.

Natürlich habe »Porsche nicht selbst gefoltert«, bestätigt Gisela Abel, das »erledigte der Wachdienst«. Doch »die Zwangsarbeiter wurden geschlagen, gequält und mussten hungern. Sie mussten in der Eiseskälte zum Appell antreten.« Die Anforderung von Menschen aus Osteuropa »bedeutete die Ausbeutung von Zwangsarbeitern durch Arbeit – das war eine unmenschliche Auspressung«, lautet ihre nüchterne Erkenntnis. Und »das wusste jeder, auch Herr Porsche«. Nur wenige haben den »Fremdarbeitern« geholfen: »Einige Meister haben ihnen Brot zugesteckt, die Mehrheit aber hat die Hilfe verweigert.«

Auch andere Vorgänge können der Volkswagen-Führung nicht entgangen sein – vor allem nicht der »Baby-Case« im Kinderheim Rühen.

⌘

Der SS-Arzt, Mitglied im Vorstand der evangelischen Gemeinde Wolfsburg-Heßlingen, galt als fleißiger Kirchgänger: »Körbel war überzeugter Nationalsozialist, vertrat aber eher eine konservativ-elitäre Variante, die kirchliche Bindungen nicht ausschloss«, kommentiert Mommsen die Kirchenkontakte des Hauptsturmführers.

Als verantwortlichem Werksarzt oblag Hans Körbel auch die Leitung der Ausländerkinder-Pflegestätte in Rühen, etwa zwölf Kilometer vom VW-Werk entfernt. Dorthin wurden unter anderem die Säuglinge der zumeist aus Polen und der Sowjetunion kommenden schwangeren Ostarbeiterinnen verfrachtet.

25

Anfangs war es den Frauen noch erlaubt, länger bei den Neugeborenen zu bleiben, später wurde die gemeinsame Zeit auf zwei Wochen begrenzt. Mommsen sieht in der »Trennung der Mütter von ihren Babys die entscheidende Ursache für das spätere Massensterben der Säuglinge«. Auf Grund »mangelnder Versorgung und medizinischer Betreuung« starben bis Kriegsende rund dreihundertfünfzig Kinder, die Sterbequote lag in Rühen bei fast 100 Prozent. Viele Bauern im Umkreis hatten sich bereit erklärt, die Kleinkinder aufzunehmen, doch auf Anordnung von Fritz Sauckel, Generalbevollmächtigter für den Arbeitseinsatz, sorgte die Polizei für die Isolation der Säuglinge von ihren Müttern.

»Das Volkswagenwerk wandte für diese Frage, trotz verschiedener Besuche Anton Piëchs im Kinderheim Rühen, nicht die notwendige Sorgfalt auf«, so das Ergebnis von Mommsens Recherchen.

🚗

»Warum will man die Werksleitung von Volkswagen für die Zustände im Kinderheim in Rühen verantwortlich machen?« Für Alex Koschel »trägt das Regime die Verantwortung«. Schließlich war es »Porsches Aufgabe, Autos zu bauen, und nichts anderes«. Dem kann Günther Wagner beipflichten, denn »die Frauen hatten viele Freiheiten, das zeigen die Geburten«. Auch Richard Thiele stimmt mit ein: All das belege, »dass in dem Kinderheim keine unmenschlichen Bedingungen herrschten«.

In der Pro-Porsche-Initiative ist man sich weitgehend einig. Nur Hans Abele äußert sich vorsichtiger: Es sei schon »möglich, dass die Werksleitung von den Zuständen im Kinderheim gewusst« habe. Das steht für Gisela Abel außer Frage. »Wenn Herr Porsche wirklich humanitäre Hilfe leisten wollte: Warum hat er nichts für die Kinder im Kinderheim in Rühen unternommen?« Dr. Körbel und Professor Porsche seien »zur Hilfe für die Kinder aufgefordert« worden, hätten jedoch nichts unternommen. »Für mich zählt nur, dass er sie umkommen ließ«, urteilt die Mutter und Adoptivmutter dreier Kinder.

Der Historiker Hans Mommsen kommt im Wesentlichen zu demselben Ergebnis. Seiner Ansicht nach kann die Verantwortung nicht allein dem hingerichteten SS-Arzt Körbel zugeschoben werden: Ein Teil der Schuld »lag bei der Werksleitung, die dieses inhumane Verfahren hinnahm«, schreibt Mommsen 1988 in einem vom Hahn-Vorstand und dem Gesamtbetriebsrat veröffentlichten Werk.

☙

5. Juni 1943, Sportpalast Berlin. Die Schlacht um Stalingrad ist verloren, Goebbels mobilisiert die letzten Kräfte und propagiert den »totalen Krieg«. Derweil begeht Reichsminister Albert Speer in der Reichshauptstadt einen »Ehrentag« und zeichnet verdiente deutsche Rüstungsarbeiter aus.

Im Februar 1942 hatte ihm Hitler die Aufgabe erteilt, »für fast alle Waffen, alle Panzer und für das gesamte Gebiet der Munition ein Vielfaches des bisherigen Aufbringens zu schaffen«. Der »Erfolg war überraschend«, bilanziert Speer zufrieden, denn »zweifellos waren in der Industrie zahlreiche führende Köpfe vorhanden«. Unter den Geehrten befindet sich der Werksleiter des Volkswagenwerks: »Auch Porsche, der für die Entwicklung der Panzer« verantwortlich zeichnet, hat seinen Teil dazu beigetragen, dass »die deutsche Rüstung von Jahr zu Jahr gestiegen ist« und »Rekordhöhe erreicht hat«.

☙

Stets war Ferry Porsche ein treuer Mitstreiter seines Vaters. Sei es bei der Besprechung mit Hersteller- und Zulieferbetrieben über Prototypen des Volkswagens, bei Ferdinand Porsches Flug nach Detroit zur Abwerbung von Ford-Arbeitern, als Hitlers Fahrer in Fallersleben, bei der Besprechung mit Repräsentanten der Waffen-SS über Panzerspähwagen oder bei seinen intensiven Bemühungen, die Serienfertigung von 4000 Kradschützenwagen schnellstmöglich in Gang zu bringen. Und er begleitete seinen Vater auch, als dieser bei der Reichsführung Zwangsarbeiter anforderte.

☙

Auf Grund der »Kriegs- und Nachkriegswirren« sei er »fast nie« da gewesen, erinnert sich Ferdinand Piëch an den berühmten Großvater. Immerhin aber hat der kleine Ferdinand durch den großen »einige sehr gute seiner Mitarbeiter« kennen gelernt, die ihn dazu gebracht haben, »über Technik nachzudenken«. Und »durch Betriebsverlagerungen hatte ich sehr viel mit seinen guten Leuten zu tun«. Fluggeräte interessieren nahezu jeden Jungen seines Alters, ihn allerdings ganz besonders.

Aber bestimmt nicht solche, die seinen Großvater und Onkel umtrieben.

☙

4. März 1944. Vor knapp einem Jahr haben die Luftangriffe der Alliierten begonnen, bei denen auch gezielt Rüstungsbetriebe beschossen werden. Um ihre wehrtechnischen Anlagen zu schützen, wollen die Nationalsozialisten sie unter die Erde verlegen. Die Produktionsstätten des Geheimprojekts »Kirschkern« – gemeint ist die V1-Rakete, auch Fi 103 genannt – sollen von Fallersleben in die Höhle der französischen Erzgrube Tiercelet bei Thil verlagert werden.

Für die Fertigung der Flugbombe benötigt die Werksleitung billige Arbeitskräfte. Höchstpersönlich setzen sich Ferdinand Porsche und sein Sohn Ferry bei Heinrich Himmler dafür ein, dass die notwendige Zahl an KZ-Häftlingen rekrutiert wird. Der Reichsinnenminister wendet sich daraufhin an Oswald Pohl, den Chef des Wirtschafts- und Verwaltungsamts: »Professor Porsche hat mich heute besucht. Er bittet uns, ein Werk für die Fabrikation einer Geheimwaffe«, gemeint ist die Flugbombe Fi 103, für die er »3½ Tausend Arbeitskräfte braucht, als KL-Betrieb zu übernehmen. Heil Hitler. Ihr H. Himmler.«

Damit der Betrieb des Konzentrationslagers (KL) reibungslos funktioniert, soll Volkswagen »die gesamte Höhle mit KZ-Häftlingen« belegen, fordert Porsche. Der VW-Chef will in der Höhle »ein Jägerprogramm in Großserie« ausführen. Die Freiräume, die »der Kirschkern nicht braucht«, sollen zur Kapazitätsausweitung der Flugbombenfertigung genutzt werden. Noch haben »die Feinde Fallersleben nicht zusammengehauen«, aber die Zeit drängt.

Am Tag seines Besuchs bei Himmler erhält Porsche den Totenkopfring des Reichsführers SS verliehen.

War Ferdinand Piëchs Großvater ein strammer Nationalsozialist? Die Meinungen darüber prallen heute hart aufeinander. Denn von der Antwort auf diese Frage ist nicht nur die Identität der Wolfsburger, sondern vor allem die Familiengeschichte der Porsches und Piëchs und die Unternehmensgeschichte der Volkswagen AG betroffen.

Günther Wagner, als Panzersoldat selbst im Russland-Einsatz aktiv, steht zu seinem Idol: »Professor Porsche hat nie eine Uniform getragen.« Außerdem habe er sich von den Nationalsozialisten weder »einkleiden noch einkaufen« lassen. Ferdinand Porsche »war Konstrukteur«.

Letzteres bestreitet auch Gisela Abel nicht: »Herr Porsche war ein guter Ingenieur, besessen von seiner Arbeit als Techniker.« Die engagierte Antifaschistin kritisiert den früheren VW-Werksleiter dennoch heftig:

»Meines Erachtens hat sich Herr Porsche wie ein Verbrecher verhalten, denn er hat die Leute verheizt.« Durch die erzwungene Arbeit im Volkswagenwerk »wurden viele Menschen getötet«. Für sie ist »in einem solchen Fall gleichgültig«, ob er als Verantwortlicher »eine Uniform getragen hat«. Entscheidend sei vielmehr, dass er »als Werksleiter seine technischen Vorstellungen realisieren« konnte. Und »im Gegensatz zu den deutschen Arbeitern waren ihm die Nichtdeutschen gleichgültig«.

🚗

Hätte Ferdinand Porsche sich anders verhalten können? Immerhin machte ihn sein technisches Know-how für die Reichsführung unentbehrlich. Welche Möglichkeiten zum Widerstand hatte er?

»Wenn er mit dem, was Hitler gemacht hat, nicht einverstanden gewesen wäre, dann wäre er weg gewesen – so wie das in einer Diktatur eben so ist.« Hans Abele sieht in Porsches Verhalten »seine Form des Überlebens«.

Professor Mommsen und sein damaliger Assistent Dr. Manfred Grieger kommen zu einer anderen Bewertung: Porsches »unbestreitbares Ansehen bei Adolf Hitler« habe ihm auch in politischen Fragen erlaubt, »eine weitgehend unabhängige Haltung« einzunehmen. »Sein zwangloser und nie unterwürfiger Umgang mit der Parteiprominenz und sein internationales Renommee als Automobilkonstrukteur, zudem seine spektakulären Erfolge im Rennwagenbau, verschafften ihm eine Ausnahmestellung innerhalb des Regimes.« Außerdem hätten die »zahlreichen Ehrungen« den Werksleiter zu »einer unangreifbaren Position innerhalb und außerhalb des Unternehmens« verholfen. Diese Einschätzung der Historiker wird unterstrichen durch die Tatsache, dass »Adolf Hitler der Ausstrahlung des wesentlich älteren Porsche erlag und ihm gegenüber größte Hochachtung empfand«.

Warum also hätte es Ferdinand Porsche in seiner anerkannten Sonderrolle nicht gelingen sollen, Not und Elend der Zwangsarbeiter – zumindest im VW-Werk – zu beheben und die Kinder in Rühen zu retten?

Das fragt sich auch Gisela Abel, denn »Hitler hat Porsche gebraucht«. Allerdings »kam Herrn Porsche das System gelegen, um seine Träume zu verwirklichen. Für ihn waren die Zwangsarbeiter ein Werkzeug, keine

Menschen.« Ihre Schlussfolgerung: »In diesem Sinne war er Teil des nationalsozialistischen Systems.«

⌘

Wegen der »Schuld am Sterben hunderter Kinder von Fremdarbeitern des Volkswagenwerks«, so die Kurzmeldung in der Braunschweiger Zeitung, wird das Urteil im März 1947 vollstreckt. Hans Körbels Exekution erfolgt im Zuchthaus Hameln, der Hinrichtungsstätte der britischen Besatzungsmacht.

⌘

Bei einer Podiumsdiskussion im April 1997 stellt der heutige VW-Werksarchivar Manfred Grieger fest, dass es an dem Willen fehlte, das Leben der Kinder in Rühen zu retten: »Das Sterben hätte nur durch die Schließung des Heims verhindert werden können. Das wollte die Werksführung aber nicht, da die Rückgabe der Kinder an die Mütter eine Minderung der Arbeitskraft bedeutet hätte.« Mit anderen Worten: Für Ferdinand Porsche sowie seine Stellvertreter Anton Piëch und Bodo Lafferentz hatte der wirtschaftliche Erfolg höchste Priorität.

VW-Kommunikationschef Klaus Kocks kommt bei dieser öffentlichen Veranstaltung nicht umhin, eine »besondere familiengeschichtliche Situation« einzuräumen. Gemeint ist die Tatsache, dass Porsches Enkel Ferdinand Piëch heute das Volkswagenwerk führt. Dies aber sei Piëchs »persönliche Angelegenheit«.

⌘

Es sei nicht leicht, »eine Gegenrede zu halten«. Mit diesen Worten hatte Ursula Krause-Schmitt im November 1985 einen Vortrag im Gemeindezentrum St. Marien begonnen. Zu stark sei das seit Jahrzehnten »bruchlos gepflegte Image des genialen Konstrukteurs, des einzig und allein dem Auto ergebenen Erfinders in den Köpfen der Menschen verankert«. Dabei sei der Mythos um Ferdinand Porsche »immer auch Teil einer Marktstrategie«, die vom Porsche-Auto des kleinen Jungen bis zum geliebten Käfer reiche.

Kritisches Nachfragen sei da nicht opportun. Es »könne möglicherweise die Absatzchancen beeinträchtigen« und habe darum »tunlichst zu unterbleiben«. Die Historikerin lässt sich davon nicht beirren: »Ferdinand Porsche gehört zu den Verantwortlichen, zu den gesellschaftlichen Kräften, die den Faschismus getragen haben.«

Oskar-Schindler-Realschule Wolfsburg

»Es geht uns um die Sache, nicht um Personen.«
Ferdinand Piëch zur Zwangsarbeiter-Studie

»Piëch sorgt sich offenbar, dass er in Sippenhaft genommen werden könnte.«
Peter Bölke im »Spiegel«

»Kerrl eröffnete die Sitzung mit der präjudizierenden Feststellung, dass Hitler sich bereits abschließend für Fallersleben ausgesprochen habe.«
Hans Mommsen über den Standort des VW-Werks

Im November 1996 ist die von Hans Mommsen unter Mitarbeit von Manfred Grieger verfasste Studie über die VW-Zwangsarbeiter im Dritten Reich veröffentlicht worden. Seither droht in Wolfsburg bei nahezu jedem einschlägigen Gedenktag die Diskussion um die Ergebnisse dieser Untersuchung erneut hochzukochen.

Ferdinand Piëch will sich zu dem Tausend-Seiten-Werk nicht so recht äußern. »Dies ist ein freies Land«, verkündet er reserviert. »Ich führe einen Automobilkonzern, eines der größten und hoffentlich irgendwann einmal eines der besten Häuser. Was ein Wissenschaftler in ein historisches Werk schreibt oder schreiben lässt, sollte ich deshalb nicht kommentieren.« Natürlich aber könne »sich jeder Leser des Buches an vielen Stellen die Frage stellen: Cui bono – wem nützt das?«.

Tatsächlich ist die Gefahr groß, dass Piëch »persönlich ins Scheinwerferlicht der Weltöffentlichkeit« *(Die Welt)* gerückt wird. »Wir sind im Licht der Öffentlichkeit«, weiß der Wiener, »weil wir Automobile auf den Markt bringen, die unsere Kunden erfreuen und unsere Wettbewerber beunruhigen.« Und »das wirft Schatten«.

Irrlichter gebe es »nur dort, wo geschichtliche Bezüge zur Tagespolitik missbraucht werden«. Das müsse »man aushalten können«. Angriffe gegen seine Person erwartet Piëch nicht. Schließlich habe er die Zeit »wie alle anderen meiner Generation auch als Kind erlebt«. Richtig, es ist nicht die Geschichte des Ferdinand Piëch. Aber es ist ein Teil der Firmengeschichte von Volkswagen und der Familiengeschichte Porsche-Piëch.

Selbstbewusst verkündet der VW-Kommunikationsvorstand: »Wir stellen uns.« Es gebe nur »wenige Beispiele, wo ein Unternehmen seine Vergangenheit so gründlich aufarbeiten lassen hat«, sagt Klaus Kocks – mit Recht. Doch dann distanziert er sich: »Die Nazi-Zeit gehört zur Vorgeschichte von Volkswagen, nicht zur eigentlichen Geschichte.« Schließlich sei Volkswagen heute »kein Rüstungsbetrieb«. Seit wann aber bestimmt die Produktionspalette das Gründungsdatum eines Unternehmens?

»Es geht uns um die Sache, nicht um Personen«, kommentiert Ferdinand Piëch die Mommsen-Studie und versucht das System in den Vordergrund und die Verantwortlichen in den Hintergrund zu spielen. Die Personen, um die es möglichst nicht gehen soll, sind Ferdinand Porsche und Anton Piëch. Wenn ihre Rolle thematisiert werden sollte, droht das Kartenhaus vom unsauberen Unternehmen mit der ehrenwerten Führung in sich zusammenzufallen.

Der Mann hat sich einen Namen gemacht. Als Pastor der St.-Marien Gemeinde in Alt-Wolfsburg, nahe der »Gedenkstätte für die Opfer der nationalsozialistischen Gewaltherrschaft«. Und weil er laut *Frankfurter Rundschau* »dafür gesorgt hat, dass nicht über alle Scheußlichkeiten der Stadtgeschichte Gras wächst«.
Hartwig Hohnsbein will sich mit Porsches Mythos und der Ablenkungsstrategie des Unternehmens einfach nicht abfinden. Der Theologe zählt zu den vehementesten Verfechtern einer schonungslosen Aufarbeitung der Geschichte. Zusammen mit seiner Mitstreiterin Gisela Abel hat er

wiederholt Juden empfangen, die in der KdF-Stadt als Zwangsarbeiter eingesetzt waren.

☙

Ganz so kooperationsbereit, wie sich Ferdinand Piëch gerne geben möchte, zeigte er sich nicht immer.

Ursprünglich sollte die Mommsen-Grieger-Studie viel früher publiziert werden. Dass das Buch verspätet erscheint, »liegt zu einem guten Teil an den Verzögerungen, die es bei der Erschließung der Quellen gegeben hat«, erklärt der Historiker. So fehlten neben französischen Archivdokumenten auch »die Protokolle der Vorstands- und Aufsichtsratssitzungen und der wöchentlichen Besprechungen der Werksleitung unter Porsche« sowie weitere Akten. Noch im Dezember 1995 klagt Mommsen: »Automobilbauer haben offensichtlich wenig Sinn für Geschichte. Das ist ein Trauerspiel.«

Stimmt. Nachdem Ferdinand Piëch die Vorstandsschaft in Wolfsburg übernommen hatte, »war alles vorbei«, kommentierte Mommsen 1996. Piëch widersprach vehement. Zugleich stellte er fest, dass auf den ersten 600 Seiten der Mommsen-Studie, die er bereits vor »zwei, drei Jahren gesehen« habe, »der Name meines Vaters überhaupt nicht« vorkam – und heute erscheine er als einer der Hauptverantwortlichen.

Piëch sorge sich wohl, »dass er in Sippenhaft genommen werden könnte für unhaltbare Vorwürfe«, wundert sich Peter Bölke im *Spiegel*. Dabei vertritt der Wiener die Position, weder der Vater noch der Großvater seien Nazis oder antijüdisch eingestellt gewesen.

☙

Hans Mommsen und sein Assistent Manfred Grieger haben mit dieser Auftragsstudie das Grundlagenwerk zur Aufarbeitung der Geschichte des Volkswagenwerks unter dem Nationalsozialismus geschrieben. Dennoch haben sich die beiden Wissenschaftler den Vorwurf eingehandelt, an entscheidenden Stellen zu vage geblieben zu sein.

So zeichnen die Historiker ein Bild von Ferdinand Piëchs Großvater, das trotz dessen detailliert geschilderter Aktivitäten zuletzt erstaunlich blass bleibt. In der abschließenden Bewertung erhält Ferdinand Porsche sogar quasi die Absolution: »Wie weit sich Porsche über den verbrecherischen

Charakter des Regimes, dem er diente und dem er entscheidende Förderung verdankte, im Klaren gewesen ist, muss offen bleiben.« Und weiter: »Er stellt den Prototyp des ausschließlich an technologischen Fragen interessierten Fachmanns dar, der sich aber andererseits nicht scheute, die Herrschenden direkt anzugehen, wenn es um die Interessen des Volkswagenwerks ging.«

Hartwig Hohnsbein kommt zu einem anderen Schluss. »Porsche galt als ›Liebling‹ Hitlers«, zitiert er Generaloberst Guderian. »Porsche war Parteimitglied der NSDAP« und SS-Oberführer. »Die SS wurde nach dem Krieg als ›verbrecherische Organisation‹ verboten«, erinnert der Pastor. Hinzu komme, dass »Porsche im Kreis um Hitler bei der Planung des Raubkrieges gegen die Sowjetunion beteiligt« gewesen und zum Vorsitzenden der Panzerkommission ernannt worden ist. Außerdem, so sein Verweis auf Mommsens Studie, »war Porsche ein Anhänger einer entschiedenen Durchhaltepolitik«, auf Grund deren »unzählige Menschen ums Leben kamen«.
Hohnsbeins Position ist entsprechend kompromisslos: »Porsche darf in keinerlei Weise mehr geehrt werden.« Das bliebe »ein immerwährender Skandal in unserer Stadt und bedeute eine fortgesetzte Verhöhnung seiner Opfer«. Deshalb kann er auch nicht nachvollziehen, dass eine Wolfsburger Schule nach einem Mann benannt ist, der »die Arbeitskraft von KZ-Häftlingen ausbeuten ließ bis zu deren Verrecken«.

Trotz deutlich kritischerer Töne haben die Ehrungen der Vergangenheit Bestand: »Porschestraße«, »Porsche-Denkmal«, »Porsche-Stadion«.
Besonders der Name der Ferdinand-Porsche-Realschule hat in den vergangenen Jahren zu heftigen Disputen geführt. »Bei Jubiläen hagelt es Leserbriefe aus allen Richtungen um die Frage: Soll der Name verschwinden oder bleiben?«, sagt Burckhardt Hane. »Das ist unsere Erblast«, meint der Fachbereichsleiter für geschichtlich-soziale Weltkunde.
Und für Rektor Uwe Striezel ist klar: »Wenn wir uns heute einen Namen geben müssten, käme kein Mensch auf die Idee, die Schule nach Ferdinand Porsche zu benennen.«

Der Rat der Stadt Wolfsburg hat die Schule darum gebeten, sich mit der Namensfrage auseinanderzusetzen. Darum lassen sich die Betroffenen von Stadtarchivar Klaus-Jörg Siegfried und Mommsen-Mitarbeiter Manfred Grieger in einer zweitägigen Fortbildung über die historischen Hintergründe informieren. Im November 1997 fällt die Vorentscheidung: Mit 25:9 Stimmen votiert die Gesamtkonferenz von Lehrkräften, Mitarbeitern, Eltern- und Schülervertretern in geheimer Abstimmung für die Beibehaltung des Namens »Ferdinand-Porsche-Realschule«.

Die Reaktionen auf die Entscheidung sind heftig. »Wir haben Backpfeifen von links und rechts ertragen müssen«, beschreibt Striezel die Situation. Da nutzt es wohl wenig, wenn der Rektor bekundet: »Für uns ist der Prozess der Namensgebung jetzt abgeschlossen, aber nicht die kritische Auseinandersetzung mit dem Namen Ferdinand Porsche.«

Von nun an macht sich die Lehrerschaft die »stärkere Berücksichtigung und verpflichtende Behandlung des Themenkomplexes ›Wolfsburger Stadtgeschichte‹« sowie das Erstellen einer Dokumentation als Dauerausstellung für die schulische Pausenhalle zur Aufgabe. Die Volkswagen AG sagt ihre Unterstützung zu. Auf Tafeln in der Umrisslinie eines VW-Käfers soll über Fragen der Militärproduktion, Rekrutierung der Zwangsarbeiter und deren Lebens- und Arbeitsbedingungen sowie das Management – unter besonderer Berücksichtigung Porsches – informiert werden.

Nach der Schule hat die Politik das Wort. In einer öffentlichen Sitzung am 19. November 1997 befindet der Stadtrat über den Antrag der sozialdemokratischen Fraktion, einen neuen Namen für die Realschule zu suchen. Vor vollbesetzter Tribüne fällt die Entscheidung denkbar knapp aus: Den 22 Stimmen von SPD und Bündnis 90/Die Grünen stehen 23 der CDU, FDP und PUG (Parteiunabhängige Gemeinschaft) entgegen – der Antrag ist abgelehnt.

23:22 lautet das Ergebnis für einen weiteren SPD-Antrag. Dank der Stimme des PUG-Ratsherrn Udo Mindt werden alle Schilder der Porschestraße, der Büste und beim Stadion mit ergänzenden Informationen versehen.

»Ferdinand Porsche erwarb sich schon in jungen Jahren durch zahlreiche Erfindungen auf dem Gebiete des Motoren- und Kraftfahrzeugbaus den Ruf eines hervorragenden Konstrukteurs«, verkünden seither Hinweisschilder in Wolfsburg. Wertneutral heißt es weiter, dass unter seiner Leitung »das Volkswagenwerk im Zweiten Weltkrieg Rüstungsgüter« produzierte. »Dabei wurden auch KZ-Häftlinge und Zwangsarbeiter aus vielen Teilen Europas eingesetzt. Von 1941 bis 1943 war er Vorsitzender der Panzerkommission mit der Aufgabe, eine kriegstaugliche Waffe zu planen.« Im Folgenden wird auf den »weltweiten Erfolg« des von Porsche entwickelten Käfers und die Auseinandersetzung einer »breiten Öffentlichkeit mit seiner Beteiligung an der Kriegsproduktion« hingewiesen.

🚗

»Porsche hat Hitler die Hand gereicht«, sagt Dov Eisikowits, einer der von Gisela Abel und Hartwig Hohnsbein empfangenen ehemaligen VW-Zwangsarbeiter. Eisikowits treibt die Frage um: »Warum gibt es hier noch eine Porschestraße?«
Für Gisela Abel ist die Diskussion noch lange nicht ausgestanden. Gleich nach der kommenden Kommunalwahl müsse »das Thema wieder auf die Tagesordnung«, fordert sie und trägt eine bedenkenswerte Anregung vor: »Warum hat man die Schule nicht nach Oskar Schindler benannt?« Schindler habe »im System des Nationalsozialismus gezeigt, dass man Mensch bleiben kann«.

🚗

Die Geschichte beschert den Wolfsburgern noch eine weitere Diskussion: Auch der bis heute so hoch gelobte Heinrich Nordhoff, von 1948 bis 1968 Vorsitzender der Volkswagen AG, war einer der führenden Industriellen des Naziregimes.
Vieles verbindet Porsche und Nordhoff: Beide machten sie Karriere in der Autoindustrie, beide bekleideten sie zur Zeit des Nationalsozialismus industrielle Führungspositionen, beide lieferten sie der Wehrmacht Militärfahrzeuge für den Vernichtungskrieg, beide nutzten sie die Arbeits-

36

kraft von Zwangsarbeitern, beide wurden sie mit Ehrungen überhäuft, beiden verdankt die Stadt am Mittellandkanal viel – nach beiden sind in Wolfsburg eine Schule und eine große Straße benannt.

Obwohl er während der vier letzten Jahre der nationalsozialistischen Herrschaft Direktor des VW-Werks war und damit die schrecklichen Geschehnisse im Unternehmen mit zu verantworten hat, ist Dr. Anton Piëch von der Geschichtsforschung bisher nur am Rande behandelt worden. Im Vordergrund des Interesses stand immer der berühmte Name Ferdinand Porsche.

Hans Mommsen war sich dieser Problematik bewusst. Während seiner Recherchetätigkeit hat er gefordert, dass das Unternehmen einen wirtschaftlich ausgebildeten Werksarchivar einstellte. Das hat die VW-Führung mittlerweile getan und Dr. Manfred Grieger für den Aufbau des VW-Archivs verpflichtet – Mommsens Mitarbeiter an der VW-Studie. Erst wenn das Volkswagen-Archiv geöffnet wird, kann die Rolle von Ferdinand Porsche und auch von Anton Piëch vollständig aufgeklärt werden. Noch ist nicht abzusehen, wann es so weit sein wird.

Für seine Bemühungen um den Ausbau der wirtschaftlichen Verbindungen zwischen Israel und Deutschland hat Ferdinand Piëch im Mai 1997 die Ehrendoktorwürde der Ben-Gurion-Universität erhalten. Damit würdigten Senat und Exekutivkomitee der Hochschule die Investitionen des Volkswagen-Konzerns in Israel sowie Piëchs Engagement für die guten Beziehungen und für den Frieden zwischen den Völkern im Nahen Osten.

Der heutige VW-Chef ist für die Taten seines Großvaters und Vaters zweifellos nicht verantwortlich. Aber warum nimmt er, der andere so hart kritisieren kann, nicht deutlich Stellung zur Verstrickung seiner Vorfahren? Er scheint sich von Ferdinand Porsche und Anton Piëch weder distanzieren zu können noch zu wollen. So bleibt Ferdinand Piëch Teil und zugleich Gefangener eines Systems, das die Porsches und Piëchs in Salzburg, Stuttgart und in Wolfsburg installiert haben.

Teil I:

Familienfeiern

Kapitel 1: Porsche vs. Piëch

Reingetrieben und abgezählt

>»Ferner wurde Porsche die erbetene Alleinvertretung für Öster-
reich zugesichert.«
Hans Mommsen über Ferdinand Porsches Vertragsbedingung

>»Möglicherweise sind die Schritte, die ich im Leben gemacht
habe, erkämpft habe, für meine Person überlebenswichtiger
wie für einen anderen Menschen.«
Ferdinand Piëch über seine Erfahrungen in der Jugendzeit

>»Ich bin katholisch erzogen worden, ja. Zur Beichte getrieben,
in den Alpen.«
Ferdinand Piëch über seine Erziehung

»Da gibt es noch einiges zu erforschen, auch was die innerfamiliären - Finanzverhältnisse der Familie Porsche-Piëch betrifft«, sagt Hartwig Hohnsbein.

Das Informationsdefizit lässt den Pastor Fragen formulieren: »Was geschah zum Beispiel mit den zehn Millionen Reichsmark, die Porsches Schwiegersohn Anton Piëch 1945 aus Wolfsburg nach Österreich schaffte? Mit welchen Mitteln gründete Porsches Sohn Ferry dann in Stuttgart-Zuffenhausen an väterlicher Wirkungsstätte die Porsche KG? Auf welche Weise ist Ferdinand Piëch zum Milliardär geworden?«

Viele der Antworten sind in der Vergangenheit der Familie Porsche-Piëch zu suchen.

🚗

10. April 1945. Längst hat sich Ferdinand Porsche in die Alpen abgesetzt, Anton Piëch ist noch geblieben. In diesen letzten Kriegstagen obliegt dem Wiener die Werksleitung in der KdF-Stadt und auch das Kommando über die hiesigen Kompanien des Volkssturms.

Als Panzeralarm gegeben wird, rücken die Soldaten des Bataillonskommandeurs Piëch in Richtung Tangermünde aus. Zu diesem Zeitpunkt ist die Niederlage des Deutschen Reichs abzusehen. Befehlshaber Piëch zieht es vor, »nach dem Panzeralarm das Hauptwerk« zu verlassen und nach Österreich zurückzukehren. An seiner statt muss ein Apotheker einspringen und den Volkssturm befehligen.

Eine Woche später erreichen amerikanische Militäreinheiten Fallersleben, die Stadt wird von der 102. US-Infanterie-Division besetzt.

Trotz einer Offerte aus der Tschechoslowakei hat sich Ferdinand Porsche bei den Salzburger Behörden nach einem Grundstück erkundigt, das seinen Ansprüchen gerecht wird. Die ihm angebotene Fliegerschule in Zell am See erscheint ihm geeignet, liegt sie doch in der Nähe des Schüttguts. Bereits Anfang der Dreißigerjahre hatten die Porsches das Familienanwesen erworben.

Die seit dem zweiten Kriegsjahr erfolgten Bombardierungen haben zur Zerstörung von rund 60 Prozent des Volkswagenwerks geführt. Dank der amerikanischen Besatzer, die unter anderem die Reparatur und Umwandlung militärischer in zivile Lkws in Auftrag geben, wird die industrielle Tätigkeit alsbald wieder aufgenommen. Im Juni 1945 übernimmt die britische Besatzung die Stadt, am 26. Juli wird die KdF-Stadt in »Wolfsburg« umgetauft.

Zu diesem Zeitpunkt ist das Werksgelände von Trümmern und Schutt sowie darunter vergrabenen und größtenteils zerstörten Maschinen übersät. Vor allem dem Engagement des britischen Majors Ivan Hirst, Senior Resident Officer in Wolfsburg, ist der erfolgreiche Einstieg in die Volkswagen-Produktion zu verdanken. Bis Ende des Jahres fertigen rund 6000 Beschäftigte bereits wieder 917 Autos.

Über den weiteren Fortbestand von VW macht sich Porsche wenig Gedanken. Obgleich er weiterhin von den Zahlungen aus Wolfsburg profitiert, hat er mit dem Werk weitgehend abgeschlossen. Vergleichsweise konkret sind dagegen seine Vorstellungen vom Aufbau eigener Konstruktionskapazitäten in seinem Heimatland.

Im Mittelpunkt der Planungen steht die neu gegründete Porsche Konstruktionen KG, die – mangels Platz in Zell am See – ab Herbst 1944 in einem alten Sägewerk in Gmünd in Kärnten aufgebaut wird. Seine Startchancen sind vergleichsweise gut: Der »Volkswagenvertrag« verschafft dem Inhaber der Zuffenhausener Dr. Ing. h.c. F. Porsche KG erhebliche Vorteile: VW garantiert Porsche jährliche Aufträge von mindestens 30 000 Arbeitsstunden und zinslose Darlehen in nahezu unbegrenztem Umfang.

In Zeiten knapper Kassen könnte die Ausgangsposition kaum besser sein. Durch die Zuwendungen von VW kann Ferdinand Porsche sowohl den Aufbau des Stuttgarter Unternehmens, das sein Sohn Ferry in den kommenden Jahren an die Spitze des Sportwagenbaus führen wird, als auch den der Kärntner Firma finanzieren.

Da die Alliierten versäumt haben, Anton Piëchs Absetzung zu beschließen, versteht sich dieser noch immer als rechtmäßiger Geschäftsführer von Volkswagen. Kurzerhand wird das Schüttgut zur VW-Firmenzentrale umfunktioniert, werden Rechnungen für die Stuttgarter Porsche KG von hier aus eingefordert.

»Unter Mitnahme großer Bargeldbeträge«, so Hans Mommsens Untersuchungsergebnisse, hat die Konzernleitung den Firmensitz ins österreichische Familiendomizil verlegt. Die Gelder – beachtliche zehn Millionen Reichsmark – sollen der Auslagerung einer Wollkämmerei dienen. In Wirklichkeit aber werden sie »größerenteils für die Finanzierung der Porsche KG« verwendet.

»Die Zentrale überwies die geforderten Summen, ohne dass eine detaillierte Rechnungslegung erfolgte«, schreibt der Historiker, nach dessen Erkenntnissen für einzelne Leistungen »beträchtliche Summen nach Stuttgart gezahlt wurden«. Ferdinand Porsche sind die Zahlungen mehr als gelegen gekommen, zumal »die Begleichung der von Stuttgart vorgelegten Kostenrechnungen mit einer gewissen Automatik erfolgte, ohne dass die einzelnen Positionen einer betriebswirtschaftlichen Kontrolle unterzogen wurden«.

Kaum im Amt, sieht sich die neue Führung in Wolfsburg zu drastischen Maßnahmen gezwungen – vor allem zur »Aufklärung der Unregelmäßigkeiten, die sich im Zuge der Übersiedlung der Werksleitung nach Zell am See ergeben hatten«, beschreibt Mommsen die Verfehlungen im Hause Porsche-Piëch.

Porsches Ansinnen, die Alleinvertretung für Volkswagen in Österreich zu erhalten, wird stattgegeben. Was zu diesem Zeitpunkt lediglich den Kundendienst betrifft, erweist sich in den Jahrzehnten nach dem Zweiten Weltkrieg als Goldgrube.

Burli, wie Ferry Porsche seinen Neffen Ferdinand Piëch zu nennen pflegt, verbringt keine leichte Kindheit. Der Achtjährige mag froh sein, dass sein Großvater jetzt wieder häufiger auf dem Schüttgut weilt. Umso mehr muss es den Jungen erschrecken, dass am 29. Juli 1945 vier Polizeibeamte in Zell am See auftauchen und seinen Vater, Großvater und auch Onkel Ferry verhaften wollen. Zwar verhindert die Counter Intelligence Commission (CIC) eine Festnahme durch die Beamten aus der nordwestlich von Wolfsburg gelegenen Kreisstadt Gifhorn. Dafür lässt die Salzburger CIC ihrerseits die Männer inhaftieren, vernehmen und die Räume des Gmünder Büros durchsuchen.

Obwohl den drei Auto- und Rüstungsmanagern erst einmal nicht nachgewiesen werden kann, dass sie Akten entwendet und Geld von Deutschland nach Österreich geschafft haben, wird Porsche im Internierungslager Dustbin festgesetzt. Nach der Vernehmung durch die Alliierten, die ihn wegen seiner Tätigkeit als Vorsitzender der Panzerkommission befragen, kommt er am 13. September wieder frei.

Ein zweiter Lichtblick folgt wenig später. Mitte November werden Ferdinand Porsche, sein Sohn Ferry und sein Schwiegersohn Anton vom französischen Industrieminister in Baden-Baden empfangen. Porsche soll ein Autowerk in Frankreich führen.

Was so verheißungsvoll beginnt, endet im Desaster, denn schon im

Dezember lässt der französische Justizminister die Österreicher in Haft nehmen.

Die Inhaftierung der drei Familienvorstände bereitet den Finanzzuwendungen aus Wolfsburg ein Ende. Weitere Geldforderungen werden seitens der britischen Property Control verhindert, die als zuständige Besatzungsbehörde einschreitet.

🚗

Das Weihnachtsfest 1945 erlebt der kleine Burli ohne Vater, Großvater und Onkel. Die an seinen Opa gerichteten Vorwürfe, er habe Arbeiter aus Frankreich nach Wolfsburg deportieren und einige von ihnen in ein KZ verfrachten lassen, sind für einen Achtjährigen kaum nachvollziehbar.

Im März 1946 wird wenigstens Onkel Ferry aus der Gefangenschaft entlassen. Dagegen werden Ferdinand Porsche und Anton Piëch zwei Jahre lang als Kriegsverbrecher beschuldigt und in Untersuchungshaft gehalten. Ihre Haftbedingungen sind erschwert, die Einzelzellen im Winter nicht einmal beheizt. Ganz so, »als wären sie Schwerverbrecher«, moniert Ferry Porsche und spricht von »einer furchtbaren Zeit«.

🚗

Burli besucht die Grund- und Hauptschule in Zell am See, danach für zwei Jahre eine Realschule in Salzburg. Schon früh sucht der Junge auf sich aufmerksam zu machen, entwickelt einen übermäßigen Ehrgeiz, fordert viel zu viel von sich und später von anderen.

»Es war mein Ziel, einmal eine größere Firma zu leiten als mein Großvater.« Seine Minderwertigkeitskomplexe kaschiert der Wiener zeitlebens mit ambitionierten Zielvorgaben: »Ich würde so weit gehen, dass ich mir zutraue, in der Weltautoindustrie ein Team von einer Qualität zusammenzustellen, wie es mein Großvater im Kleinen für den Käfer getan hat«, verkündet er als VW-Vorsitzender in aller Bescheidenheit und offenbart dabei ungewollt sein Seelenleben.

Im Rückblick auf die Jugendjahre bekennt Piëch, mit sich selbst »nie ganz zufrieden« gewesen zu sein. So sei es ihm »während der ganzen Schulzeit« ergangen.

🚗

Lange Zeit lastet die Verantwortung dreifach auf den Schultern von Mutter Louise: Sie muss sich zugleich um die Kinder, um die Freilassung der Männer und um die Führung der verschiedenen Firmenteile von Porsche kümmern. »Mit bemerkenswerter Courage«, so das Lob ihres Bruders Ferry, führt sie die Geschäfte.

Ihr Ziel ist es, die in Wien, Salzburg und Gmünd vorhandenen Auslagerungen zusammenzuführen. Noch zu Kriegszeiten hat sie mit der familieninternen Vertragsregelung den Grundstein zur Gründung eines eigenständigen Unternehmens in Österreich gelegt.

🚗

Als sich 1947 in der Porsche-Piëch-Familie die Angst breit macht, sämtliche Unterlagen und Gerätschaften könnten von den Besatzungsmächten konfisziert werden, gründen Louise und Ferry am 1. April die Gmünder Porsche Konstruktionen Ges.m.b.H. Der Auftrag eines zahlungskräftigen italienischen Formel-1-Fans bringt Geld in die Kasse, das dringend benötigt wird.

Im August 1947, knapp zwei Jahre nach der ersten Festnahme ihres Mannes, Vaters und Bruders, sind Louise Piëchs Anstrengungen endlich von Erfolg gekrönt: Mit der Übergabe einer Kaution in Höhe von einer Million Francs – die im Übrigen nie zurückgezahlt worden ist – werden Ferdinand Porsche und Anton Piëch aus der Haft entlassen.

Letztlich haben die beiden Glück, denn die sich abzeichnende Ost-West-Konfrontation hat auch in Frankreich zu einem Umdenken geführt. Zumindest löst sich das Interesse an der Verfolgung ihres Falls in Wohlgefallen auf. Formell wird keine Anklage erhoben, die Untersuchung wegen vermeintlicher Kriegsverbrechen eingestellt.

🚗

8. Juni 1948. Das Unternehmen feiert den »Geburtstag der Sportwagenmarke, die von Österreich ausgehend zu einem der bekanntesten Markenbegriffe dieser Welt werden sollte«. In Gmünd hat sich Ferry an die Verwirklichung seiner Idee gemacht, Großvaters Käfer zum Sportwagen aufzupäppeln. Tatsächlich begründet der Porsche 356, benannt nach einer Konstruktionsnummer, »den legendären Ruf« Porsches. So jedenfalls huldigt die Werkschronik dem weltberühmten Erfinder.

»Die Erkenntnisse, die der russische Winter und die tropische Hitze des afrikanischen Kriegsschauplatzes den Porsche-Konstrukteuren vermittelt« haben, sind der Entwicklung des 356ers äußerst dienlich. Eine überraschende Form von Kriegsprofiten, die der Gmünder Chronist Karl Lax hier ausmacht.

Gmünds schöne, jedoch abgelegene Lage im Kärntnerland steht der erhofften Firmenentwicklung im Weg, die Verlegung des Unternehmenssitzes im Februar 1949 ist unausweichlich geworden. Ferry Porsche konzentriert sich auf den Aufbau der Sportwagenfirma in Zuffenhausen, die Piëchs widmen sich dem Aufbau in Salzburg, wobei Louise und Ferry gleichberechtigte Besitzer der beiden unabhängigen Firmen bleiben.
In den kommenden Jahren profitiert vor allem das österreichische Unternehmen von Ferrys Verhandlungsgeschick. Er hat Heinrich Nordhoff, seit Januar 1948 VW-Generaldirektor, eine Reihe von Zugeständnissen abgeluchst. Mit der VW-Teilelieferung zum Bau eines Sportwagens, der Vertriebsgenehmigung für Porsche über das Volkswagen-Netz in aller Welt, der Lizenzgebühr in Höhe von fünf Mark für jeden gefertigten Käfer sowie dem VW-Generalimporteursvertrag legt Ferry den Grundstock für die Erfolge der kommenden Jahre. »Ich bin schon immer ein guter Verhandlungspartner gewesen«, erklärt er selbstzufrieden.
Offiziell gegründet wird die Gesellschaft Porsche-Salzburg am 14. Mai 1949, doch bereits im April sind die ersten Importkäfer in der Alpenstraße eingetroffen. 1950 wird Anton Piëch zum Geschäftsführer der Porsche Konstruktionen Ges.m.b.H berufen.
Das Wirtschaftswunder der Nachkriegszeit findet auch in Österreich statt. Doch weder Ferdinand Porsche noch Anton Piëch sollten den steilen Aufstieg der Unternehmen erleben.

Den Jungen plagen weniger materielle Nöte als die mangelnde Zuwendung in der Familie. Der Großvater ist »fast nie da«, der Vater häufig von Berufs wegen unterwegs, die dominante Mutter »hat uns fast uns selbst überlassen«. Damit nicht genug. Anfang der Fünfzigerjahre treffen die Familie gleich zwei Schicksalsschläge.

Im November 1950 bricht Großvater Ferdinand zusammen und erleidet einen Schlaganfall. »Er war ein sehr ungeduldiger Kranker«, beschreibt Onkel Ferry das Verhalten des Bettlägerigen, denn »als Techniker betrachtete er den menschlichen Körper mit der Logik des Ingenieurs«. Diesmal aber lässt sich die Maschine nicht reparieren, Ferdinand Porsche stirbt am 30. Januar 1951 in Stuttgart.

Die Tatsache, dass das Erbe jeweils zur Hälfte zwischen den beiden Kindern aufgeteilt wird, ist Teil des Konflikts im Familienclan, der in Wahrheit aus zwei Blöcken besteht. Freimütig verkündet Ferry Porsche, er hätte erwartet, dass sein Vater den »Weg der Rothschilds« gehen werde. Stattdessen erhält Louise Piëch den gleichen Anteil wie er, was ihr Bruder nie verwinden wird. Für Ferry kommt die väterliche Entscheidung dem unausgesprochenen Vorwurf gleich, dass Louise die bessere Verwalterin des Erbes sei.

Ende August 1952 kehrt »Toni« Piëch, wie er in der Familie gerufen wird, mit dem Auto von Wolfsburg in seine österreichische Heimat zurück. Sein Herzinfarkt schockt die Familie, und Ferdinand Piëch verliert den erst 58-jährigen Vater, an dem er sehr gehangen hat.

Ferdinand Porsche und Anton Piëch werden in der kleinen Kapelle am Berghang des Schüttguts beigesetzt.

🚗

Soll das Unternehmen in Salzburg veräußert oder die Kraft in den weiteren Aufbau gesteckt werden? Die Geschwister müssen eine Grundsatzentscheidung treffen. »Louise Piëch packt in ihrer unnachahmlichen Art kräftig an«, lautet die Umschreibung der Tatsache, sodass für die Kinder von nun an noch weniger Zeit bleibt. Denn die Mutter von vier Kindern entscheidet sich für den Konzern und die Karriere.

🚗

Beim 15-Jährigen hinterlässt der Tod des Vaters tiefe Spuren. An seinen schulischen Leistungen lässt sich das ganze Ausmaß der inneren Katastrophe ablesen, denn innerhalb eines halben Jahres rutscht er vom zweitbesten zum schlechtesten Schüler ab.

Mit dem freiwilligen Wechsel auf das Internat in Zuoz tritt er die Flucht nach vorne an. Im Oberengadin kann er Distanz zu den schrecklichen

Geschehnissen gewinnen. Schulisch findet er zum alten Leistungsvermögen zurück, wird »wieder ein guter Schüler« und kann das Internat mit der Matura abschließen. Zuvor aber ereignet sich ein Vorfall, den er nie wieder vergessen sollte.

⌘

Der Junge steckt in der Bredouille. Soll er den Diebstahl stillschweigend dulden? Oder soll er den Vorfall melden und sich selbst damit in die Kritik bringen? Hundert Franken, damals viel Geld, sind ihm im Internat gestohlen worden. Doch am meisten schmerzt ihn das enttäuschte Vertrauen in seine Mitschüler.

Die Hausordnung verbietet es den Schülern, Geld im Zimmer aufzubewahren. Ferdinand hat die Regeln gebrochen. Trotzdem hofft er auf Unterstützung durch die Internatsleitung, die er für »kerzengerade und ehrlich« hält. Er meldet den Diebstahl – und muss dafür büßen.

Denn anstatt ihn bei der Aufklärung des Falls zu unterstützen, setzt der Direktor ihn unter massiven Druck. Tagelang wird er, so seine Empfindung, »durch die Mangel« gedreht. Sogar die Androhung eines Schulverweises steht im Raum. Er habe »die Auflage bekommen, dass mir nichts gestohlen wurde«. Der Junge hat keine andere Wahl: Entweder er akzeptiert oder er wird gegangen.

⌘

Was andere als unerfreulichen Vorfall verbuchen und möglichst schnell ad acta legen würden, prägt Piëch. Die Lehren, die der Heranwachsende aus dem Vertrauensbruch der Zuozer Geschäftsleitung zieht, haben selbstquälerische und gefährliche Konsequenzen. Denn von nun an glaubt der Wiener zu wissen, dass »Ehrlichkeit bestraft wird«, dass »ein extrem hohes Misstrauen gegenüber anderen« angebracht und vieles »nur im Alleingang möglich« ist.

Was in den kommenden Jahren folgt, führt *Spiegel*-Redakteur Jürgen Leinemann vor allem auf die Zuozer Zeit zurück: »Reine Ration, Vernunft und Verstand« sollen von nun an in seinem Leben bestimmend sein, spontane Gefühle unterdrückt werden. »Doch sortiert sein unterschwelliger Argwohn die Welt säuberlich in Gut und Böse und Schwarz und Weiß.«

Ein Normengebäude hält er für durchaus angebracht, »das Christliche, ja«. Schließlich sei er »katholisch erzogen« und in den Alpen »zur Beichte getrieben« worden. Dort seien die »Lehrer Spalier gestanden«.

Daraus hat er für sich die Erkenntnis zurechtgerückt: »Verhalte dich im Leben so, dass du die Beichte nicht nötig hast.«

Frühstück ohne Ferry

»Das hatte damals eben auch Ferdinand Piëch nicht verstanden.«
Ferry Porsche über die fehlende Gewinnorientierung seines Neffen

»Die Porsches und die Piëchs können sich nicht riechen.«
Aussage eines Automanagers im März 1972

Schon in seiner Studienzeit nutzt er die Ferien zur Mitarbeit in der Dr. Ing. h.c. F. Porsche KG seines Onkels Ferry. 1962 schließt Ferdinand Piëch sein achtsemestriges Studium an der Eidgenössischen Technischen Hochschule (ETH) in Zürich ab. Da er keinen Militärdienst leisten muss, kann er am 1. April 1963 in Stuttgart-Zuffenhausen als Sachbearbeiter im Motorenversuch einsteigen.

꙰

Der junge Diplom-Ingenieur betätigt sich in der Motorenkonstruktion, vor allem der des Porsche 911. Der Prototyp, angetrieben von einem 130 PS starken Sechszylindermotor, stellt eine Weiterentwicklung des Typs 356 dar. Ende 1964 kann der mit knapp 24 000 Mark äußerst teuer geratene Sportwagen zur Marktreife gebracht werden.

Anfang 1966 übernimmt Piëch die Versuchsleitung. In diesen Jahren treibt der Wiener die Entwicklung neuer Motoren und die Verwendung neuer Werkstoffe voran. Neben dem Porsche 901 wird der 902, eine Variante mit vier Zylindern, entwickelt. Als Porsche 912 kommt er 1966 auf den Markt und wird zum Verkaufserfolg: Beachtliche 28 000 Kunden können gewonnen werden.

꙰

Piëch fühlt sich im Rennsportbereich zu Hause. 1967 folgt der neue Sechszylinder 911 S mit einer auf 190 PS erhöhten Leistung und einer Spitzengeschwindigkeit von 230 km/h. Die Weiterentwicklung des Porsche 911 gilt als »das erste große Werk von Ferdinand Piëch«, urteilt der Autojournalist Jürgen Lewandowski. Der ambitonierte Technikfreak zeichnet für die nur knapp einen Meter hohe Karosserie, den äußerst gewichtssparenden Rahmen sowie eine Vielzahl weiterer technischer Finessen verantwortlich. Der 220-PS-Flitzer verbucht eine Serie von Rennerfolgen. Eine neue, noch leistungsstärkere Generation von Sechszylindermotoren wird in den Carrera 6 eingebaut.

Im Sommer 1967 bringt sein Achtzylinder bereits 350 PS auf die Straße. Auch die kommenden Jahre trägt Piëch zur permanenten Verbesserung bei. »Jeder neue Rennwagen war eine Evolution des Vorgängers«, staunt Lewandowski, heute Ressortleiter der *Süddeutschen Zeitung*.

Wie besessen arbeitet Piëch an der Optimierung und Neuentwicklung weiterer Modelle. Kein Wunder, dass ihm Anfang 1968 die Entwicklungsleitung der Porsche KG übertragen wird. Längst hat sich der 911 einen stetig steigenden Kundenstamm erobert, 14 600 Stück werden allein in diesem Jahr verkauft, 15 200 im nächsten.

Auf der Rennstrecke aber bleiben die Erfolge 1968 aus, ein neuer Leiter und erfolgreiche Fahrer werden angeheuert.

In der Rennsaison 1969 fahren Porsche-Piloten sensationelle Siege ein, auf dem Nürburgring belegen sie die ersten fünf Plätze. So lässt sich sogar Frau Mama von den Erfolgen des 917er mitreißen, der schon bei der Präsentation auf dem Automobilsalon in Genf im Frühjahr der Konkurrenz die Schau gestohlen hat.

Auch wenn der 380 km/h schnelle Rennwagen in Le Mans nach gut zwanzigstündiger Führung doch noch ausfällt, ist der Durchbruch erst einmal geschafft: Zwei Sponsoren werden gefunden – einer der beiden ist eine weithin bekannte Dame: Piëchs Mutter Louise. Als Dankeschön kann ihr das Sportteam des Porsche 917 auch 1970 einen überzeugenden Sieg schenken – in Le Mans, auf den Plätzen eins bis drei.

Begünstigt durch den Meisterschaftsverzicht des härtesten Konkurrenten Ferrari und die eigenen technischen Weiterentwicklungen fährt Porsche von Erfolg zu Erfolg. Und dank einer Hubraumvergrößerung auf knapp 5000 ccm und der Kraft der 600- und 630-PS-Motoren gewinnen die Zuffenhausener gleich dreimal hintereinander die Marken-Weltmeisterschaft.

Die Belohnung lässt nicht lange auf sich warten: Zum 1. April 1971 wird Ferdinand Piëch zum Technischen Geschäftsführer der Porsche KG ernannt. Geht es nach seinen Vorstellungen, ist diese Beförderung lediglich die letzte Zwischenstufe vor dem eigentlichen Triumph.

⌒

Was nützen all die Siege, wenn die Kunden ausbleiben? Anfang der Siebzigerjahre führt die erste Ölkrise zu einer öffentlichen Diskussion über die weltweiten Grenzen des Wachstums. Kein Wunder also, dass den Porsche-Vorstand rückläufige Absatzzahlen plagen. Und während sich die Bundesbürger mit dem Sonntagsfahrverbot und Tempolimits auf Autobahnen herumschlagen, schrumpft die Fangemeinde der Zuffenhausener Spritfresser.

Am Ende bleibt Piëch sogar die Anerkennung seines Onkels versagt, dessen Verhältnis zum Rennsport vom Pragmatismus eines Vorstandsvorsitzenden geprägt ist. Ferry will ein rentables Unternehmen, mit den Erfolgen im Motodrom kann er wenig anfangen. Geld sparen, lautet seine ernüchternde Vorgabe an den Neffen und dessen Entwicklungsteam.

⌒

Am Ende haben sie sich zu Tode gesiegt, die Produktion des 917er wird mit dem letzten Rennen der Saison eingestellt. Gerade mal 37 Exemplare sind vom von dem Sportflitzer produziert worden. Dass die Experten im Entwicklungszentrum Weissach die Porsche-Motoren auf bis zu 2000 Pferdestärken hochgetrimmt haben, bleibt selbst für eingefleischte Fans blanker Unsinn.

Auf Piëchs Spielereien reagiert Ferry Porsche verschnupft: »Die schönsten Rennerfolge lassen sich nur dann realisieren, wenn die Produktion verkäuflich ist und uns keine roten Zahlen beschert.« Die erste Ohrfeige sitzt, die zweite folgt sogleich: »In den roten Zahlen kann ich mir die Rennerei nicht erlauben«, wettert er über Piëchs mangelhaftes Finanzverständnis. Hätte der damalige Firmenchef die extravaganten Allüren weiter finanziert, wäre er »am Ende pleite« gegangen, selbst dann, »wenn ich jedes Rennen gewänne«. Aber das hat »eben auch Ferdinand Piëch nicht verstanden«.

Schon früh strebt der Techniker nach der Macht – und scheitert auf der Zielgeraden am Widerstand aus dem eigenen Familienclan. Auch unter Österreichern kann die Luft ganz schön dünn werden.

꒰ ꒱

Die nächste Generation solle sich engagieren, hatte Ferry gefordert. »Und zwar in einer Form, bei der nicht jeder Einzelne« glauben könne, »er allein sei der Chef«. Lange hat der Porsche-Geschäftsführer gehofft, dass »diese Generation« in der Lage sei, »miteinander zu arbeiten«. Weit gefehlt. Der Graben zwischen den Porsches und Piëchs ist unüberbrückbar geworden, der Bruch perfekt.

Resigniert muss sich Ferry das Scheitern seiner Bemühungen eingestehen. »Die erforderliche Harmonie in der Zusammenarbeit« lasse sich nicht wieder herstellen. Schlimmer noch: »Keiner der Vertreter der nächsten Generation« sei so weit gewesen, »dass ich ihm zugetraut hätte, die vor ihm liegende Aufgabe zu lösen«.

Porsches Kritik mag sich gegen mehrere seiner Möchtegern-Nachfolger gerichtet haben. Enttäuschend für ihn ist vor allem eine Erkenntnis: Sein eigener Sohn Ferdinand Alexander, unter anderem für das Styling des 911er verantwortlich und damit Piëchs direkter Konkurrent beim Buhlen um die Vaterschaft der Rennsporterfolge, ist zu diesem Zeitpunkt »nicht in der Lage, eine Firma zu führen«.

Doch wenn die neue Führungsmannschaft schon nicht aus dem Porsche-Stall kommen kann, dann erst recht nicht aus dem der Piëchs. Wie die Faust aufs Auge passen Ferrys Worte, man könne als Techniker »nicht einfach irrealen Ideen nachhängen oder spintisieren«. Er dürfe sich keine »Spielereien erlauben, die dann später nichts bringen«, denn »davon kann eine Firma nicht leben«.

Auch in ganz anderem Sinne hat sich Ferdinand Piëch bei den Porsches nicht viel Freunde gemacht: »Im Übrigen aber tyrannisierte er überall dort, wo er arbeitete, seine Umgebung«, berichtet die *Wochenpost* über die Methoden des Wieners. Daraufhin habe es eine »Lex Piëch« gegeben, ein Gesetz sozusagen, das dem Salzburger Spross den Zugang zum Vorsitz in Zuffenhausen verbauen sollte. Ferdinand Piëch bleibt zunächst ein Techniker ohne Macht.

⌘

1. März 1972. In den vergangenen Jahren ist es stetig bergab gegangen. Bereits 1971 hat das Unternehmen nur noch einen Umsatz von 315 Millionen Mark erzielt, gut 100 Millionen weniger als im Vorjahr.
Den offenen Worten lässt Ferry Taten folgen. Der 62-Jährige zieht die Handbremse, will heißen: »Dann kommt eben keiner an die Spitze.« Mit dem heutigen Tag gibt sich das bisherige Familienunternehmen eine neue Organisationsform. Die Zuffenhausener Porsche KG, die Ludwigsburger VW-Porsche Vertriebsgesellschaft sowie die Salzburger Konstruktionen KG werden in die Porsche GmbH überführt. Die Neustrukturierung findet ihr Ende mit der Umwandlung der GmbH in eine Aktiengesellschaft, die bis heute bestehende Dr. Ing. h.c. F. Porsche AG.
Alle Familienmitglieder steigen aus der Geschäftsleitung und damit aus dem operativen Geschäft des Stuttgarter und des Salzburger Unternehmens aus – auch Louise und Ferry. Vorbei die Zeiten, da nicht die Qualitäten eines Managers für die Karriere ausschlaggebend gewesen sind, sondern die Zugehörigkeit zum österreichischen Porsche-Piëch-Clan oder die Fähigkeit, so der *Spiegel*, »im Porsche-Kegelclub eine Kugel zu schieben«.

⌘

Großzügig nehmen die Geschwister der zweiten Generation Ende der Sechzigerjahre ihre je vier Kinder in ihre 50-prozentigen Anteile hinein. »Viel zu großzügig«, meint Ferdinand Piëch«, denn von nun an sind sie »zehn Anteilseigner, und jeder hatte zehn Prozent«. Offenbar nicht gerade ein Modell, das seinen Vorstellungen von Macht und Einflussnahme entgegenkommt.
Unumwunden bekundet Piëchs Onkel, »dass die dritte Generation mit aller Macht darum gekämpft hatte, den beiden Senioren, also meiner Schwester und mir, keine Vorrangstellung einzuräumen«. Genau die

aber sichern sich der Professor und die Kommerzialrätin, indem sie sich zu den neuen Aufsichtsratsvorsitzenden wählen lassen.

☙

Mit dem Beschluss, kein Mitglied der Sippe dürfe sich weiterhin aktiv in die Vorstandsgeschäfte der Zuffenhausener Sportwagenfirma einmischen, ist auch die Porsche-Uhr des technischen Geschäftsführers abgelaufen. Im Nachhinein kann der Wiener dem Ausscheidungsvertrag gleich zwei positive Seiten abgewinnen. Denn wenn »einer von den zehn unserer Großfamilie dort«, bei der Porsche KG, »anpacken würde, wäre man ihm gegenüber toleranter als bei irgendeinem Manager, der nur seine Qualifikation und sonst nichts einbringt«. Sollte »ein Fremder einen Doppelfehler« machen, dann »würde man Konsequenzen ziehen«. Wenn aber »einem der Eigenen« ein Fehler unterlaufe, müsse »man warten, bis eine erhebliche Pleite stattgefunden« habe.

Für Piëch ist klar, das »Nebeneinander von Qualifizierten und Nichtqualifizierten« habe bei Porsche »alles sehr schwierig« gemacht. »Nachträglich gesehen hätte ja auch eine Lösung möglich sein müssen, wie sie die Rothschilds unter sich haben«, sinniert er über den grundlegenden Fehler im Hause Porsche-Piëch. In der Adelsfamilie sei »eine sehr hohe Qualifikation« verlangt worden, ehe man »in die Firma eintreten« und »hohe Rechte« ausüben könne. So sei gewährleistet, »dass nichts kaputtgehen kann«. Ganz anders dagegen im deutsch-österreichischen Autoclan: »Wir als Kinder haben zuerst das Erbe angetreten, und dann sollten wir Verträge unterschreiben.« Und das »ist sehr schwierig«.

Ein Gutes aber hat die Regelung: Die Spannungen untereinander haben sich erheblich vermindert: »Man trifft sich gern zu allen wesentlichen Geburtstagen und sonstigen Feiern.« Dabei gehe es »bei uns auch drunter und drüber, aber nicht so bösartig« wie im Denver-Clan.

☙

»Meine Herkunft brachte mir nicht nur Vorteile«, resümiert Piëch rückblickend. Denn »viele meinten, der macht nur Karriere, weil er die Rückendeckung seiner Familie hat«. Dabei habe er »nicht zu dem Familienstamm« gehört, »der in Stuttgart sitzt und den Namen Porsche trägt«. Dieser entscheidende Nachteil konnte »sogar zu einem Karriereknick führen, wenn ich mal jemanden aus der Familie zum Frühstück etwas zu knapp begrüßte«.

Das alles habe ihn »sicher beeinflusst, mich für Technik zu interessieren«, erkennt der Ingenieur, der »eigentlich ins Hotelfach« wollte. Aber er habe »in den neun Jahren viel gelernt, und ich konnte als ziemlich junger Mann weiter oben einsteigen, als es normal gewesen wäre«.

Alle acht Eigentümer der Enkelgeneration des Firmengründers verlassen das Unternehmen und beschreiten beruflich neue Wege. Piëch macht sich erst einmal selbständig und verdient seine Brötchen als freier Berater und Konstrukteur, unter anderem in der Grundlagenentwicklung für einen Fünfzylinder-Dieselmotor der Daimler-Benz AG. Zwar gab es das Konzept bereits zuvor – doch der Wiener lässt sich gerne als Vater des Fünfzylinders feiern. Wenige Wochen arbeitet er auch für den Automobildesigner Giugiaro in Turin. Dann erreicht ihn das Angebot aus Ingolstadt.

Er hat »keine Empfehlung, gerade zu Audi zu gehen«, dennoch folgt Ferdinand Piëch dem Ruf nach Bayern. Das klingt schön, doch nüchtern betrachtet verbergen sich dahinter ein unfreiwilliger Abschied und ein harter Rückschlag. Piëch, der bei Porsche schon nach den Sternen gegriffen hatte, war gescheitert. Teils aus familienpolitischen Gründen, teils, weil er sich im Rennsport vergaloppiert hatte. Es gab sogar Zeitgenossen, die die Ereignisse so interpretierten, dass er von Porsche »gefeuert« worden sei. Wie auch immer, jedenfalls markiert die Porsche-Zeit ein Scheitern auf Piëchs Weg an die Spitze – es sollte das einzige bleiben.

Die Verfasser der Firmenchronik von Porsche Austria haben Recht: Seit drei Generationen sind die Familiengeschichte der Porsches und Piëchs und die Unternehmensgeschichte von Porsche und VW »immer ineinander verwoben« gewesen – von den Verwicklungen während der NS-Zeit über den Aufstieg der Unternehmen bis hin zur Art der familien- und damit firmeninternen Auseinandersetzung Porsche versus Piëch.

Kapitel 2: Mitglied in der Audi-Familie

Vom Hosenträger- zum Gürtelguru

>»VW indessen beschäftigt einen Mann, der einen leichtgewich-
>tigen Diesel auf Allradantrieb zurechttrimmte.«
>*»Der Spiegel« im Oktober 1975*

>»Ferdinand Piëch ist ein Mann der leisen Töne.«
>*»Capital« im Oktober 1976*

>»Piëch lebt Auto.«
>*Siegbert Scholtyssek, Karosserieentwickler unter Ferdinand Piëch*

Die Empfehlung geht auf den damaligen Volkswagen-Vorsitzenden Rudolf Leiding zurück, der den 35-jährigen Techniker zur Audi NSU Auto
Union AG nach Ingolstadt geholt hat. Immerhin drei Weltmeisterschaf-
ten stehen auf seiner Habenseite, als der Technische Direktor Piëch den
renommierten Zuffenhausener Sportwagenhersteller verlässt.
Seine Familie ist »nicht dafür«, und überhaupt glaubt er nicht, »dass mich
jemand zu Audi gebracht hat«.

Am 1. August 1972 startet der Wiener als Konsultant in Ingolstadt, wo
er in den nächsten Jahren in rekordverdächtigem Tempo Stufe um Stufe
der Karriereleiter erklimmt. Dazu allerdings bedarf es mehr als rein technischer Fähigkeiten: »Drei Monate lang stand Herr Piëch im Hintergrund, hat alles beobachtet«, berichtet Siegbert Scholtyssek, noch heute
Entwickler in der Audi-Karosserieabteilung.
Der Arbeitskollege erkennt die Stärken des Quereinsteigers: ein genaues
Beobachtungsvermögen und eine ausgeprägte Kombinationsgabe. Erst
als er »das Sagen hat, zieht er die richtigen Schlüsse daraus«, charakteri-
siert Scholtyssek den Chef der Hauptabteilung für Sonderaufgaben im

Bereich Technische Entwicklung. Die Position ist eigens für Piëch eingerichtet worden und gilt als ideale Startplattform – eine Art Spielwiese zur »Beschäftigung mit extravaganten Feldern«.

»Piëch hat zugehört, hat gelernt, hat mit seinen Mitarbeitern Kontakt und die richtige Temperatur aufgenommen.« Darin sieht Scholtyssek ein Geheimnis von Piëchs Aufstieg.

Bereits am 1. April 1973 wird der Wiener zum Bereichsleiter Gesamtversuch der Audi NSU Auto Union berufen und steigt damit von der B2- in die B1-Ebene auf. Am 1. August 1974, exakt zwei Jahre nach seiner Ernennung zum Hauptabteilungsleiter, avanciert er zum Leiter der Technischen Entwicklung (TEr) bei Audi NSU.

Piëch arbeitet unter dem Entwicklungschef Dr. Ludwig Kraus. Die in einer alten Kaserne auf erhöhtem Gelände gelegene »Ludwigsburg« – von den Audi-Mannen nach dem Big Boss benannt – ist Mitte der Siebzigerjahre mit rund 1500 Beschäftigten nicht einmal halb so groß wie heute. Mittlerweile werkeln gut 3800 Arbeitnehmer für den Audi-Fortschritt.

Kraus ist es, der Piëch die Türen öffnet, ihn in die entscheidenden Sitzungen mitnimmt. »Beide sind sie direkt vor Ort gewesen«, und »beide standen sie direkt am Brett der Konstrukteure«, beschreibt Scholtyssek das Zusammenspiel des Duos. Im Jahr darauf steht Entwicklungsvorstand Kraus vor seiner Pensionierung. Zwar behält er noch ein Büro auf der gleichen Etage, steigt aber mit einem Beratervertrag aus und macht damit den Platz frei.

Dr. Franz Behles oder Ferdinand Piëch? Die Frage des besten Nachfolgers für Ludwig Kraus stellt sich ernsthaft kaum noch, so sehr hat sich der Wiener inzwischen profilieren können. Dr. Behles wird Leiter der Qualitätssicherung und wechselt später zur BMW-Vorentwicklung.

Der 1. August mausert sich zu seinem Karrieretag: 1975, auf den Tag drei Jahre nach seiner Einstellung bei der Audi NSU Auto Union und ein Jahr nach seiner Beförderung zum Entwicklungsleiter, wird Ferdinand Piëch die Führung des Geschäftsbereichs TE im Audi-Vorstand übertragen. Auf Grund des optimal vorbereiteten Übergangs ein »problemloser Wechsel«, urteilt Scholtyssek.

Zunächst musste Piëch »mit weniger Geld und in einer geringeren Position« antreten, erzählt er rückblickend. Obwohl »ich bei Porsche vom Praktikanten zum Geschäftsführer avanciert war, durfte ich bei Audi als

Hauptabteilungsleiter einsteigen« – und »das tat schon weh«. Jetzt aber kann er sich brüsten, er habe sein Zwischenziel »gepackt«: Er ist Mitglied im Vorstand. Wahrlich keine schlechte Bilanz.

Drei Männer stehen Ferdinand Piëch in diesen Jahren mit Rat und Tat zur Seite. Als Leiter der Entwicklungsabteilung hat Ludwig Kraus mit seinen Konstruktionen die Voraussetzungen geschaffen, auf denen der Aufsteiger aufbauen kann. Kraus weiß den Wiener zu schätzen: »Piëch verfügt über die beiden wichtigsten Voraussetzungen für einen Entwicklungschef: Er ist ein guter Ingenieur, und er kann gut mit der Mannschaft umgehen.«

Toni Schmücker, 1975 als Leiding-Nachfolger an die VW-Spitze vorgerückt, verdankt er noch seine Berufung in den Audi-Vorstand.

Das dritte Mitglied im Piëchschen Förderverein ist Professor Dr. techn. Ernst Fiala, seit Februar 1973 als Volkswagen-Vorstand für das Ressort Forschung und Entwicklung verantwortlich – ein Mann mit Macht. Bei der Präsentation einer »Null-Nummer« muss der Wagen erst einmal zum Stammsitz gefahren werden. Dort wird das Tuch vom Ingolstädter Fahrzeug gezogen, und der Wolfsburger Vorstand muss zustimmen. Erst dann ist das Freizeichen erteilt, dass in der Filiale an der Donau gefertigt werden darf. Und wenn Fiala »Nein!« sagt, »dann wird nicht produziert«, erzählt einer aus Erfahrung. Piëch jedoch findet bei Fiala ein offenes Ohr.

Das Trio Kraus, Schmücker und Fiala kann getrost zu seinen Ziehvätern gezählt werden. An einen anderen, dem er mehr zu verdanken hat, denkt Ferdinand Piëch mit gemischten Gefühlen zurück.

»Wenn er unangenehm« wird, so einer der Untergebenen aus alten Audi-Tagen, dann »zieht er seine Augenbrauen als Drohgebärde nach oben«. Und »wenn er seine Augenbrauen tanzen lässt, dann ist Gefahr in Verzug«, erinnert sich der Piëch-Mitarbeiter an Situationen, von denen er wünscht, dass sie ihm lieber erspart geblieben wären.

Von außen betrachtet, mag sein Aufstieg bei Audi wie eine Wiederaufnahme des Zuffenhausener Erfolgsstücks »Allein gegen alle« wirken. So sieht es jedenfalls der Journalist Günter Buchmann. Doch Piëch ist klug genug, die Auseinandersetzung diesmal nicht alleine, sondern im Verbund zu führen.

Das entscheidende Schauspiel läuft in seinem Inneren ab: das Drama des Kampfes *gegen den einen*, gegen den dominierenden Großvater. Buchmanns Analyse spiegelt nur die äußerlichen Folgen des tief verwurzelten Komplexes eines Mannes wider, der ein Leben lang mit aller Macht gegen ein Problem in seinem Kopf ankämpft: seine Minderwertigkeitsgefühle.

Oktober 1975. Die Genialität seines Großvaters habe er »nicht kennen gelernt«, lautet sein Reflex auf den Vergleich aller Vergleiche. »Ferdinand Piëch, Enkel des Professors Ferdinand Porsche«, so stellt der *Spiegel* den Wiener seinen Lesern vor. »Mehr Dampf mit Turboladung« verheißt die Bildunterschrift. Doch Piëch ist nicht *der* Piëch, sondern eben nur ein vergleichsweise unbedeutender Enkel unter vielen. Ferdinand Porsche, Gründer der weltberühmten Sportwagenfirma und Schöpfer des legendären Käfers, hat das Jahrhundert des Automobils geprägt.

»Es hat sich halt so ergeben«, lautet Piëchs unterkühlte Antwort auf die Frage im *Playboy*. Seinen »Auftrag« sehe er lediglich »in der Mehrung des Erbes«. Wobei er sich durchaus des »Glücks« bewusst ist, »in ein ordentliches, nicht armes Haus hineingeboren worden zu sein«.

Das ist sein zentrales Problem: aus dem Schatten des übermächtigen Mannes zu treten, den Autogott zu übertrumpfen, der ihn als Segen und Fluch zugleich bei jedem seiner Schritte verfolgt. Klein-Ferdinand hat den Kampf aufgenommen. Ausgestattet mit dem offenbar dominant vererbten Technik-Gen, bastelt der Enkel mit einer Besessenheit an der Realisierung seines Lebenstraums, die noch viele seiner Weggefährten als ebenso beeindruckend wie beängstigend empfinden sollten.

»Wenn es Audi schlecht geht«, beschreibt Siegbert Scholtyssek die Grundeinstellung in der Entwicklungsabteilung, »dann werden Überstunden geklopft.« Schließlich gilt es, das »eigene Überleben gegen die Konkurrenz zu sichern«, ergänzt einer seiner Arbeitskollegen.

Mitte der Siebzigerjahre zieht er in ein größeres Büro um. Es ist die Zeit, da der Wiener feststellt, dass technische Meisterleistungen nicht zurückgehen auf einen einzigen Ideengeber. Auch der hervorragendste Techniker ist nur so gut wie die Crew, die seine Vorgaben realisiert. Genau darum verwendet Ferdinand Piëch bei der Präsentation von Neuentwicklungen das verbindende »Wir«.

Bis zum heutigen Tag ist es ihm immer wieder gelungen, eine Ingroup zu gründen, ein Team, dem er und das ihm einen Vertrauensvorschuss schenkt. Für »uns Entwicklungstechniker ist der Zusammenhalt ein Ehrenkodex«, erklärt einer seiner Mitarbeiter. Und weil das so ist, lobt und tadelt Piëch stets in ruhigem Ton, braust er in seinem Team nie auf. Wenn etwas danebengeht, dann folgt eine ebenso sachliche wie offene Aussprache. »Er wollte seinen Technikbereich sauber halten«, erklärt einer aus der Ingroup, »und nach außen hat er uns immer gedeckt.«

Mehr noch, er weiß seine Mannen zu würdigen: »Mein Stall ist das beste Motorenteam der Welt.« Doch Piëch wäre nicht Piëch, würde er nicht noch eins draufsetzen: Er »glaube nicht, dass an irgendeiner Stelle in der Welt in so kurzer Zeit so viele neue wassergekühlte Motoren entwickelt« worden seien »wie hier bei Audi NSU«.

🚗

Damit Audi auch in Zukunft die Stoßstange vorn hat und Piëch der Konkurrenz eine Nasenlänge voraus ist, arbeitet der Workaholic wie ein Besessener: »Wenn die anderen Pausen machen, fährt er weiter«, beschreibt Siegbert Scholtyssek Piëchs Power. »Er ist unersättlich« – diese Charakterisierung seines Chefs ist rundum positiv gemeint.

Der Wiener testet die gesamte Palette neu entwickelter Autos höchstpersönlich: Das will ich fahren – jetzt gleich! – mit diesen Worten kommt er zum Schrecken der Versuchsabteilung herein. Keine Ankündigung Wochen vorher, keine Chance zur Nachbesserung, um dem Chef zu imponieren. Das, spotten die Audi-Techniker, ist nur beim BMW-Mann Bernd Pischetsrieder üblich.

Neben Touren durch heimische Gefilde führt Ferdinand Piëch auch Fahrversuche bei extremen klimatischen Verhältnissen selbst durch. Solche Tests erfolgen unter strenger Geheimhaltung, die weiteren Teilnehmer erhalten ihre Tickets am Flughafen und bekommen erst in diesem Augenblick mitgeteilt, wohin die Reise geht.

Nach der Arbeit sitzt er mit seinen Testfahrern und dem Technikteam im Hotel zusammen. Als Mechaniker kann man »mit ihm über alles diskutieren«. Mächtig Eindruck hinterlässt Piëch bei den Seinen, wenn er zu ihnen kommt und ihnen mitteilt: Ich brauche Sie! Auch lässt er seine Männer nicht im Büro antreten, vielmehr geht der TE-Chef auf seine Mitarbeiter zu.

Probleme und Konflikte aber bekommen andere zu spüren: »Seine Sträuße trägt er in den Hierarchien aus«, und dort ist er entsprechend gefürchtet. »Als Mechaniker musst du nicht vorsichtig sein«, sagt einer seiner früheren Mitarbeiter.

🚗

1975 thront der gerade mal 38-Jährige auf dem Chefsessel des Audi-Entwicklungsvorstands. Und als Motorenentwickler bringt er nicht nur den Mutterkonzern mächtig auf Trab.

»Mit dem Diesel-Knüller«, freut sich der *Spiegel,* kann Piëch »den Großen der Branche davonfahren«. Fiat, Ford und General Motors versuchen sich seit Jahren vergeblich an der Entwicklung einer neuen Generation kleiner Dieselmotoren. Sie alle scheitern beim Versuch einer drastischen Gewichtsreduzierung und einer spürbaren Senkung der Fahrgeräusche. Die Rahmenbedingungen für den Dieselantrieb sind besser denn je: Verschärfte Abgasgesetze und die Krise der Energiewirtschaft lassen das Interesse der Kundschaft im Gleichschritt mit den Benzinpreisen steigen. In den USA haben die verbrauchsarmen Pkw längst ein Drittel des Importmarkts erobert, in Deutschland steigt ihr Absatz allein bei Mercedes-Benz bis auf 45 Prozent. Und noch etwas verschafft den stinkenden Straßenkreuzern einen entscheidenden Vorteil. In diesen Tagen gilt die Devise: »Der Diesel-Dreck ist harmlos«, denn selbst zukünftige Schadstoffgrenzwerte erfüllen die Hochdruckmotoren problemlos.

Ideale Voraussetzungen also für Ferdinand Piëch, der sich anschickt, mit Aufsehen erregenden Weiterentwicklungen aus den Fußspuren seines Großvaters zu treten: Auf der Grundlage eines Audi-80-Aggregats lässt er einen Dieselmotor fertigen, der 30 Prozent weniger Sprit frisst – allerdings von *nur* 50 PS angetrieben wird. Herausforderung genug für den Techniker, die Zahl der Pferdestärken per Turboaufladung zu verdoppeln.

Piëch regelt alles, Piëch fährt selbst, Piëch ist überall. Was sich als unermüdliches Engagement und strebsamer Aktionismus darstellen und verkaufen ließe, stellt sich für manchen Betroffenen ganz anders dar: Als TE-Vorstand habe sich der Chef in alle technischen Fragen eingemischt, dabei die eigenen Leute übergangen und die Zuständigkeiten nicht berücksichtigt, lautet der Vorwurf. Wenn der Wiener die Ebenen nicht beachte, dann sei das »nicht richtig«. Das könne man nur dann machen, »wenn derjenige nicht im Hause oder krank« sei. Ignoriere man Arbeitsteilung und Kompetenzen, dann könne »man die Hierarchien gleich abschaffen« – so ein verärgerter Audi-Beschäftigter.

Solange das nicht vor aller Augen geschieht, mag es sich nur um subjektiv verletzte Eitelkeiten handeln. »Wenn das aber für alle anderen erkennbar ist, dann kommt das objektiv auch einem Kompetenzverlust gleich«, meint der Audianer bitter. »Und das nimmt keiner gerne hin – vor allem nicht, wenn man das so radikal macht wie Dr. Piëch.«

Die *Frankfurter Allgemeine* lobt ihn als »begabten Auto- und Motorenkonstrukteur«, die Zeitschrift *mot auto-journal* hebt ihn – wohl etwas voreilig – auf die Stufe, auf der er sich selbst gerne sähe: Er sei ein »Toptechniker, genial wie sein Großvater Ferdinand Porsche«. Ganz so weit ist es noch nicht, aber immerhin bastelt sein Entwicklungsteam bereits mit beachtlichem Erfolg an Fünfzylindermotoren für Benziner.

Doch die neuen Motoren müssen erst einmal abgenommen werden – unter Ferdinand Piëch eine Zeremonie ganz besonderer Art. Er lässt »die gesamte Hierarchie« antreten, eine Abnahme bei Audi gibt es nur, wenn der Vorstand anwesend ist. Und hat der Automann selbst keine Zeit, »dann gibt es den Termin eben nicht«, sagt Siegbert Scholtyssek. Piëch sei nun mal »ein Vollbluttechniker«.

Der Motorenmann ist die treibende Kraft bei der Entwicklung eines Fünfzylinders mit größerer Laufruhe und größerem Komfort zu einem kostengünstigen Preis. Bereits 1977, bevor die Konkurrenz im In- und Ausland so weit ist, bringt Audi den ersten Fünfzylinder-Benzinmotor auf den Markt – der in seiner Klasse neue Maßstäbe setzt, wie die Firma genüsslich verkündet.

Der Beobachter des Geschehens – früher selbst eine führende Persönlichkeit der Audi AG – neigt zu bildhaften Vergleichen: »Wenn man jemand auf den Kopf hauen will, kann man zuerst einen Hammer aus Weichgummi nehmen.« Erst wenn diese Methode zu keinem Ergebnis führe, sei »der Holzhammer die Ultima ratio«. Das Verfahren hat sich bewährt. Anders bei dem Wiener. Der habe immer ein doppeltes Ziel: Bei »Dr. Piëch geht es um die Sache und um seine Karriere«, deshalb »fehlt ihm die Geduld«. Und darum »schlägt Dr. Piëch von Hause aus sofort mit dem Holzhammer zu«.

Das ist nicht gerade förderlich fürs Image: »Bei den Hauptabteilungsleitern und den Bereichsleitern war Dr. Piëch nicht beliebt.« Warum aber wehrt sich keiner gegen den rabiaten Techniker? »Sie haben Angst vor ihm«, und »keiner macht den Mund auf«, lautet die ernüchternde Erklärung.

🚗

1978, Turracher Höhe. Noch hat sein Team Probleme mit der Realisierung des quattro-Konzepts. Das am schwersten zu lösende besteht im »starren Antrieb, der für ein schnell laufendes Serienauto« bis dato »undenkbar« ist. Der aus dem Getriebebau kommende Franz Tengler findet die Lösung »in Form des Zentraldifferenzials mit Hohlwelle«. Zufrieden bilanziert Piëch: »Der Vorsprung durch Technik war noch nie in Frage gestellt.«

Das erste Erfolgserlebnis in der Entwicklungsphase des quattro kann er schon bald bei einer Demonstrationsfahrt verbuchen: Auf der Turracher Höhe führt er den VW- und Audi-Leuten, darunter auch Dr. Werner P. Schmidt vom VW-Vorstand, das Leistungsvermögen des neuen Antriebssystems vor. »Bei einer Steigung von 34 Prozent auf Schnee«, so der Techniker stolz, habe der quattro »noch beschleunigt«.

»Probleme sind da, um gelöst zu werden«, propagiert Piëch selbstgefällig. Mit dieser Ansicht steht der Audi-Vorstand nicht alleine da.

🚗

Im VW-Gästehaus Rothehof ist es zu einer im besten Sinne folgenschweren Begegnung gekommen. Toni Schmücker – seit mehr als drei Jahren Vorstandsvorsitzender der Volkswagen AG – hat sich mit

Dr. Wolfgang R. Habbel getroffen, wie Insider berichten. Im Wolfsburger Rothehof hat der VW-Chef seinem »Kompromisskandidaten« ein vielversprechendes Angebot unterbreitet: Der aus dem Westerwald stammende Habbel soll Audi-Vorsitzender werden, die marode Konzerntochter auf Konsolidierungskurs führen und Eigenmächtigkeiten ansonsten tunlichst unterlassen. Von 1977 bis 1978 sind die Fahrzeugverkäufe von 340 000 auf 317 000 und das Jahresergebnis von 87 auf 57 Millionen Mark eingebrochen.

Im Januar 1979 übernimmt Habbel den Chefposten des bayerischen VW-Ablegers. Taktisch klug beruhigt er seinen Vorstandskollegen für Technische Entwicklung, dieser solle sich keine Sorgen um die von ihm so sorgsam gepflegte Unabhängigkeit der Audi AG von der Konzernmutter machen. Von nun an kümmert sich Ferdinand Piëch um die technische Verbesserung der Fahrzeuge, und Wolfgang R. Habbel sorgt bei den montäglichen Vorstandssitzungen in Wolfsburg für die Autonomie des Ingolstädter Tochterunternehmens.

Der Techniker und der Firmenpolitiker sollten sich in den kommenden Jahren zu einem erfolgreichen Gespann entwickeln.

Das Verhältnis des Audi-Vorsitzenden zu seinem Technik-Vorstand ist von Pragmatismus geprägt. Piëch profitiert davon ebenso wie von der Tatsache, dass Habbel ihm volle Handlungsfreiheit lässt und ihm die benötigten Investitionsmittel beschafft.

Die Entwicklung des Urquattro hat in keinem Budget gestanden, erinnert sich ein Informant aus der obersten Audi-Etage. »Ein Mittelmotorwagen, der von einem Reporter entdeckt und in Graz fotografiert wurde, sollte im Kampf gegen Peugeot bei den Rallyes Punkte bringen«, so der Insider, der ergänzt, das Fahrzeug sei »als Projekt nie vorgestellt worden«. Und wann immer im Hause kritische Fragen gestellt werden – Habbel stellt sich »an die Front« und vor Piëch.

März 1980. »Jörg Bensinger verglich in einem Auditoriumsvortrag den Front- mit dem Heckantrieb und bewertete dabei auch den theoretischen Fall eines Allradantriebs.« Der Wiener weiß die früheren Leistungen des begnadeten Technikers zu schätzen: »Bei den Winterfahrten in Skandinavien hatten Jörg Bensinger und Roland Gumpert die Idee, den Allradantrieb des Iltis in einem Audi 80 zu verbauen.«

Nachdem Audi bereits drei Jahre zuvor Piëchs Fünfzylinder-Benzinmotor auf den Markt gebracht hat, folgt 1980 mit dem Audi quattro der erste in Serie gefertigte Pkw mit permanentem Allradantrieb und einem zweistufigen Eingriff zu den Differenzialsperren. Als der quattro beim Genfer Automobilsalon im März dieses Jahres der Medienwelt präsentiert wird, stößt er auf großes Interesse.

Leiter und Antreiber des Allradprojekts ist der Technikprofi Walter Treser. Zwei Jahre später sollte es dem Audi-Techniker gelingen, den Luftwiderstandswert des neuen Audi 100 auf Rekordniveau zu senken. »Walter Treser, der auch den Namen quattro ausgeheckt hat, bearbeitete als Leiter der Vorentwicklung dieses Projekt«, zollt ihm Piëch Respekt.

Übergreifend für alle Vorstände arbeitet der gebürtige Inder in Ingolstadt unter anderem die Logistik für Fahrzeugentwicklung, Fertigung und Planung aus. Bhola N. Chakraborty ist bereits seit 1972 bei der Audi AG für die Anwendungsentwicklung von Computersystemen zuständig. Bevor der Hauptgruppenleiter die entsprechende Software aufgebaut hat, standen die Konstrukteure noch vor ihrem Zeichenbrett. Nur nach und nach können sie an die neuen Programme herangeführt werden, die meisten sind mit ihrem Brett zufrieden.

In der Regel treffen sich die entscheidenden Leute des Teams Technische Entwicklung zweimal wöchentlich zur internen Aussprache. Vor diesem Kreis muss Chakraborty vorsprechen, wenn neue Programme im Wert von einigen Millionen Mark zur Genehmigung anstehen. Als er eines Tages vor dem »harten Kern« des TE-Teams seine innovativen Vorstellungen vorträgt, lassen ihn die Bereichs- und Hauptabteilungsleiter mit strukturkonservativen Argumenten abblitzen. Für den Inder mit dem deutschen Pass gibt es nur eine Lösung: Will er die Entwicklung voranbringen, dann muss er zum zuständigen Vorstand.

Zum Techniker hat der Computerfachmann Vertrauen: »Dr. Piëch kann man mit Argumenten überzeugen«, weiß Chakraborty nach einem ebenso kurzen wie erfolgreichen Gespräch. Der Wiener, »wegen seiner technischen Kompetenz vom Großteil der Leute anerkannt«, hat das Unternehmensziel vor Augen, erkennt die Chancen des neuen Computersystems und stellt sich dahinter.

»Ich selbst habe gute Erfahrungen im Umgang mit Herrn Piëch gemacht«, resümiert Bhola N. Chakraborty. »Er hat sich bei meinen Argumenten von der Sache überzeugen lassen.« Und bei »der Umsetzung war es ausgesprochen hilfreich«, so der Hauptgruppenleiter, »dass die anderen Angst vor ihm hatten«. Wenn sich der harte Kern verweigerte«, dann half die Drohung: Ich muss nochmals zu Piëch gehen. Daraufhin hätten sich die Leute um 180 Grad gedreht.

Bei Chakrabortys zweitem Vortrag vor den Entscheidern des TE-Teams ist der Technik-Chef anwesend, und alles nimmt den gewünschten Verlauf.

Ferdinand Piëch will seine Leute in der Technischen Entwicklung am festgeschriebenen Betriebsurlaub teilhaben lassen. Was so schön klingt, führt fast zum Zerwürfnis zwischen dem Entwicklungsvorstand und den Betriebsräten.

Für die Beschäftigten bei Audi ist die Urlaubszeit schon seit langem festgelegt. Zu Beginn der Sommerferien an Bayerns Schulen ruht die gesamte Produktion. In der TE dagegen gibt es das Privileg, den Urlaub flexibel einzurichten – doch nicht mehr lange, wenn es nach dem Willen des Wieners geht.

Die Vertrauensleute drohen mit einer Palastrevolution: Bleibt Piëch stur, wird eben auch nicht in der Zeit zwischen Weihnachten und Neujahr gearbeitet: »Dann wird keiner von uns für wichtige Sondereinsätze zur Verfügung stehen« und die Betriebsruhe voll ausgenutzt – die Arbeitnehmerschaft gibt sich entschlossen. Piëch weiß, was das bedeutet: Wichtige Erprobungsfahrten müssten verschoben werden.

Die Fronten stehen sich unversöhnlich gegenüber. Jetzt liegt es am mächtigen Betriebsratsvorsitzenden, die Sache zu regeln. Fritz Böhm ist einer der Gewerkschafter, die der Devise folgen: »Was wir uns nicht erkämp-

fen, werden wir auch nicht besitzen.« Eine Sprache, die Ferdinand Piëch
bestens versteht.

☙

Die Entscheidung fällt im Vertrauenskörper, einer Institution, die ge-
meinhin als Puffer zwischen den Interessen von Firmenführung und Arbeitnehmerschaft fungiert. Piëch bleibt außen vor – für die Vertrauensleute gilt es, erst einmal die eigene Strategie auszuloten. Böhm ist geladen, vermittelt und klärt die Front. Gegen 16.00 Uhr ruft er noch aus
der Sitzung heraus bei Piëch an und teilt ihm die klare Position der
Beschäftigten in der Technischen Entwicklung mit.
Immerhin: Am Ende kommt eine für beide Seiten akzeptable Vereinbarung zu Stande, wonach die eine Hälfte der TE-Mitarbeiter während des
Betriebsurlaubs arbeiten, die andere Hälfte allerdings Urlaub nehmen
muss.
Das war »das einzige Mal, dass wir mit den Ideen von Dr. Piëch nicht
einverstanden waren«, kommentiert Siegbert Scholtyssek die Stimmung
im Technik-Team, »weil er uns seinen Betriebsurlaub aufs Auge drücken
wollte.«

☙

35 Jahre lang war Fritz Böhm Gesamtbetriebsratsvorsitzender bei Audi,
ehe er am 1. Januar 1986 von seinem bisherigen Stellvertreter Erhard
Kuballa abgelöst wurde. Böhm, Mitglied der IG Metall und der SPD,
Stadtrat in Ingolstadt, bayerischer Landtags- und auch Bundestagsabge-
ordneter, ist einer der Männer, die von Ferdinand Piëch geachtet werden: »Hart in der Sache, entschlossen in der Verteidigung und Durchsetzung seiner Prinzipien«, ein »fairer Verhandlungspartner« – und damit
ein »Vorbild auch für mich«.

☙

Vorbilder ganz anderer Art lenken in den Achtzigerjahren die Blicke der
Kunden rund um den Globus auf die Flitzer mit den vier Ringen: Der
Markenweltmeisterschaft 1982 folgt bereits 1983 die Fahrerweltmeisterschaft auf einem Audi quattro. Wiederum ein Jahr später können sich
die Techniker vom Team Piëch erneut gegenseitig auf die Schultern klop-

fen: Audi fährt die Marken- und die Fahrerweltmeisterschaft ein. Mit dem Namen der Rennsportlerin Michèle Mouton und denen ihrer männlichen Kollegen Hannu Mikkola, Arne Hertz, Stig Blomqvist, Björn Cederberg und Walter Röhrl verbinden sich Siege und Titel in Serie.

Solche Erfolge erschließen jene Kundenkreise, »die innovativen technischen Lösungen positiv gegenüberstehen«, jubelt man in Ingolstadt. Die Rallyerenner werden »zum Träger für stark emotionale Inhalte wie Exklusivität, Dynamik, Sportlichkeit und Erfolg«. Die Strategie der Runderneuerung der angestaubten Marke trägt erste Früchte.

Während die Rennsportler einen Titel nach dem anderen für Audi einheimsen, blickt man im Wolfsburger Stammsitz neidisch auf die ebenso kleine wie erfolgreiche Konzerntochter. Vor allem in der VW-Presseabteilung soll man »eifersüchtig« gewesen sein auf die hervorragende Public Relations der Ingolstädter.

Der Vorsitzende der Audi AG will dem vor sich hin dümpelnden Firmenslogan »Vorsprung durch Technik« neues Leben einhauchen. Das Unternehmen soll auf neuen Kurs gebracht, die Kunden sollen auf Mittel- und vor allem Oberklassefahrzeuge orientiert werden. Wolfgang R. Habbel will die Lücke zu den Konkurrenten in München und Untertürkheim schließen.

»Wir waren keine richtige Marke«, analysiert der Leiter der Kommunikationsabteilung das Grundübel des Audi-Profils. Detmar Grosse-Leege stört die Anzeigenwerbung, mit der sich der Autokonzern ein bodenständiges Image verpasst hat: »Im *Stern* haben wir mit einem Audi geworben, vor einem See mit einem Reh stehend.« Mit Hilfe der alten Agentur von Grosse-Leege, der Keysselitz GmbH am Starnberger See, soll Audi ein völlig neues Erscheinungsbild bekommen, denn das Unternehmen droht am Bild einer spießigen und klein karierten Klitsche zu ersticken: »Der klassische Audi-Fahrer«, so der Westfale grinsend, »war der ältere Herr mit dem Häkeldeckchen auf der Rückbank.«

Habbel bringt endlich frischen Wind ins Unternehmen. Er hat »einen Kommunikationsinstinkt«, so »wie Daimler-Chef Jürgen Schrempp auch«, würdigt der Öffentlichkeitsarbeiter die Fähigkeiten seines Chefs.

Der Slogan »Vorsprung durch Technik« wird durch das Logo der vier Ringe ergänzt, mit der neuen Corporate Identity das gesamte Erscheinungsbild von Grund auf verbessert: Neue Schriftzüge, neue Formulare, ein neues Farbklima und ein konzerntypischer Fotostil schaffen ein völlig neues Image, geprägt von Dynamik und Sportlichkeit.

Wolfgang R. Habbel weiß, wem er seine Public Promotion zu verdanken hat: Mit Grosse-Leege steht ihm ein ausgebildeter Zeitungsredakteur zur Seite, der über gute Drähte zu Tageszeitungen und Magazinen verfügt. Habbels Urteil fällt entsprechend aus: Auch die »ständige Präsenz in den Medien« habe dem Unternehmen »im Ausland zu hoher Popularität verholfen« und »unser Image aufpoliert«.

Kein Zweifel, der Audi-Chef ist stolz auf seinen Kommunikator.

🚗

Unter Piëchs Druck setzt die Entwicklungsabteilung seine Vorgaben in die Tat um: Die Realisierung des Firmenslogans reicht von ausgefeilten Sicherheitssystemen bis hin zu neuen Motorengenerationen. Mit dem procon-ten-System, bei dem das Lenkrad weggezogen (»programmed contraction«) und die Sicherheitsgurte gespannt (»tension«) werden, sollen schwere Kopfverletzungen beim Aufprall auf das Lenkrad verhindert werden.

Den großen Coup landen die Ingolstädter mit ihrem Audi 100, der gleich mehrere Male das »Goldene Lenkrad« einheimst. Auch der große Bruder aus dem Turbo-Lager beweist seine Attraktivität: der Audi 200 erhält ebenfalls das »Goldene Lenkrad« – ein Jahr für Jahr viel beachteter Preis der *Bild am Sonntag* für das beste Auto seiner Klasse. Derartige PR-Erfolge in der automobilen Fachpresse sind auch der optimalen Vermarktung des Pressechefs Rudolf Urban zu verdanken – eines ausgewiesenen Sympathisanten des TE-Vorstands.

»Bevor Habbel und Piëch kamen, rostete uns der Audi 70 unter dem Hintern weg«, kommentiert ein Audianer die Leistung der beiden führenden Köpfe im Konzern rückblickend. Die Zeit der Häkeldeckchen und Klopapierhäubchen auf der Audi-Hutablage ist passé, der Relaunch läuft auf Hochtouren.

»Unser Ziel: Das Hosenträger- und Hutimage musste weg.« Das ist der Auftrag des PR-Experten Detmar Grosse-Leege. Piëchs weitere Planungen sind klar. Es gilt »auch die letzten Hosenträger« abzulegen, denn »wir wollen nur noch Gürtel tragen«, so die Vorstellungen des Dressman, der den neuen Fahrertypus genau vor Augen hat: »Jetzt sind erheblich jüngere Leute dazugekommen, die älteren sind nicht unbedingt abgesprungen.« Immer seltener sehe man »den Audi-Fahrer, der andere unbedingt erziehen will«, den, »der auf der dritten Spur zeigt, dass er die Richtgeschwindigkeit genau einhält und dass sich die restliche Welt nach ihm richten sollte«.

Geniale Gürtelgurus eben und keine abgehalfterten Hosenträger.

⌐

Habbel weiß, dass die Ideen und Konzepte seines Technik-Vorstands die Grundlage des rasanten Aufstiegs von Audi bilden. Eine Reihe »bahnbrechender Entwicklungen«, wie Piëch später über Piëch urteilen wird, gehen auf seine Initiative oder zumindest auf sein permanentes Drängen zurück: Was er »bei Audi federführend realisiert«, liest sich wie das Einmaleins der technischen Fahrzeuginnovation: Fünfzylinder-Ottomotor, Abgas-Turbolader-Motor mit Ladeluftkühlung, optimierte Sicherheits-Leichtbauweise, Verwirklichung der optimierten Aerodynamik des Audi 100, permanenter Allradantrieb im Audi quattro, vollverzinkte Ganzstahlkarosserie, lebenslang rostfreie Karosserie im Großserienbau und der direkt einspritzende TDI zählen heute zu den automobilen Standards.

Der träge Dampfer ist in Fahrt gekommen. Dank der Leichtbauweise wird die Wirtschaftlichkeit der Motoren verbessert, und mit der »hohen Leistungsausbeute erreichen Sie auch Geschwindigkeit«, erklärt Habbel anerkennend. Damit nicht genug des Guten: Neben den Rennsporterfolgen erringt die Abteilung Piëch 1982 einen Weltmeistertitel ganz besonderer Art: Der Audi 100 ist mit einem sensationellen cw-Wert von 0,30 weltweit das erste Serienfahrzeug, das diese technische Schallmauer durchbricht. »Auch in der Aerodynamik zählen wir zur internationalen Spitze«, verkündet Wolfgang R. Habbel. »Um unsere Wagen besonders windschlüpfig zu machen, schließen bei uns jetzt die Scheiben außen bündig mit der Karosserie«, aus Sicht des Audi-Vorsitzenden »ein echtes Novum«.

Der Audi-Entwicklungsvorstand aber gibt sich damit nicht zufrieden.

Sein erklärtes Ziel ist, »irgendwann bei einem cw-Wert von 0,1 zu landen«. Ferdinand Piëch ist die »treibende Kraft« und kann »international optimale cw-Werte vorweisen«, so der Entwickler Siegbert Scholtyssek: »Bei Mercedes sind sie blass geworden.«
Kein Zweifel, nicht nur der Audi-Chef ist stolz auf seinen Techniker.

Mit der Gründung der Vertriebstochter der Volkswagen Aktiengesellschaft wurde Audi schon Mitte der Siebzigerjahre eng an die Wolfsburger Zentrale angebunden. »Die Zusammenfassung von Vertrieb und Marketing war damals eine richtige Entscheidung«, reflektiert Wolfgang R. Habbel. Die Ingolstädter profitierten vom weltweiten VW-Vertriebsnetz – zwar wird der gesamte Gewinn der Audi AG nach Wolfsburg überwiesen, dafür muss die Volkswagen AG aber auch für eventuelle Verluste aufkommen. Und sie kauft die gesamte Audi-Produktion auf.
Zehn Jahre später spricht jedoch vieles dafür, dass Audi noch weitere Verkaufssteigerungen erzielen kann, wenn es gelingt, die enge Bindung an die Konzernmutter zu lockern und das eigene Profil zu schärfen. »Es ist schwer, das breite Programm vom Polo bis zum Audi 200 im selben Showraum anzubieten«, macht Habbel seinen Standpunkt deutlich. »Der gleiche Verkäufer« könne nicht »vormittags einer Hausfrau einen Polo und nachmittags einem Geschäftsmann einen 200 Turbo mit Klimaanlage und ABS« erklären, so der Audi-Chef.
Aus Sicht der Wolfsburger gilt Audi »lediglich als Werk Nummer 17«, irgendeine Außenstelle in Bayern, die unter ferner liefen verbucht wird – so erfährt es jedenfalls ein Ingolstädter. Und da sich Habbel der Tatsache bewusst ist, dass eine Änderung der Vertriebszuständigkeiten nur peu à peu erfolgen kann, sollen zunächst die Zahl »markenspezialisierter Händler« verdoppelt und »separate Showräume« eingerichtet werden.
Einen ersten Erfolg kann der Audi-Chef schon vorweisen: Bei Volkswagen gibt es bereits je einen eigenen Marketing-, Verkaufs- und Werbungsverantwortlichen – und zwar einzig und allein für Audi. Der deutlichste Wink ist Habbels Vergleich mit der Situation im Volumenmarkt USA. Dort »fahren VW und Audi von Anfang an getrennt«, sehr zum Nutzen der Konzerntochter.

In diesem Moment bewährt es sich, als Audi-Vorsitzender zugleich VW-Vorstandsmitglied zu sein und dort das notwendige Maß an Fingerspitzengefühl einbringen zu können.

Wolfgang R. Habbel absolviert ein beachtliches Arbeitspensum. Sowohl die Motivation der Mitarbeiter wie die Kontakte zur Landesregierung im Freistaat sind wohl noch nie so intensiv gepflegt worden. Gleichzeitig ist Habbels Management von einer straffen Kostenkalkulation und vom Einsatz beträchtlicher Investitionsmittel geprägt. Seit seinem Amtsantritt nimmt die Geschäftsentwicklung einen rasanten Verlauf: Von 1980 bis 1983 steigen der Umsatz von 4,9 auf 8,0 Milliarden und das Jahresergebnis von 70 auf 178 Millionen Mark. Der Cash-flow* steigt von 325 auf 793 Millionen Mark, die Fahrzeugproduktion von knapp 300 000 auf mehr als 388 000. Damit erobern sich die Ingolstädter einen Marktanteil von 7,1 Prozent – mehr als BMW, der schärfste Konkurrent. In diesen vier Jahren können bei Audi 3500 neue Arbeitsplätze geschaffen werden.

1. September 1983. Seit mehr als zwei Jahrzehnten steht Wolfgang R. Habbel im Dienst des Unternehmens, seit vier Jahren als dessen Vorstandsvorsitzender. Der promovierte Jurist gilt als ebenso kommunikativ wie hartnäckig und verfügt über einen ausgeprägten Weitblick. Habbel weiß um seine Schwächen, und er weiß sie zu beseitigen. So zeugt der Schachzug, die Beförderung Piëchs zu seinem Stellvertreter zu unterstützen, auch von einer gewissen Selbsterkenntnis. »Habbel hatte keine Ahnung von Autos, dafür konnte er ein Unternehmen positionieren – das war seine Meisterleistung«, lautet die hausinterne Analyse.

Der vom Aufsichtsrat zum Habbel-Vize berufene Piëch sorgt sich derweil um die Fahrzeugentwicklung. Habbel »brauchte gute Autos, da war

---

* Unter Cash-flow versteht man den Geldbetrag, der sich nach Abzug ausgabewirksamer Aufwendungen von den Umsatzerlösen im Geschäftsjahr für Finanzierungen ergibt. Der Cash-flow ermöglicht einen Einblick in die Finanzkraft eines Konzerns.

purer Pragmatismus gefragt«. Die Wege der beiden mächtigen Männer an der Konzernspitze sind vorgezeichnet: Hobbygolfer Habbel wird sich in absehbarer Zeit mit einer brillanten Bilanz ins Privatleben verabschieden. Und Karrieremann Piëch steuert zielstrebig den Chefsessel in Ingolstadt an.

Locker in der Toga

> »Auf dem richtigen Klavier richtig zu spielen ist nicht leicht.«
> *Wolfgang R. Habbel, Audi-Vorsitzender*

> »Ferdinand Porsche war ein Meister im Umsetzen von Ideen, die andere schon vor ihm hatten.«
> *Rudolf Skarics, österreichischer Motorjournalist*

> »Bei Herrn Indra ist alles ruckzuck gegangen.«
> *Ein Beobachter über die Entlassung von Professor Fritz Indra*

15. Dezember 1984. Für seine herausragenden Leistungen wird dem Sohn eines Oberforstmeisters eine ganz besondere Ehre zuteil. »Aus einem verlustträchtigen Unternehmen mit diffusem Markenbild haben Sie einen erfolgreichen Automobilbauer mit klarer Identität geformt«, heißt es in der Begründung: »Die Jury würdigt vor allem, dass Sie die einst verfahrene Situation bei Audi überwunden haben.«
Vor Heinz Nixdorf, Chef des Paderborner Computerproduzenten, und Heinz Dürr, dem Vorsitzenden der Frankfurter AEG-Telefunken AG, holt Audi-Chef Dr. Wolfgang R. Habbel den Preis »Manager des Jahres« an die Donau. Auf den Plätzen landen so prominente Persönlichkeiten wie der BMW-Vorsitzende Eberhard von Kuenheim oder Helmut Werner, damals noch in Diensten der Continental Gummi-Werke in Hannover. Mit einem »herzlichen Glückwunsch« gratuliert die Jury des *Industriemagazins* dem Ingolstädter.

In dem hochrangig besetzten Gremium von Vertretern der schreibenden und sendenden Zunft verfügt auch Peter Morner, Chefreporter des Wirtschaftsmagazins *Capital*, über Sitz und Stimme. Drei Jahre zuvor hatte ebendieser Morner, damals noch beim *manager magazin* tätig, einen schonungslosen Beitrag über das Missmanagement bei Audi verfasst und über »gravierende Mängel« in der Fertigungstechnik berichtet. Nach einer Untersuchung des Unternehmensberaters Benno Keysselitz kam Morner zu dem Schluss: »Die Topmanager der Audi NSU Union AG verfügen weder über eine das Erscheinungsbild des Automobilherstellers prägende Firmenphilosophie noch über ein geschlossenes Ziel- und Strategiesystem, an dem sich ihre Entscheidungen orientieren.« Wenigstens einer hat sich damals darüber gefreut: Detmar Grosse-Leege hat die Medienattacke den Vertrag als Leiter der Audi-Kommunikationsabteilung eingebracht. Der damalige Pressechef Arno Höland musste seinen Hut nehmen.

Noch heute wird in Ingolstadt darüber spekuliert, ob der Morner-Verriss »Habbel den Hals brechen« sollte. Es gebe Hinweise, wonach »die Geschichte von Wolfsburg aus angeschoben worden« sei, so ein Insider, »denn noch nie war ein Personalchef Vorstandsvorsitzender geworden«.

Selbst in der Chefetage eines Weltkonzerns menschelt es mitunter. »Habbels Ehrung hat Hahn als unglaublichen Affront empfunden«, weiß einer derer, die in dieser Zeit intensiv mit Wolfgang R. Habbel zusammenarbeiten und die unterkühlte Reaktion aus dem Vorsitzendenzimmer im Wolfsburger Stammhaus kaum nachvollziehen können. Unter den zwanzig besten Topmanagern befindet sich kein zweiter VW-Manager, auch nicht der Vorstandsvorsitzende. »Hahn dachte sich: Das kann doch nicht sein, dass ein Filialleiter Manager des Jahres wird«, lautet die hausinterne Erklärung für die Zurückhaltung des Volkswagen-Chefs.

Doch Habbel kennt seinen Konzern, und weil er nicht ohne Grund dafür bekannt ist, die Reaktionen seiner Mitmenschen bestens voraussagen zu können, wundert er sich nicht. Es ist nicht das erste Mal, dass der Audi-Vorsitzende ernüchternde Erfahrungen mit der VW-Zentrale machen muss.

Der Negativbilanz in Wolfsburg setzen die Ingolstädter positive Verkaufszahlen entgegen – Grund genug für gesteigertes Misstrauen am Mittellandkanal. Selbst anlässlich herausragender Audi-Rennsporterfolge, beispielsweise nach dem gewonnenen Weltmeisterschaftslauf in Griechenland, »gratulierte erst einmal keiner vom Vorstand«, beklagt sich ein Manager aus der Beletage. »Als Vorsitzender von Audi wehte Habbel anfangs ein gehöriger Gegenwind aus Wolfsburg entgegen.« Kein Wunder, denn zuerst einmal hat »Habbel viele Feinde« bei Volkswagen.

»Sie können sich in so einem Konzern relativ schnell festfahren«, weiß der Vorstandsvorsitzende aus Erfahrung zu berichten, »oder Sie können die Probleme im kollegialen Gespräch lösen.« Nach Anlaufschwierigkeiten versucht der Audi-Chef seine Probleme mit der Konzernmutter in den Griff zu bekommen. »Du tust so, als ob es nur Audi auf der Welt gäbe«, muss er sich in der Zentrale anhören. »Du redest wie ein VW-Mann«, werfen ihm seine Audi-Mannen an den Kopf. Wolfgang R. Habbel weiß, die Wahrheit liegt in der Mitte: Im »sachlichen Interesse für beide Beteiligten, Mutter und Tochter«, gelte es das richtige Klavier richtig zu spielen, was mittlerweile »recht gut« funktioniert.

Tatsächlich schmiedet Schmückers Kompromisskandidat Habbel sein Meisterwerk im »Kampf auf der Rasierklinge«, wie ein Audianer den Spagat zwischen den Interessen der Konzernmutter und der Außenfiliale treffend beschreibt: Dem taktisch versierten Audi-Vorsitzenden gelingt das Kunststück, die Ingolstädter Konzerntochter optisch bestens zu präsentieren, ohne die Wolfsburger zu brüskieren. Trotz der schwierigen Ausgangslage schafft sich Habbel in seiner kantenlosen und konzilianten Art viele Freunde – in Wolfsburg wie in Ingolstadt und weit über die Grenzen der Audi AG hinaus.

»Er ist sehr freundlich und wirkt weich, auch von der Sprache her«, beschreibt ein leitender Beschäftigter, wie sich der Technikvorstand gerne »im Fernsehen präsentiert«.

Das ist aber nur die offizielle Seite eines Menschen, der »intern sein zweites Gesicht« zeigt. »Der Gegensatz ist krass«, sagt der Audianer, denn »Dr. Piëch ist sehr hart«. Ein Blick hinter die Fassade des Freundlichen zeigt ein anderes Bild. »Wenn es ihm um die Sache« geht, hat »Dr. Piëch die Bereichsleiter fertig gemacht«, überhaupt hat er »nicht viel Rücksicht genommen«.

»Wir werden längst mit Daimler-Benz und BMW in einem Atemzug genannt«, meldet sich der stellvertretende Audi-Vorsitzende großspurig zu Wort. »Für die«, posaunt Piëch provokativ, »ist das schon ärgerlich, wie sich die Marke aus dem kleinen Ingolstadt einen angemessenen Teil aus dem Markt herausschneiden kann.« Den hätten sich die beiden Premiumhersteller »bisher in stiller Eintracht« geteilt, streut er genüsslich Salz in die Wunde. »Der Mann geht durch Wände«, zitiert das Wirtschaftsmagazin *Capital* einen seiner Bekannten.

In seiner maßlosen und ausgrenzenden Art macht er sich viele Feinde – in Wolfsburg wie in Ingolstadt und weit über die Grenzen der Audi AG hinaus.

Um zum Hauptabteilungsleiter aufzusteigen, muss man Fachmann sein und zugleich Menschen führen können. Üblicherweise haben Hauptabteilungsleiter – immerhin im oberen Management unterhalb des Bereichsleiters angesiedelt – entsprechend eigenes Personal. Ist man dagegen *nur* Fachmann, schlägt man eine Referentenlaufbahn ein und wird »zum Einzelkämpfer«. Unter Piëchs Hauptabteilungsleitern und Bereichsleitern in der Technischen Entwicklung aber finden sich vergleichsweise viele Einzelkämpfer: Hauptreferenten mit einer »teuren Sekretärin«, aber weitgehend ohne ihnen zugeordnetes Personal. Diese Hauptreferenten stehen im Rang eines Hauptabteilungsleiters und sind entsprechend hoch dotiert.

Von solchen Stellen hat »Vorstandsmitglied Piëch zu viele geschaffen«, was nicht nur dem Audianer unverständlich erscheint. Als die Unternehmensberatung McKinsey nach Ingolstadt geholt wird, kommt diese zum selben Ergebnis: In der TE existieren zu viele Referentenstellen im Rang eines Hauptabteilungsleiters und Bereichsleiters. Ferdinand Piëch sieht sich gezwungen, das verschworene Team der Technischen Entwicklung zu dezimieren. Eine Aufgabe, die einem Chef – immerhin verantwortlich für das Wohlergehen seiner Untergebenen – normalerweise große Schwierigkeiten bereitet. Normalerweise.

Der Autojournalist sieht seine Vorzüge in demselben Bereich, der schon seinen Großvater auszeichnete – in der Umsetzung von Ideen. »Der mindestens ebenso innovative Ingenieur Hans Ledwinka«, einer der größten Konkurrenten Ferdinand Porsches, »hat schon in den Dreißigerjahren bei Tatra viele wichtige Elemente des Käfers vorweggenommen« – vom luftgekühlten Boxermotor bis hin zur Pendelachse. Allerdings verstand es Ledwinka »weit weniger, sich in Szene zu setzen«.

Aus Sicht des freien Journalisten liegt »auch Piëchs Stärke im konsequenten Umsetzen von Ideen, die nicht unbedingt ganz neu sind«. Den Allradantrieb, so Rudolf Skarics, gebe es seit 1902, im Personenwagen hatte der britische Exoten-Hersteller Jensen die Nase vorne. Bei BMW sei gemeinsam mit Steyr in den Siebzigerjahren ein Pkw-Direkteinspritzer entwickelt worden, allerdings warfen die Bayern »das Handtuch, als es mit der Serienfertigung ernst wurde«.

Für einen Rationalisierer kommen die Vorgaben von Unternehmensberatungen wie Roland Berger oder McKinsey gleich nach Gottes Wort. Folglich steht der TE »von heute auf morgen eine Organisationsänderung« ins Haus. Innerhalb nur eines Jahres werden die von Ferdinand Piëch früher befürworteten und jetzt als überflüssig eingestuften Hauptreferentenstellen »kurzerhand« wieder abgeschafft. »Er hat seine Leute fallen gelassen«, lautet der bitterböse Kommentar des Piëch-Kenners, denn »ein solcher Vorgang geht nur mit Zustimmung des zuständigen Vorstandsmitglieds, also mit Zustimmung von Herrn Dr. Piëch«.

Und so drängt sich eine zweite Schlussfolgerung auf: Selbstverständlich steht der Audi-Vorstand zu seiner Ingroup – zumindest zu denen, die er nicht freigestellt hat.

Piëch, das Technikgenie? Piëch, der Technikgott? Sicherlich weiß der Wiener nicht nur seine Produkte, sondern auch seine Projektbeteiligung zu präsentieren. Doch zuweilen überzogene Lobeshymnen oder die geradezu abgöttische Anbetung des »Supertechnikers« sind weniger dessen Eigenlob als den Beiträgen mancher Vertreter der Autopresse zuzuschreiben. Seine Fähigkeiten als technischer Entwickler sind unbestritten, sein Talent als Erfinder ist jedoch allenfalls mittelmäßig ausgeprägt.

Als Piëch einen Fünfzylindermotor in das neue Topmodell von Audi NSU einbauen will, wird er in den Medien bereits als »Vater einer neuen Autogeneration« gefeiert. Dabei fertigt Mercedes-Benz die Fünfzylinder längst für seine Dieselfahrzeuge. Bereits Ende der Sechzigerjahre hatten sich Daimler-Entwicklungschef Hans Scherenberg und seine Mannschaft mit der Frage beschäftigt, wie man den ruppigen Lauf, das übergroße Gewicht und die immensen Vibrationen der Lkw-Antriebsaggregate in den Griff bekommen kann. Die Untertürkheimer testeten und bereiteten die Motoren zwei Jahre lang für die Daimler-Benz AG vor. »Piëchs Anteil«, so das Wirtschaftsmagazin *Capital* zur Entwicklung der Fünfzylindermotoren, »ging nicht über die Zeit zwischen Frühjahr und Juli 1972 hinaus«, als er seine Brötchen als freier Ingenieur unter anderem durch Mercedes-Aufträge verdiente.

Seinem Entwicklungsteam ist es gelungen, einen entsprechenden Ottomotor zur Serienreife zu entwickeln. Mit der Verlängerung des Vierzylindermotors um einen fünften Zylinder kann der Hubraum auf 2,2 Liter vergrößert und das Leistungsvermögen auf 136 PS gesteigert werden. Gefragt, welche Erklärung er für das schnelle Aufeinanderfolgen der Mercedes- und Audi-Fünfzylinder habe, zeigt sich die hohe Kunst Piëchscher Kommunikationspolitik: »Diese Frage müssen Sie streichen.«

Nicht jeder muss gehen, nicht jeder wird gegangen. Wer gehalten werden soll, erhält einen »anständigen« Änderungsvertrag. Für den Rest ist »das System ganz einfach«, berichtet einer der Leidgeprüften: »Wenn jemand einen Teelöffel schlucken muss, dann geht das noch. Aber«, so der bildhafte Vergleich, »wenn man jemanden loswerden will, dann legt man ihm gleich mehrere Esslöffel hin.«

Nachdem der McKinsey-Bericht vorliegt, kommen mehrere Hauptreferenten unter Piëchs Räder. Man verdiene weniger und werde danach herabgestuft. Bittere Medizin für die, die bleiben dürfen: »Und wenn man diesen schlechten Änderungsvertrag nicht akzeptieren will, dann arrivederci.«

☙

Die Erfolge des Audi-Technikerteams gehen »zu 90 Prozent« auf die Vorleistungen seines Vorgängers Dr. Ludwig Kraus zurück, bekennt Piëch freimütig. Kraus hatte zusammen mit seiner Crew ehemaliger Mercedes-Ingenieure die Fahrzeugtypen Audi 50, Audi 80 und Audi 100 konstruiert.

Nicht zu Unrecht preist Audi-Chef Habbel den permanenten Allradantrieb als »Zugpferd« des gesamten Unternehmens. Der Wiener ist an der Entwicklung des Audi quattro beteiligt, der bei Volkswagen unter der Bezeichnung »syncro« eingeführt wird: »Piëch hat das Projekt gefördert, er hat nicht gebremst«, so einer der ihm nahe stehenden Audi-Leute. Der Allradantrieb, der zuvor bereits im Land-Rover seine Geländetauglichkeit unter Beweis gestellt hat, wird bei Audi erstmals in Großserie gefertigt. »Herr Piëch hat den Vorteil der Traktion« – gemeint ist die Vortriebskraft in Abhängigkeit vom Gewicht des Fahrzeugs, von der Haftfähigkeit der Reifen sowie der Oberfläche der Fahrbahn – »erkannt und in seinem Team umsetzen lassen.«

Allerdings geht die revolutionäre Entwicklung des Allradantriebs auf Ingenieur Jörg Bensinger, den Sohn eines Mercedes-Entwicklers, und auf Projektmanager Walter Treser, den späteren Rennsportleiter, zurück. Bensinger wird für seine bahnbrechende Erfindung mit dem Porsche-Preis der Technischen Universität Wien geehrt. Piëch erkennt die Chancen des Antriebssystems und fördert es »mit klarem Weitblick«, wie die *autorevue* schreibt.

☙

Im Herbst 1986 wird der Audi 80 mit dem quattro-Antrieb der neuen Generation präsentiert. Bei einer Pressekonferenz verkündet Ferdinand Piëch, dieser dürfe nicht mehr kosten als vier Winterreifen zusammen – auf Alufelgen, wie er später ergänzt. Er will Systemüberlegenheit zum Niedrigpreis erzielen – doch das erreicht er anfangs nicht: Die Kosten liegen rund 5000 Mark darüber. Überhaupt wird der Allrad längst kein so großer Erfolg, wie ursprünglich erwartet, die Verkaufszahlen rangieren lange Zeit im dreistelligen und unteren vierstelligen Bereich. Vielen Kunden sind die Fahrzeuge schlichtweg zu teuer. Für Audi-Ingenieur Jörg Bensinger – als Fahrwerkchef »ein hoher Offizier im Haus« – Grund genug, den Techniker immer wieder an den finanziellen Misserfolg beim Allradantrieb zu erinnern: »Piëch hat sein Versprechen nicht gehalten«, erinnert sich ein damals führender Audi-Beschäftigter an Bensingers Beschwerden. Ein Ferdinand Piëch hat damit keine Probleme, die bekommt allerdings der Kritiker. Denn Bensinger darf gehen. Die Unterstützung früherer Tage ist vergessen, und schließlich benötigt er Bensinger auch nicht mehr.

⌘

Fritz Indra ist ein freundlicher, fast kumpelhaft wirkender Mensch. Als angenehm und »lässigen Typ« empfinden ihn seine Mitarbeiter. Eine Einschätzung, die von anderen geteilt wird: »Professor Indra ist fachlich kompetent und zudem ein freundlicher Mensch«, urteilt Bhola N. Chakraborty über den Mitentwickler des quattro-Motors. Sein Verhältnis zu Piëch war lange gut. Als er sich jedoch im *Stern* zu kritischen Äußerungen hinreißen lässt, geht alles ganz schnell.

⌘

Wie es der Zufall so will, ist das Treffen genau auf diesen Tag angesetzt. Der Audianer hat ein Koordinierungsgespräch mit zwei Abteilungsleitern von der Motorenentwicklung vereinbart. Als er gegen 11.30 Uhr eintrifft, stehen die Mitarbeiter »entsetzt« auf dem Flur herum. Fritz Indra müsse »das Gelände verlassen«, wird dem Besucher von fassungslosen Beschäftigten mitgeteilt. In diesem Augenblick sei der Professor dabei, sein Zimmer zu räumen, bis 12.00 Uhr müsse er draußen sein. »Fristlose Entlassungen erfolgen am selben Tag und dabei noch exakt zeitgebunden«, lautet die Erfahrung. Und damit man »sich nicht selbst die Hände schmutzig machen muss«, observiert der Werkschutz das Geschehen. »Manchmal wird der Geschasste noch am Werktor kontrolliert«, erklärt der Audi-Mann die übliche Praxis.
»Bei Herrn Indra ist alles ruckzuck gegangen«, so die Beschreibung eines

Beobachters. »Professor Indra wurde kurzerhand von Piëch rausgeworfen«, berichtet ein anderer. In einem jedenfalls sind sie alle gleich, die Manager aus Deutschland und Österreich: Wenn der Wiener den Daumen senkt wie einst die römischen Kaiser, dann wird freigestellt.

☙

Indra ist keine Ausnahme. Was Außenstehende überraschen mag, ist für Insider nichts Neues: »Wenn Piëch jemanden feuert, ist in der Regel ein Zeuge dabei«, ergänzt eine frühere Führungskraft der Audi AG. Der Betreffende werde »wie ein Gefangener behandelt« und dürfe nicht einmal »einen Kuli mitnehmen«. Das Vorgehen erinnert den ehemaligen hochrangigen Audianer an »polizeiliche Methoden«. Ein Eindruck, der sinngemäß von mehreren Beobachtern unabhängig voneinander bestätigt wird.

☙

Brennende Ungeduld plagt Ferdinand Piëch, der nichts mehr ersehnt als die schnellstmögliche Inthronisierung zum Herrn der Ringe. »Ich möchte allerdings den Zeitpunkt meines Abgangs gerne selbst bestimmen«, hatte sich Audi-Chef Habbel vorbehalten, als er 1984 über seinen für 1986 oder 1987 anstehenden Rücktritt sinnierte.

Es sei der entscheidende »Fehler von Herrn Piëch, dass er diese Einstellung pflegt«, bewertet einer der Audi-Oberen die Entwicklung an der Konzernspitze. Zu dieser Zeit steht der Mann mit beiden Führungskräften in Kontakt und erlebt die Konfrontation hautnah mit. Seine Analyse trifft: »Herr Piëch hätte Herrn Habbel nur ertragen und dafür seinen Vorteil nutzen sollen«, dann hätte alles seinen regulären Lauf genommen. Seinen Vorteil hat er wohl gesucht, als Vorgesetzten ertragen konnte er Habbel allerdings mit jedem Jahr weniger. Diese Ungeduld wird ihn sein Leben lang begleiten und sich alsbald rächen.

»Ein Mann der leisen Töne«, hatte das Wirtschaftsmagazin *Capital* gut ein Jahrzehnt zuvor geurteilt – eine Stimmlage, die R. Habbels Erfolg erklärt. Für einen Mann vom Schlage eines Ferdinand Piëch aber sind solche Töne schwer zu treffen.

☙

»Wenn er jemanden entlässt, macht er kein großes Theater.« Es werde »entsprechend bezahlt«, heißt es aus dem Umfeld des Audi-Vorsitzenden: »Der Vertrag wird ausgezahlt, dazu kann ein Aufschlag kommen.« Das Restliche »lässt Piëch alles vom Anwalt regeln«. Allerdings, so ein anderer Insider, kennen den Vertrag immer nur zwei: der Vorsitzende und der Geschasste.

Auf jeden Fall scheint sich der Audi-Vorstand durch Konsequenz auszuzeichnen: »Piëch trägt das Messer immer locker in der Toga«, spricht einer aus Erfahrung.

☙

Ende des Jahres 1986 verlässt Detmar Grosse-Leege die Audi AG und nimmt die Offerte von Gerd Schulte-Hillen an, die Öffentlichkeitsarbeit für den Medienkonzern Gruner & Jahr zu managen. Mit Ferdinand Piëch hat er ein gutes Verhältnis gepflegt, zuweilen sollen sogar lobende Worte seitens des Wieners gefallen sein. Dennoch hatte der Technikvorstand signalisiert, dass er sich im Falle seiner Wahl zum Vorsitzenden eine vollkommen neue Mannschaft zusammenstellen werde.

Grosse-Leege erkennt frühzeitig, was das bedeutet, und feiert seinen Einstand in Hamburg. Andere, die die Gefahr nicht rechtzeitig erkannt haben, dürfen wenig später ihren Ausstand wider Willen feiern.

☙

Wie sich die Zeiten doch ändern. »Unser Aufsichtsrat hat auf meinen Vorschlag hin Herrn Dr. Piëch zum stellvertretenden Vorstandsvorsitzenden ernannt«, verkündete Wolfgang R. Habbel zweieinhalb Jahre zuvor. Der Wiener habe »entscheidenden Einfluss auf die Audi-Produktpolitik« genommen und sich die Beförderung redlich verdient. Außerdem, so Habbels frohe Botschaft in Richtung Piëch, sei er selbst »nicht derjenige, der bis zu seinem 65. Lebensjahr mit aller Gewalt an dieser Aufgabe« klebe. Den Übergang könne er »in zwei, drei Jahren anbieten«.

Jetzt ist die Zeit gekommen, doch Habbel hat noch nicht das Recht auf Rente mit 63. Was folgt, ist für viele Beobachter eine kleine Sensation, und für Ferdinand Piëch ein einzigartiger Affront.

»Ersatz des AR-Mitglieds Habbel«

> »Weil Piëch sich auch mit Menschenschinderei beschäftigte,
> musste sein Chef Wolfgang Habbel 1987 den eigenen Vertrag
> über die Pensionsgrenze hinaus verlängern.«
> *Kommentar der »Wochenpost«*

> »Wenn man das von mir verlangt, dann tue ich es.«
> *Ferdinand Piëch im November 1987 über seine Ambitionen auf den*
> *Audi-Vorsitz*

> »Die Demütigung hat sich Habbel erspart.«
> *Ein Insider über die letzte Aufsichtsratssitzung des Ex-Audi-Chefs*

1. Januar 1987. Über den neuen Leiter der Audi-Öffentlichkeitsarbeit bricht erst einmal der Missmut des designierten Audi-Vorsitzenden herein. »Gegen den erbitterten Widerstand, so eine kundige Stimme aus dem Konzern, engagiert der amtierende Audi-Chef Grosse-Leeges Nachfolger. Der kommt von der *Welt am Sonntag*, heißt Lutz D. Schilling und verfügt über eine vergleichsweise geringe Industriepraxis. Piëchs durchaus nachvollziehbare Kritik richtet sich vor allem gegen die Tatsache, dass ihn Habbel beim Auswahlverfahren weitgehend übergangen hat, obwohl seine Wahl zum neuen Audi-Chef kurz bevorsteht.
Glaubt er jedenfalls.

🚗

31. März 1987. Vor eineinhalb Jahrzehnten wechselte er als freier Ingenieur zur Audi NSU Auto Union AG nach Ingolstadt. Seit dreieinhalb Jahren parkt der Wiener in der Warteschleife des stellvertretenden Vorstandsvorsitzenden, und hofft auf seine baldige Berufung zum Regenten über das Reich der vier Ringe. Der Aufsichtsrat muss entscheiden, und er entscheidet sich – für Habbel und gegen Piëch.
Der Vertrag des alten und neuen Audi-Vorstandsvorsitzenden Wolfgang R. Habbel wird um ein weiteres Jahr bis Ende 1988 und damit über Gebühr verlängert.

84

Bedeutet der Aufsichtsratsbeschluss lediglich einen herben Rückschlag oder das vorzeitige Ende der Karriere für den ambitionierten Wiener? Mit der Habbel'schen Vertragsverlängerung bleibt dem Kontrollgremium genügend Zeit zur Bestimmung eines neuen – nicht nur fachlich, sondern auch menschlich geeigneten – Vorstandsvorsitzenden.

🚗

Sein Genius ist unbestritten, seine Leistung als Techniker herausragend. Was also hat er verbrochen? Gründe gibt es genug: Sein Umgang mit Mitarbeitern ist der eine, seine Verhaltensweisen gegen Zeitgenossen außerhalb der Audi AG der andere, sagen kritische Stimmen. »Außer mit wertvollen Konstruktionen« beschäftigt sich Piëch mit »Menschenschinderei«, behauptet die *Wochenpost* gehässig. Und deshalb »signalisiert die VW-Konzernzentrale«, so die Zeitung, »er soll überall hingehen, nur nicht an die Spitze von Audi«. Er sei für »seine persönlichen Verfehlungen abgestraft« worden, erläutert ein führender Audianer hinter vorgehaltener Hand. Das Grundproblem liege in der Persönlichkeitsstruktur des Wieners begründet: »Ferdinand Piëch hat große Probleme mit sich selbst«, die sich bis in den persönlichen Bereich hinein auswirken. »Daraufhin«, berichtet ein Vertrauter, »gab es im Aufsichtsrat und im Vorstand Negativreaktionen.«

🚗

Positiv formuliert kann man seine Familiengeschichten als bewegt bezeichnen. Der unstete Manager zählt nicht zu denen, die ihr Dasein an der Seite einer Frau fristen. Nachdem er sich von seiner ersten Frau, mit der er fünf Kinder zeugt, getrennt hat, lebt er gut ein Jahrzehnt ohne Trauschein mit einer seiner Schwägerinnen zusammen. Er hat sich mit Marlene, der Gattin des Ferry-Sohns Gerd, angefreundet, die zu ihm in seine Ingolstädter Villa zieht. Für viele überraschend, habe er dann Marlene verlassen. Die Trennung von seiner Partnerin wird bei Audi nicht von jedermann gern gesehen. Die Mutter dreier gemeinsamer Kinder sei »eine tolle Frau«, meint ein Kenner der familiären Verhältnisse. Die *Frankfurter Allgemeine* kommentiert »die Vorbehalte« gegen Piëchs Privatleben etwas kryptisch als »kreativ«.

1990 wird der 53-Jährige das 25-jährige Kindermädchen der Familie heiraten. »Rasant, rasant«, bemerkt die *Bild*-Zeitung.

Wer in Piëch nur den trockenen Techniker sieht, verkennt seine Vorlieben für das Äußere eines Fahrzeugs. Nach dem erstaunlichen Erfolg des Audi 80 befragt, sucht der Ästhetiker den Vergleich und findet ihn im Femininen: »Es ist, als wenn Sie ein Mädchen sehen.« Sei dieses »schon einmal hässlich«, dann seien »die Chancen geringer, dass Sie sich überhaupt für das Wesen dieses Mädchens näher interessieren«. Und wenn »die Ästhetik nicht stimmt, werden die ganzen Folgeentscheidungen nicht mehr vollzogen«.

Eines muss man dem Wiener lassen: Für die Ästhetik weiblicher Wesen entwickelt er durchaus näheres Interesse – und das nicht nur für solche auf vier Rädern. Ob er dabei jedoch sämtliche Folgeentscheidungen bedacht hat?

Natürlich kann man sich nicht aussuchen, »in welche Familie man hineingeboren« wird. »Als Kapitalist sehe ich ein Kriterium«, so der Familienvater weit blickend. »Dass ich zwischen der Beeinflussbarkeit dessen, was ich ererbt habe, und der Weitergabe an meine Erben einen Zuwachs erreicht habe.«

Ferdinand Piëch erkennt seine »Lebensaufgabe« darin, »Mehrwert zu schaffen«. Und zumindest in einer Beziehung ist es ihm gelungen, seinen berühmten Großvater zu übertreffen. Dieser hat lediglich zwei Kinder in die Welt gesetzt, Louise und Ferry. Der heutige VW-Chef dagegen fertigt in Serie – der offizielle Kinderzählerstand steht bei »etwa ein Dutzend«. Aber »so genau weiß man das nicht«, lautet die Selbstauskunft.

Geschäftsjahr 1987. Die Zahl gefertigter Fahrzeuge gerät gewaltig ins Stocken. Die Produktion des Audi 90 stagniert bei unter 35 000. Schlimmer noch kommen die Ingolstädter Vorzeigefahrzeuge unter die Räder: Vom viel gerühmten Audi 100 werden 105 000 Fahrzeuge hergestellt,

32 000 weniger als im Jahr zuvor. Katastrophal ist die Situation beim Audi 200, dessen Absatzmarkt kollabiert: Statt den 18 000 des Jahres 1986 werden lediglich noch 10 000 Luxusliner gefertigt. Gemessen am eigenen Anspruch, in der Oberklasse ernsthaft mit BMW oder gar Daimler-Benz konkurrieren zu wollen, bewegt sich Piëch im automobilen Niemandsland.

Wäre da nicht der beachtliche Boom des Audi 80, sähe die Gesamtbilanz mau aus: Vom Audi-Winzling läuft bereits Ende Mai der 100 000ste vom Band. Bis zum Ende des Jahres werden 256 000 Fahrzeuge hergestellt, rund 110 000 mehr als im Vorjahr. So kommt es, dass in den beiden Audi-Werken in Ingolstadt und Neckarsulm trotz allem noch ein paar Sektkorken knallen.

🚗

Der stellvertretende Audi-Vorsitzende sieht sich unter Druck. Zwar bringt der Audi 80 die Bänder auf Touren, aber seine Gewinnspanne ist äußerst dürftig: Das Ergebnis nach Steuern wird 1987 um gerade mal 18 Millionen Mark auf müde 120 Millionen erhöht. Angesichts eines Konzernumsatzes in zweistelliger Milliardenhöhe ein laues Lüftchen statt des erhofften Sturms.

Zur Selbstverteidigung flüchtet sich Ferdinand Piëch in das Pathos großer Worte: »Nicht in die Zukunft zu investieren« sei eine »sehr westliche Haltung«. Der in den USA publizierte Quartalsbericht habe die Amerikaner »unter die Räder gebracht«. Und der Einjahresabschluss – in Europa Usus – bedeute »eine große Gefahr«. Man müsse »weiter denken, großzügiger«, fordert er forsch.

Genau das aber sollte die Nummer zwei im Konzern tunlichst unterlassen, denn 1988 wird bei der Audi-Produktion sogar der Rückwärtsgang eingelegt.

🚗

Tauscht Senator h.c. Horst Münzner seinen Stellvertreterposten in Wolfsburg gegen den Chefsessel in Ingolstadt? Eine »Spekulation ohne jeden Hintergrund«, kommentiert der *Donaukurier* anfangs. Dabei scheinen derlei Gedankenspiele angesichts des Dauerkonflikts zwischen Münzner und Hahn durchaus berechtigt. Seit 1963 in Diensten von

Volkswagen stehend, wurde Münzner 1965 zum Vorstand für das Ressort Einkauf und Logistik und 1982 zum stellvertretenden Vorstandsvorsitzenden berufen.

Allerdings gilt sein Ruf als ramponiert, seitdem er mit der versuchten Diversifikation in die Computerwirtschaft gescheitert ist: Der Kauf der Triumph-Adler AG floppte, und Münzner musste als Aufsichtsratsvorsitzender die Suppe ausbaden, die er sich selbst eingebrockt hatte. Immerhin konnte er Triumph-Adler halbwegs sanieren und an Olivetti weiterreichen.

Mit Carl Horst Hahn aber verbindet ihn eine leidenschaftliche Feindschaft: »Die Dauerfehde Münzner-Hahn kostet den Konzern enorm viel Kraft«, berichtet ein Insider. Grund genug, Münzner auf seine alten Tage hin nach Ingolstadt abzuschieben?

Kommt Dr. rer. pol. Werner P. Schmidt zur Audi AG? Der Volkswagen-Vertriebschef stand bereits von 1973 bis 1975 am Audi-Ruder und würde von Hahn wohl gerne wegbefördert. Meldet sich Martin Posth aus China zurück? Seit 1985 leistet der Direktor der chinesischen VW-Fertigung Shanghai Automotive Corporation überzeugende Arbeit im Reich der Mitte und wäre einem attraktiven Vorstandssessel in der Heimat sicher nicht abgeneigt. Oder wechselt Claus Borgward vom Mittellandkanal an die Donau? Der 49-jährige VW-Vorstand für Qualitätssicherung käme damit auch Hahns Gedankenspielen entgegen, Borgwards Ressort dem Produktionsbereich zuzuschieben.

Beim Versuch, Piëch auszubremsen, werden alle möglichen Ersatzkandidaten für den Vorstandssessel in Ingolstadt durchgecheckt. Der Favorit aber ist ein anderer.

In den kommenden Monaten gilt es, die Betriebsräte, allen voran Böhm-Nachfolger Erhard Kuballa, für sich zu gewinnen, so die nüchterne Planung des Strategen. Am vehementen Widerstand der Arbeitnehmervertreter im Aufsichtsrat ist Piëchs Kandidatur im März 1987 gescheitert, die einflussreichen Metaller hatten ihr Veto eingelegt.

Ganz oben auf der Liste steht der erfahrene Vorstandsvorsitzende der Continental Gummi-Werke. Der Zeitpunkt ist günstig. Die Hannoveraner Reifenhersteller haben gerade das US-Unternehmen General Tire übernommen und technische Innovationen wie das System CTS der neuen Conti-Reifengeneration zur Serienreife gebracht. Wenn Helmut Werner jetzt wechselt, hinterlässt er nicht nur ein geordnetes Haus, ihm steht auch die Tür für den erhofften Karrieresprung offen: 1988 König in Ingolstadt und 1992 Kaiser von Wolfsburg – keine schlechte Perspektive für den erfolgreichen Manager.

🚗

Kann der Wiener die Chance nutzen, den Thron in Ingolstadt zu besteigen? Seit langem gilt dieser als Sprungbrett für eine spätere Konzernkarriere: Beispielsweise haben Rudolf Leiding, Werner P. Schmidt oder Dr. Gerhard Prinz ihre »Poleposition« in Ingolstadt zu Größerem nutzen können. Ferdinand Piëch ist bereit zu kämpfen, und er ist bereit, die Konsequenzen zu ziehen, falls er erneut scheitert.
Eine seiner Rechnungen wenigstens ist längst »aufgegangen«, die mit hohem finanziellem Aufwand betriebene Imageveränderung. »Wir verfolgen diese Zielrichtung seit etwa fünf Jahren«, das Unternehmen müsse sich weiter »nach oben bewegen«. Sollte man diesen Schritt auch von ihm verlangen, »dann tue ich es«.
Ein wahrhaft uneigennütziges Angebot.

🚗

Dem Kölner, der seit knapp sechs Jahren die Conti AG führt, winkt in diesen Tagen ein aus seiner Sicht noch attraktiveres Angebot: Alfred Herrhausen, Vorstandsvorsitzender der Deutschen Bank und als Vertreter des größten Anteilseigners zugleich Aufsichtsratschef der Daimler-Benz AG, müht sich redlich. Er will Helmut Werner in den Vorstand der Untertürkheimer bugsieren.

🚗

Anfang November 1987. Die Entscheidung über seine Zukunft bei der Audi AG steht kurz bevor, der Habbel-Nachfolger »muss noch im Lauf dieses Jahres« bestimmt werden, verkündet der stellvertretende

Audi-Chef. Was aber, wenn sich der Aufsichtsrat erneut gegen Piëch und für einen anderen entscheidet? Wird der Wiener dann kündigen?

»Es gibt immer mehrere Möglichkeiten«, lautet die selbstbewusste Antwort. »Mit Ende dieses Jahres« jedenfalls »läuft für mich eine wesentliche Frist ab«. Der Countdown läuft.

Die erste Entscheidung ist gefallen: Noch im November wird Helmut Werner zum stellvertretenden Mercedes-Vorsitzenden und zugleich in den Gesamtvorstand der Daimler-Benz AG berufen, wo ihm die Verantwortung für den Geschäftsbereich Nutzfahrzeuge übertragen wird. Sein Weg an die Konzernspitze scheint vorgezeichnet, er ist als designierter Nachfolger von Edzard Reuter engagiert worden. Ein ernst zu nehmender Mitkonkurrent weniger.

Dann entscheidet sich der heimliche Aspirant Daniel Goeudevert, Deutschland-Chef der Ford AG, gegen den Wechsel vom Rhein an die Donau. Damit ist auch der zweite reputierte Mitbewerber aus dem Rennen – und die Entscheidung de facto gefallen.

25. November 1987, Sitzung des Aufsichtsrats in Frankfurt am Main. Piëch hat alle Register gezogen, öffentlich über seine Vertragsauflösung und die mögliche Abwanderung zur Konkurrenz sinniert. Dennoch sind die Widerstände vielfältig gewesen, die Suche nach geeigneten Ersatzkandidaten jedoch erfolglos geblieben.

Im zweiten Anlauf gelingt es ihm, seinen langjährigen Mentor vom Thron zu stoßen, Habbels Vorstandsamt bei der Audi AG wird zum 31. Dezember 1987 vorzeitig beendet. Und mit Beginn des Jahres 1988 tritt Piëchs Bestellung zum neuen Audi-Vorsitzenden in Kraft.

Zu seinem Nachfolger als Vorstand des Geschäftsbereichs Technische Entwicklung wird Jürgen Stockmar bestellt. Bis der Österreicher sein Amt am 1. Juni 1988 antritt, nimmt der neue Audi-Chef die Zuständigkeiten des TE-Vorstands weiterhin kommissarisch wahr.

Die Begründung klingt für Außenstehende plausibel: Mit Ferdinand Piëch sei ein eingearbeiteter Nachfolger gefunden. Insider aber wissen um Hahns Unzufriedenheit mit Habbel. Denn nachdem der VW-Vorsitzende mit seinem Versuch, Piëch zu inthronisieren, am Aufsichtsrat gescheitert war, wurde Wolfgang R. Habbel aktiv. Eigenmächtig, so der Vorwurf, habe er sich um einen ihm genehmen Nachfolger bemüht. Der Audi-Chef soll sogar »einen ›Headhunter‹ mit der Suche nach seinem Nachfolger beauftragt haben – angeblich weniger aus Sorge um die Zukunft der Firma als vielmehr, um den Stellvertreter Piëch vom Chefsessel fernzuhalten«, kommentiert der *Donaukurier*. Und er hat Recht.

»Ich freue mich, Herrn Dr. Habbel heute im Kreise seiner Führungsmannschaft verabschieden zu können und ihm im Namen des gesamten Konzerns Dank und Anerkennung auszusprechen.« Seit 37 Jahren ist der Westerwälder im Unternehmen, zuletzt als Vorsitzender. »Sie, Herr Habbel«, so Carl H. Hahn salbungsvoll, »haben die Geschicke des Unternehmens mit Umsicht, Entschlossenheit und Erfolg gelenkt.« Und »Sie haben das Audi-Image entwickelt, geprägt und personifiziert«. Dank Habbel hat Audi an »Profil gewonnen«, und so ist es »nicht zuletzt Ihr Verdienst, dass die Marke Audi auf der Welt einen guten Klang« hat.
Habbel wechselt nicht nur in den Aufsichtsrat, sondern bleibt »dem Konzernvorstand darüber hinaus als Berater« verbunden. »Ich glaube, auch in Ihrem Namen zu sprechen«, so Hahn vor erlesener Runde, »wenn ich ihm für seine außergewöhnliche Leistung danke und feststelle, dass Herr Dr. Habbel sich um Audi verdient gemacht hat.« Kein Wort über den erbittert ausgefochtenen Machtkampf.

»Der rhetorisch brillante, weltgewandte und äußerst populäre Manager galt im Unternehmen als Alleskönner«, so einer der damaligen Führungsköpfe rückblickend. Als Audi-Chef habe Habbel seine bei Ford entwickelten Fähigkeiten im General Management einbringen können. Dass der spröde Wiener dem humorvollen Westerwälder nicht das Wasser reichen konnte, ist kein Geheimnis. Während Habbel mitten in einer Ansprache plötzlich spaßeshalber auf rheinische Mundart umschalten konnte, sucht Piëch viel zu lange nach Worten und beantwortet Fragen mit dem trockenen Vokabular des Technikers. Bei manchen Vorträgen, so ein Beobachter belustigt, lässt sich der Audi-Vorstand den Text seiner Rede auf Bildschirmen einblenden, sodass er ihn unbemerkt ablesen kann.

Zuweilen fallen deftige Bemerkungen über seine mangelhafte Fähigkeit zur Selbstdarstellung: »Seit seiner Zeit bei Ford spricht Habbel glänzend Englisch«, Piëch aber, so ein ranghoher Audianer abfällig, kann sich »lediglich in schlechtem Englisch« mitteilen. Bei Autopräsentationen verständige sich der Audi-Vorstand »in einem Kauderwelsch aus Englisch, Französisch und Italienisch, und alles gleichermaßen schlecht«.

Das mag nebensächlich erscheinen, kann aber für einen Konzern, der weltweit auf allen Automärkten präsent ist und 1988 eine Exportquote von 55,8 Prozent hat, handfeste Nachteile bedeuten.

🚗

Nachdem er seinen Chefsessel in Ingolstadt geräumt hat, tritt Habbel als ordentliches Mitglied im Aufsichtsrat an. Carl H. Hahn behält den Vorsitz im Kontrollgremium. Schon jetzt wird deutlich, wie »Dank und Anerkennung des gesamten Konzerns« für den Ex-Audi-Chef aussehen: Habbel erhält ein Aufsichtsratsbüro im direkten Umfeld der Fabrik zugewiesen. Das habe jeder bekommen, heißt es offiziell.

»Ein richtiges Loch«, berichtet dagegen einer, der sich das Zimmer selbst angeschaut hat. Vergleicht man Habbels »Loch« mit dem Raum, der dem ehemaligen Daimler-Vorsitzenden Edzard Reuter nach dessen Ausscheiden im Neubau von Möhringen zugewiesen worden ist, dann bekommt man eine Ahnung von den Größenverhältnissen und weiß, was es bedeutet, wenn Piëch mit Mercedes-Benz konkurrieren will.

Habbel aber verabschiedet sich von der Verwaltung und betritt sein »Loch« nicht wieder.

🚗

Schon im Vorfeld seiner letzten Aufsichtsratssitzung wird der vormalige Audi-Vorsitzende »wie ein Aussätziger« behandelt, findet einer seiner Wegbegleiter.

Auf der Einladung zur Sitzung, die Habbel nach Florida zugeleitet wird, ist nichts erwähnt von der Wahl eines neuen Aufsichtsratsmitglieds. Erst auf der Sitzung selbst wird der neue Tagesordnungspunkt »Ersatz des AR Mitglieds Habbel« ohne nähere Erläuterung eingeschoben.

Was habe ich davon zu halten? In seiner Überraschung wendet sich Habbel an Hahn, und dessen Antwort spricht Bände. Formal liegt die Entscheidung über Wahl und Abwahl von Aufsichtsratsmitgliedern beim Kontrollgremium und bei dessen Vorsitzendem, so das deutsche Aktienrecht. In der Theorie entscheiden Vorstände nicht über die Besetzung des Aufsichtsrats.

Carl H. Hahn, zu diesem Zeitpunkt in seiner Position schon zu schwach zum Widerspruch, vermag sich nicht »gegen solche Taktlosigkeiten zu wehren«. Der weitere Verlauf der Aufsichtsratssitzung ist von einer stark unterkühlten Atmosphäre geprägt.

🚗

Seine Laufbahn hatte Habbel 1951 bei der damaligen Auto-Union begonnen. Nach vierzehn Jahren bei Ford und der Boehringer AG in Ingelheim kehrte er 1971 als Personalvorstand zu Audi zurück. Neun Jahre lang war er Vorstandsvorsitzender, erst bei der Audi NSU Auto Union AG und nach deren Umbenennung 1985 bei der Audi AG, seitdem engagierte er sich auch im Aufsichtsrat.

Habbel gebühre »Respekt für seinen Entschluss, den Vorstandsvorsitz zum Jahresende niederzulegen«, so hat Carl H. Hahn den aus dem Amt Scheidenden fort- und den Nachfolger hineingelobt. Ein Beobachter des Geschehens ergänzt: »Das war richtig beschämend für ihn.«

Wolfgang R. Habbel reagiert mit der gebotenen Konsequenz und verlässt noch während der Sitzung den Saal. Am Ende hat er sich grußlos, jedoch »aufrechten Gangs« verabschiedet, erinnert sich der Beobachter. Damit erspart sich der Ex-Audi-Chef weitere Demütigungen, die andere nach ihrer Demontage noch werden hinnehmen müssen.

🚗

Im Dezember 1996 wird Habbel zum Aufsichtsratsvorsitzenden der Hamburger BSL Asset Management AG gewählt. Heute wohnt der »Autounionler« im Sommer in Pfaffenhofen-Scheyern, nördlich von

München, und genießt in der kälteren Jahreszeit die klimatischen Vorzüge Floridas, wo er seinen zweiten Wohnsitz hat.

⌢

Seine Produkte »haben dem Unternehmen seit mehr als einem Jahrzehnt die Existenzbasis gegeben«, wird die Wahl des Wieners an die Audi-Spitze begründet. Für das TE-Team trifft das durchaus zu. Doch was ist dran an Hahns Argument, »mit seinen Ideen und Impulsen« habe Piëch eine »Produktpalette hervorgebracht, die in der ganzen Welt Anerkennung findet«?

Wären die technischen Entwicklungen wirklich ausschlaggebend gewesen, hätten die Aufsichtsräte bereits seine erste Kandidatur unterstützen müssen, anstatt den Amtsinhaber zur Vertragsverlängerung zu drängen. Und auch die Audi-Rendite rangiert eher in den unteren Rängen: »Im Vergleich zu unseren Wettbewerbern ist die erzielte Umsatzrendite nach Steuern wenig befriedigend«, mahnt Hahn in Richtung Piëch.

⌢

»Er hatte den brennenden Ehrgeiz, Vorsitzender zu werden«, sagt einer, der den Wiener über Jahre hinweg aus nächster Nähe beobachtet hat. Das »Problem« sei allerdings gewesen: »Dr. Piëch war nicht zu verhindern«, denn die »Macht der Familie Porsche-Piëch« sei zu groß: Angesichts der Familienanteile am Verkaufsmarkt und den Vertriebsrechten in Süd- und in Osteuropa kann sich »Hahn jeden Krach erlauben, aber nicht mit dieser Familie«.

Am Ende bleibt dem Audi-Aufsichtsrat und den Verantwortlichen in Wolfsburg keine andere Wahl, wollen sie Ferdinand Piëch – und mit ihm den Einfluss des Familienclans auf den europäischen Automobilmarkt – nicht verlieren.

Nahezu jeder andere hätte den Audi-Vorsitz als Krönung einer mehr als 15 Jahre währenden Karriere im Konzern empfunden. Für den Wiener jedoch soll der Chefsessel ein Etappenziel sein, nicht mehr und nicht weniger.

⌢

In Ingolstadt war man sich der Vorteile vollauf bewusst, die die Mitgliedschaft des Audi-Chefs Habbel im VW-Vorstand mit sich brachte: Manch eine Entscheidung, die sich gegen die Filiale an der fernen Donau ausgewirkt hätte, konnte er noch rechtzeitig abbiegen.

Im Gegensatz zu seinem Vorgänger bleibt Ferdinand Piëch der Sessel eines Vorstands in Wolfsburg erst einmal versagt, das bisherige Audi-Privileg wird kurzerhand gekappt. Kein günstiger Start für einen Mann mit seinen Plänen.

🚗

Unmissverständlich sind Hahns wirtschaftliche Zielvorgaben an den neuen Piëch-Vorstand: Durch die »Fähigkeit und Bereitschaft zur Integration der technischen Funktionen« sollen eine »hohe Produktflexibilität« und »optimale Fertigungstiefe« erzielt werden. Es gilt die Rendite zu verbessern und zur »Zukunftssicherung von fast 40 000 Arbeitsplätzen beizutragen«. Die Ertragskraft ist »durch nachhaltige Kostensenkungen zu stärken«, um nicht in einen »Teufelskreislauf« zu geraten. Und das alles, ohne dabei »auf finanzielle Hilfe der Konzernmutter zu hoffen«. Die Mission des Managers ist klar: Er soll die Audi AG in neue Höhen führen.

🚗

»Für das Bestreben nach klimatischer Verbesserung sind bei Audi hervorragende Voraussetzungen vorhanden«, betont der VW-Chef gegenüber seinem neuen Audi-Vorsitzenden. Dafür, dass das so nicht bleibt, wird Ferdinand Piëch sorgen.

In der »relativ kleinen und überschaubaren Einheit gibt es viele gemeinsame Nenner für ein ›Wir‹-Gefühl«, betont der VW-Chef gegenüber seinem neuen Audi-Vorsitzenden. Dafür, dass das nicht so bleibt, wird er sich schneller einsetzen, als manch einer im beschaulichen Audi-Werk befürchtet hat.

»Arbeiten ohne Reibungsverluste«, fordert der VW-Chef vom neuen Audi-Vorsitzenden. Doch dafür ist Ferdinand Piëch der falsche Mann am richtigen Platz.

Der »unternehmenskulturelle Prägungsprozess muss bewusst und gewollt von der Unternehmensspitze her in Gang gesetzt und gepflegt werden«, fordert der VW-Chef vom neuen Audi-Vorsitzenden. Dafür aber ist Ferdinand Piëch der falsche Mann am falschen Platz.

So solle »ein Klima entstehen, in dem arbeitsethische Wertvorstellungen praktiziert werden und Leistung Spaß macht«, fordert der VW-Chef vom neuen Audi-Vorsitzenden. Dafür aber ist Ferdinand Piëch einer der ungeeignetsten Manager.

An den Wiener gerichtet, verkommen Forderungen nach einer feinen Firmenkultur und einem guten Betriebsklima zur hohlen Phrase. Wären Hahns Worte auch nur ansatzweise ernst zu nehmen, hätte der Aufsichtsratschef seine Wahl zum Audi-Vorsitzenden verhindern müssen. Aber an diesem Tag geht es dem VW-Chef nur darum, das Prozedere des Führungswechsels ohne atmosphärische Entladungen über die Bühne zu bringen.

Den Rest regelt der Audi-Chef.

Der VW-Vorsitzende schätzt die Vorzüge der Arbeit in Ingolstadt: »Im Vergleich zur Muttergesellschaft« ist die Audi AG »eine kleine, fast familiäre Einheit mit günstigen infrastrukturellen Voraussetzungen und einer gut motivierten und leistungsstarken Belegschaft«. So seine Worte bei der Verabschiedung von Wolfgang R. Habbel aus dem Audi-Vorstand. Dessen weiteres Schicksal zeigt, welche Abgründe hinter der Fassade der viel gerühmten Audi-Familie lauern.

»In der Stunde des Amtsübergangs von Herrn Dr. Habbel auf Herrn Dr. Piëch appelliere ich an Ihre Willensstärke und Selbstdisziplin«, so Audi-Aufsichtsratschef Hahn: »Ich bin mir sicher, dass Sie gemeinsam mit Herrn Piëch und dem Audi-Vorstand die Herausforderungen der Zukunft meistern werden.« Doch was bei Hahn »gemeinsam« bedeutet, heißt für Piëch »gemeinsam – gemäß meinem Willen«.

Nicht lange, dann wird sich für einige in der Chefetage der Vorstandssessel zum Schleudersitz entwickeln. Von nun an weht ein eisiger Wind in den Vorstandsfluren der Ingolstädter Großfamilie. Und nüchtern kommentiert das *Handelsblatt,* aller Wahrscheinlichkeit nach dürfte der Audi-Vorsitzende nicht Vorstandsmitglied bei VW werden.

Die Tresers und Bensingers, die Indras und Habbels stehen stellvertretend für viele weitere, die während Piëchs eineinhalb Jahrzehnte währendem Aufstieg den Weg frei machen mussten.

Sicher kann man darüber streiten, ob Rationalisierungsmaßnahmen nicht auch Freistellungen auf höchster Ebene unabdingbar machen. Und bestimmt ist nicht jeder für jeden Posten optimal geeignet. Doch Selbstzweifel scheint der Aufsteiger kaum zu kennen: »Ich glaube, dass all jene, von denen ich wollte, dass sie bei mir bleiben, auch bei mir geblieben sind.« Er könne sich »nicht erinnern, in den letzten 25 Jahren einen Mitarbeiter verloren zu haben, von dem ich wollte, dass er weiter für mich arbeitet«, lautet seine Bilanz.

Schenkt man denen Glauben, die kooperativ und konstruktiv mit den Entlassenen zusammengearbeitet haben, dann können einem neutralen Betrachter Schauer über den Rücken laufen angesichts der Härte und Rücksichtslosigkeit, die die Ära Piëch bei der Audi AG geprägt haben.

Warum die Aufregung um seine Person? »Es gehört sicherlich zu unserer westlichen Kultur, mit Risiko zu leben«, rechtfertigt der Wiener sein Vorgehen. Zum Überleben einer Firma seien »nicht nur angenehme Entscheidungen notwendig«. Kritisches Hinterfragen seiner selbst? Fehlanzeige. Dafür stellt der kalte Kapitalist seine Sicht der Dinge klar: »Die Industrie ist kein Pflegeheim« – und Ferdinand Piëch sicherlich kein Pfleger. Das Soziale, das Mitmenschliche, das Verbindende in der Audi-Familie, das überlässt er lieber anderen.

Und so bleibt ein Satz unvergessen. Ein Insider, der den Aufstieg des Managers über Jahre hinweg verfolgt hat, urteilt, Piëch habe seine Leute nicht nur fallen gelassen, schlimmer noch: »Wenn es seiner Karriere dient, dann geht er über Leichen.«

Kapitel 3: Regent im Reich der Ringe

Berthold, Beuler und der Rest

>»Das führte schon bald zu Kollisionen.«
>*Ein Insider über den Konflikt Piëch gegen Berthold*

>»Und vom Rest werde ich mich wohl trennen müssen.«
>*Ferdinand Piëch (Oktober 1988)*

>»Piëch möchte Dr. Ernst Beuler am liebsten sofort hinaus-
>komplimentieren.«
>*Das »Industriemagazin« (April 1989)*

Seit August 1975 war er Mitglied im Audi-Vorstand, wurde acht Jahre später zum stellvertretenden und knapp viereinhalb Jahre danach zum ordentlichen Audi-Vorsitzenden berufen. Seit Januar 1988 führt Ferdinand Piëch nun die Geschäfte der Ingolstädter Volkswagen-Tochter und müht sich nach Kräften um einen von der Konzernmutter weitgehend unabhängigen Kurs.

Ausgestattet mit einem beachtlichen Hang zur Selbstdarstellung legt er bei seinen Audi-Fahrzeugen von Anfang an größten Wert auf Distanz. »Der Passat könnte nie ein Audi sein, denn er ist der größte VW.« Der Audi 80 sei zwar bloß »der kleinste Audi«, aber immer noch »luxuriöser ausgestattet als der Passat«. Seine Fahrzeuge müssten eben »im Vergleich zu den 3er-BMW und Mercedes 190« bestehen.

🚗

Die mahnenden Worte des Volkswagen-Chefs helfen wenig, wenn der Wiener nicht darauf hören will. Dann und wann werde »die Abhängigkeit von Volkswagen bei Audi als hinderlich empfunden«, weiß Carl H. Hahn. Und »hin und wieder« werde auch »die Abhängigkeit von einem Vertrieb beklagt, dem das VW-Hemd näher sei als der Audi-Rock«, redet der VW-Vorstandsvorsitzende seinem Günstling ins Gewissen. Andererseits gebe er zu bedenken, dass »im Konzernverbund ein großer wirtschaftlicher Vorteil« liege, der »nicht zu gering geachtet« werden sollte. Ferdinand Piëch lässt die Rede über sich ergehen und handelt anschließend nach eigenem Gutdünken.

Internes Treffen des in der Regel monatlich tagenden »Produkt Strategie Komitees« (PSK). Das Volkswagen-PSK soll unter anderem die Modellplanung fortführen. Auch diesmal nimmt der Audi-Chef teil und setzt sein Interesse durch: Damit die neuen Modelle des Audi 80 und des Passat möglichst unterschiedlich ausfallen, dürfen die Hinterachsen beider Fahrzeugreihen keinesfalls gleich gestaltet werden. Piëchs Ziel ist, für Audi einen ganz anderen Kundenkreis als für VW zu erschließen. Statt auf größtmögliche Funktionalität und höchstmögliche Produktivität legt der Wiener Wert auf Identität der Audi-Mobile. Deshalb verhindert er die optimale Nutzung einer gemeinsamen Hinterachse. Doch diesmal geht der Schuss nach hinten los.

Das Piëchsche *Prinzip Sündenbock* erfolgt in drei Schritten: Probleme sind – erstens – dazu da, »um gelöst zu werden«. Lässt sich ein Problem nicht lösen, so gibt es – zweitens – dafür einen Schuldigen, Piëch selbst natürlich ausgenommen. Der Sündenbock wird – drittens – für sein vermeintliches Versagen an den Pranger gestellt und zuweilen befördert – aus dem Unternehmen heraus.

Zu Recht bemängeln Autotester den kleinen und zerklüfteten Kofferraum des Audi 80 – eine Konsequenz der Piëchschen Hinterachse alten Typs. Das Manko ist unübersehbar und auf die Schnelle technisch nicht zu beseitigen. Die Kunden reagieren reserviert.
Aktion Sündenbock – Fall 1 – tritt in Kraft: Ein Schuldiger wird gesucht und gefunden: Kurzerhand erzählt Piëch gegenüber Pressevertretern, das Problem sei auf den Chefentwickler von Volkswagen zurückzuführen. Professor Ernst Fiala, seit eineinhalb Jahrzehnten VW-Vorstand für

Forschung und Entwicklung, habe die neue Hinterachse dem neuen Passat vorbehalten und Audi nicht geben wollen.

Die Produktionsmaschinen und Montageanlagen müssen verändert, die Achse und der Tank des Audi 80 entsprechend positioniert werden. Mit der Neukonstruktion eines Hinterwagens und der Hinterachse wird Jürgen Stockmar beauftragt. Der Österreicher, seit dem 1. Juni 1988 zum Audi-Vorstand für Technische Entwicklung und damit zum Nachfolger seines Landsmanns bestellt, schätzt die anfallenden Kosten auf rund 300 Millionen Mark. Damit beläuft sich der Schaden dieser Piëchschen Fehlentwicklung auf das Doppelte des Jahresergebnisses der Audi AG 1988.

3. September 1988. Als VW-Forschungs- und Entwicklungsvorstand wird der 60-jährige Ernst Fiala von Prof. Dr.-Ing. Ulrich Seiffert abgelöst. »Mit seiner herausragenden Leistung« habe Fiala einen »wesentlichen Anteil an der guten Position von Volkswagen in der Weltautomobilindustrie«, so die Laudatio von Dr. Klaus Liesen. »Der Aufsichtsrat spricht ihm Dank« aus – und so weiter und so fort.

Ab dem Zeitpunkt der Hauptversammlung im Juli 1989 scheidet Professor Fiala nach sechsjähriger Mitgliedschaft auch aus dem Audi-Aufsichtsrat aus – »auf eigenen Wunsch«, versteht sich. Fiala habe »zahlreiche Innovationen zur Produktpalette beigetragen«, lobt ihn der Audi-Aufsichtsratschef fort. Hahns – für die Öffentlichkeit bestimmte – Sätze von den »bleibenden Verdiensten«, den »herausragenden Leistungen« sowie dem »Dank und der Anerkennung« darf man sich da getrost schenken.

Andere – keinesfalls für die Öffentlichkeit bestimmte – Sätze sind dagegen ausgesprochen aufschlussreich: So kann man im Protokoll der PSK-Sitzung nachlesen, dass ein gewisser Dr. Piëch darum gebeten habe, die vorhandene Hinterachse des Audi zu verwenden.

Später einmal wird sich der Wiener zu den Werten von Volkswagen äußern: VW repräsentiere immer »Zuverlässigkeit« und »Ehrlichkeit«.

Erinnern wir uns an die drei Ziehväter, denen der Vorsitzende der Audi AG nach eigener Aussage seinen Aufstieg in Ingolstadt zu verdanken hat: Ludwig Kraus, Leiter der Audi-Entwicklungsabteilung, Toni Schmücker, VW-Vorstandsvorsitzender, und ein gewisser Ernst Fiala, VW-Forschungs- und Entwicklungsvorstand. Dr. Piëch verfügt über seine eigene Art, einem früher nützlichen Mitmenschen im entscheidenden Moment ein freundliches Dankeschön nachzurufen.

Selbstverständlich hat jeder das Recht, Fehler zu machen, ein Topmanager genauso wie jeder andere. Doch die falsche Hinterachse ist nicht nur das eigene Unternehmen teuer zu stehen gekommen.

Das Vorstandsamt bei der Audi AG soll die Krönung seiner Karriere darstellen. Als Leiter des Bereichs Beteiligungen und als anerkannter Finanzexperte hat sich Richard Berthold bei Volkswagen einen Namen gemacht. Mit dem Schatz seiner Wolfsburger Erfahrungen will er das Finanzwesen der Ingolstädter reformieren.

Dann aber nehmen die Probleme ihren Lauf, denn »der Konzernsoldat Berthold«, so die Einschätzung eines vormals führenden Audianers, kann »sich nur schwer an die Sonderrolle Audis im Konzern gewöhnen«. Seine Entscheidungen fällt er nach Faktenlage im Sinne der gesamten Unternehmensgruppe, nicht aber im Sinne der gewünschten Audi-Autonomie, bayerischer Sonderinteressen oder auf Grund von taktischen Erwägungen.

In einer Phase, da sich die Donaustädter – entsprechend Piëchs Wünschen – endlich eine begrenzte Unabhängigkeit in der Produkt- und Kommunikationspolitik erkämpft haben, führt das »schon bald zu einer ersten Kollision«. Beim Projekt des quattro in der Kurzversion wird der Konflikt zwischen dem Vorstandsvorsitzenden und seinem Finanzchef erstmals sichtbar.

Dass der Österreicher eine Sachlage stringent analysiert und seine Vorstellungen konsequent realisiert, haben in den vergangenen Jahren viele schmerzlich erfahren. Doch dass der Wiener die Zerschlagung der familiären Audi-Einheit mit der Zärtlichkeit eines Presslufthammers vorantreibt, davon werden selbst Hartgesottene in der Konzernspitze überrascht.

Anlässlich Habbels Verabschiedung und Piëchs Inthronisierung hatte Carl H. Hahn das »Wir-Gefühl« in der »familiären Einheit« beschworen. Gerade mal ein Dreivierteljahr im Amt des Vorstandsvorsitzenden, erklärt Ferdinand Piëch seinen Kollegen im Audi-Management, wie er den Auftrag des obersten Konzernchefs interpretiert.

$\Longleftrightarrow$

Oktober 1988. Tagung des Audi-Managements im romantischen Bad Gastein am Fuß der Hohen Tauern, unweit von Piëchs Domizil in Zell am See. Hier hat bereits Ferry Porsche mit den Eltern seinen Urlaub verbracht. Heute ist nicht allen der Anwesenden nach Ferienstimmung zu Mute. »Mit 15 Prozent von Ihnen bin ich zufrieden, mit 45 Prozent will ich gern zusammenarbeiten, wenn die Leistungen besser werden.« Von der restlichen Führungsmannschaft aber, so Piëch, »werde ich mich wohl trennen müssen«.

In diesem Augenblick steht fast allen der rund hundert Audi-Manager das »Wir-Gefühl« ins Gesicht geschrieben – einhellige Fassungslosigkeit und Entsetzen. Von nun an geht es für die Führungskräfte nicht nur um hohe Produktionsflexibilität und optimierte Fertigungstiefe, sondern ums nackte Überleben. Und die hoch gelobte Audi-Familie löst sich in eine Schar von Einzelkämpfern auf.

$\Longleftrightarrow$

24. November 1988. Die Entscheidung ist gefallen, die Konzernkontrolleure lassen seinen Vertrag ohne Verlängerung auslaufen. Pflichtbewusst dankt der Audi-Aufsichtsratschef dem Scheidenden »für sein großes Engagement zum Wohle des Unternehmens« und würdigt seine Leistungen als Finanz- und Betriebswirtschaftvorstand. Fünf Jahre lang hat Richard Berthold die Finanzen der Audi AG geführt. Jetzt bleiben ihm noch fünf Wochen bis zu seiner Freistellung. Danach werde er »dem Konzern weiterhin beratend zur Verfügung stehen«. Mit dieser stereotypen Formel entlässt Hahn den 61-Jährigen zum Jahresende in den Ruhestand.

»Bis auf Weiteres« wird der knapp zehn Jahre jüngere Ferdinand Piëch ab dem Neujahrstag 1989 »kommissarisch mit der Wahrnehmung der Geschäfte« beauftragt. Mit anderen Worten: Für das wichtige Amt des Finanzchefs ist noch kein geeigneter Nachfolger gefunden. »Ich gehe mal davon aus, dass das noch in diesem Jahr passiert«, wird er im März gelassen verkünden, als sei er mit dem Audi-Vorsitz nicht recht ausgelastet. Berthold ist ein weithin bekannter Finanzexperte. Warum wird sein Vertrag nicht für ein oder zwei Jahre verlängert, wenn kein kompetenter Kandidat in Sicht ist?

Die Vergangenheit hat Piëch in Person seines obersten Kassenwarts eingeholt. »Berthold wagte es, Hinweise zu geben«, erklärt einer, der die Aufräumaktion in der Audi-Führung aus nächster Nähe verfolgt hat: Beispielsweise »auf Autos, die unter Piëch nicht in Planung gegangen« sind. Und die würden die Audi-Kasse unnötig belasten.

Von der Serie des quattro Sport mit äußerst kurzem Radstand werden 200 »zivile« Exemplare gefertigt, um die Kriterien zur Zulassung des Fahrzeugs zu der Rallyeweltmeisterschaft zu erreichen – eine der katastrophalsten und teuersten Fehlentwicklungen, wie sich später zeigt. Dabei wird ihm nachgesagt, er habe damit geprahlt, die Rennfahrzeuge verkaufe er mit seiner Sekretärin – wenn nötig – für 250 000 Mark das Stück vom Schreibtisch aus. Das Gegenteil ist der Fall: Der »quattro kurz« gewinnt keine Rallye und entwickelt sich zum Ladenhüter.

Peinlich für Piëch: Ein reputierter deutscher Rennfahrer, der wiederholt für Audi siegen sollte, erklärt unter Freunden: Das Auto fahre rückwärts schneller als vorwärts.

Peugeot hat Allrad-Rallye-Flitzer entwickelt, die die Piëchschen Produkte um Längen schlagen. Audi steigt aus und überlässt dem triumphierenden Peugeot-Rennstall das Feld. Der quattro – Piëchs Zugpferd – trägt einen beträchtlichen Imageschaden davon, was letztlich zur Aufgabe des Rallyesports durch Audi führt.

Um die Sportwagen überhaupt noch an Frau und Mann bringen zu können, wird der Verkaufspreis »künstlich gesenkt«. Dabei hätte man eigentlich einen deutlich höheren Preis verlangen müssen. Schließlich haben sich allein die Entwicklungskosten auf geschätzte 40 Millionen Mark belaufen. »Piëch warf das Geld zum Fenster raus, indem er Autos baute, die auf dem Massenmarkt nicht zu verkaufen waren«, kommentiert der Insider die Entwicklung. Anschließend werden die quattros mit dem kurzem Radstand schon mal für etwa 100 000 Mark an Liebhaber verkauft.

Allerdings versucht Audi mit durchaus spritzigen Ideen, die Piëchsche quattro-Pleite zumindest finanziell wettzumachen. Beispielsweise durch die attraktive Accessoire-Sammlung – von der »praktischen Golftasche aus der quattro-Collection« bis hin zur »eleganten Damentasche im quattro-Look«.

⇔

»Berthold war zu unbequem«, lautet die Erklärung eines Insiders für die Frühverrentung zum Jahresende 1988. »Ständig stellte er den Misserfolg« des Kurz-quattro dar. Außerdem habe er »auf die Unverkäuflichkeit der Autos« hingewiesen. Berthold »nervte den Entwicklungschef damit so, dass er auch aus diesen Gründen später sehr schnell abberufen« worden ist. Die internen Kommentare wissen die Dinge anders zu deuten, als sie in offiziellen Verlautbarungen dargestellt werden.

⇔

Wie muss ein Vorstand gepolt sein, um zur 15-Prozent-Fraktion zu zählen? Was muss er tun, damit er den Selektionsprozess unbeschadet übersteht?

Zur Beantwortung dieser Fragen ist keiner besser geeignet als der Personalvorstand höchstpersönlich. Dieser Mann hat umzusetzen, was der Audi-Chef diktiert: die Entlassungen und die öffentliche Vermittlung des radikalen Stellenabbaus. Seit dreieinhalb Jahren heißt der Personalchef Andreas Schleef. Berufen unter Wolfgang R. Habbel, hat er sich mit Ferdinand Piëch bestens arrangiert.

⇔

Februar 1989. Mit einem 13-Punkte-Konzept will der Audi-Vorsitzende dem Verdrängungsprozess in der Automobilindustrie begegnen. Zu den Zauberwörtern zählen »Kostenreduzierung« und »Freistellung«. Rund

2000 Arbeitsplätze seien im Vorjahr abgebaut worden, verkündet der Wiener im Münchner Presseclub. Weitere werden folgen, im Ingolstädter Audi-Werk regiert die blanke Angst.

»Nach der momentanen Zielplanung« gehe er erst einmal von weiteren »900 abzubauenden Stellen« aus, verkündet Andreas Schleef trocken. »Kurzfristig haben wir nun das Problem mit den herkömmlichen Mitteln des Personalwesens« angegangen. Jedoch seien »weitere Ergebnis- und Strukturverbesserungen« nicht länger durch »den Nichtersatz der Fluktuation hinzubekommen«. Monatlich habe das Unternehmen 150 Mitarbeiter »verloren und nicht ersetzt«. Jetzt aber, so der Personalvorstand, müsse »wahrscheinlich sehr bald ein Sozialplan« eingesetzt werden. Mit Andreas Schleef darf Ferdinand Piëch zufrieden sein.

🚗

März 1989. Seit seinem Amtsantritt als Audi-Vorsitzender verfolgt er einen konsequenten Profitkurs: Stärkung der Wettbewerbsfähigkeit und Erhöhung der Rendite stehen in der Zielskala ganz oben. Immerhin: Bereits im Jahr 1 der Piëchschen Regentschaft im Reich der Ringe ist die Rendite von 1,8 auf über 3 Prozent gestiegen.

»Wenn die Konjunktur einigermaßen mithält, dann geht es linear weiter«, hofft der Steuermann das Renditeruder weiter in die richtige Richtung lenken zu können. Und »wenn die Wirtschaftsverhältnisse auf den Märkten sich nicht drastisch verschlechtern, so erhoffen wir uns, dieses Jahr das nächste Stück auf dem Weg nach oben weiterzukommen«.

Zwei Gründe führt der Audi-Chef für den Zwischenerfolg an: die »innerbetriebliche Ratio« sowie die gedrückten Kosten im Einkauf. Was ein Manager vom Schlage Piëchs unter der Ratio versteht, liegt auf der Hand: In den letzten zwölf Monaten seien trotz der »7 Prozent weniger Mitarbeiter 1,4 Prozent mehr Umsatz« erzielt worden, was einer »Rendite vor Steuern von über 3 Prozent« entspreche.

Auch bei den Fahrzeugstückzahlen sieht der Wiener einen klaren Aufwärtstrend: »Heuer sind etwa 437 000 Stück prognostiziert.« Das sei »wiederum eine leichte Steigerung gegenüber dem letzten Jahr auf der Audi-Seite«. Eine viel zu optimistische Erwartung, wie sich im Verlauf des Geschäftsjahrs 1989 herausstellen sollte.

🚗

In Ingolstadt kursieren Gerüchte, mehrere Tausend Arbeitsplätze seien gefährdet. Schleef, nicht nur Personal-, sondern auch Sozialvorstand, führt Argumente an, die die harten Schnitte selbst für die Betroffenen nachvollziehbar machen: Der Sozialplan bedeute, »dass auch Abfindungen zu zahlen« seien. Ein noch umfassenderer Personalabbau würde »so viel Geld kosten, dass ich allein aus wirtschaftlichen Gründen mir das nicht vorstellen kann«.

Der Prozess mag unvermeidbar sein. Wer konkurrenzfähig sein will, muss womöglich rationalisieren. Aber auch der beste Sozialplan kann den Verlust des Arbeitsplatzes und die Not der Betroffenen nicht wettmachen. Im Zeitungsinterview verkündet Schleef sein Programm ohne ein Wort des Bedauerns. Nur nüchterne Zahlen und rationale Argumente hat er für die Betroffenen übrig.

Andreas Schleef ist einer aus der 15-Prozent-Fraktion – und bis heute im Amt.

🚗

5. Juli 1989. Fast ein ganzes Jahr lang verantwortet Ferdinand Piëch neben dem Vorstandsvorsitz auch die Finanzen, ehe mit Dr. phil. Kurt J. Lauk ein gleichwertiger Ersatz für Richard Berthold gefunden ist.

Der Vorsitzende der Geschäftsführung der Zinser Textilmaschinen GmbH in Ebersbach an der Fils ist mit der Sanierung des Tochterunternehmens der Mönchengladbacher Schlafhorst & Co. bekannt geworden. Lauk hat bereits Erfahrungen mit der Automobilindustrie sammeln können: Als Vizepräsident der Unternehmensberatung Boston Consulting Group war er in beratender Funktion für die Fahrzeugbranche tätig. Heute beschließt der Audi-Aufsichtsrat Lauks Berufung zum neuen Finanz- und Betriebswirtschaftschef und zugleich zum stellvertretenden Audi-Vorsitzenden ab dem 1. Oktober. Damit gilt der 43-jährige Stuttgarter als Favorit für die Piëch-Nachfolge.

🚗

6. Juli, Stadttheater Ingolstadt. Zeit, Bilanz zu ziehen. Rechtzeitig zur 100. Ordentlichen Hauptversammlung der Audi AG darf der Vorstandsvorsitzende frohe Kunde melden. Seit eineinhalb Jahren ist er Audi-Chef, und jetzt trägt seine Devise, man müsse »weiterdenken,

großzügiger«, endlich Früchte: Die Umsatzerlöse steigen um 1,5 Prozent, das Ergebnis vor Steuern um 25,4 Prozent.

Die effektiven Zahlen sind eher ernüchternd, bewegen sich die Profite doch auf einem Niveau von lediglich 151 Millionen Mark. Allein 1700 Audi-Beschäftigte sind im vergangenen Jahr freigestellt worden. Und unter Berücksichtigung der für die Zuffenhausener mitgefertigten Porsche sinkt die Gesamtproduktion um mehr als 7000 auf lediglich 436 000 Fahrzeuge. Auch bei den Investitionen wird kräftig gespart – sie müssen um 35 Prozent auf 474 Millionen Mark reduziert werden.

»Großzügiger« darüber hinwegsehen, heißt die Devise aller Weiter-Denkenden.

Da die Piëchsche Feier im Festsaal des Ingolstädter Stadttheaters von der Geschäftslage im Inland getrübt wird, lohnt sich ein Blick über den großen Teich. Dort nämlich feiern die Audi-Fahrer den »überragenden Erfolg« ihres Rennteams bei der TransAm-Meisterschaft.

Damit allerdings ist Piëchs Positivbilanz am Ende. Weder der Rennsporterfolg noch die Einführung umfassender Garantieleistungen vermögen »einen neuen Aufschwung zu schaffen«. Einmal mehr verstecken sich die Audi-Verantwortlichen hinter dem Argument verschlechterter Rahmenbedingungen. Schuld seien das »ungünstige Marktklima« und die »Dollar-Kursschwankungen«. Doch beides kann eine tief greifende Konzernkrise lediglich verschärfen.

Wurden in den USA 1985 noch 74 000 Audis abgesetzt, so können drei Jahre später nur noch knapp 23 000 Wagen ausgeliefert werden. Allein im Vergleich zum Vorjahr belaufen sich die Rückgänge auf ein Minus von 44,5 Prozent.

In seiner Not gibt Piëch Durchhalteparolen aus: »Wir trachten jetzt, die Verkäufe bei 30 000 Einheiten pro Jahr zu stabilisieren.« Seither sind weitere eineinhalb Jahre vergangen, und an Stabilität hat allenfalls der Abwärtstrend gewonnen.

Hans-Jörg Hungerland steht das Wasser bis zum Hals: »Der amerikanische Markt ist für jeden Autokonzern von entscheidender Bedeutung«, sagt der Mann, der in diesem Jahr zum Chef von Volkswagen of Ame-

rica gekürt worden ist. Seine Prognose ist eindeutig: »Wer hier nicht wächst, wächst bald überhaupt nicht mehr.«
Selters gefällig, die Herren in Ingolstadt?

13. Juli, Festhalle auf dem Frankfurter Messegelände. Zeit, Bilanz zu ziehen. Rechtzeitig zur Hauptversammlung der Volkswagen AG darf der Vorstandsvorsitzende das Neueste aus dem Reich der Käfer verkünden. Seit siebeneinhalb Jahren ist Carl H. Hahn VW-Chef, und seine Arbeit trägt Früchte.
Geprägt von einer »guten Grundstimmung des konjunkturellen Bildes« bewegt sich der Automobilabsatz »auf einem weiterhin hohen Niveau«. Zwar ist die Belegschaft um 3,2 Prozent – immerhin 8500 Beschäftige – vermindert worden. Ansonsten aber gibt es Grund zu feiern: Gegenüber dem Vorjahr haben sich der Automobilabsatz um 2,9 Prozent, die Produktion um 2,8 Prozent, der Umsatz um 8,4 Prozent und das Jahresergebnis 1988 um 30,4 Prozent erhöht.
Schampus gefällig, die Herren in Wolfsburg?

In Wolfsburg zeichnete seit April 1980 ein berühmter Name dafür verantwortlich: Claus Borgward. Bei Audi hatte Rudolf Gerich diesen Vorstandsbereich drei Jahre lang betreut, ehe er in den Ruhestand trat und Anfang 1983 von dem aus den USA zurückkehrenden Ernst Beuler abgelöst wurde. In den Staaten hatte sich der humorvolle Saarländer als kompetenter Experte in Qualitätsfragen einen Namen gemacht. Der Bereich Qualitätssicherung wurde bei der Konzernmutter äußerst ernst genommen.
So war es keine Frage, dass der Vertrag des 54-jährigen Beuler im März 1987 für fünf weitere Jahre verlängert wurde. Eine kostspielige Entscheidung, wie sich jetzt zeigen sollte.

Die Auseinandersetzungen des umgänglichen Ernst Beuler mit dem spröden Ferdinand Piëch sind vorprogrammiert – weniger ihres unterschiedlichen Temperaments als fachlicher Fragen wegen. Beuler vertritt die Ansicht, die Qualität von Fahrzeugen definiere sich nicht ausschließlich über die Produktion und dort auftretende Fehler. Vielmehr entstünden Schwächen bereits in der Autoentwicklung, dem klassischen Territorium des Audi-Vorsitzenden und TE-Vorstands.

Die Forderung des Saarländers an die Abteilung des Wieners ist nur konsequent: Bei der Konstruktion müsse darauf geachtet werden, dass die Montage der Fahrzeuge später nicht technisch überfordert werde. Sonst seien Qualitätsverluste und Pannen beim Produktionsanlauf vorprogrammiert.

Die Entwicklungsabteilung ist über die Einmischung begeistert: Der Ansatz sei schlichtweg falsch, halten Piëchs Entwickler dem Qualitätsvorstand entgegen. Und auch in der Audi-Produktion, seit September 1981 von Diplom-Ingenieur Hermann Stübig geführt, reagiert man skeptisch auf die Einmischung in den eigenen Geschäftsbereich. Was oberflächlich Kompetenzstreitigkeiten zu sein scheinen, reicht viel tiefer: In Stübigs Abteilung wird der Ansatz, die Fahrzeugqualität durch die Einrichtung eines eigenständigen Qualitätsressorts zu gewährleisten, schlichtweg als falsch angesehen.

Beuler sei »als Qualitätsvorstand ganz einfach überflüssig«, heißt es. Ein Problem, das sich regeln lässt, zumal Piëch den 56-Jährigen »am liebsten sofort hinauskomplimentieren möchte – nicht nur aus persönlicher Animosität«, wie das *Industriemagazin* meint. Im Rahmen seines »Kahlschlags« zur Kostensenkung will der Audi-Chef die Qualitätssicherung mit rund 600 Mitarbeitern komplett auflösen.

Ernst Beuler sitzt zwischen allen Stühlen. Doch nicht mehr lange.

Das Debakel in den Vereinigten Staaten wird immer größer: Während die Audi AG um neue Kunden wirbt, kämpfen die bisherigen Käufer mit ihren Fahrzeugen. Denn die Automatik-Audis machen sich selbständig, vollziehen plötzliche Sprünge und geben unvermittelt Gas: »Veröffentlichungen in den amerikanischen Medien über Fälle von vermeintlich ungewollt auftretender Beschleunigung bei den Automatik-Versionen haben Kunden vom Kauf zurückgehalten«, analysieren die Ingolstädter.

Piëch erklärt das Desaster aus seiner Sicht: »Der große Erfolg unserer

Autos drüben bedingte sehr, sehr viele Eroberungskäufe.« Audi habe viele Leute erreicht, »die bisher ganz andere Marken gefahren hatten«. Der Wiener begründet diese Ereignisse damit, dass die »Leute mit unserer Auslegung des gesamten Konzepts« nicht zurechtgekommen seien. Um weitere Unfälle zu vermeiden, werden »in allen US-Autos *shift locks* eingebaut, was bedeutet, dass Sie zuerst auf die Bremse treten müssen, bevor Sie einen Gang einlegen können«.

Mit seiner Aussage vom Juli 1989 behält Ferdinand Piëch durchaus Recht: Amerikanische wie kanadische Sicherheitsbehörden schließen technische Fehler aus und bestätigen, dass es sich bei den beklagten Vorfällen um menschliches Versagen gehandelt hat. Doch zum Leidwesen der Audi-Oberen hat die Konkurrenz die Unfälle längst zu einer breit angelegten Anti-Audi-Kampagne genutzt. »Es sind einige Hundert Millionen Mark an Schaden im weitesten Sinn« entstanden, beziffert Piëch die Folgen.

🚗

Kaum hat Piëch die Geschäfte des Finanzvorstands an Kurt J. Lauk abgegeben, krallt er sich bereits das nächste Ressort, diesmal allerdings gänzlich. Denn nachdem der 51-jährige VW-Qualitätsvorstand Claus Borgward nach exakt zehnjähriger Tätigkeit gemäß Aufsichtsratsbeschluss vom Juli 1989 »einvernehmlich« und mit Dank »für den unermüdlichen Einsatz« seinen Hut nehmen durfte, ist nun auch Ernst Beulers Uhr abgelaufen.

Er wolle mit seinem Ausscheiden zum Jahresende einen bedeutenden Beitrag zur Auflösung von strukturellen Unklarheiten leisten, so die Erklärung aus dem Konzern. Beulers Abgang hinterlässt keine Lücke, schließlich wird die »Qualitätssicherung in den Geschäftsbereich des Vorstandsvorsitzenden integriert«.

🚗

21. November 1989, Stadttheater Ingolstadt. Der 57-Jährige nutzt das Forum der Audi-Tagung mit 350 Führungskräften, um seinen Abgang »auf eigenen Wunsch und aus persönlichen Gründen« bekannt zu geben.

Im Namen des gesamten Aufsichtsrats dankt ihm Carl H. Hahn: Dr. Ing. Ernst F. Beuler werde dem Unternehmen fehlen, denn er habe mit »großem Engagement zum Wohle des Unternehmens« gewirkt und stehe dem Volkswagenkonzern »weiter beratend zur Verfügung« – mit anderen Worten: Der Vertrag wird ausgezahlt, so gesehen lohnt sich die freiwillig-unfreiwillige Freistellung. Und in Zukunft darf sich der angesehene Ex-Qualitätsvorstand »verstärkt wissenschaftlichen Arbeiten widmen«, verkündet der Aufsichtsratsvorsitzende.

☞

Ferdinand Piëch schließt das Geschäftsjahr 1989 mit beeindruckenden Zahlen ab: Der Fahrzeugverkauf geht im Jahr zwei des neuen Audi-Vorsitzenden lediglich um weitere 4000 Audimobile zurück. Und auch der Abbau von Arbeitsplätzen konnte in den vergangenen beiden Jahren um beträchtliche 4000 Stellen auf nunmehr 35 600 erfolgreich fortgeführt werden.

Noch im März hat der Audi-Chef verkündet, er sei davon »überzeugt, dass wir mit einem vernünftigen Wachstum rechnen können«. Sollten wir dieses Wachstum mit etwa konstanter Mitarbeiterzahl durchsetzen können, dann haben wir ̄ was erreicht«. Hatte Habbel während seiner Amtszeit auf Grund gesteigerter Verkäufe permanent neue Stellen geschaffen, so darf sich sein Nachfolger in diesen Tagen als Arbeitsplatzvernichter feiern lassen.

Auf der Habenseite stehen ein von 11,5 auf 12,2 Milliarden Mark gestiegener Umsatz und 228 Millionen Mark Jahresgewinn. Doch was Piëch-Kritiker versöhnlich stimmen könnte, ruft in Wolfsburg allenfalls ein müdes Lächeln hervor. Wegen des Verkaufsdesasters auf dem US-Markt muss Volkswagen, für den gesamten Audi-Vertrieb verantwortlich, die Ingolstädter kräftig stützen. Vom vermeintlich vorzeigbaren Audi-Jahresergebnis bleibt da nicht viel.

☞

31. Dezember 1989. Der stellvertretende VW-Vorsitzende wird in den Ruhestand versetzt. Über ein Vierteljahrhundert war Senator h.c. Horst Münzner VW-Beschäftigter, davon 24 Jahre im Vorstand – so lange wie kein anderer. Aufsichtsratschef Dr. Klaus Liesen dankt dem Scheidenden für seine »richtungweisenden Impulse«. Manch anderer, allen voran Carl H. Hahn, hofft auf ruhigere Zeiten in Wolfsburg. Zu lange hat er

mit Münzner im Clinch gelegen. Zu tief sitzt dessen Groll über die Weigerung des Aufsichtsrats, ihn 1981 an Hahns Stelle zum VW-Vorsitzenden zu küren.

Vielleicht kann er von den Tiroler Alpen gelassener auf die Ereignisse in der norddeutschen Tiefebene herabblicken.

Februar 1990. »Warum soll man sich davor fürchten?« Seit gut zwei Jahren fährt Piëch »ein Programm, das das Ziel hat, die Rendite zu verbessern«. Die Frage, ob er sich vor einem weiteren Ausbau des Marktanteils der japanischen Fahrzeugproduzenten fürchte, lässt den Audi-Chef scheinbar ruhig schlafen. Immerhin ist die Rendite, oberstes Gebot seiner Wirtschaftsbibel, von 3,6 auf etwa 5 Prozent gestiegen. »Wir wollen bis Ende 1990 bei 6,5 Prozent sein«, lautet das Credo des kapitalistischen Glaubensbekenntnisses.

Ein tolles Auto, das die Audianer da auf den Markt gebracht haben: »Man erkennt den Audi V8 Lang auf den ersten Blick«, so die Firmenwerbung für den »repräsentativen Chauffeurwagen«, der »Einzige seiner Klasse mit permanentem Allradantrieb«. Für die Fondpassagiere stehen Autotelefon, Telefax sowie ein portabler PC zur Verfügung. Der Classic-Line-Kunde kann »zwischen speziellen Karosserie- und Interieurfarben für die Connolly-Leder-Innenausstattung wählen«.

Wie überzeugend die Luxusliner auf die Kundschaft wirken, lässt sich an den Produktionsraten ablesen: Nach der Fertigung von 2300 Audi V8 im Jahr 1988 konnten im Folgejahr 6900 der Chauffeurslimousinen an Frau und Mann gebracht werden. Seither aber geht es bergab: 4800 gefertigte V8-Fahrzeuge im Geschäftsjahr 1990 sind eine traurige Bilanz, vor allem wenn man weiß, dass ursprünglich bis zu 10 000 Exemplare hätten abgesetzt werden sollen.

An einem Punkt allerdings ist es Audi-Chef Piëch gelungen, mit den Konkurrenten in Untertürkheim und München gleichzuziehen – bei den Preisen hat sich Audi in der Oberklasse etabliert: Knapp 100 000 Mark muss ein V8-Kunde für eine Limousine mit mittelprächtigem Renommee auf den Tisch blättern.

Kein Wunder, dass der Wiener auf seinen vermeintlichen Bestsellern sitzen bleibt.

Zu seinen wichtigsten Merkmalen zählen die »aerodynamisch gestaltete Karosserie«, der »neue leistungsstarke V6-Zylindermotor« und das »neue Breitspurfahrwerk«. In diesem Fahrzeug »gehen aktive und passive Sicherheit, Dynamik, Leistung und Komfort eine unverwechselbare Synthese ein«, verspricht Audi.

Die Audianer sind sichtlich stolz auf ihr Wunderwerk der Technik: Ein »Spitzenprodukt« sei das neu entwickelte V6-Triebwerk. Mit seinen 174 Pferdestärken katapultiert das Hochgeschwindigkeitsgeschoss seine Fahrer in acht Sekunden von 0 auf 100 Stundenkilometer, bei einer Spitzengeschwindigkeit von 218 km/h. Zufrieden verkünden die Ingolstädter: Jetzt steht »der neue Audi 100 bei unseren inländischen Händlern«.

Ebendieser neue Audi kostet Entwicklungsvorstand Jürgen Stockmar Anfang Oktober 1990 den Job – von 0 auf sofort.

Noch Mitte des Jahres hatte alles ganz anders ausgesehen: Die Arbeit sei noch nicht so weit fortgeschritten wie geplant, verlautete es aus der Entwicklungsabteilung. Der für Anfang Dezember geplante Verkaufsstart des neuen Audi 100 sei gefährdet – ein »gewichtiger Grund für die Entlassung Stockmars«, kommentiert der *Spiegel* die Freistellung des Entwicklungschefs.

»Das ist typisches Piëch-Prinzip«, kommentiert ein Insider seine Sicht der Dinge: »Bevor sich jemand positiv positionieren kann, muss er gehen.« Ein Audi-Sprecher verbreitet daraufhin erst einmal die Nachricht, der Audi 100 sei noch nicht fertig, es müsse noch nachgearbeitet werden. Wahrlich eine grandiose Strategie, das eigene Produkt schlecht zu reden.

Zur Erinnerung: Als Aufsichtratschef Hahn den seinerzeitigen Audi-Vorsitzenden Habbel aus dem Amt verabschiedete, sprach er davon, dass die Qualität des Managements und der Mitarbeiter »ihren Multiplikator in der Qualität ihres Umgangs miteinander und ihrer Einstellung zueinander« finde. Sie entspreche »also dem Geist der Zusammenarbeit und dem Willen zur Kooperation«. Dabei »müssen Vorstand und Management mit gutem Beispiel vorangehen und durch ihr Vorbild für die Mitarbeiter erkennbare und spürbare Signale setzen«.

Spürbar sind Piëchs Signale allemal, auch auf den Fluren der Chefetagen. Als der Wiener 1988 den Vorsitz der Audi AG übernommen hat, wurde das Unternehmen von insgesamt sechs Vorständen geführt: Neben – oder besser unter – ihm leiteten Andreas Schleef das Personal- und Sozialwesen, Hermann Stübig die Produktion, Richard Berthold die Finanzen, Ernst F. Beuler die Qualitätssicherung und Jürgen Stockmar die Technische Entwicklung der Audi AG. Jetzt ist Stockmar der dritte Vorstand im Verein der Freigestellten.

Welch wunderbare Wirtschaftswelt, geprägt von Weitblick und Souveränität und einer überzeugenden Personalpolitik: Im Sommer 1988 hat Ferdinand Piëch seinen Landsmann nach Ingolstadt geholt, zwei Jahre später wird er kurzerhand gefeuert. »Der Aufsichtsrat dankt Herrn Jürgen Stockmar für seine erfolgreiche Arbeit und sein Engagement zum Wohle der Audi AG«, so Hahns Laudatio. Der Entwicklungsvorstand habe »sein Vorstandsmandat einvernehmlich niedergelegt«. Kein Grund zum Spotten. Schließlich tragen Hahns Worte doch noch Früchte. Denn immerhin ist das »Bestreben nach klimatischer Verbesserung« nun sogar bei Freistellungen spürbar.

Im besten Einvernehmen wechselt die Audi-Familie ihre Mitglieder. Und damit der Trennungsschmerz von möglichst kurzer Dauer sei, darf Jürgen Stockmar sein Büro im Eiltempo räumen.

☙

1. Oktober 1990. Über Stockmars Freistellung freut sich nicht jeder. In Österreich graut es manch einen bei der Vorstellung, den rigorosen Landsmann wieder in der Alpenrepublik begrüßen zu müssen. Als Technischer Vorstand und Technischer Geschäftsführer der Steyr Fahrzeugtechnik GmbH kehrt der 48-Jährige nach Graz zurück – wo er wieder

die Position bekleidet, die er bereits vor seinem Wechsel zu Audi inne-hatte.

»Er verhält sich wie Piëch bei Volkswagen«, kommentiert ein Kenner der österreichischen Automobilszene und ergänzt im heimischen Dialekt: »Stockmar ist brutal, aber erfolgreich.«

Der neue Entwicklungsvorstand Gunnar Larsson, 19 Jahre lang beim schwedischen Autounternehmen Saab in Trollhättan auf verschiede-nen Posten aktiv, tritt sein Amt erst im Januar 1991 an. Bis dahin darf Ferdinand Piëch, wieder einmal als Audi-Vorsitzender und TE-Vorstand in Personalunion tätig, die Suppe auslöffeln, die er sich selbst einge-brockt hat.

Wenn das zu diesem Preis gelänge, »wäre das schon eine gute Leistung«, hatte Jürgen Stockmar die Kosten in Höhe von geschätzten 300 Millio-nen Mark für die notwendigen Änderungen am Audi 80 beziffert. Jetzt liegt es an Piëch, seinen Fehler zu korrigieren – auf Kosten der Finanz-lage der Audi AG.

Dass es, wie so häufig, nicht nur um das Wohl des Unternehmens, son-dern um sein eigenes geht, entspricht der Natur des ehrgeizigen Wie-ners. Zwar hat sich der Techniker mit der Entwicklung eigener Motor-reihen und Getriebe profiliert. Doch allein durch die Doppelfertigung neuer Sechszylindermotoren – in Wolfsburg und in Ingolstadt – erhöhen sich die Gesamtkosten Piëchscher Politik um schätzungsweise weitere rund 300 Millionen Mark.

Mit 4,97 Millionen gefertigten Fahrzeugen überbieten die deutschen Au-tobauer ihr Vorjahresergebnis um mehr als 100 000 neue Einheiten. Das ist rekordverdächtig. Vor allem der Inlandsabsatz verzeichnet enorme Zuwachsraten.

Auch Ferdinand Piëch müht sich redlich, im Strom der Erfolgreichen mitzuschwimmen und am allgemeinen Verkaufserfolg zu partizipieren. Die Zahlen des Geschäftsjahrs 1990 sprechen für sich: Eine Verdoppelung der Investitionen und eine Ergebnisverbesserung um 24,6 Prozent können sich sehen lassen.

So weit die heile Audi-Welt. Ein Blick hinter die Fassade dagegen offenbart einen bedenklichen Zustand des Ingolstädter Unternehmens: Mitten im deutschen Autoboom muss die Fahrzeugproduktion von vormals 431 255 Einheiten um 1658 heruntergefahren werden, die Umsatzerlöse sind von 12,2 auf 12,1 Milliarden Mark gesunken. Und was – prozentual ausgedrückt – nach einem gewaltigen Gewinnsprung aussieht, bewegt sich auf insgesamt bescheidenem Niveau: von 228 auf 284 Millionen Mark.

Am schmerzlichsten aber ist die Bilanz in puncto Oberklasse: Mit seinen Ambitionen, Audi an die Spitze der deutschen Premiumanbieter zu katapultieren, erleidet Ferdinand Piëch Schiffbruch. Vor allem die Hoffnung, auf dem US-Markt mit den Audi-Modellen den ersehnten Durchbruch zu schaffen, gelingt gegen Daimler, BMW, Lincoln oder Cadillac nur sehr bedingt.

🚗

Wie hatte Piëch bei der Managertagung in Bad Gastein doch so familiär formuliert: Mit 15 Prozent seiner Mitarbeiter sei er zufrieden, 45 Prozent müssten ihre Leistung verbessern, »und vom Rest werde ich mich wohl trennen müssen«.

Der Mann hält, was er verspricht. Sein Plan liegt im Soll, die Quote der geschassten Vorstandsmitglieder erreicht den angestrebten Wert. Freigestellt sind Richard Berthold, Ernst F. Beuler und Jürgen Stockmar. Von den bei Piëchs Amtsantritt amtierenden Vorständen sind 1991, neben dem Vorsitzenden, nur noch der 15-Prozent-Mann Andreas Schleef und der letzte »Rest« übrig – Produktionsvorstand Hermann Stübig.

Genosse Potemkin

»Wir sind schließlich – im Gegensatz zu den Dinosauriern –
vernunft- und reflexionsbegabte Wesen.«
Daniel Goeudevert über Wege zu einem zukunfts- und über-
lebensfähigen Auto

»Auch 1992 wollen wir nochmals um 30 000 bis 50 000 Fahrzeuge zulegen.«
Ferdinand Piëch über seine Ziele als Audi-Vorsitzender

»In Ingolstadt stapeln sich die Autos hochkant.«
Das Automagazin »ecoXtra«

Ihre innigliche Abneigung reicht Jahre zurück. Ende der Achtzigerjahre
setzt Piëch auf Geschwindigkeit und Kraft: 220 PS und 240 Stundenkilometer soll das neue Audi-Triebwerk auf die Straße bringen. Auch wenn
seine »attraktivsten Motoren auf dem sparsamen und umweltfreundlichen Sektor« entwickelt werden, »können wir uns dem allgemeinen
Trend nach Prestige und Leistung nicht verschließen«, rechtfertigt er sich.
Darum werden »auch ein paar Highlights in dieser Richtung« entwickelt.
Ein anderer führender Kopf der europäischen Autoindustrie aber
stemmt sich gegen den Zeitgeist des immer schneller, immer stärker,
immer protziger. Vehement fordert der Franzose zukunftsfähige Fahrzeuge. Denn »wären die Dinosaurier sich ihrer auf lange Sicht nicht über-
lebensfähigen Größe bewusst gewesen, sie hätten ihre unzulängliche
Anpassungsfähigkeit nicht mit dem Aussterben bezahlen müssen«. Die
Technik verkomme zum reinen Selbstzweck, Inzucht-Engineering habe
sich breit gemacht, kritisiert Daniel Goeudevert.
Solche Gedanken treffen Piëch ins Mark. »Wir tun nichts, was der
Kunde nicht gerne von uns hätte«, hält er Goeudevert entgegen. Audi
entwickle »nicht Autos, damit unsere Ingenieure daran Freude haben,
sondern damit unsere Kunden daran Freude haben«.
Der Audi-Chef bringt seine Geschütze in Stellung: Überhaupt könne er
sich »einer Reihe von Auffassungen des Herrn Goeudevert nicht an-

schließen. Das«, so Piëch, »bezieht sich auf Geschwindigkeitsbeschränkung, das bezieht sich auf die Rede vom Ingenieur-Selbstzweck.«

»Schlicht überrumpelt« fühlt sich der langjährige Vorstandsvorsitzende von Ford Deutschland durch Carl Horst Hahn, der das als »Teil seiner Strategie« begreift. Immerhin gelingt es dem Chemnitzer damit, einen der versiertesten Automanager nach Wolfsburg zu locken.
Im Januar 1989 ist Goeudevert VW-Vorstand geworden, zwei Jahre danach rückt er zum Markenvorsitzenden auf. Und wird – im Gegensatz zum Audi-Chef Piëch und zum Seat-Vorsitzenden Juan Antonio Díaz Alvarez – zugleich Vorstandsmitglied der Volkswagen AG.
Die Umstrukturierung in die untergeordneten Marken VW, Audi und Seat ist »von vielen Spannungen und Kleinkriegen« geprägt. In dieser Zeit findet sich der Franzose »nur schwer« zurecht.

1992, das Jahr großer Entscheidungen. Die Weltkonjunktur ist von einer anhaltenden »allgemeinen Schwäche« gekennzeichnet. Auf absehbare Zeit legt die Autoindustrie den »Rückwärtsgang« ein, prognostiziert man in Wolfsburg. Schlechte Rahmenbedingungen also für einen Mann, der die Erwartungen hoch und am Ende zu hoch gesteckt hat.
Lange passé sind die Zeiten, da das Unternehmen unter Wolfgang R. Habbel einen rasanten Aufschwung genommen hat. Noch 1987, in seinem letzten Geschäftsjahr, konnte Habbel – auch dank der technischen Leistungen eines Ferdinand Piëch – die Fahrzeugproduktion auf beachtliche 443 000 Einheiten hoch schrauben. Dann aber musste Habbel gehen, und die Folgen waren fatal.

1989 hat er den Konkurrenten von Ford attackiert, ein Jahr später schickt Ferdinand Piëch eine neuerliche Liebesbotschaft an Daniel Goeudevert. Der ist seit Januar 1990 VW-Vorstand für Einkauf und Logistik und überrascht die Autobranche: Simple und preiswerte Fahrzeuge müssten gefertigt werden, die auch für Menschen in Entwicklungsländern bezahlbar sein sollen.

Piëchs Strategie steht dem diametral entgegen. Er will Audi in der automobilen Spitze positionieren. »In der Oberklasse fahren wir eine Stückzahl von etwa 60 Fahrzeugen pro Tag.« Von diesen Luxusautos, »die mehr als 75 000 Mark kosten«, seien »vor zwei Jahren noch drei Stück gebaut« worden. Der Wiener setzt auf die »Extreme«, vom »sehr sparsamen Wagen« bis zum V8, »eine sehr komfortable Limousine«. Und weil Piëch auf sein Konzept schwört, bringt er seinen allseits geschätzten Charme nun auch bei Goeudevert ein: »Er soll das bei der Marke machen, für die er tätig ist.« Im Klartext: bei VW, nicht bei Audi.

Dass Piëch beim Kampf um die Vorherrschaft in Wolfsburg mit dem ungeliebten Konkurrenten zusammenstoßen sollte, kann er zu diesem Zeitpunkt allenfalls ahnen. Erst einmal gilt es, sich bestens zu positionieren – gegen den Mitbewerber und gegen den Amtsinhaber.

Seit er vor drei Jahren den Vorsitz in Ingolstadt übernommen hat, ist die Produktion von 436 000 (1988) auf unter 430 000 (1990) Automobile zurückgegangen. Der Audi-Marktanteil bricht im Inland von 6,7 auf 5,4 Prozent ein – Habbel hatte das Steuer mit 7,2 Prozent übergeben. Zumindest hat Piëch den Gewinn seit seinem Amtsantritt auf beachtliche 370 Millionen Mark (1991) verdoppeln können. Für 1992 allerdings zeichnet sich beim Konzernergebnis eine dramatische Entwicklung ab, die auf eine Halbierung der Profite hinausläuft. In der Folge ist auch die Zahl der mehr als 38 000 Mitarbeiter nicht zu halten.

Die Lage ist desolat, die Audi-Bilanz steht Piëchs Ambitionen auf den Thron in Wolfsburg diametral entgegen. Jetzt gilt es den Trend zu stoppen – wenigstens zum Schein. Und so tritt in Kraft, was man als Piëchs *Plan Potemkin* bezeichnen könnte.

Der 1739 geborene Grigorij Aleksandrowitsch Potemkin konnte als erfahrener Feldherr in seiner Laufbahn bereits viele Erfolge verbuchen. Bei seinen Feinden ist Potemkin gefürchtet, viele von ihnen verloren ihr Leben. Im Jahr 1776 kürte ihn Zarin Katharina die Große zum Generalgouverneur der südrussischen Provinzen – als Dank für seine militärischen Leistungen im russisch-türkischen Krieg. In den kommenden Jahren ließ Potemkin die beeindruckende Schwarzmeerflotte bauen und gründete die Stadt Sewastopol.

☙

Der 1937 geborene Ferdinand Piëch konnte als erfahrener Manager viele Erfolge verbuchen. Bei seinen Feinden ist Piëch gefürchtet, viele von ihnen verloren ihren Arbeitsplatz. Im Jahr 1988 kürte ihn der Audi-Aufsichtsrat mit ausdrücklicher Zustimmung des VW-Chefs Carl H. Hahn zum Vorsitzenden der Audi AG – als Dank für seine technischen Leistungen im globalen Konkurrenzkampf. In den kommenden Jahren ließ Piëch die beeindruckende Audi-Fahrzeugflotte fertigen und gründete das Autowerk in Györ.

☙

Katharina die Große wollte Fortschritte sehen und beschloss 1787, sich über die Zustände im Süden des Reichs zu informieren. Seit vier Jahren führte Grigorij Aleksandrowitsch Potemkin das Regiment auf der Krim, und die negativen Nachrichten von der Halbinsel am Schwarzen Meer ließen am Erfolg seiner Herrschaft zweifeln.
Doch die Zarin vertraute dem von ihr geliebten Günstling und entschied sich, ihm eine Chance zu geben. Diese galt es um jeden Preis zu nutzen, denn sonst drohte die Absetzung als Reichsfürst.
Daraufhin soll Potemkin den Befehl gegeben haben, in aller Eile viele neue Dörfer zu errichten, die der Regentin aus Sankt Petersburg blühende Landschaften präsentieren sollten. Noch heute spricht man von den Potemkinschen Dörfern, durch die der Feldherr einen zweifelhaften Ruf erlangt hat.

☙

Carl Hahn wollte Fortschritte sehen und beschloss 1992, sich über die Zustände im Süden der Republik zu informieren. Seit vier Jahren führte Piëch das Regiment in Ingolstadt, und die negativen Nachrichten aus der Donaustadt ließen am Erfolg seiner Herrschaft zweifeln.
Doch der VW-Vorsitzende vertraute dem von ihm verehrten Günstling und entschied sich, ihm eine Chance zu geben. Diese galt es um jeden Preis zu nutzen, denn sonst drohte die Absetzung als Audi-Chef.

Daraufhin soll Piëch den Befehl gegeben haben, in aller Eile viele neue Fahrzeuge zu fertigen, die dem Regenten aus Wolfsburg ein blühendes Unternehmen präsentieren sollten. Noch heute spricht man von den Piëchschen Autohalden, durch die der Manager einen zweifelhaften Ruf erlangt hat.

Die Zarin ließ sich vom schönen Schein blenden, Potemkin hatte sein Ziel erreicht. Bekanntlich heiligt der Zweck nahezu jedes Mittel.

Sicher: Wolfgang R. Habbel hat es kaum anders gemacht, und Piëch müht sich redlich, die Halden alter Tage abzubauen. Das gelingt ihm tatsächlich. In den ersten vier Jahren als Vorsitzender kann der Wiener das Missverhältnis zwischen gefertigten und an die Kunden ausgelieferten Fahrzeugen drastisch abbauen.

Sind 1988 noch 12 630 Audi-Mobile über der Verkaufszahl produziert worden, so sinkt die Differenz stetig auf 9963 (1989), 6288 (1990) und schließlich 2956 (1991). Im Jahr 1992 hätte man erstmals eine ausgewogene Bilanz erwarten und Ferdinand Piëch beglückwünschen dürfen. Mit Produktionsrekorden aber lässt sich eher prahlen als mit bereinigten Bilanzen. Und da in diesem Jahr die Entscheidung über den neuen Vorstandsvorsitzenden der Volkswagen-Gruppe ansteht, laufen die Bänder heiß in den Audi-Werken in Ingolstadt und Neckarsulm.

»Piëch hat die Autoproduktion bewusst weiterlaufen lassen«, beschreibt ein Audianer die Situation 1992. Am Ende stehen »Zehntausende Audis in und um Ingolstadt auf Halde«. Die Fahrzeuge werden auf dem Firmengelände geparkt, wo damals noch Platz vorhanden war. Teilweise aber stehen »die Fahrzeuge auf Feldern bei Manching«.

Genauer beziffert: Allein 1992 lässt Piëch 19 400 Fahrzeuge mehr fertigen, als letztlich verkauft werden können. »Mäuse und Ratten haben die Plastikteile angefressen, auch der Lack wurde von den Tieren beschädigt«, beschreibt ein Audi-Beschäftigter die Situation vor Ort.

Exakt 51 237 Fahrzeuge sind in der fünfjährigen Ära des Vorsitzenden Piëch zu viel produziert worden. 1992 werden 492 085 Fahrzeuge gefertigt, jedoch nur 472 685 an Frau und Mann gebracht. Rechnet man die Habbelschen Altlasten mit ein, war die tatsächliche Überproduktion deutlich höher.

»Mehr als 100 000 Audis standen auf Halde«, behauptet ein Insider, der die Ursachen dafür im Vertriebssystem sieht, das Piëchs Interessen in diesem Punkt sehr entgegenkommt. Denn statt an die Kunden konnten die Autos an die VW-Vertriebsorganisation verkauft werden. Damit seien »Umsatz- und Verkaufszahlen von Audi geschönt«, wettert der Experte, denn »Volkswagen hat nur Ausgaben und keine Einnahmen«. Manch einen Audianer packt noch heute die blanke Wut angesichts der Tatsache, dass sich Beschäftigte damals vergeblich mühten, »die Autos billiger zu kaufen«. Doch anstatt wenigstens die eigenen Leute zu bedienen, sollen zuweilen sogar »beschädigte Fahrzeuge zusammengepresst und verschrottet« worden sein.

Anfang 1992 erreicht Hahns Höhenflug in Wolfsburg seinen Wendepunkt: Längst weist der Verkauf der Volkswagen nicht mehr die Zuwachsraten vergangener Jahre auf. Die Zahl der Beschäftigten muss gegenüber dem Vorjahr um 4000 vermindert werden, der Cash-flow bricht gar von vormals 25 auf minus 2 Prozent ein – erste Vorboten der kommenden Katastrophe.

Zudem plagt Hahn ein zweites Problem. Lange Zeit ist es dem VW-Vorsitzenden gelungen, ein viel zu optimistisches Bild zu zeichnen und die Krise zu kaschieren. Doch damit das ganze Ausmaß des sich abzeichnenden Desasters auch rechtzeitig vor der Entscheidung über die Hahn-Nachfolge publik wird, werden die internen Daten in die Öffentlichkeit lanciert.

»Das hat er wirklich nicht verdient«, urteilt selbst Klaus Volkert, als Gesamtbetriebsratsvorsitzender qua Amt Gegenspieler des Vorstandsvorsitzenden. Vor Monaten noch von den Redakteuren renommierter Automagazine zum »Mann des Jahres« gewählt, droht Carl H. Hahn der Sturz ins Bodenlose.

Seinen Ruf hat er sich selbst gebastelt, durch interessante Ideen das Image des innovativen Vordenkers aufgebaut, sich in vorderster Front in der Fraktion der Fortschrittlichen etabliert. »Vorfahrt für öffentliche Verkehrsträger« lautet Goeudeverts Devise. Die verschiedenen Verkehrssysteme sollen sich vernetzen, »Kybernetik« und »Integration« zieren sein Vokabular zur Lösung der ökologischen Frage. Den Bleifuß runter vom Gaspedal der PS-Boliden, volle Tube Öko voraus. Selbst ein Tempolimit erscheint dem als »Paradiesvogel«, »Umweltapostel« und »Querdenker« apostrophierten Franzosen sinnvoll.

Mit derlei Thesen erregt der Automanager 1992 öffentliches Interesse und erfährt breiten Zuspruch – bei Greenpeace und Robin Wood, beim ökologisch orientierten Verkehrsclub Deutschland (VCD) und dem Bund für Umwelt und Naturschutz (BUND), bei vielen Grünen, manchen Gewerkschaftern und einzelnen Sozialdemokraten.

Piëch straft den Autoökomanager mit Ignoranz. Und Goeudevert bescheinigt seinem Kollegen daraufhin eine ganz besondere Qualität: Mit dem Wiener könne man sich ausgesprochen gut unterhalten. Das Problem sei nur: »Der hört gar nicht zu.«

Was denken diejenigen, die darüber entscheiden müssen, wie der Karren des VW-Konzerns aus den tiefroten Zahlen gezogen werden kann? Die Antwort liegt auf der Hand: Das »Flaggschiff Volkswagen« befindet sich in einem »saumäßigen« Zustand, gibt der Markenvorsitzende zu. Daniel Goeudevert steht vor der Aufgabe, in den entscheidenden Wochen den entschlossenen, den harten, den konsequenten Manager rauszukehren.

Plan Potemkin trägt Früchte. Piëch verkaufe »mehr Audis der Baureihen 80 und 100 als BMW und Mercedes von ihren gleichrangigen Produkten«, berichten die Medien artig – als seien die gefertigten Fahrzeuge schon unters Volk gebracht.

Unterdessen entpuppt sich Goeudeverts eigentlich ausgezeichnete Ausgangssituation als Bumerang. Seit über einem Jahr leitet der Franzose die Mutter aller Marken, doch gerade bei VW steckt Sand im Getriebe: Der Absatz stagniert bei 1,8 Millionen Fahrzeugen, während Audi scheinbar boomt. Goeudeverts 0,1-prozentigem Verkaufsstillstand stehen Piëchs scheinbar 8,4-prozentige Zuwächse gegenüber.

Goeudevert steht das Wasser bis zum Hals, zumal vertrauliche VW-Unterlagen belegen, dass der Break-even erst bei 99-prozentiger Kapazitätsauslastung erreicht wird. Damit überhaupt ein paar müde Märker verdient werden, müssen die Werke mit voller Auslastung laufen. Bezogen auf das operative Ergebnis fährt Volkswagen eine Umsatzrendite von 1,1 Prozent ein – im Minusbereich. Von Goeudevert in Auftrag gegebene Expertisen ergeben, dass der VW-Dampfer mindestens 25 000 Passagiere zu viel an Bord hat und mangels Rentabilität zu sinken droht. In dieser Situation, so der Vorwurf von Goeudevert-Getreuen, werden von interessierter Seite interne Planungsvorgaben an Medienvertreter weitergeleitet. »Bei mir landeten wiederholt Interna auf dem Schreibtisch, die Goeudevert geschadet haben«, erzählt ein Journalist. Danach habe die Marke Volkswagen einen operativen Verlust von mehr als 700 Millionen Mark gemacht. Die Kosten würden kaschiert und auf die anderen Marken verteilt, so das Bild, das zum Schaden Goeudeverts in der Öffentlichkeit verbreitet wird. Für Medienvertreter ein gefundenes Fressen, für den VW-Markenchef existenzbedrohend.

Da nutzt es wenig, dass Carl H. Hahn längst mit seinem früheren Ziehsohn gebrochen hat und den ehemaligen Vorstandsvorsitzenden der Ford-Werke Köln fördert. Daniel Goeudevert, neben seiner ausgeprägten Ökoorientierung bekannt für seine Literaturvorlesungen an der Sorbonne, liegt in vielem auf Hahns Linie. Am Ende aber zählen die – wie auch immer zu Stande gekommenen – Zahlen von heute und nicht die Visionen von morgen. Piëchs Aktien steigen von Tag zu Tag.

Macht um jeden Preis

»Ich habe im Lauf meines Lebens dazugelernt, ich glaube extrem an das Team.«
Aus Ferdinand Piëchs Begründung, warum es Sinn macht, ihn zum VW-Vorsitzenden zu wählen (1992)

»Die Erholungsfreizeit passt nicht mehr in die heutige Zeit.«
VW-Vorstandspapier zur Abschaffung der Beschäftigtenprivilegien

»Allein gegen alle. Volles Rohr. Alles oder nichts.«
Jürgen Leinemann über Ferdinand Piëch

Wer wird Piëch-Nachfolger in Ingolstadt? Wenn der Audi-Vorsitzende an die Spitze der Volkswagen AG aufsteigt, wird der Chefsessel der VW-Tochter frei. Vor und hinter den Kulissen tobt ein heftiger Kampf.
Piëchs bisheriger Stellvertreter Kurt J. Lauk gilt als designierter Audi-Chef. Der 45-jährige Schwabe ist seit zweieinhalb Jahren im Amt, als plötzlich der sechs Jahre ältere VW-Entwicklungsvorstand, zugleich Aufsichtsrat in Ingolstadt, zum ernsthaften Mitkonkurrenten avanciert. Gepuscht von der *Frankfurter Allgemeinen,* lautet die Message: »Professor Ulrich Seiffert dürfte neuer Vorstandsvorsitzender bei Audi« werden. Der Schlesier habe »die besten Chancen«, kommentiert auch die Lokalpresse. Das Einzige, was Seifferts Antritt in Ingolstadt noch verhindern könnte, so das Managementmagazin *TopBusiness,* wäre der Abgang von Daniel Goeudevert. Dann nämlich wird in Wolfsburg der Posten des Markenchefs frei – und den hat Seiffert ebenfalls im Visier.
Alles klar? Durchaus nicht, denn es kommt ganz anders. Ende März 1992 entscheidet sich der Aufsichtsrat gegen Seiffert und gegen Lauk als neuen Audi-Vorsitzenden. Drei Wochen später erklärt Kurt J. Lauk sein Ausscheiden aus der Audi AG, weitere sechs Wochen danach ist Ingolstadt Vergangenheit und der Veba in Düsseldorf gehört die Zukunft. Gründe dafür mag es mehrere geben. Einer der wichtigsten liegt in der Entscheidung über den Hahn-Nachfolger an der Konzernspitze.

Die erste Hürde ist genommen, keine unwichtige. Alle bedeutenden Vertreter der Kapitalseite haben sich im Aufsichtsrat der Volkswagen AG auf einen Wunschkandidaten geeinigt: In den Vorwahlen erringt Ferdinand Piëch einen eindeutigen Punktsieg gegen Daniel Goeudevert.

Bei nahezu jedem anderen Konzern wäre in diesem Augenblick die Entscheidung definitiv gefallen. Nicht aber bei der Volkswagen AG. Denn mit einem 20-prozentigen Aktienanteil ist das SPD-geführte Land Niedersachsen größter Einzelaktionär. Damit verfügen die Arbeitnehmervertreter im Falle einer harten Kampfabstimmung praktisch über zwei zusätzliche Stimmen auf der Kapitalseite und können Entscheidungen zu ihren Gunsten kippen.

Die zweite Hürde ist schwieriger zu nehmen. Denn gegen die mächtigen VW-Gewerkschaftsvertreter ist kein Kraut gewachsen, auch wenn Aufsichtsratschef Liesen auf einen schnellen Entscheid und einen zügigen Wechsel an der Konzernspitze drängt. Aus Sicht des Kölners verständlich, denn der Konflikt auf Führungsebene lähmt den Vorstand.

Wieder setzt die *FAZ* ihre Duftmarke. VW-Markenchef Goeudevert werde als Piëch-Stellvertreter und somit als zweiter Mann gehandelt, schallt es aus dem wirtschaftsnahen Blatt. Offenbar habe der Franzose bereits seine Zustimmung gegeben.

Absprachen einfädeln, Stimmung machen, Beschlüsse beeinflussen. Das ist hervorragende Medienpolitik. Und das alles gut eine Woche vor dem Treffen der Arbeitnehmervertreter im Aufsichtsrat und sechs Wochen vor der entscheidenden Sitzung des Kontrollgremiums.

Seifferts Scheitern als vermeintlich aussichtsreichster Piëch-Nachfolger in Ingolstadt bleibt nicht ohne Folgen, die Demontage erfolgt stufenweise. Auch wenn er vorerst noch Forschungs- und Entwicklungsvorstand auf Konzernebene und Entwicklungschef beim VW-Markenvorstand bleibt, ist seine Entmachtung lediglich eine Frage der Zeit.

Piëchs Verhältnis zu den Gewerkschaften ist traditionell gespannt. Zu häufig, zu rücksichtslos, zu brutal regierte und sanierte der Wiener in seiner emotionslos wirkenden Gutsherrenart. Bekannt ist auch sein Standpunkt, wirtschaftspolitische Vorgaben seien nur dann realisierbar, wenn »uns im Tarifkampf mit der Metallindustrie nicht der Streikblitz trifft«. Für seinen Konfrontationskurs hat er schon in Ingolstadt bitteres Lehrgeld zahlen, in der Warteschleife des stellvertretenden Audi-Vorsitzenden parken und dabei allmählich den Umgang mit den Metallern lernen müssen.

Jetzt, da er nach den Sternen über Wolfsburg greift, droht ihn das gleiche Schicksal zu ereilen wie schon bei Audi. Die Mehrheit der Aufsichtsräte stellt sich gegen seine Nominierung. Wenn Daniel Goeudevert für die kommenden fünf Jahre zum VW-Vorsitzenden berufen wird und seine Aufgabe zur Zufriedenheit der Aufsichtsräte erledigen sollte, könnte er sogar zehn Jahre amtieren. Dann wäre Ferdinand Piëchs Lebenstraum ausgeträumt.

In diesen Märztagen hätte Piëch womöglich alles getan, um auf den Sessel des VW-Vorsitzenden zu kommen. Hätte er der SPD beitreten müssen, er wäre wohl für den Mitgliedsausweis Schlange gestanden. Hätte er Mitglied der IG Metall werden müssen, er hätte womöglich in der Frankfurter Gewerkschaftszentrale persönlich angeklopft.

Angesichts der faktischen 12-zu-8-Mehrheit zu Gunsten der Arbeitnehmerseite im Aufsichtsrat kommt es besonders auf den 1. Vorsitzenden der IG Metall an, den mächtigsten aller Metaller und Sozialdemokraten im Kontrollgremium: Wenn er zustimmt, sind die Weichen gestellt. Seit fünf Jahren ist Franz Steinkühler Meistermacher oder Königskiller bei der Volkswagen AG.

Plan Potemkin hat zwar die Voraussetzungen für eine erfolgreiche Positionierung geschaffen, garantiert aber nicht die Besteigung des Olymps. Das Image des Radikalsanierers hat er sich erkämpft, und ein Radikalsanierer wird benötigt. Doch zu rüde ist sein Ruf, zu ramponiert sein Renommee in Gewerkschaftskreisen. Wenn Piëch den Chefsessel im 13. Stock des VW-Hochhauses erobern will, muss sich der Wolf den Schafspelz umlegen und kiloweise Kreide fressen. Kurzerhand mutiert der rücksichtslose Sanierer zum liebsten Lämmlein im Lande.

Was für Worte aus seinem Munde! Im »Kampf« Europa gegen Japan beschwört er das Wir-Gefühl, Solidarität wird zur Basis allen Erfolgs. Wenn er »sehr fordernd« sei, wolle er doch nur erreichen, dass »meine Leute Spitze sind«. Selbstverständlich könne »ein Vorgesetzter nicht nur angenehme Entscheidungen« treffen. Er aber habe »im Lauf seines Lebens dazugelernt« und glaube »extrem an das Team«, um »gemeinsame Zeile« zu erreichen. Dabei müssten die Spielregeln »klar, fair und für jeden erkennbar« sein. Und gerade wenn »die Zeiten hart sind, dann bin ich da und helfe«. Denn seine Mitarbeiter »brauchen einen Chef, auf den sie vertrauen können und der zu ihnen steht«.

Endlich hat der Manager verstanden, wie Menschen zu führen sind, wie sinnvolle Zusammenarbeit aussieht, wie Kooperation im Konzern klappen, wie ein Unternehmen sozial gestaltet werden kann. Piëch, der Kooperative, Piëch, der Soziale, Piëch, der Friedfertige, Piëch, der Menschenfreund. Wie lange haben andere unter ihm gelitten, wie gut soll es wenigstens denen gehen, die von nun an in seinem Team der Tüchtigen harmonieren.

So seine Botschaft in Richtung Aufsichtsrat. Die Message ist eindeutig: Ich habe verstanden.

Gut 273 000 Menschen arbeiten im Volkswagen-Konzern -- und keiner gilt als härter, keiner als rücksichtsloser, keiner als skrupelloser. Die Audi AG hat er mit harter Hand geführt, die Bilanzen poliert, unbeirrbar seine Freistellungspolitik verfolgt, Privilegien konsequent gekappt. Piëchs Uhr schlägt im harten Takt des Marktes.

Den Takt in Wolfsburg aber geben die Gewerkschafter und die Sozialdemokraten an. An Franz Steinkühler, dem stellvertretenden Aufsichtsratsvorsitzenden, und Gerhard Schröder, dem Vertreter der Kapitalseite, kommt Piëch nicht vorbei. Will er VW-Vorsitzender werden, dann muss er gegen die Prinzipien verstoßen, an denen er bisher sein ganzes Handeln ausgerichtet hat.

Bei keinem anderen Automobilkonzern hat die IG Metall in den vergangenen Jahrzehnten mit derart durchschlagendem Erfolg Vorzüge und

Vergünstigungen für die Belegschaft erstritten: VW-Arbeiter genießen kürzere Arbeitszeiten, längere Pausen, höhere Löhne.

Im Vorfeld der 50-Jahr-Feiern des Autogiganten hat Carl H. Hahn der IG Metall schon im Sommer 1988 eine detaillierte Auflistung all der Privilegien vorlegen lassen, die der Belegschaft nutzen und der Wettbewerbsfähigkeit des Konzerns in Zeiten immer härterer Konkurrenz – vor allem aus Fernost – schaden. Fein säuberlich reihen sich 21 Punkte aneinander, die aus Sicht der Arbeitgeber das Schlaraffenland der VW-Schaffenden ausmachen.

So beträgt die Erholungszeit »pro Schicht für alle Leistungslöhner« 40 Minuten. Bei Opel sind es nur 25, bei Ford gar nur 10 Minuten. Die Waschzeit beläuft sich bei VW auf 10 beziehungsweise 20 Minuten, Opel gewährt maximal 10 Minuten, Ford keine Sekunde während der Arbeitszeit – was angesichts Zehntausender von Beschäftigten enorm zu Buche schlägt. An Heiligabend und Silvester garantiert Volkswagen freie bezahlte Tage, die Konkurrenz schließt die Werkstore erst ab 12.00 Uhr.

Weitere Vorzüge reichen von attraktiven vermögenswirksamen Leistungen über günstige Urlaubsgeldregelungen bis hin zu deutlich erhöhten Wochenendzuschlägen. Zudem garantiert die Weihnachtsgratifikation ein zusätzliches knapp anderthalbfaches Monatssalär für jeden Mitarbeiter. Andere Autokonzerne zahlen bloß das übliche 13. Monatsgehalt.

Damit nicht genug: Durch die »Verschickung« – im VW-Jargon schlicht »Nordhoff-Urlaub« genannt (nach dem von 1948 bis 1968 amtierenden VW-Vorsitzenden) – hat jeder Mitarbeiter Anspruch auf eine zusätzliche »bezahlte Erholungsfreizeit« von 2,1 Tagen im Jahr. »Entsprechende Regelungen« gibt es bei den Wettbewerbern erst gar nicht.

Geht es nach dem Willen des Konzernvorstands, dann soll Nordhoffs Privilegienpalast eingerissen werden.

Der IG Metall wird die Pistole auf die Brust gesetzt: Mit den »Tarifpositionen zur langfristigen Sicherung der Wettbewerbsfähigkeit und der Arbeitsplätze« legt der Konzernvorstand ein kompromissloses Anti-Privilegien-Programm vor.

Punkt für Punkt rechnet die von der Konzernführung eingerichtete Sparkommission den Metallern vor, wie und in welchem Umfang gewohnte

Leistungen zurückgenommen werden sollen: Abschaffung der pauschalen Freischichtenvorgabe, Anrechnung des freien Weihnachts- und Silvestertags auf die Arbeitszeitverkürzung, bedarfsweise Einbeziehung des »Sonnabends in die regelmäßige Arbeitszeit«. »Wo es erforderlich ist«, soll »der Sonnabend als schichtplanmäßiger Arbeitstag vereinbart« werden.

Die Erholzeit an den Bändern müsse auf 10 Minuten pro Schicht begrenzt bleiben und ansonsten »ganz entfallen«. Weiterhin droht der »Entfall der Waschzeiten innerhalb der Arbeitszeit« und der »Entfall der Erholungsfreizeit (Verschickung)«. Schließlich, so die harsche Kritik der von Horst Münzner und Karl-Heinz Briam geführten Sparkommission, wurden die Tarifvereinbarungen 1948 auf der Basis damaliger Arbeitsbedingungen geschlossen. Längst aber sind die Zeiten der 48-Stunden-Woche und des zwölftägigen Jahresurlaubs Makulatur.

Im Vergleich zu anderen Autokonzernen werde bei Volkswagen zu viel verdient. Deshalb fordert der Vorstand: die »schrittweise Anpassung« der Entgelte an das derzeit um rund 6 Prozent niedrigere Niveau der Wettbewerber; die »Zusammenfassung« des Weihnachtsgelds und der Sonderzahlung auf ein maximal zu zahlendes 13. Monatsgehalt sowie die »Anbindung an das Unternehmensergebnis«; den »Entfall« des Tarifvertrags über vermögenswirksame Leistungen aus den Mitteln des Unternehmens; die »Streichung« der tariflichen Leistungszulage für die Angestellten – und, und, und …

🚗

Insgesamt »rd. 1340–1360«. So die nüchterne Berechnung des Einsparpotenzials, wenn alle Punkte der Sparkommission umgesetzt werden. Jährlich könnten durch erhöhte Leistung 350 bis 370, durch optimierte Arbeitszeiten 210 und durch reduzierte finanzielle Zuwendungen 776 Millionen Mark gespart werden.

Doch die Umsetzung all dieser Privilegienkiller hat einen Haken: Zu ihrer Realisierung müssen gemeinsam geschlossene Tarifverträge geändert werden. Was aus Sicht der Konzernführung Kosten mindern und die Wettbewerbsfähigkeit erhöhen soll, ist für die IG Metall ein Frontalangriff auf die Errungenschaften jahrzehntelanger Gewerkschaftsarbeit.

🚗

1988 haben sich der stellvertretende VW-Vorsitzende und der Personalvorstand weitgehend die Zähne an der mächtigen IG Metall ausgebis-
sen. Doch 1992, vier Jahre nach Münzners und Briams Scheitern, sind
die Zeiten blühender Bilanzen sowie stetig steigender Milliardenumsätze
und des Milliardenprofits passé. Hahns Höhenflug ist in einen für die
Volkswagen AG beängstigenden Sturzflug übergegangen.

Die Zeit ist reif für einen Mann vom Schlage Ferdinand Piëchs. Jetzt
könnte er seinen Ruf als harter Sanierer auch in der Wolfsburger Konzernzentrale unter Beweis stellen. Will er Volkswagen retten, dann muss
er wie in Ingolstadt harte Schnitte vornehmen.

Doch um VW-Vorsitzender zu werden, muss er sich mit Steinkühler und
Schröder in Fragen der Beschäftigtenrechte arrangieren. Wie lässt sich
dieser Gordische Knoten durchschlagen?

🚗

Schizophrener könnte die Konstellation kaum sein: Um seinem Image
als friedfertigster aller Franzosen entgegenzutreten und die Erwartungen
der Kapitalseite im Aufsichtsrat zu erfüllen, muss Daniel Goeudevert
den Abbau von Tausenden von Beschäftigten und ein radikales Revire-
ment propagieren.

Um seinem Image als Rammbock der Republik entgegenzutreten und
die Erwartungen der Arbeitnehmervertreter im Aufsichtsrat und der Betriebsräte zu erfüllen, muss Piëch den Erhalt möglichst vieler Arbeitsplätze propagieren und mit einer umfassenden Bestandsgarantie für den
VW-Haustarif hausieren gehen. Ferdinand Piëch ist Pragmatiker genug,
um seine Prinzipien auf dem Altar der Gewerkschaftsprivilegien zu op-
fern.

🚗

Es gehe auch ohne den Abbau der zur Disposition stehenden 25 000 bis
30 000 Arbeitsplätze, lockt der oberste Freisteller der Republik. Mit solchen Versprechungen rennt der Möchtegern-VW-Chef bei Klaus Volkert – als Konzern- und Gesamtbetriebsratsvorsitzender seit Sommer
1990 auch Aufsichtsratsmitglied – offene Türen ein.

»Piëch erklärte Volkert, er hätte technische Konzepte für neue VW-
Modelle«, erläutert ein Insider die Hintergründe. Der Absatz würde an-

ziehen, »alles sei zu regeln«. Auch beim Einkauf könne der Konzern »viel Geld sparen, bei Audi hätte er das schließlich auch hingekriegt«.

Klaus Volkert und Franz Steinkühler wittern die Chance, mit Ferdinand Piëch einen Mann zu inthronisieren, der um den Preis der Macht auf seinen gefürchteten Radikalkurs verzichten und stattdessen eine Arbeitsplatzgarantie geben wird. Der Pakt mit Piëch überrascht: Die beiden mächtigsten Mitglieder der IG Metall im Volkswagen-Konzern sprechen sich gegen den gewerkschaftsverträglicheren Franzosen und für den als arbeitnehmerfeindlich verschrienen Österreicher aus. Und doch macht der Deal gerade für die Beschäftigten und deren Gewerkschaftsvertreter Sinn.

🚗

28. März 1992. Nein, zwischen den Diskussionen um die Position von Carl H. Hahn und den katastrophalen Geschäftsdaten der Unternehmensgruppe bestehe kein Zusammenhang. Und es gebe auch keinen Grund, die Nachfolge des VW-Vorsitzenden schon jetzt zu klären. Als Vorstandsvorsitzender der Ruhrgas AG kennt Klaus Liesen die Managerregel Nummer eins bestens: Behaupte stets das Gegenteil dessen, was du planst.

Wenige Tage nach seinen Abwiegelungen ist es so weit. An diesem Samstag trifft sich das Aufsichtsratspräsidium. Auf der Tagesordnung steht eine für viele Jahre richtungweisende Entscheidung: die Empfehlung an den VW-Aufsichtsrat, der in 13 Tagen zusammentritt, um über die Nachfolge des amtierenden Vorstandsvorsitzenden der Volkswagen AG zu entscheiden.

🚗

Heute werden Nägel mit Köpfen gemacht – und das mit Hahns Zustimmung. Dessen Amtszeit ist zwar 1990 bis Ende 1993 verlängert worden. Doch der alles entscheidende Vorschlag bei der Zusammenkunft des Aufsichtsratspräsidiums kommt vom Chef des Kontrollgremiums höchstpersönlich. Liesen, Repräsentant der Kapitalseite, sieht nur einen Ausweg aus der Sackgasse: Will Volkswagen nicht zum Übernahmekandidat verkommen, muss ein knallharter Sanierer den Kurs bestimmen. Geht es nach dem Willen der mächtigen Männer im Präsidium, dann heißt der neue Vorstandsvorsitzende Dr. Ferdinand Piëch. Dem Kronprinzen bleibt lediglich das neu zu schaffende Amt des Stellvertreters. In den Medien wird der Audi-Chef gefeiert, als habe sich der gesamte Aufsichtsrat definitiv entschieden. Unter der »Ägide von Piëch«, behauptet die *FAZ*, habe sich »das innere Gefüge und nicht zuletzt die Kostenstruktur« von Audi verbessert. »Ferdinand Piëch hat es geschafft«, kommentiert Harry Pretzlaff in der *Stuttgarter Zeitung*.

≈

10. April 1992. Halden produzieren, in der entscheidenden Phase Kreide fressen und den VW-Privilegientarif auf Dauer in der Schublade belassen – die Gesamtstrategie ist von Erfolg gekrönt. Eine Woche vor seinem 55. Geburtstag fällt die Entscheidung.

»Mit meinem Vorgänger«, so Piëchs selbstzufriedene Feststellung, habe sich »das Präsidium des Aufsichtsrats auf die Empfehlung« geeinigt, »mich als Vorstandsvorsitzenden« zu bestimmen. Mit sofortiger Wirkung wird er Mitglied im VW-Vorstand, für den Rest des Jahres zuständig für den Verantwortungsbereich Audi.

Daniel Goeudevert wird zum stellvertretenden Vorstandsvorsitzenden berufen – zum Stellvertreter unter Piëch. Seit Januar 1989 VW-Vorstandsmitglied und seit Januar 1991 Vorsitzender des Markenvorstands, durfte sich der ambitionierte Franzose lange Zeit als aussichtsreichster Kandidat für den Thron in Wolfsburg sehen. An seiner statt wird der Wiener einstimmig zum Hahn-Nachfolger gewählt – mit dem Votum aller Arbeitnehmervertreter im Aufsichtsrat.

≈

Auch aus Sicht der Königsmacher kann sich das Ergebnis sehen lassen: Volkert und Steinkühler sind auf dem besten Weg, mit dem neuen Arbeitszeitmodell der Viertagewoche »ein Stück Tarifgeschichte« zu schreiben, wie der Gesamtbetriebsratsvorsitzende mitgeschwellter Brust erklärt.

Tatsächlich ist den mächtigen Metallern ein Coup gelungen, der angesichts der personellen Konstellation – Piëch vs. Goeudevert – und der prekären Lage des Gesamtkonzerns – Zehntausende Beschäftigte zu viel – nicht zu erwarten war. Denn eines ist offensichtlich: Mit dieser

Wahl schlummert der angedrohte Maßnahmenkatalog des Vorstands selig in der Schublade.

Finanziell ist Piëchs Durchmarsch eigentlich ein Fiasko: Mitten in der härtesten Krise des größten europäischen Automobilkonzerns verschenkt der neue VW-Chef alljährlich weit mehr als eine Milliarde Mark.

🚗

In Österreich ist man mächtig stolz auf den Landsmann, der nach dem Votum der Aufsichtsräte mit Beginn des Jahres 1993 die Spitze des Volkswagen-Konzerns erklimmen wird: »Mit Piëchs Avancement zur Nr. 1 von Europas größtem Autokonzern ist ein Höhepunkt der Nachbarschaftshilfe erreicht«, kommentiert das österreichische Monatsmagazin *trend*. »Das musste so kommen«, schließlich habe »Deutschlands Autoindustrie immer tief in Österreichs Talenttöpfe gegriffen«.

Aus Sicht von Helmut A. Gansterer, Chefredakteur des renommierten Magazins, »pervertiert Piëch jedes Vorurteil über Wiener«. Und »weit und breit findet sich kein Zeuge, der ihm übertriebene Freundlichkeit vorwürfe«.

🚗

Spiegel-Redakteur Jürgen Leinemann, heute Leiter der Berliner Redaktion, hat sich mehrmals mit Ferdinand Piëch getroffen. Auch im 13. Stock der Konzernzentrale, dort, wo seine Samurai-Schwerter an der Wand hängen. Beim Journalisten hinterlassen die Begegnungen einen Eindruck, den der pointiert formuliert: Piëch führe einen »gnadenlosen Lebenskrieg«, er »kämpft und kämpft und kämpft«.

Zweifel an Leinemanns Analyse lässt der VW-Chef erst gar nicht aufkommen. Offen verkündet er seine Lebenseinstellung: »Ich wurde als ein Hausschwein aufgezogen und muss als Wildschwein leben.«

Wolfsburger wider Willen

»Von Bereichsleitern und Hauptabteilungsleitern war ein Großteil
seiner Leute schon froh, als er zu Volkswagen gegangen ist.«
Ein Audi-Mitarbeiter rückblickend

»Meine Familie und ich könnten sich in der nördlichen Welt nicht
zurechtfinden.«
*Ferdinand Piëchs Begründung, warum es keinen Sinn macht,
ihn zum VW-Vorstand zu wählen (1987)*

1. Mai 1992. Bereits im März hat Ferdinand Piëch den viel gerühmten
Topverkäufer Franz-Josef Kortüm von der Bonner Mercedes-Vertretung
nach Ingolstadt geholt. Dort übernimmt der 41-jährige Arztsohn aus Bil-
lerbeck im Münsterland den Vertrieb und das neu geschaffene Vorstandsressort Marketing. Dieser Bereich war bislang von der Wolfsburger Zentrale aus koordiniert worden. Jetzt wird Kortüm zum kommenden Konzernchef in Ingolstadt gekürt. Allerdings hält VW-Vorsitzender
Ferdinand Piëch den Vertrieb der Audi-Mobile weiterhin fest in seinen
Händen.
Hätte Franz-Josef Kortüm geahnt, welche Bürde ihm sein Vorgänger
überlassen hat, so wäre seine Freude sicher noch schneller verflogen.

3. Juni 1992. Kurt J. Lauk wechselt zum Düsseldorfer Strom- und Han-
delskonzern Veba, wo er das Vorstandsressort für Beteiligungs-Con-
trolling, Unternehmensplanung und Informatik führen wird. »Lauk
wurde brüskiert, da er sehr ehrgeizig gewesen ist – zu ehrgeizig«, meint
ein intimer Kenner der Szenerie. Es sollte nicht das letzte Mal sein, dass
es einem Piëch-Stellvertreter schlecht ergeht. Die Begründung klingt ein-
leuchtend: »Für Piëch stellte er eine Konkurrenz dar«, außerdem habe er
ihm »in Finanzdinge hineingeredet«. Das sollte tunlichst unterlassen, wer
im Konzern Karriere machen will. Da nutzt es auch wenig, dass Carl H.
Hahn seinen Einfluss für den Schwaben geltend gemacht hat, Hahns
Zeit ist nämlich gleichfalls abgelaufen.

Darum ist das Ausscheiden des zweiten Mannes in Ingolstadt bloß noch eine Frage der Zeit.

»Killed by friendly fire«, belieben Militärs das zu nennen, was sich in der Chefetage bei Audi abspielt. In einem anderen Zusammenhang findet der Wiener dafür eigene Worte: »Entweder er funktioniert oder er wird weggelobt zur Konkurrenz.« Und danach »beobachten wir mit Interesse, wie er dort wirkt«.

Daran gemessen ist der Ausstieg von Kurt J. Lauk ein großer Verlust für die Audi AG. Denn der Mann stellt seine Qualitäten unter Beweis: erst bei der Veba und danach als Nutzfahrzeugvorstand bei Daimler-Benz und DaimlerChrysler. Wäre es dem Wiener um die bestmögliche Lösung gegangen, wäre Lauk Vorstandsvorsitzender in Ingolstadt geworden, zum Vorteil der Audi AG.

So aber bleibt nur Hahns Dank für Lauks »Engagement zum Wohle des Unternehmens«. Nach nicht einmal dreijähriger Konzernzugehörigkeit verlässt der Stuttgarter Audi, gemäß offiziellem Sprachgebrauch »auf eigenen Wunsch und mit Zustimmung des Aufsichtsrats«.

2. Juli 1992. Obwohl Carl H. Hahn formal bis Ende 1993 als Vorstandsvorsitzender die Geschicke der Volkswagen AG bestimmt, ist die Uhr des 66-Jährigen bereits Mitte des Vorjahres aus Altersgründen abgelaufen. Zur Hauptversammlung dankt Aufsichtsratschef Klaus Liesen ihm überschwenglich für die Leistungen während seines elfjährigen Konzernvorsitzes: Hahn habe »die Internationalisierung des Konzerns entscheidend vorangetrieben«, habe dem Unternehmen mit der Übernahme von Seat, dem Einstieg bei Škoda sowie dem Engagement in einer Vielzahl von Staaten »zukunftsweisende Impulse« gegeben. Für »seinen unermüdlichen Einsatz und seine hervorragenden Verdienste um das Unternehmen« spricht ihm der Aufsichtsrat seinen Dank aus.

Kein Wort über den Machtkampf, den Hahn – und damit auch Goeudevert – verloren hat. Kein Wort über die Intrigen hinter den Kulissen. Und kein Zweifel daran, wer von nun an das Sagen hat.

Von Januar 1988 bis Dezember 1992 steht er der Audi AG vor, und seine Bilanz ist durchwachsener, als er im Nachhinein weismachen will. Vorbei sind die Jahre, da es mit dem Unternehmen unter seinem Vorgänger stetig aufwärts ging. Immer offensichtlicher werden die negativen Folgen von Piëchs Tätigkeit als Vorsitzender: Neben den technischen Fehlentwicklungen und den aufgetürmten Fahrzeughalden werden jetzt auch die Resultate seiner rigorosen Personalpolitik finanziell spürbar.

Misst man den Manager Piëch gar an seinem eigenen Anspruch, dann bleibt nicht viel vom Können des Konzernchefs. Im Frühjahr 1989 verkündete der Audi-Vorsitzende großspurig: »Wir sind eine Marke im Wachstum.« Von da an ging es erst einmal bergab mit der Wachstumsmarke.

Nach den schlechten Zahlen der ersten Jahre kann der Wiener am Ende seiner Amtszeit bestenfalls eine Stabilisierung vorweisen: Die Beschäftigtenzahl rangiert nach zwischenzeitlicher Reduzierung auf vergleichbarem Niveau. Nachdem der unter Habbel zuletzt erreichte Audi-Marktanteil von 7,2 Prozent (1987) zunächst auf 5,4 Prozent (1991) eingebrochen ist, kann Piëch 1992 wenigstens ein Zwischenhoch von 5,7 Prozent vermelden. Die Exportquote sinkt nach anfänglichen Erfolgen von 61,3 Prozent (1989) auf bedenkliche 51,7 Prozent (1992). Als Ferdinand Piëch seinen Audi-Sitz mit dem Volkswagen-Sessel tauscht, hinterlässt er ein Jahresergebnis von 172 Millionen Mark – wenig mehr als bei seinem Amtsantritt.

Zwei Zahlen allerdings beeindrucken: die phänomenale Steigerung der Umsatzerlöse von 11,5 auf 16,7 Milliarden Mark sowie die Quote der Automobilproduktion.

492 000 in einem Jahr gefertigte Audis – das ist Piëchs Bestmarke, gegenüber Habbels 443 000. Doch Tausende davon sind über die tatsächliche Nachfrage hinaus produziert worden und schönen das Zahlenwerk.

Taktisch geschickt lässt sich Piëch zum Aufsichtsratsvorsitzenden in Ingolstadt wählen. Damit führt er das Gremium, das die Arbeit des neuen Audi-Vorstandsvorsitzenden kontrollieren und die des vorigen neutral bewerten sollte. Doch genau das wird so verhindert.

Bevor Piëch 1988 im Pilotensessel der Audi AG Platz nahm, erhielten die Vorstandsmitglieder unter Habbel 3,2 Millionen Mark. Lediglich 1,2 Millionen mussten für Zahlungen an frühere Mitglieder des Führungsgremiums und für deren Hinterbliebene aufgewendet werden. Für Pensionsverpflichtungen wurden 10,7 Millionen Mark zurückgestellt. All das sind Belege für von Seriosität und Konstanz geprägte Personalentscheidungen Habbels.

⇐

Unter dem Audi-Vorsitzenden Piëch verändert sich das Bild: Allein bis 1990, seinem dritten Amtsjahr, erhöhen sich die Vorstandsbezüge um über eine Million auf 4,265 Millionen Mark. Noch bemerkenswerter ist eine zweite Summe: Im Jahr 1990 muss die Audi AG mehr Geld für frühere Vorstände beziehungsweise deren Hinterbliebene, so die offizielle Formulierung, als für amtierende Mitglieder des Führungsgremiums aufwenden – beachtliche 4,322 Millionen Mark weist die Audi-Bilanz für diesen Etatposten aus. Berthold, Beuler und Stockmar dürfen sich über ein ansehnliches Taschengeld freuen.

Damit nicht genug: Piëchs Freistellungspolitik macht noch seinen Nachfolgern schwer zu schaffen. Mit 3,4 Millionen Mark für aktive und 4,4 Millionen Mark für frühere Vorstandsmitglieder wird im Geschäftsjahr 1994 erneut mehr Geld für ausgeschiedene als für amtierende Topmanager ausbezahlt.

⇐

So schlecht seine Personalpolitik ist, so großzügig sind seine Führungskräfte ausgestattet: 21,3 Millionen Mark beziehen die Vorstände und ihr Vorsitzender in den fünf Jahren von 1988 bis 1992. Der Multifunktionär Piëch – zeitweilig als Vorstandsvorsitzender und Finanz- beziehungsweise Entwicklungsvorstand – verdient ganz gut. Geld aber hat Ferdinand Piëch, dessen Vermögen auf mehrere Milliarden Mark geschätzt wird, eigentlich gar nicht nötig.

Auf der anderen Seite knausert der Konzernchef bei den Wächtern der Vorstände. 1988 beliefen sich die Bezüge der 25 Audi-Aufsichtsräte auf 217 000 Mark, 1992 noch auf magere 143 000 Mark – allerdings bei einer auf 20 Mitglieder verkleinerten Mannschaft. Fehlt nur noch der

Sparvorschlag, die Zahl der Sitzungen des Kontrollgremiums weiter zu reduzieren.

Die ökonomische Bilanz mag durchwachsen sein, schließlich war seine Zeit bei Audi von ungünstigen Rahmenbedingungen geprägt. Seine Methoden und Eigenschaften bleiben in Erinnerung – zumindest vielen derer, die unter ihm arbeiten: »Von Bereichsleitern und Hauptabteilungsleitern war ein Großteil seiner Leute schon froh«, urteilt ein Audianer des oberen Managements über Piëchs Wechsel nach Wolfsburg.

In der *Wirtschaftswoche* bringt es Stefan Baron auf den Punkt: »Wenn Führung vor allem Kommunikation ist und soziale Kompetenz erfordert, dann kann Piëch nicht führen.« Ohne diese Fähigkeiten werde »heutzutage kaum noch jemand irgendwo Gruppenleiter«. Der Wiener aber wird vom VW-Aufsichtsrat an die Spitze des größten europäischen Automobilkonzerns gewählt.

Vieles spricht dafür, dass Ferdinand Piëch kaum Vorstandsvorsitzender von Volkswagen geworden wäre, wenn nicht ein Zusammentreffen mehrerer Umstände seinen Aufstieg begünstigt hätte: die objektiv roten Zahlen von Carl H. Hahn und dessen in die Medien lancierte unerfüllte Planungsvorgabe, die hohen Produktionszahlen bei Audi, Piëchs – zumindest verbale – Entdeckung der Teamfähigkeit, seine Akzeptanz der Beschäftigtenprivilegien bei VW.

Ein ganz entscheidender Faktor aber ist die Herkunft des ehrgeizigen Aufsteigers. Als Enkel des berühmten Professors Ferdinand Porsche und Mitglied einer der mächtigsten Autodynastien Europas hat man eben unvergleichlich bessere Chancen als jeder andere. Zumindest dann, wenn die Aufsichtsräte unter anderem darauf spekulieren sollten, mit Hilfe der Familiendynastie Porsche-Piëch alte Märkte erhalten und neue erobern zu können.

Den Beschluss, Vorstandsvorsitzender bei VW zu werden, hat Piëch viel früher gefasst. Zugegeben aber hat er ihn lange nicht, anfangs sogar gänzlich verneint. Ein Wechsel in die Konzernzentrale, erklärte er noch als stellvertretender Audi-Chef, sei unvorstellbar: Seine Familie könne sich »in der nördlichen Welt nicht zurechtfinden«. Um auch den letzten Skeptiker zu beruhigen, betonte er: »Ich bin ein Südeuropäer«, und Norddeutschland sei »eine andere Welt«.

Perfekt spielte Piëch im Theaterstück »Wolfsburger wider Willen« die Hauptrolle vom vergesslichen Topmanager. Fünf Jahre nach diesen Äußerungen steigt er aus dem Reich der Ringe in den Golf-Club auf. Die Familie folgt dem Südeuropäer in die andere Welt, in der er sich sehr schnell sehr gut zurechtfindet. Vom 13. Stock des Volkswagen-Hochhauses aus wird Piëch »Krieg« führen – gegen seine Konkurrenten innerhalb wie außerhalb des Konzerns. Von hier aus wird der Techniker seine Macht gebrauchen – nicht nur zum Guten.

Teil II:

Seelenbrüder

Kapitel 4: Verschicken, Vernichten, Vervielfältigen

Chamäleon aus dem Baskenland

»Pass it over.«
Ignacio López' Anforderung geheimer Präsentationen beim
GM-Strategietreffen

»Wir wollten López nicht verlieren und waren überzeugt,
er sei wieder in der Mannschaft, aber nun ... es ist vorbei.«
Jack Smith, Chairman von General Motors

»Weder ich noch meine Kollegen haben bei unserem Wechsel
zu VW etwas mitgenommen, was wir nicht ohnehin in unseren
Köpfen hatten.«
Ignacio López zum Vorwurf der Industriespionage

In der Geschichte deutsch-amerikanischer Industriespionage gilt dieser Fall als der bislang bedeutendste. Die Geschehnisse Mitte der Neunziger-jahre erfüllen sämtliche Kriterien eines Wirtschaftskrimis: Diebstahl gehei-mer Dokumente, gescheiterte Unterlassungserklärungen, Falschaussagen vor Gericht, Bruch eidesstattlicher Erklärungen, Verwischung von Spuren und Vernichtung belastenden Materials, gezielte Demontage des Gegners, intriganter Verrat sowohl in den eigenen Reihen als auch in denen des Gegners, verschlafene oder gezielt verschleiernde Ermittlungsbehörden, Verurteilung zu Strafen in dreistelliger Millionenhöhe, Ausgleichsleistun-gen in Milliardenhöhe, Entlassungen gleich mehrerer Topmanager.
In die Affäre verwickelt sind die führenden Köpfe der größten Automobil-konzerne Europas und Amerikas. Firmeneigene Sicherheitsdienste und Rechtsabteilungen führen Vernehmungen durch, parallel dazu erfolgen Recherchen und Verhöre durch deutsche Kriminalbehörden und Staats-anwaltschaften, durch das amerikanische Justizministerium und das FBI.

Mehr als drei lange Jahre werden führende Manager der General Motors Corporation – vor allem aber der Volkswagen AG – einem Wechselbad der Gefühle unterworfen, folgt ein Gerichtstermin dem anderen, jagt eine Titelstory die nächste. Manch ein VW-Manager hat in dieser Zeit Alpträume, seinen weichen Bürosessel mit der Pritsche einer Gefängniszelle tauschen zu müssen.

Eines ist allen klar: Endet dieser Skandal nicht nur mit der Verurteilung der Übergelaufenen, sondern sollte das Verfahren gegen Ferdinand Piëch, den Vorstandsvorsitzenden der Volkswagen AG, eröffnet werden, droht neben milliardenschweren Zahlungsverpflichtungen ein massiver Imageverlust – und damit die Gefahr, dass Abertausende von Arbeitsplätzen in den VW-Werken verloren gehen.

Piëchs Einsatz im Poker um Macht und Märkte ist hoch – extrem hoch. Wer den Spieler Piëch verstehen will, der muss sich intensiv mit seinem Verhalten im Fall López auseinander setzen.

🚗

Seit seinem 25. Lebensjahr arbeitet Otto Wilhelm Jetter bei der GM-Tochter Opel. Sein direkter Vorgesetzter in Rüsselsheim ist kein Unbekannter: José Ignacio López de Arriortúa. Auch als der Pforzheimer im Mai 1990 als Einkaufsleiter zu General Motors Continental in Antwerpen wechselt, bleibt López sein oberster Chef. Mit seiner Rückkehr nach Rüsselsheim Anfang August 1992 arbeitet Jetter in der Position eines Purchase Executive, einer oberen Führungskraft im Einkauf.

🚗

25. November 1992, Sitzung des Aufsichtsrats. Ein Schritt in die richtige Richtung: Wenige Wochen vor Piëchs offizieller Bestellung zum Volkswagen-Chef macht der Mutterkonzern eine Kompetenzverlagerung von der VW-Zentrale zur Außenstelle Audi publik: Mit Wirkung zum Neujahrstag 1993 erhält der kommende Audi-Vorsitzende Franz-Josef Kortüm auch die Vertriebsverantwortung für die Unternehmenstochter. Mehr Eigenverantwortung also für den Audi-Vorstand. Ziel ist, den erfolgreichen Produkten einen entsprechenden Markenauftritt zu verschaffen. Zugleich wird Kortüm Marketing- und Vertriebschef.

🚗

Die Krönung seines Lebenswerks soll das Projekt »Plant X« sein. Im GM-Konzern reift der Plan, ein Serienfahrzeug auf den Massenmarkt zu bringen, das kleiner sein soll als der Corsa. Daran arbeiten »alle betroffenen Abteilungen wie Styling, Vorausentwicklung, Zentralplanung usw.«, erklärt Jetter. Ignacio López treibt die Umsetzung seiner Vorstellungen vehement voran. Er will sich eine Art Denkmal zu Lebzeiten setzen, denn die neue Fabrik soll in seiner Heimat im Norden Spaniens errichtet werden.

Der Baske hat bereits intensive Kontakte zu spanischen Investoren geknüpft, um die veranschlagten 600 Millionen Dollar für die Fertigung eines neuen Kleinwagens, »O-Car« genannt, aufzutreiben. Als Jetter von Antwerpen nach Rüsselsheim zurückkehrt, ist bereits »unter großer Geheimhaltung eine Studie für das ›Plant X‹« – eine hypermoderne Fabrikationsanlage – erstellt worden.

Auch mit diesem Projekt wird López seinem Ruf als Kostenkiller gerecht: Für »jeden Bereich« der Fahrzeugfertigung gibt es Einzelausarbeitungen und »Modellrechnungen für Kostenersparnisse«.

⏝

Am 25. November sorgt der Audi-Produktionsvorstand für überraschende Neuigkeiten. Hermann Stübig – der Vorletzte aus der alten Piëch-Riege – wirft das Handtuch. Wie das Unternehmen im Anschluss an die Sitzung des Aufsichtsrats verkündet, scheidet Stübig zum Jahresende aus dem Amt.

»Nun reibt sich der Audi-Chef an der Performance« des Produktionschefs, »der nach Piëchs Geschmack zu wenig Druck bei Rationalisierungen macht«, kommentiert das *Industriemagazin*. McKinsey-Consulter hatten nachgewiesen, dass der Audi 80 und der Audi 90 zu teuer produziert werden.

⏝

Wie alles angefangen hat, daran erinnern sie sich beide recht gut: López »sprach mich an«, erzählt Piëch der *Financial Times*. Der Baske dagegen neigt eher zur Variante, ein »Mittelsmann brachte uns zusammen«. Wie dem auch sei, ihrem ersten Kontakt folgt am 29. November 1992 ein Mittagessen. Von nun an entwickelt sich der Geschäftskontakt zwischen zwei Topmanagern zu einer gepflegten Männerfreundschaft mit regelmäßigen Zusammenkünften.

☙

Als José Manuel Gutierrez im Bereich »Machinery and Equipment« in Rüsselsheim eingestellt wird, ist er Jetters Kollege. Beide sehen sich regelmäßig bei den Meetings, da sie direkt an Ignacio López berichten: Jetter vor allem über das Produkt Fahrzeug, Gutierrez über die Maschinen und die Entwicklung für die Fahrzeugproduktion.
»Wir hatten zunächst ein gutes Verhältnis zueinander«, wird der Pforzheimer später aussagen. Doch das ändert sich schlagartig, als »Herr Gutierrez über Herrn López« neue Verantwortlichkeiten einfordert, so dass der Bereich »Advance purchasing platform«, wie er feststellt, »unlogischerweise aus meiner Verantwortung herausgetrennt« wird. Seither ist Jetter auf Gutierrez nicht gut zu sprechen – und hat ein wachsames Auge auf den Spanier.

☙

Bereits am 2. Dezember 1992 – nur drei Tage nach dem gemeinsamen Mittagessen mit Ferdinand Piëch – hat Ignacio López bei Opel in Rüsselsheim die so genannte Epos-Liste angefordert. Das streng geheime Dokument enthält eine Übersicht über alle Teile, die von GM-Zulieferern in ganz Europa geordert werden.
Auf rund 4000 Seiten führt EPOS Lieferantennamen, Bezeichnungen von Teilen sowie die exakten Preise über rund 110 000 Einzelpositionen auf. Gleichzeitig fordert GM-Manager López 150 ins Deutsche übersetzte Charts mit Schlüsselinformationen über die Einkaufsstrategie von Opel an. Zwei Tage vor Heiligabend erhält er die gewünschten Weihnachtsgeschenke.
Ende Dezember lädt Piëch den Topmanager der Konkurrenz für Mitte Januar zu einem Vorstellungsgespräch beim Aufsichtsratspräsidium ein. Danach ist das Duo nicht mehr zu bremsen.

☙

31. Dezember 1992. Der 59-Jährige, seit 1958 als Konstrukteur und Planungsleiter bei Volkswagen beschäftigt und seit 1965 in Diensten von

Audi stehend, verlässt das Ingolstädter Unternehmen »aus gesundheitlichen Gründen und in gegenseitigem Einvernehmen«.
Der Aufsichtsrat »dankt Herrn Stübig für sein Engagement«.

🚗

1. Januar 1993. Das beliebte Dank-ich-dir-dankst-du-mir-Spielchen geht
in eine neue Runde: »Zehn Jahre hat Herr Dr. Hahn mit Können und
strategischer Weitsicht die Geschicke der Audi AG begleitet«, lobt der
scheidende Audi-Vorsitzende den scheidenden Audi-Aufsichtsratschef.
»Herr Dr. Piëch hat den heutigen Weltruf der Marke Audi entscheidend
mitgeprägt«, lobt der scheidende Audi-Aufsichtsratschef den scheidenden Audi-Vorsitzenden.

»Seine innere Verbundenheit und seine Sympathie zu den Menschen,
die in Ingolstadt und Neckarsulm arbeiten, haben sein Handeln in ganz
besonderer Weise geprägt«, lobt der scheidende Audi-Vorsitzende den
scheidenden Audi-Aufsichtsratschef. »Unter seiner Federführung erfolgten Entwicklungen wie zum Beispiel der Fünfzylinder-Ottomotor, der
permanente Allradantrieb und die vollverzinkte Ganzstahlkarosserie«,
lobt der scheidende Audi-Aufsichtsratschef den scheidenden Audi-Vorsitzenden.

»Die Mitglieder des Aufsichtsrats danken Herrn Dr. Hahn für sein ver-
dienstvolles Engagement«, lobt der scheidende Audi-Vorsitzende den
scheidenden Audi-Aufsichtsratschef. »Der Aufsichtsrat spricht Herrn
Dr. Piëch für seine langjährige, verdienstvolle Tätigkeit zum Wohle der
Audi AG seinen ganz besonderen Dank aus«, lobt der scheidende Audi-
Aufsichtsratschef und kommende Audi-Aufsichtsratsehrenvorsitzende
den scheidenden Audi-Vorsitzenden und kommenden Audi-Aufsichtsratschef.

Was im April des Vorjahres vom Aufsichtsrat beschlossen und seither
realiter praktiziert worden ist, hat mit dem heutigen Freitag auch seine
rechtliche Gültigkeit: Nach elfjähriger Tätigkeit als VW-Vorsitzender
wechselt Carl H. Hahn in den VW-Aufsichtsrat. Der 55-jährige Dr. tech.
h.c. Dipl.-Ing. ETH Ferdinand Piëch übernimmt das Steuerruder in
Wolfsburg, ihm untergeordnet ist der 51-jährige Daniel Goeudevert.

🚗

Franz-Josef Kortüm hat keine Chance, aber er versucht sie zu nutzen. Der Piëch-Nachfolger an der Audi-Spitze weiß um die Missstände und will sie beheben. Die Lagerbestände müssen abgebaut, die neuen Fahrzeuge verkauft werden. Dazu, so Kortüms Konzept, muss das Ingolstädter Vertriebssystem neu geordnet und ein Kreis von bis zu tausend Händlern aufgebaut werden, die exklusiv Audi führen.

Viel ernster aber dürfte ein Problem sein, gegen das Kortüms Engagement nichts ausrichten kann: In der Wolfsburger Zentrale lenkt einer das Unternehmen, in dessen Prioritätenliste mit dem heutigen Tag der Erfolg des VW-Konzerns über dem der Tochter in Ingolstadt steht. VW – V-erkehrte W-elten.

⌘

Das Versprechen, »Audi die Eigenständigkeit beim Vertrieb wieder zurückzugeben, nachdem die Vertriebsverantwortung knapp 20 Jahre bei VW gelegen hatte, wurde in der Folgezeit nur halbherzig umgesetzt«, kritisierte Stephan Grühsem im *Handelsblatt*. Kortüms »ehrgeizige Pläne« hätten in der Konzernzentrale »keine Mehrheit« gefunden – so Grühsem, ohne Verantwortliche zu nennen.

Klug formuliert. Denn mittlerweile wechselte der Journalist zur Volkswagen AG. Und der damals nur indirekt Kritisierte ist heute sein oberster Chef.

⌘

Niemand, auch nicht Ferdinand Piëch, überlebt ohne eigene Bataillone. Bereits bei Audi hat der Wiener gut sechzig Gefolgsleute auf verschiedensten Hierarchieebenen um sich geschart. Ein Teil von ihnen folgt dem Heerführer nach Wolfsburg, die in Ingolstadt zurückgebliebenen Getreuen beobachten die Vorgänge wachsam und versorgen den General in der Geschäftszentrale mit internen Informationen.

Schon bei Audi »hatte ich immer eine Schattenliste von für mich unentbehrlichen Mitarbeitern«. Diese Gefolgsleute hat der Vorstandsvorsitzende »nach Möglichkeit so gepflegt, dass keiner wegen Beförderung oder Gehalt zu mir kommen musste«. Und so ist es wenig verwunderlich, dass »von diesen Leuten auch keiner je das Unternehmen verlassen« hat, wie der Volkswagen-Chef selbstzufrieden bilanziert. Zwei- bis

dreihundert Leute sind nach seiner Ansicht »unbedingt erforderlich«, damit »wir überleben«.
Allerdings sind nicht nur Piëchs Bataillone beachtlich, sondern auch die Widerstände in Wolfsburg.

Um den Kampf gegen feste Seilschaften, verkrustete Strukturen, einen überdimensionierten Verwaltungsapparat, ineffektive Produktionsprozesse und überdimensionierte Kosten in der Volkswagen AG und mit den Zulieferern erfolgreich auszufechten, benötigt der neue VW-Vorsitzende einen Mitstreiter. Einen, der aus dem gleichen Holz geschnitzt ist wie er selbst. Nicht umsonst hat Piëch ein Auge auf Ignacio López geworfen. Der Vice President der General Motors Corporation (GM) hat sich als Zuständiger für den Einkauf des weltweit größten Automobilkonzerns den Ruf eines ebenso kompetenten wie konsequenten Managers erworben.

Die einen sehen in López einen knallharten und entsprechend berüchtigten Kapitalisten, für andere ist der Spanier einer der qualifiziertesten Konzernsanierer und Chefeinkäufer. Piëch formuliert es freundlich: »López hat Erfolg«, vor allem entwickle er »beim Einkauf Geschwindigkeit und Kraft«. So erlaube »das System López« nicht, »auch nur ein Haar zwischen Angebot und Abschluss« zu bringen. Das allerdings, erkennt auch Piëch, »macht ihn nicht beliebt«. Nach bitteren Erfahrungen mit den Verhandlungsmethoden des Basken sprechen manche López-Opfer nur noch vom »Würger von Wolfsburg«, und Herbert Völker, Chefredakteur der österreichischen *autorevue*, prägt das Wort vom »Schrecken der Zulieferindustrie«.

Aber auch Piëch selbst bemüht sich darum, seinen Ruf bei den VW-Zulieferern zu pflegen: »Amputieren ist immer schmerzhaft«, verkündet er in seiner bekannt zuvorkommenden Art und schiebt die Begründung für diese Haltung gleich nach: »Sie gewinnen einen Überlebenskampf nicht mit Freundlichkeit.«

José Manuel Gutierrez weiß, was er will, und auf welchem Weg er sich beschaffen kann, was er benötigt.

149

Dick Pompa ist bei General Motors für Benchmarking – ein Verfahren zum Kostenvergleich mit Wettbewerbern – zuständig. Für seine Organisation fordert er detaillierte Daten zum Projekt 2900 an, so die Codebezeichnung für den neuen Opel Vectra, die er »auf direktem Weg« erhält. »Meines Wissens«, so Jetter, hat Pompa »keine Studie bezüglich des Corsa, des Astra oder des Omega« veranlasst. Das war vielmehr »lediglich eine Untersuchung der Herren López und Gutierrez«.

Und noch etwas stimmt den Pforzheimer nachdenklich: »Abweichend von der normalen Praxis«, bei der in einer Benchmarking-Untersuchung üblicherweise das gesamte Fahrzeug erforscht wird, sind »lediglich Daten über eingekauftes Material und eingekaufte Teile eingeholt« worden. Jetter gibt »keine der verlangten Daten« heraus. Er ist sich jedoch sicher, dass José Manuel Gutierrez an untergeordnete Mitarbeiter herangetreten ist »und von diesen das Gewünschte erhalten hat«.

🚗

Am 14. Januar 1993 setzen sich Piëch und der stellvertretende VW-Aufsichtsratsvorsitzende Franz Steinkühler mit dem GM-Manager zusammen. Tags darauf trifft sich der Baske mit VW-Vorstand Jens Neumann und Aufsichtsratchef Klaus Liesen, im Hauptberuf Vorstandsvorsitzender der Ruhrgas AG, in dessen Wohnort Essen.

Noch am selben Abend findet eine weitere Zusammenkunft mit Ferdinand Piëch und dem Vorsitzenden des Konzernbetriebsrats Klaus Volkert in Hannover statt. Dort frühstücken am nächsten Morgen Piëch und López miteinander. Mit dabei: der niedersächsische Ministerpräsident. Zum Frühstücksdessert wird dem Basken ein Blanko-Mustervertrag mit einer handschriftlichen Eintragung überreicht – sein Gehalt. *Que aproveche!*

🚗

Januar 1993. Immer mehr stechen Otto Wilhelm Jetter »ungewöhnliche Verhaltensweisen an Herrn López« ins Auge. In diesen Tagen bittet der Baske darum, verschiedene englischsprachige »Unterlagen, Vorlagen und Folien für Präsentationen« ins Deutsche zu übersetzen.

»Aus mehreren Gründen« findet Jetter das »ungewöhnlich«: Beim Einkauf ist Englisch die allgemein übliche »Amtssprache« auf europäischer

Ebene. Außerdem erscheint ihm die Erklärung für die Notwendigkeit der deutschen Übersetzung »nicht richtig«.

López beruft sich auf mögliche Probleme mit dem Verband der Deutschen Automobilindustrie wegen der GM-Einkaufspolitik. Genau die aber sind zu diesem Zeitpunkt, so Otto Wilhelm Jetter, »vollständig ausgeräumt«. Denn mittlerweile haben alle Autokonzerne den Leitfaden unterzeichnet, der die Zusammenarbeit mit ihren Lieferanten regelt. Bereits im Vorjahr hat Einkaufsmanager Jetter persönlich beim Bundeskartellamt vorgesprochen und »die Probleme bereinigt«. Über das Ergebnis dieses Meetings »war Herr López informiert«.

Herr Jetter macht sich so seine Gedanken, Herr López sammelt unterdessen die Informationen, die er benötigt.

⌘

Februar 1993. Nachdem Ignacio López Tage zuvor seinen Mitarbeiter José Manuel Gutierrez zum ständigen Einkaufsmanager für Benchmarking ernannt hat, kürt GM-Chairman Jack Smith seinerseits López zum Group-Vice-President der gesamten Corporation.

Die derart Beförderten besorgen sich weitere Interna. Gutierrez fordert zehn Ordner über das GM-Werk in Fremont und verschiedene Autotypen des Konzerns an. Mit den Worten »Pass it over« lässt sich López auf dem von ihm einberufenen GM-Europatreffen der Einkaufs- und Logistikmanager am 4. Februar die Originale der Geheimpräsentation übergeben.

Ordner mit rund 300 Folien werden auf seine Anordnung hin nach Detroit verschickt, wo Gutierrez residiert. Die Konzeptstudien und Organigramme enthalten einen umfassenden Überblick über die Zufriedenheit der GM- und Opel-Kunden, die Zusammenarbeit der europäischen Einkaufsabteilungen und die Perspektiven der Autoindustrie in den Neunzigerjahren.

Anschließend kommt der Topmanager erneut zur Besprechung eines Dienstvertrags mit einem Vorstandsmitglied zusammen: Dr. jur. Jens Neumann ist seit Jahresbeginn für Konzernstrategie und Recht zuständig, allerdings nicht bei General Motors, sondern bei Volkswagen.

⌘

4. Februar 1993, 7.30 Uhr. López hat das Treffen angesetzt, um sich über die bisherigen Ergebnisse und die weiteren Einkaufsstrategien informieren zu lassen. Mit auffälliger Eile treibt der Baske die Präsentation voran. Folien – so genannte *Flimsies* –, die er benötigt, nimmt er gleich an sich und verstaut sie in seinem Pilotenkoffer. »Dies ist ungewöhnlich«, registriert Jetter, da »er sich diese normalerweise« zusenden lässt.

Die Folien stellen unter anderem dar, wie Opel »Qualität, Service und Preis in der Entwicklungsphase und später in der Produktionsphase optimieren« lassen will. Eines der Charts »zeigt auf, wie Einkaufsentscheidungen zukünftig getroffen werden sollen«. Jetter lässt keine Zweifel über die Bedeutung der GM-Unterlagen aufkommen: Er beurteilt viele der Flimsies als »streng vertraulich«.

Mit diesen Folien, Listen und Tabellen können Kostenersparnisse gewaltigen Umfangs erzielt werden. Sollten sie einem Konkurrenten zugespielt werden, wäre der Schaden immens.

⁓

10. Februar 1993. José Manuel Gutierrez, GM-Leiter des weltweiten Einkaufs von Maschinen und Ausrüstungsgegenständen, erhält die angeforderten Wettbewerbsvergleiche. Tags darauf fordert er in Rüsselsheim »dringend« alle Daten über die Opel-Typen Omega, Vectra, Astra und Corsa an. In der folgenden Woche ordert er vertrauliche Informationen über die Kosten heutiger und zukünftiger GM-Modelle.

Gutierrez arbeitet nach Kräften – in Detroit, bezahlt von General Motors.

⁓

»17. Februar 1993.« Dieses Datum trägt ein Memo, in dem José Manuel Gutierrez gegenüber Opel-Einkaufschef Eddy Geysen seinen alsbaldigen Besuch in Rüsselsheim ankündigt und um die »Zurverfügungstellung von Unterlagen« bittet. Gutierrez will sich mit den Leuten von der »Worldwide-Benchmarking-Gruppe« treffen, die am Projekt 2900 arbeiten.

Einkaufsmanager Jetter wundert sich, denn so viel er weiß, ist Gutierrez offiziell nicht für das Benchmarking zuständig. Interessant ist dieses Verfahren, so Jetter, vor allem zu einem Zeitpunkt, da auf die Konstruktion eines neuen Modells noch Einfluss genommen werden kann. Schon deshalb ist »die Einholung von Daten für den gesamten Corsa, Astra und Omega nicht systemkonform«. Diese Fahrzeuge befinden sich nicht in der Entwicklungsphase, Benchmarking-Ergebnisse können nicht mehr in ihre Konstruktion einfließen.

Der jenseits seines eigentlichen Aufgabenbereichs »Machinery and Equipment« tätige Gutierrez muss seinen Wunsch nach den Benchmarking-Unterlagen damit begründen, »dass er dafür die Anweisung von Herrn López« hat.

🚘

22. Februar 1993. Dino Martinez, enger López-Vertrauter aus dem Opel-Einkauf, ist längst tätig geworden: Erst hat er zehn Ordner an das Detroiter GM-Büro geschickt. Dann folgten weitere Akten nach Amorbieta, adressiert an Cirilo Uribe aus dem Familienclan. Jetzt wandern neun Kartons via Opel-Post zum López-Geburtsort im Baskenland, adressiert an »Cirilo Uribe c/o Dr. López de Arriortúa«.

🚘

Mehr als zwei Jahrzehnte rackerte Dr.-Ing. E. h. Günter Hartwich als Produktionsvorstand und seit zwei Jahren zudem als VW-Markenvorstand für Produktion und Logistik. Sein Erfolg war beträchtlich. So erklärt sich, dass er nacheinander mit gleich drei VW-Vorsitzenden zusammenarbeitete: Leiding, Schmücker und Hahn.

Unter Piëch aber scheidet Hartwich aus dem Amt. Wenigstens tut er das in finanziellem Frieden, denn – so die offizielle Formulierung – er wird dem Unternehmen »weiterhin als Berater zur Verfügung stehen«.

59 Tage währte das Drama – kürzer als Hartwich hat es unter Piëch keiner ausgehalten. In den vergangenen Wochen wurde immer offener kolportiert, der 57-Jährige sei für Mängel in der Produktion und überhöhte Kosten verantwortlich. Zu diesem Zeitpunkt hat Ferdinand Piëch seinen Wunschvorstand längst ausgewählt: In bekannt harter Manier soll José Ignacio López die Kosten senken. Doch die Zusage des Basken steht noch aus.

🚘

4. März 1993. Piëch nutzt die Gelegenheit, für das laufende Geschäftsjahr ein Schreckensszenario aufzubauen, das es in sich hat: Konjunktureinbruch, ein Fünftel verkaufte Fahrzeuge weniger, Investitionskürzungen, Abbau von 12 500 Arbeitsplätzen bis Ende 1995. Wenig später spricht er von 30 000 Stellen, die bis Ende 1995 abgebaut werden müssten. Die Zeichen stehen auf Sturm in Orkanstärke.

Hinter den Kulissen tobt derweil der Kampf um den Top-Sanierer. Noch ist es Piëch nicht gelungen, López für Volkswagen zu verpflichten.

🚗

5. März 1993. Während der Baske das auf seine Initiative von Mai vorverlegte Treffen prämierter GM-Opel-Lieferanten in der Detroiter Konzernzentrale durchführt, übergibt José Manuel Gutierrez in Detroit einem Arbeitskollegen einen Koffer. Dieser wird in der Wohnung des Opel-Beschäftigten aufbewahrt, bis ihn Gutierrez am 10. April dort abholen lässt. Zu diesem Zeitpunkt allerdings steht Gutierrez längst nicht mehr in Diensten der GM Corporation.

🚗

Selbst der einflussreiche Ignacio López sieht sich hin und wieder unüberwindlichen Widerständen gegenüber. General Motors will das geplante Automobilwerk nicht im Baskenland, sondern in Osteuropa bauen. Dort, hofft die GM-Führung, werde sich das Lohnniveau nicht so stark entwickeln. Zudem stellen die Staaten im Osten Europas das größte Käuferpotenzial für den neuen Kleinwagen.

»Diese Vorstellung«, weiß Jetter, entspricht »nicht den Zielvorstellungen von Herrn López, da er seine Heimatstadt bevorzugen« will. Der Spanier ist es nicht gewohnt, bei seinen Plänen geblockt zu werden.

🚗

8. und 9. März 1993. Geheimes »International Strategy Board Meeting« in Dudenhofen und Rüsselsheim. In diesem höchsten Planungs- und Entscheidungsgremium für das weltweite Automobilgeschäft des US-Konzerns fällt der Baske durch ein für ihn unübliches Verhalten auf: López protokolliert fast alle GM-Vorträge. Bei früheren Sitzungen – sagen Opel-Manager – hat er sich kaum jemals Notizen gemacht.

Noch baut der GM-Boss Jack Smith voll und ganz auf seinen Vizepräsidenten. Er verlässt sich auf das besondere Verhältnis, das die Beziehung der beiden Topmanager kennzeichnet: Lange Zeit hat der Spanier den Amerikaner geradezu angebetet, ihn sogar als »Helden« tituliert. Das resultiert nicht zuletzt aus der Rückendeckung, die Jack Smith seinem Einkaufschef bei den radikalen Sanierungsmaßnahmen gewährt hat.

Topsecret wird an den beiden Tagen das Strategiekonzept von Opel vorgestellt. Bei diesem Meeting geht es um Produktprogramme für die folgenden Jahre und eine Präsentation des geplanten Kleinwagens »O-Car«, von der sich López fünf Charts geben lässt. Auf ausdrücklichen Wunsch seines Chefs überreicht der Planungsdirektor John Howell, verantwortlich für GM Europa, dem Basken ein zwei Zentimeter dickes Paket mit mehr als hundert Ablichtungen der gerade gehaltenen Präsentationen.

Hätte er diese Unterlagen auch bekommen, wenn man bei General Motors von seinen Kontakten zu VW gewusst hätte? – »Das wussten alle bei GM«, behauptet der Spanier später. Doch würde man wirklich jemanden an einer Sitzung teilnehmen lassen, die sich mit so hochsensiblen Daten befasst, wenn dieser Mensch schon die Feder spitzt, um woanders zu unterschreiben? Piëch zumindest hätte einem solchen Kandidaten bestenfalls eine Stunde Zeit gegeben, seinen Schreibtisch auszuräumen.

Jetzt geht alles ganz schnell. Noch am selben Tag, an dem López und die Opel-Oberen das neue Konzernkonzept erörtern, vollzieht der Baske den entscheidenden Schritt.

Um 19.00 Uhr trifft er sich in Frankfurt mit VW-Vorstand Jens Neumann, der ihm ein bereits von Volkswagen unterzeichnetes Angebot überreicht. Am 9. März um 21.57 Uhr unterschreibt José Ignacio López de Arriortúa den VW-Vertrag.

Piëchs Triumph ist perfekt.

10. März 1993. Nachdem er das Vertragsangebot von Volkswagen unterzeichnet hat, ist der Baske nach Rüsselsheim zurückgekehrt. Von einem Mitarbeiter lässt er bereits früher geordertes Informationsmaterial an seinen in Spanien lebenden Schwager Uribe schicken. Obwohl er bei VW unterschrieben hat, nimmt López an einer vertraulichen Opel-Sitzung zur Personalplanung teil.

Um 13.40 Uhr geht sein Flieger in die USA. Kaum in Detroit gelandet, setzt er sich telefonisch mit GM-Präsident Jack Smith in Verbindung und teilt ihm seine Beweggründe für den Wechsel zur Konkurrenz mit – so die Darstellung aus dem Hause Opel.

López behauptet, sich an diesem 10. März schriftlich an »meinen Präsidenten« gewandt und ihm dargelegt zu haben, »warum ich gehen wollte«. Natürlich sei er Smith dankbar, versichert López später. Und selbstverständlich verehre er den GM-Chef tief. »Ich wollte mein Land über die Karriere stellen«, begründet López wohl später sein seltsames Verhalten. Und »das ist Europa«.

Diesen Mittwoch könnte Smith als schwarzen Tag verbuchen – ein rabenschwarzer sollte erst noch folgen.

Bekanntermaßen sind viele Menschen käuflich, wenn die Summe stimmt. Da unterscheidet sich ein Ignacio López kaum vom Gros der Menschheit.

In den Medien wird gemutmaßt, der Baske erhalte satte 30 Millionen Mark für fünf Jahre. López bestreitet derartige Zahlen und erklärt, alles in allem hätte er mehr Geld bekommen, wäre er in den Vereinigten Staaten geblieben: Die an ihn gezahlten Zuwendungen »muss man durch eine Zahl teilen, die näher bei zehn als bei eins« liege.

Dennoch halten sich hartnäckig die Gerüchte. Der Spanier habe viel mehr Geld erhalten, als er bis heute zugeben will, verrät ein López-Kenner, der aus verständlichen Gründen nicht genannt werden will. So unglaubwürdig es auch klingt, in manchen Kreisen wird sogar von einem Zuschuss aus Piëchs Privatschatulle gemunkelt.

11. März 1993. Erst jetzt kündigt López sein Arbeitsverhältnis formal gegenüber GM-Chef Jack Smith, der daraufhin die Medien informiert. In Detroit wird sein Büro geräumt.

🚗

13. März 1993. So schnell gibt sich Jack Smith nicht geschlagen. Es passiert selten, dass ein Mann in seiner Position um einen Angestellten kämpft, aber der GM-Chairman weiß, was er an seinem Einkaufschef hat. Und tatsächlich: López lässt sich im Gespräch mit Spitzenmanagern in Detroit überzeugen – wohl auch wegen deren Angebot, den Basken zum Nordamerikapräsidenten von General Motors zu befördern. Für einen Automann gibt es weltweit kaum einen verlockenderen Job.
Die Gefahr ist gebannt, Ignacio López wird nicht zum Widersacher in Wolfsburg wechseln. Smith' Triumph ist perfekt.

🚗

Von modernen Managern wird eine Vielzahl von Qualitäten verlangt – vor allem Flexibilität. Diesem Anspruch wird der Spanier voll und ganz gerecht. Noch am gleichen Tag setzt er sich mit »Toni« zusammen und diktiert der GM-Sprecherin Antonia Simonetti die Inhalte seiner Rede, die er am Montag um 13.00 Uhr vor versammelter Presse halten will. Darin begründet er in beeindruckenden Worten, warum er seine Meinung revidiert hat und nun doch nicht auf den Alten Kontinent wechseln will.

🚗

J. I. Lopez
News Conference
Detroit, Mich.
March 15, 1993
(TS, 3/14/93, 9:30 p.m.)

»Guten Nachmittag. Ich weiß, Ihre erste Frage wird lauten – warum habe ich meine Ansicht geändert? Ich änderte sie wegen der Leute bei GM.« Noch erscheint ihm die Rede zu nüchtern. Der Baske will seine Zuhörer in einer Welle der Begeisterung mitreißen, dazu muss er emotionaler werden. Handschriftlich notiert Ignacio López zwischen die ge-

tippten Zeilen, worauf es ihm ankommt: Seine Meinung änderte er wegen »der Liebe, der Leidenschaft und Zuneigung, die Sie mir gegenüber
gezeigt haben«, preist er die General-Motors-Leute.

»Als ich die Reaktion der Leute gesehen habe, sagte ich, das kann nicht
sein« – erster Entwurf nach Tonis Textvorlage. López ergänzt: »Als ich
die Reaktion der Leute gesehen habe, brach mir das Herz …« In dieser
Art geht es weiter: gefühlig, zu Tränen rührend.

Schön, dass es noch Manager mit Herz gibt. Manager, denen die Emotionen ihrer Mitmenschen etwas wert sind. Manager voller Leidenschaft und
Zuneigung für ihre Industrie. Manager, die auf das Wir-Gefühl und damit
auf die Zukunft setzen. Wahrlich – eine ehrenwerte Rede, Herr López.

☙

15. März 1993. Montag, 13.00 Uhr – genauer gesagt zehn Minuten nach
13.00 Uhr. Spätestens jetzt erkennt die Schar der Journalisten im Konferenzraum in der fünften Etage, dass hier etwas ganz gewaltig aus dem
Ruder läuft. Mit halbstündiger Verspätung betritt schließlich ein sichtlich
aufgelöster GM-Chairman die Bühne.

»Es ist vorbei«, verkündet Smith. »Ich bin entsetzlich enttäuscht von
der Art und Weise, wie das hier gelaufen ist.« Die Ereignisse dieses
Tages wird er sein Leben lang nicht vergessen, auch wenn er in diesem Augenblick das wahre Ausmaß der Katastrophe noch nicht über-
blicken kann. Denn bis jetzt weiß er nur: Ignacio López hat seinem Vorgesetzten eine handschriftliche Notiz zum definitiven Ausscheiden zukommen lassen.

Die Konsequenz, mit der die Detroiter Konzernzentrale in den nächsten
Monaten reagieren wird, lässt sich nicht allein mit López' Fehlverhalten
gegenüber General Motors, sondern nur mit seinem Vertrauensbruch
gegenüber Jack Smith erklären.

Diesmal darf Piëch tatsächlich triumphieren: Mit der Abwerbung des
Basken hat er eine vorentscheidende »Schlacht« im globalen »Krieg der
Konzerne« gewonnen.

☙

Einige seiner Kollegen würden ihn um den Sprung in die Konzernspitze
beneiden. Hätte er »Karriere machen wollen«, behauptet der Baske,

dann wäre er »bei GM geblieben«. Stattdessen sitzt der Spanier im Flieger nach Osten.

Warum zieht es ihn gerade nach Deutschland? »Wer hat denn das Auto erfunden?«, kontert López. Das »waren zwei Deutsche«, und ein anderer Deutscher habe den Dieselmotor entwickelt. Bedeutende Neuerungen der Automobilindustrie kämen aus Europa. Und eben darum wolle er »diese Kreativität des Alten Kontinents wieder erwecken«.

Schön, dass es noch Manager mit Traditionsbewusstsein gibt. Manager, die für die Werte Europas eintreten; Manager, denen die Geschichte des deutschen Automobilbaus noch etwas bedeutet; Manager voller Leidenschaft und Zuneigung für die Beschäftigten; Manager, die auf die Kreativität und damit auf die Zukunft setzen. Wahrlich – eine ehrenwerte Einstellung, Herr López.

Gäbe es den Preis »Chamäleon des Jahres« – Ignacio López hätte ihn 1993 mit überzeugendem Vorsprung gewonnen.

Bei seiner Abwerbestrategie hat Ferdinand Piëch alle Register gezogen. Dass er sich bewusst ist, was er damit anzurichten vermag, zeigt seine Einsicht, dass »die Motivation« zur Verfolgung von López durch General Motors »zum Teil aus einer Verärgerung über seinen Abschied« komme. »Hauptsächlich aber« – so der VW-Chef in völliger Verkehrung der Tatsachen – sehe GM »eine Gelegenheit, VW zu verletzen«. Im Ergebnis werde »sich alles zu einem brutalen Positionskampf auf dem europäischen Automobilmarkt« verdichten. Zumindest in diesem Punkt sollte er Recht behalten.

Dass sich der Fall López jedoch zur bittersten Niederlage seines Managerlebens entwickeln würde, konnte Piëch nicht ahnen.

Ehrenmänner im Rothehof

»Nach dem Gespräch wurde mir mitgeteilt, dass auf dem 2. Gerät
im Rothehof ca. 2000 Kopien gefertigt wurden.«
*Dr. H.-V. van Hülsen im vertraulichen Protokoll der Vernehmung des
VW-Unterabteilungsleiters Günther Witte*

»Das ist doch Unsinn.«
*Ferdinand Piëch über den Vorwurf, López und seine Mitstreiter hätten
kistenweise GM/Opel-Material mitgenommen*

Die Lage spitzt sich zu. General Motors hat gegen Ignacio López und
José Manuel Gutierrez Strafantrag gestellt. Und der VW-Vorsitzende
kommt nicht mehr aus den Schlagzeilen der Weltpresse heraus. Offensichtlich hegt Ferdinand Piëch mittlerweile doch Zweifel an der Version
des Basken. Um sich ein eigenes Bild zu machen, werden die Beschäftigten des VW-eigenen Gästehauses Rothehof vom Chefjustiziar befragt,
noch bevor die Staatsanwaltschaft sie vernommen hat.
Haben José Ignacio López de Arriortúa und seine Komplizen vertrauliche Unterlagen von GM entwendet? Und wenn ja: Wurden sämtliche
Akten vernichtet? Oder existieren noch Unterlagen, die im Falle ihrer
Weiterleitung an die Staatsanwaltschaft López, möglicherweise sogar
Piëch gefährlich werden könnten?
Die offenen Fragen über die Machenschaften des neuen Chefeinkäu-
fers beschäftigen Aufsichtsrat, Vorstand und Piëch gleichermaßen. Für
Volkswagen steht viel auf dem Spiel, sehr viel: Es geht um GM-
Regressforderungen in Milliardenhöhe, um Tausende von Arbeitsplätzen und auch um den Posten des Vorstandsvorsitzenden.
VW-Justiziar Dr. H.-V. van Hülsen leitet die hausinternen Recherchen im August 1993, an denen H.-H. Probst und Dr. Fischer beteiligt
sind. Niemand, der in irgendeiner Weise von den Vorgängen im Rothehof Kenntnis gehabt haben kann, bleibt verschont – weder die Serviere-
rin, die Putzfrau, der Restaurantleiter noch der Bürotechniker. Sie erinnern sich erstaunlich genau an die fragliche Zeit.

16. März 1993. Der Konzerngewinn ist im Keller. Auf Jahre fetten Wachstums mit zuletzt 1,1 Milliarden Mark Gewinn (1991) folgt ein Einbruch um mehr als 86 Prozent. Müde 147 Millionen stehen am Ende von Carl H. Hahns letztem Geschäftsjahr unter dem Strich.

Bereits im Vorfeld der heutigen Aufsichtsratssitzung haben Insider eine Dividendenkürzung um beachtliche vier Mark prognostiziert. Es kommt noch schlimmer. Einigermaßen geschockt lernen die düpierten Aktionäre die neue Linie des Aufsichtsrats kennen: Konsequent wird die Dividende für die Stamm- und die Vorzugsaktie von elf beziehungsweise zwölf auf zwei Mark zusammengestrichen.

Dennoch ist Ferdinand Piëch frohen Mutes. Denn an diesem Dienstag gibt es einen neuen Hoffnungsträger in der VW-Führung: Als neu gewählter Doppelvorstand für Produktionsoptimierung und Beschaffung soll Dr.-Ing. José Ignacio López de Arriortúa die notwendige Rationalisierung in Gang bringen.

Nach der Aufsichtsratssitzung wird das Konferenzzimmer im Rothehof für den Zeitraum vom 23. bis zum 25. März reserviert. Bereits über die Mittagszeit taucht der Spanier im Gästehaus auf – noch ohne Kartons im Handgepäck.

In Detroit ertönen derweil die Alarmsirenen. Die Bestandsaufnahme in den Büros von López und Gutierrez verheißt nichts Gutes: Zu ihrem Entsetzen stellen die Einkaufsmanager Taylor und Perriton das Fehlen geheimer Geschäftsunterlagen fest.

🚗

17. März 1993. Die VW-Vorstände verdienen ihr Geld zu Recht. So sorgt Organisationsvorstand Jens Neumann dafür, dass an diesem Mittwoch ein VW-Sonderflugzeug rund 20 Kisten mit den gesammelten Schätzen des Ignacio López von Bilbao nach Wolfsburg bringt.

Auch der Baske selbst ruht sich nicht im Vorstandssessel aus. Bei seinem früheren Brötchengeber startet er eine Aktion zur Abwerbung von rund 30 Beschäftigten der Einkaufsorganisation von Opel.

🚗

Bei so viel Personalzuwachs für die internationale Volkswagen-Familie heißt es Ausgleich schaffen. Dafür, dass die Beschäftigungsbilanz ins Lot gebracht wird, sorgt in diesen Tagen auch William J. Young. Der bisherige Präsident der Volkswagen of America Inc. wird »auf eigenen Wunsch« gegangen und will danach ein Consultingbüro an der US-Westküste leiten.

Als Grund für seine Freistellung gilt die wenig zufrieden stellende Geschäftslage in den USA. Obwohl die »gesamtwirtschaftliche Entwicklung vermehrt Zeichen eines Aufschwungs« zeigt, sinkt der Volkswagen-Umsatz um 2,2 Prozent. Zudem wurden 1992 12,5 Prozent weniger VW-Fahrzeuge an die Händler abgesetzt, ein Trend, der sich 1993 weiter verschärft hat.

Der Vorstandsvorsitzende zieht die Notbremse – allerdings am falschen Hebel.

Piëchs Prinzip ist geprägt von einer eigenwilligen Sichtweise, wohin er seinen Blick auch wendet: Nahezu überall erkennt er Negativentwicklungen, verursacht durch Personalprobleme. Seine erste Frage lautet üblicherweise nicht: Wie löse ich das Problem? Sondern vielmehr: Wer ist der Schuldige?

Wie widersinnig der Ansatz des Wieners ist, belegt die Tatsache, dass das Auswechseln der Köpfe in den seltensten Fällen zur Problemlösung führt. William J. Youngs Abgang ist ein Beispiel unter vielen. Auch nach dem Ausscheiden des Präsidenten der Volkswagen of America Inc. setzt sich das Desaster in den Vereinigten Staaten fort – allerdings in drastisch verschärfter Form: Der Umsatz mindert sich um 8,2 Prozent, der Absatz der VW-Fahrzeuge bricht um 27,5 Prozent ein. Und Young-Nachfolger John E. Kerr steht vor dem Scherbenhaufen Piëchscher Personalpolitik.

Allerdings darf nicht verschwiegen werden, dass der Wiener auch Ausnahmen von der Regel zulässt. Denn im Fall Ignacio López verschließt er die Augen vor der Tatsache, dass der Baske höchstpersönlich ein Personalproblem darstellt.

Aus dem Volkswagen-Werk wird der Hotelfachfrau Silke Schütze telefonisch mitgeteilt, dass die López-Kartons im Gästehaus untergebracht werden sollen. Dies soll »möglichst in einem Apartment neben dem Apartment von Herrn Dr. Neumann« geschehen, dem VW-Vorstand für Konzernstrategie, Recht und Organisation. Der Auftrag lautet: »Die Kartons sollen unter Verschluss genommen werden.«

Auch das Büro des Basken meldet sich, am Apparat ist Frau Wolff: Ignacio López benötigt ein Büro im Rothehof. Das wäre nicht weiter verwunderlich, wenn nicht eine erstaunliche Geheimhaltung betrieben würde: Das Schloss zu diesem Büro soll ausgetauscht werden, so »dass die normalen Schlüssel im Rothehof und auch der Generalschlüssel dafür nicht« passen. Frau Schütze bestätigt: »Deshalb wurde das Schloss ganz zu Anfang durch die Firma Taube umgewechselt.«

🚗

19. März 1993. An diesem Freitag fertigt Jorge Alvarez in Rüsselsheim Kopien der Papiere zu Entwicklung und Kosten des O-Car an. Am Samstag verabredet sich Ignacio López mit Opel-Managern zu einem Treffen, das am Sonntag im Maritim-Hotel in Bad Homburg stattfindet. López' Bemühungen haben Erfolg: Über Nacht entscheidet sich nicht nur Jorge Alvarez, sondern auch Rosario Piazza, José Manuel Gutierrez, André Versteeg, van der Auwera, García-Sanz sowie Willem Admiraal, López' späterer Schwiegersohn, für den Wechsel. Einige von ihnen holt der VW-Firmenflieger am Frankfurter Flughafen ab und bringt sie nach Wolfsburg. Nicht lange danach erhalten die Manager aus den GM-Opel-Einkaufsabteilungen führende Positionen im Einkauf des Volkswagen-Konzerns.

🚗

22. März 1993. Seit 22 Jahren arbeitet der in Bodenhagen geborene Günther Witte im VW-Werk. Gegen 8.00 Uhr ruft das Büro von Ignacio López an: Kurzfristig werden Material und Geräte für »die Einrichtung eines provisorischen Büros« geordert. Die Sache ist »dringlich«. Gleich am nächsten Tag bringen die Männer vom Büromateriallager alles bei, was López und seine Gehilfen benötigen – vom Aktenvernichter bis zum Kopierer.

Als die geheimnisvollen Kisten im Rothehof eintreffen, wissen nur die Männer um López, was sich darin befindet. Für diesen Tag sind zunächst Übernachtungen für vier Gäste gebucht, die dann aber nicht in Anspruch genommen werden, da die Herren – so Frau Schützes Aussage – alle im VW-eigenen Fortbildungszentrum MMI übernachtet haben sollen. Vorsorglich wird das Bürozimmer für zehn Tage gesperrt und erst für den 31. März wieder freigegeben.

🚗

Eine spätere Befragung durch die Staatsanwaltschaft ist möglich, dabei ist »wahrheitsgemäß Auskunft zu geben«. Gegenüber der Staatsanwaltschaft sei die übliche Verpflichtung aller Firmenangehörigen zur Verschwiegenheit aufgehoben. Beate Meyer wird – wie alle anderen Befragten – vom VW-Justiziar auf ihre Rechte und Pflichten hingewiesen.

Seit knapp 28 Jahren arbeitet sie bei Volkswagen: zwölf Jahre in der Kabelfertigung, ein Jahr im Gästehaus Steimkerberg und seit Ende der Siebzigerjahre als Beschließerin im Rothehof. Im Fall López sind ihr viele der Vorgänge genau im Gedächtnis geblieben.

🚗

Am 22. März wendet sich GM-Chefjustiziar Pearce schriftlich an den VW-Vorsitzenden. Pearce informiert Piëch darüber, dass die aus der Opel-Entwicklung Abgeworbenen womöglich geheime Unterlagen von General Motors nach Wolfsburg mitbringen.

An diesem Montag bringen zwei Fahrer mehrere Kartons und einen schwarzen Hartschalenkoffer in den Rothehof. Auf Anweisung der Beschließerin werden die Kartons in ein freies Gästezimmer gebracht.

Frau Meyer kann sich schon deshalb ganz gut daran erinnern, weil sie ausdrücklich angewiesen worden ist, bei dem Vorgang dabei zu sein. Persönlich überzeugt sie sich davon, dass die Kartons vollzählig und ordnungsgemäß ins Zimmer 243 gestellt werden. Dann verschließt sie die Zimmertür und gibt den Schlüssel unten im Büro ab.

🚗

»An dem Morgen, als die Kartons ankamen, wurde ich ins Büro gerufen«, erinnert sich Beate Meyer. Danach geschah höchst Merkwürdiges. Die Firma Taube tauscht das Schloss im Besprechungszimmer aus. Die

Fremdfirma, die im Rothehof die Reinigungsarbeiten durchführt, soll nicht sauber machen, weil in ebendiesem Raum im ersten Stock eine mehrtägige Besprechung stattfinde. Die ist zuerst auf bis zu zwei Wochen angesetzt, am Ende dauert die Aktion hinter verschlossenen Türen jedoch nur drei Tage.

🚗

23. März 1993. Günther Freese ist Restaurantchef im Rothehof. Auch an diesem Morgen arbeitet der 28-Jährige bis 9.30 Uhr in der Frühstücksschicht. Als Ignacio López und seine Begleiter – an vier weitere Herren erinnert sich Freese – eintreffen, werden sie im Obergeschoss des Gästehauses vom Restaurantleiter begrüßt.

Gutierrez veranlasst derweil, dass an diesem Dienstag ein 29,5 Kilogramm schwerer Karton – von Volkswagen of America – an den Assistenten von Ignacio López in Wolfsburg geschickt wird.

🚗

Die Sicherheitsmaßnahmen sind beeindruckend, die Spanier arbeiten topsecret. Nicht einmal das Rothehof-Personal darf das Besprechungszimmer betreten, auch Beate Meyer nicht. Um zu überprüfen, »ob die Getränkeversorgung klappt«, linst sie ein einziges Mal in den Vorraum hinein. Dort steht »ein Gerät am Fenster«.

Auch Frau Eberwein, die den Betreuungsservice vornimmt, stellt ihre Speisen und Getränke lediglich in den Vorraum.

🚗

24. März 1993. Als der Unterabteilungsleiter für Bürotechnik und Telekommunikationsdienste das Zimmer betritt, sieht er »zwei Herren im Raum«. Günther Witte ist für die logistische Unterstützung des López-Teams in dem provisorischen Büro zuständig. Der 54-Jährige hat bereits einen Tageslichtprojektor, eine Leinwand, ein Kopiergerät sowie einen Reißwolf zur Verfügung gestellt. Jetzt wird noch eine Schneidemaschine angefordert und nachgeliefert. Kein ganz unwichtiges Werkzeug für das, was hier geschieht.

🚗

25. März 1993. In den vergangenen drei Tagen haben Ignacio López und seine Mannen ganze Arbeit geleistet. Bis zum heutigen Donnerstag herrscht beträchtliche Betriebsamkeit.

Sie habe die Herren nur »kommen und gehen« sehen, berichtet Silke Schütze. Essen und Getränke müssen im Vorraum deponiert werden – niemand darf erfahren, was hinter der verschlossenen Türe vor sich geht. »Jeweils den ganzen Tag« wird im Besprechungsraum gearbeitet. Als die 28-Jährige vom VW-Justiziar befragt wird, was sie sich denn bei der Aktion gedacht habe, macht sie keinen Hehl aus ihren Vermutungen: Man könne schon denken, »dass irgendetwas nicht mit rechten Dingen zugehe, wenn alles abgeschottet werde«. Recht hat sie, die Hotelfachfrau aus dem Rothehof.

López und seine Kompagnons haben ihre geheimen Aktivitäten abgeschlossen. Nach Beendigung der Arbeiten wird das Türschloss sofort wieder ausgetauscht, damit der Generalschlüssel des Rothehof wieder für alle Räume passt.

Beate Meyer wird beauftragt, dafür zu sorgen, dass das Besprechungszimmer gesäubert wird. Als sie morgens um 8.10 Uhr den Raum betritt, sieht sie die übliche Unordnung eines Zimmers, »in dem gearbeitet worden ist«. Was »am Abend zuvor geschehen ist«, weiß sie nicht, weil sie ihren Dienst wie üblich um 13.30 Uhr beendet hat. Die Räume, in die vor wenigen Tagen rund zwanzig Kartons hineingeschafft worden waren, sind leer.

Während der ominösen drei Tage hat sie nur einmal ihrer Vorarbeiterin geholfen, »im Vorraum Krümel wegzusaugen«. Ansonsten war der »Konferenzraum für drei Tage verschlossen«. Endlich kann gereinigt werden. Insbesondere geht es darum, »Fusseln« – genauer gesagt »Papierfusseln« – aufzusaugen, so die Aussage von Gudrun Jasch von der Firma Piepenbrook. Müllsäcke sind keine dort gestanden.

Was verschweigt José Ignacio López de Arriortúa? Warum hat er dem Hauspersonal den Zutritt verboten, warum die Zimmerreinigung untersagt, warum sogar die Türschlösser austauschen lassen?

Dass sich die Herren aus dem Hause General Motors – bis auf López selbst formal alles noch Beschäftigte des US-Konzerns – keinesfalls beim Vernichten entwendeter Unterlagen hätten erwischen lassen wollen, ist nachvollziehbar. Es soll jedoch gar keine gestohlenen Papiere gegeben haben, wie sie behaupten. Was also könnte sie dazu veranlassen, sich für drei Tage dermaßen von der Außenwelt abzuschotten? Was war in den Kartons? Wozu brauchten sie Kopierer, den Aktenvernichter, die Schneidemaschine?

López spielt seine Rolle als Unschuldslamm im *Märchen vom bösen GM-Konzern* – wenigstens zu diesem Zeitpunkt – noch halbwegs glaubwürdig. Es gebe keine kopierten Geheimunterlagen, beteuert er seine Unschuld. Der Volkswagen-Chef gibt volle Rückdeckung: Da keine Kopien gezogen worden seien, könne Volkswagen von geheimen Dokumenten überhaupt nicht profitiert haben.

Wer dieser Behauptung widersprechen will, der ist auf Indizien angewiesen – Indizien, wie den Zählerstand des Kopierers in dem geheimnisumwitterten Besprechungszimmer im Rothehof. Aber wer sollte schon dokumentiert haben, wie viele Kopien ausgerechnet auf diesem Gerät und ausgerechnet in diesen Tagen der vierten Märzwoche 1993 gemacht worden sind?

In einem permanenten Prozess klopft General Motors weltweit seine Zulieferer auf ihre Konditionen ab. Das Ergebnis kann sich sehen lassen: Eine detaillierte Aufstellung ermöglicht auf Tausenden von Seiten einen schnellen Überblick über diejenigen Zulieferfirmen in aller Herren Länder, bei denen GM/Opel das bestmögliche Preis-Leistungs-Verhältnis erzielt hat. Hier steht, an welchem Ort der Welt ein Seitenspiegel, Auspuffkrümmer oder Halogenscheinwerfer in welcher Qualität, in welcher Stückzahl und vor allem zu welchem Preis angefordert werden kann.

Chefjustiziar van Hülsens Ermittlungen im August 1993 sind wichtig, um Ferdinand Piëch von den wahren Ereignissen im Rothehof in Kenntnis zu setzen. Sie sind von entscheidender Bedeutung für jeden, der die damaligen Vorgänge nachvollziehen und die richtigen Schlussfolgerungen daraus ziehen will.

Klar ist, dass bereits am 23. März – dem ersten Tag der López'schen Geheimaktion – in Günther Wittes Abteilung zufällig ein Kopier-Testgerät zur Verfügung stand. Deshalb konnte – neben dem Aktenvernichter der Abteilung – das abteilungseigene Kopiergerät an den Rothehof abgegeben werden. Zuvor musste der Kopierer jedoch in Stand gesetzt werden. Bei diesem Anlass wird der Zählerstand im Logbuch festgehalten – ein Zufall, der es erlaubt, die Zahlen präzise zu belegen: 30 800 Kopien weist die Anzeige an diesem Dienstagmorgen aus. Am 24. März wird das Gerät im Rothehof gewartet – Zählerstand: 32 000. Allein an einem Tag sind 1200 Kopien gezogen worden – und wer, außer dem López-Team, hatte in dieser Zeit Zugang zu dem Gerät?

Noch am gleichen Tag wird sogar ein weiterer Kopierer angefordert und geliefert. Es scheint einen extrem großen Kopierbedarf gegeben zu haben. Dass López und seine Gehilfen keine baskischen Kochrezepte kopiert haben, kann als sicher angenommen werden.

⌬

Am 25. März verlassen López und seine Männer den Rothehof. Am 29. März ist der Zählerstand des ersten Kopierers, der inzwischen ins Bürozentrum Ost gebracht worden ist, auf 34750 gestiegen. Als Günther Witte im August 1993 von VW-Justiziar van Hülsen und in Anwesenheit von Herrn Probst befragt wird, kann er noch keine Auskunft über den Verbleib des zweiten Kopierers erteilen, der aus Hannover beigeschafft worden ist.

Das vertrauliche Protokoll der Witte-Befragung trägt noch ein Postskriptum: Ihm sei nach dem Gespräch mitgeteilt worden, so VW-Justiziar van Hülsen, dass auf dem zweiten Gerät im Rothehof rund zweitausend weitere Kopien angefertigt wurden. Das wären mindestens zwei Jahrgänge der Zeitschrift *Essen & Trinken*.

⌬

Ferdinand Piëch versteht die Welt nicht mehr. Aus seiner Sicht ist der Vorwurf, er habe sich mit dem Wechsel von López nach Wolfsburg auch Insiderinformationen über Kostensenkungsprogramme erhofft, »für alle Fachleute absurd«. Er, Piëch, »hätte Herrn López auch sofort gefeuert«, wenn dieser ihm »nur ein einziges Blatt geheimer GM- oder Opel-Unterlagen angedient« hätte.

Auch ansonsten verschanzt sich der VW-Chef hinter dicken Festungsmauern. Für Volkswagen gehe »es ohnehin nur darum, ob tatsächlich oder vermeintlich bei GM-Opel vermisste Unterlagen Eingang bei VW gefunden haben und genutzt wurden«. Genau das sei aber »nachgewiesenermaßen nie passiert«.

Vehement wehrt sich der Wiener gegen Behauptungen, allein durch die Kenntnisnahme der GM- und Opel-Einkaufslisten habe das Wolfsburger Unternehmen sein Kostenvolumen um Milliardenbeträge mindern können. Da Volkswagen derlei Listen »nie besessen und genutzt« habe, sei auch »kein Schaden entstanden«. Er könne »garantieren, dass wir außer Zündkerzen mit vielleicht dem gleichen Wärmewert keine Gleichteile mit GM haben«.

Allerdings habe »die Auseinandersetzung unseren Produkten genützt«. Immerhin habe der VW-Konzern 2 Prozent Marktanteil gewonnen, die »Aggressoren«, so Piëch gewohnt kriegerisch, »genauso viel verloren«. Volkswagen »hat es gestärkt, ja«.

So kann man den geschäftlichen Nutzen, den Ignacio López seinem Unternehmen gebracht hat, auch umschreiben.

9. Dezember 1993, 11.00 Uhr. Zeugenvernehmung durch die Wolfsburger Kriminalpolizei. Vier Monate nach den VW-internen Untersuchungen erfährt jetzt auch die Staatsanwaltschaft Details zu den im Rothehof eingesetzten Kopiergeräten.

Anders als bei seiner Vernehmung durch Dr. van Hülsen kann Günther Witte jetzt »auf Grund der ermittelten Zählerstände Annäherungswerte angeben«. Zwar schränkt er ein, er könne die Zahl der Kopien nicht exakt beziffern, aber Witte wird dennoch äußerst konkret: Der VW-Mann zählt 4085 auf dem ersten und 3666 Kopien auf dem zweiten Gerät. »Meinen Nachforschungen nach sind insgesamt ca. 7700 Kopien auf beiden Geräten in dem fraglichen Zeitraum hergestellt worden«, so Witte bei seiner Vernehmung im 3. Kommissariat.

Als die Kriminalbeamten Wittes Zeugenbefragung um 11.50 Uhr beenden, ist eines klar: Wenn die »Annäherungswerte« stimmen, die Günther Witte ermittelt hat, dann hat die López-Crew in den vergangenen drei Tagen Ende März ganze Arbeit geleistet.

Ferdinand Piëch bemüht sich nach Kräften, die Affäre herunterzuspielen. »Und was die Ausführung betrifft, können Sie Pläne eines Konzerns nicht auf einen anderen übertragen«, so der VW-Vorsitzende, denn dazu bräuchte man »alle Experten, die daran mitgearbeitet haben«. Ansonsten »fehlt ihnen das Wichtigste, das, was diese Leute in ihren Köpfen haben«. Aber die Köpfe ziehen ja nach: Am 22. März wechselten fünf López-Mitarbeiter und zwei aus Rüsselsheim zu Volkswagen. Immerhin, gesteht der Wiener, »gibt es da in den Konzernen auch Parallelentwicklungen«. Und »Herr López kümmert sich jetzt um die Entwicklungen von VW«.

Sollte Ignacio López – so der Vorwurf – die Informationen aus den entwendeten GM-Listen bei seinem neuen Arbeitgeber einsetzen, kann es ihm auf diese Art und Weise gelingen, den angeschlagenen VW-Konzern aus der Talsohle herauszufahren. Vehement wehrt sich der Baske gegen diesen Vorwurf – das muss er auch, will er einer Haftstrafe wegen Industriespionage entgehen.

Nach Meinung von Fachleuten kann Volkswagen durchaus von den GM-Listen profitieren, hat sich VW unter Carl H. Hahn doch den Luxus geleistet, vergleichsweise hohe Einkaufspreise zu zahlen. In dieser Situation brächten die Opel-Listen einen enormen strategischen Vorteil: »Mit den GM-Daten müsste VW den Prozess nicht mehr selbst vollziehen, das Ergebnis lag bereits auf dem Tisch«, sagt ein Insider. Eine gewaltige Zeitersparnis wäre der unmittelbare Vorteil.

Mit dem topaktuellen GM-Fundus würden sich die Zulieferer wunder-

bar gegeneinander ausspielen und damit der Preis drücken lassen. VW
bräuchte nur noch zu vergleichen und hätte dann die Preissenkung auf
das Niveau des Wettbewerbers durchsetzen oder eben zu einem anderen Zulieferer wechseln können. Umgerechnet auf das gewaltige VW-
Produktionsvolumen, bemessen sich derlei Einsparungen auf Dauer
nach Milliarden.

Bereits nach kurzer Amtszeit als Beschaffungsvorstand erzielt der Baske
bei Volkswagen erstaunliche Erfolge.

⌐

Ein skrupelloser Manager mit »Wolfsmoral«? Der »Würger von Rüsselsheim«? Ignacio López ist harter Kritik ausgesetzt und fühlt sich zu Unrecht beschuldigt. »Alle diese Schimpfnamen sind mir angehängt worden«, obwohl bislang »kein Journalist in Europa« mit ihm gesprochen
habe. Überhaupt: Niemand in der Autobranche habe ihn jemals mit
derartigen Vokabeln belegt, all das sei »wirklich pure Erfindung«. Nein,
er sei »nicht der böse Geist der Industrie«, vielmehr ein Mann »mit vielen guten Freunden in der Industrie«.
Lediglich die Durchsetzung eines neuen Konzepts interessiere ihn, und
zwar »nicht gegen andere, sondern zusammen mit ihnen«. In der dritten
industriellen Revolution sei die Massenproduktion an ihr Ende gekommen, da man in der Vergangenheit zu viel in Maschinen investiert habe.
Nunmehr, so der Baske, müsse man das Arbeitskräftepotenzial in einem
»kontinuierlichen Verbesserungsprozess ausschöpfen, bei dem das Team
regiert und auf die Kunden hört«.
In diesen Tagen melden sich aber auch ganz andere Stimmen zu Wort:
»Die Berufung des Lieferanten-Würgers López machte zusätzlich böses
Blut in der VW-Familie«, kommentiert *Die Woche*. Und für die *Wochenpost*
ist »der Kehraus erledigt, der Personalabbau eingeleitet«. Harte Zeiten
also besonders für die Zulieferer, denn für sie »ist ab sofort Bluthund
López zuständig«.

⌐

Für Ignacio López zählt der Erfolg, und der kann gar nicht groß genug
sein. Auf die Frage der *Wirtschaftswoche*, wie viel Geld er durch seine harte
Einkaufspolitik gespart habe – die Rede sei von immerhin zwei Milliar-

den Dollar –, kann sich Ignacio López kaum zügeln: »Viel mehr!«, beteuert der Baske. »Der eingesparte Betrag liegt eher beim Fünffachen.« Piëch stößt ins gleiche Horn. Dank López lägen die »inländischen Auftragseingänge deutlich über dem Vorjahr«. Das Unternehmen »gesundet außerordentlich schnell, auch dank López«. Und während das Image des Volkswagen-Konzerns konstant sinkt, steigt das des Spaniers ins Unermessliche – zumindest in der wundersamen Wahrnehmung des Wieners: »Dank ihm nimmt VW einen kometenhaften Aufstieg.«

Piëch wischt den Vorwurf, López & Co. hätten kistenweise Opel-Unterlagen mitgenommen, als »Unsinn« vom Tisch. »Was General Motors verloren hat, ist ihre Durchsetzungskraft, die kommt jetzt uns zugute.« Von daher sei es für ihn »nicht nachvollziehbar, auf welche Weise hier der Versuch unternommen wird, den untadeligen Ruf von Herrn López und seinen Mitarbeitern sowie das Image des gesamten Volkswagen-Konzerns zu diskreditieren«.

Eines kann man selbst von dem Einkaufsgenie aus dem Baskenland nicht verlangen: Zum damaligen Zeitpunkt besteht jedes Automodell durchschnittlich aus rund 12 000 Einzelbestandteilen. Kein Einstein der Welt kann sich Abertausende Einzelinformationen vom Produkt über den Preis bis hin zum jeweiligen Zulieferer einprägen.

Ignacio López allerdings scheint über ein Computergehirn zu verfügen. Selbstverständlich sei Volkswagen voll und ganz in der Lage, ohne das Ausspionieren geheimer Unterlagen gut über die Runden zu kommen: »Weder ich noch meine Kollegen«, so der Baske im Juni 1993, »haben bei unserem Wechsel zu VW etwas mitgenommen« – zumindest nichts, »was wir nicht ohnehin in unseren Köpfen hatten«.

Hatten López und seine Kollegen so viel in ihren Köpfen, dass das entsprechende Material 20 Kisten füllen konnte? Die VW-Oberen scheinen es zu glauben, denn sie stehen weiter hinter dem Spanier.

Zwei Monate später lautet die offizielle Lesart, López und seine Mitarbeiter hätten im Rothehof alle GM/Opel-Unterlagen vernichtet. Aus Sicht von Dr. Klaus Liesen haben die Ehrenmänner Sorge dafür getragen, »dass Unterlagen, die möglicherweise GM zugeschrieben werden und kritische Informationen enthalten könnten, zur Beseitigung jeder Gefahr der Verbreitung bei VW vernichtet wurden«, meint der Aufsichtsratsvorsitzende.

»Warum schickt VW Opel nicht gleich eine Rechnung für die kollegiale Arbeit am Reißwolf?«, fragt die *Wirtschaftswoche* ironisch und kommentiert Liesens Aussage: »Da lachen ja die Hühner!« Wahrlich, mit Ignacio López hat sich Ferdinand Piëch ein nettes Ei gelegt.

Fassen wir zusammen: In den Tagen des 23. bis 25. März 1993 hat López von seinen Gefolgsleuten nicht nur Unterlagen schreddern, sondern – nach Aussage von Günther Witte – zur gleichen Zeit Tausende von Kopien anfertigen lassen.

Man mag López' Glaubwürdigkeit beurteilen, wie man will. Eine seiner zentralen Aussagen aber ergibt nicht den mindesten Sinn: Bis zum 10. März, dem Tag seiner letzten Visite im Rüsselsheimer Opel-Büro, bediente sich der GM-Manager an vertraulichen Unterlagen. Kistenweise wurden Geheimdokumente gesammelt und mitgenommen. Jorge Alvarez hat sich sogar noch am 19. März mit Opel-Entwicklungspapieren versorgt.

Nur eine Woche später wollen sie, so die Behauptung von López und seinen Mitwissern, im VW-Gästehaus Rothehof ausnahmslos alle GM/ Opel-Unterlagen vernichtet haben – Unterlagen, deren Existenz sie zuvor heftigst abgestritten haben.

Mit freundlichen Grüßen
Jakob und Wilhelm Grimm

Kapitel 5: Weiße Westen in Wolfsburg

General Piëch

Gegendarstellung

»Weder Dr. López noch die mit ihm zu VW gewechselten Mitarbeiter haben VW geheime GM-Unterlagen wie etwa ›Lieferanten- und deren Preislisten‹, ›geheime Konstruktionspläne‹ und ›Modellstudien‹ geliefert.«

Wolfsburg, den 7. Juni 1993

Volkswagen AG

Dr. Ferdinand Piëch

Dr. Peter Frerk

»Wie du sehen kannst, ist die Situation schon etwas beschissen.«
Jorge Alvarez-Lamelas im vertraulichen Schreiben an José Manuel Gutierrez vom 9. Juli 1993

30. April 1993. General Motors fährt das härteste Geschütz auf, das dem Unternehmen zur Verfügung steht: Der Vorwurf im Strafantrag gegen Ignacio López und seine »Gehilfen, Anstifter etc.« lautet auf Verrat »geheimer Betriebs- und Geschäftstatsachen«.

Der Baske stehe, so die Anschuldigung, »in dringendem Verdacht, zusammen mit sieben seiner engsten Mitarbeiter die größten Geheimnisse von Opel und General Motors an VW verraten zu haben«.

⇔

24. Mai 1993. Mit verschränkten Armen und dem Blick eines Besessenen starrt »Der Skrupellose«, so der Titel der *Spiegel*-Ausgabe, vor dem übergroßen Volkswagen-Logo die Leserschaft an. Darunter der Aufmacher: »VW-Manager López unter Verdacht: Industrie-Spionage«.
Dietmar Hawranek und Richard Rickelmann haben mit ihren Enthüllungen einen Stein ins Wasser geworfen, der international Wellen

schlägt. Nach intensiver Recherche warten die beiden Wirtschaftsjournalisten mit einer Enthüllungsstory auf: Ignacio López und seine Mitarbeiter hätten bei ihrem Wechsel zu VW »geheime Unterlagen bei GM oder Opel mitgenommen und an Volkswagen geliefert«. Ausgedruckt würden die zum Teil auf Textdateien gespeicherten Informationen über Lieferanten, Preise, Studien von GM-Modellen und Konstruktionspläne rund 10 000 Seiten umfassen.

»Nach dem Abzug von López & Co. war in Detroit von den geheimen Unterlagen nichts mehr auffindbar«, berichten die *Spiegel*-Redakteure. Die Anschuldigungen des Magazins lösen heftige Gegenreaktionen aus.

In Wolfsburg läuten die Alarmsirenen. VW-Rechtsanwalt Michael Nesselhauf – früher selbst einmal ein *Spiegel*-Mann – echauffiert sich lautstark: Seine Vorwürfe gegenüber dem Hamburger Nachrichtenmagazin reichen vom »Katastrophenjournalismus« über eine »unglaubliche Verletzung der journalistischen Sorgfaltspflicht« bis hin zu »blindem Vertrauen« in die GM-Unterlagen, auf denen wesentliche Teile des Artikels basieren.

Volkswagen legt mit einer einstweiligen Verfügung beim Landgericht Hamburg nach: Unter Androhung eines Ordnungsgeldes von bis zu 500 000 Mark müssen sich Hawranek und Rickelmann einstweilen derartige Behauptungen verkneifen.

22. Juni 1993, Breckenheim, Alte Dorfstraße 44. Der schwedische Mieter ist sich seiner Sache nicht sonderlich sicher. Erst nach Rücksprache mit dem Konsulat seines Heimatlandes wendet sich Thomas Anderson an die deutsche Polizei. Vier Kartons stehen in einer Abstellkammer eines Fachwerkhauses in einem Vorort von Wiesbaden.

Als die Polizisten die Behältnisse öffnen, staunen sie nicht schlecht: In den Kartons finden sich Unterlagen über Fahrzeugkonstruktionen und vieles mehr. Der Herkunftsort wird aus den Frachtbriefen ersichtlich: Bilbao im Baskenland.

Nicht lange nachdem die Wiesbadener Beamten die GM-Papiere im damaligen Wohnhaus von Jorge Alvarez-Lamelas und Rosario Piazza in Verwahrung genommen haben, taucht ein VW-Mitarbeiter auf. Der Spanier kommt im Auftrag von Alvarez, um die vier Kartons abzuholen, und er kommt zu spät.

Eine erste Sichtung der beschlagnahmten Dokumente offenbart den Ermittlern, dass sich in den Kisten Konstruktions- und Fertigungsentwürfe für einen Opel-Kleinwagen, schlicht O-Car genannt, befinden. Außerdem tauchen Tabellen und Texte zur Einkaufsphilosophie des US-Automobilkonzerns auf.

Alvarez-Verteidiger Kempf verlegt sich derweil aufs Abwiegeln: Die in Breckenheim sichergestellten Unterlagen seien »völlig uninteressant«. Aus Sicht der Staatsanwaltschaft stellt sich das anders dar: Die »Ermittlungen sind entscheidend vorangekommen«.

⌒

Die beiden stehen sich in nichts nach: nicht in ihrer Fachkompetenz, nicht in ihrem Fanatismus, nicht in ihrer Härte und schon gar nicht in ihrer wechselseitigen Lobhudelei.

Nach den Managerqualitäten seines neuen Chefs befragt, schwärmt López in höchsten Tönen. Zwar sei General Motors in der Branche führend, der Volkswagen-Konzern aber werde den Anschluss schaffen. VW werde »zur Jahrtausendwende ganz vorne« sein, so seine gewagte Prognose, »vor allem dank Ferdinand Piëch«, dem – laut López – »besten Techniker der Welt«.

Piëch und López schmieden den Bund, in guten wie in schlechten Zeiten – und an Letzteren sollte von nun an kein Mangel herrschen.

⌒

Ein Ferdinand Piëch ist Widerspruch nicht gewohnt. Dass es Journalisten wagen, das Duo der beiden Machtmänner frontal anzugreifen, versteht er als Kriegserklärung.

Der Auftrag an die Rechtsabteilung ist eindeutig, und er fällt dort auf fruchtbaren Boden. Dr. jur. Peter Frerk, mit Abstand dienstältester Volkswagen-Vorstand, war schon unter Carl H. Hahn für den Bereich Recht und Revision verantwortlich. Auf den *Spiegel* ist der VW-Hausjurist schlecht zu sprechen, denn nicht immer hat dieser wohlwollend über ihn berichtet.

Einen geeigneten Mitstreiter hat er in Anwalt Michael Nesselhauf, der das Hamburger Politmagazin im Streit mit Herausgeber Rudolf Augstein verlassen und die Fronten gewechselt hat. Jetzt arbeitet er in der Frerk'schen Rechtsabteilung. Und wie Frerk hat auch Nesselhauf wohl noch eine offene Rechnung mit dem *Spiegel*.

Kurz darauf werden die Gegendarstellungen durchgedrückt.

🚗

5. Juli 1993. »Hierzu stelle ich fest«, so Dr. José Ignacio López de Arriortúa: »Meine nach mir zu VW gewechselten Mitarbeiter und ich haben nicht eine geheime GM-Unterlage mitgenommen und an VW geliefert.« Ganz im Gegenteil: »Alle geheimen GM-Unterlagen, mit denen meine Mitarbeiter und ich gearbeitet haben, sind im General-Motors-Konzern geblieben«, hält der neue VW-Vorstand für Produktionsoptimierung und Beschaffung dagegen. Außerdem sei »richtig, dass meine Mitarbeiter und ich weder geheime GM-Unterlagen oder Daten mitgebracht noch solche auf VW-Computer überspielt haben«.

Die Aussage wird vom Chef höchstpersönlich gestützt. Ferdinand Piëch bestätigt wortgleich, dass »Dr. López und seine Mitarbeiter« keinesfalls geheime GM-Unterlagen oder Datenmaterial aus Detroit mitgebracht hätten. Solche seien auch nicht auf Computer von Volkswagen überspielt worden. Weder der Baske noch seine Mitstreiter »haben VW geheime GM-Unterlagen wie etwa ›Lieferanten und deren Preislisten‹, ›geheime Konstruktionspläne‹ und ›Modellstudien‹ geliefert«, versichern Piëch und sein Rechtsvorstand Dr. Frerk in ihrer Gegendarstellung.

Der *Spiegel* kommt nicht umhin, in seiner Ausgabe vom 5. Juli die Gegendarstellungen von Ignacio López, Ferdinand Piëch, Peter Frerk, von dem »Computerspezialisten in der López-Truppe« André Versteeg – und José Manuel Gutierrez zu veröffentlichen. Jetzt steht Aussage gegen Aussage. Widersprüchlicher könnten die Positionen kaum sein.

🚗

8. Juli 1993. Piëchs Chefjustiziar Dr. van Hülsen ruft Jorge Alvarez an, er habe »über Leute aus Kassel« davon erfahren, dass Alvarez »mit einer

weiteren Person in Kassel gewesen« sei, sich »dort einen Aktenvernichter besorgt« und womöglich »einige Kopien gemacht« habe.

Das wäre nun ja noch keinen Anruf wert. Allerdings hat van Hülsen den Eindruck gewonnen, so seine Mitteilung an Alvarez, »dass die Leute aus Kassel, die ihm davon erzählt haben, zu jenen gehören, die es gerne sehen würden, dass diese Angelegenheit untersucht wird«. Entsprechend kommt die vorsorgliche Anfrage aus Piëchs Rechtsabteilung: »Dr. v. Hülsen ist der Meinung, wir müssten für diese Angelegenheit eine Erklärung parat haben«, so Alvarez an seinen Vertrauten Gutierrez.

Die Situation wird immer prekärer. Die Staatsanwaltschaft verfügt über Material, das dem López-Getreuen Jorge Alvarez-Lamelas kalte Schauer über den Rücken jagen muss. In der Wiesbadener Wohnung haben die Ermittler unter anderem ein vertrauliches Schreiben an seinen Mitstreiter José Manuel Gutierrez gefunden, das für sich spricht: In diesem am 9. Juli 1993 verfassten Brief beschuldigt Alvarez schlichtweg sich selbst. Damit nicht genug, schlägt er Gutierrez darin Ausreden vor, wie sie unter Vortäuschung falscher Tatsachen doch noch ihren Kopf aus der juristischen Schlinge ziehen könnten.

»Beigefügt ist die Aufstellung, welche die Staatsanwaltschaft meinem Anwalt zugesandt hat«, so Jorge Alvarez, »bezüglich des Inhalts der Kisten.« Auch wenn die Sache schlimm ist – es hätte noch dicker kommen können: »Von den existierenden Unterlagen dürfte sie«, gemeint ist wohl die Staatsanwaltschaft, »einige nicht haben, weil ich sie habe.« Daraus aber »könnten die dort versuchen, uns einen Strick zu drehen«, befürchtet Alvarez. Dabei haben »interne Quellen aus dem Bereich der Staatsanwaltschaft« Alvarez' Anwalt gegenüber (der über wirklich erstaunliche Kontakte verfügt) erklärt, »es befänden sich keine Betriebsgeheimnisse bei den Unterlagen«. Das Problem ist nur: Alvarez ist sich »bei einer Sache nicht sicher, ob sie sich womöglich in den Kisten befand«.

Was also tun?

Schwere Bedenken plagen den Spanier: Zwar könnten sie »zum Schlag ausholen, indem wir sagen, dass sich einige Unterlagen nicht in der Kiste befanden«, schreibt Alvarez verunsichert an Gutierrez. Doch was ist, wenn sich herausstellt, »dass die Staatsanwaltschaft beabsichtigt zu erklären, die aufgefundenen Unterlagen seien nicht geheim«?

Damit steht und fällt die Behauptung, ihnen seien die Unterlagen von Opel untergeschoben worden: Denn dass »jemand nicht als geheim eingestufte Unterlagen in die Kisten gelegt haben müsste«, das, so Alvarez' Erkenntnis, wäre »doch ziemlich absurd«.

❦

Auf den Alvarez-Brief ist die Staatsanwaltschaft im Rahmen ihrer Recherchen bei Volkswagen gestoßen. Das Schreiben ist äußerst erhellend, bestätigt es doch, dass die Ermittlungsbehörden Dokumente in seiner Wohnung in Wiesbaden gefunden haben, die keinesfalls in ihre Hände gelangen durften. Jetzt gilt es nach Ausreden zu suchen.

Wie also sieht die Strategie der Ermittler aus? Alvarez ist die personifizierte Unsicherheit: »Wenn stattdessen die Staatsanwaltschaft aber schließlich erklärt«, überlegt er in seinem sehr vertraulichen Brief, »die Behauptung, es lägen keine Geheimpapiere vor, sei Augenauswischerei« – was dann?

In diesem Fall würden sie »uns damit unter Druck« setzen können, und so müsste die Gegenstrategie umgekehrt ansetzen: Dann »müssten wir schon dargelegt haben, dass Opel einige Unterlagen in mein Haus verbracht hat«. Opel – dem früheren Arbeitgeber und heutigen Gegner – soll die Schuld in die Schuhe geschoben werden. Das Problem dabei aber ist: »Wenn wir das erst tun, wenn uns die Staatsanwaltschaft einen Schlag versetzt hat, ist es ein wenig zu spät.«

Für den nächsten Tag kündigt er ein Treffen mit seinem Anwalt an, »um den Inhalt der Kisten zu erörtern«. Immer tiefer verheddert sich Jorge Alvarez-Lamelas im Dickicht juristischen Taktierens. Dass ihm das klar ist, verrät sein deftiger Kommentar: Die Situation sei »schon etwas beschissen«.

Wie lange kann es sich Piëch noch leisten, diesen Männern Rückendeckung zu geben?

❦

14. Juli 1993. Auch in den USA nehmen die Entwicklungen einen verheerenden Lauf: Das Justizministerium leitet Untersuchungen ein, mehrere Bundesstaaten folgen. Ende des Monats meldet die *Washington Post*, die amerikanische Regierung wolle die Begleitumstände des López-Wechsels nach Wolfsburg zu einem »Testfall gegen Industriespionage durch ausländische Unternehmen und Regierungen« machen. Ähnlich wie in Deutschland ist Industriespionage auch in den USA kein gesetzlich exakt definierter Tatbestand. Deshalb geht es vor allem um die Frage, ob Eigentum von General Motors entwendet worden ist.

Sollten die Vorwürfe gegen Volkswagen bestätigt werden, sind drastische Folgen zu befürchten: für VW im Allgemeinen und für López und Piëch im Besonderen.

20. Juli 1993. Also doch: Der *Spiegel* darf, neben einigen weiteren vergleichsweise belanglosen Behauptungen, nicht länger verkünden, López-Mitarbeiter seien »wie die Tagelöhner« verschwunden und der Baske habe sein Haus in den USA bereits verkauft.

Ansonsten siegt das Magazin vor der Pressekammer des Hamburger Landgerichts auf breiter Linie. Nach Anhörung der vom *Spiegel* geladenen Zeugen hält der Vorsitzende Richter Harald Ficus in allen entscheidenden Punkten zumindest eine »Verdachtsberichterstattung« des Hamburger Politmagazins für gerechtfertigt. Nach mehrwöchiger Zwangspause dürfen Hawranek und Rickelmann weiter erklären, Ignacio López habe Geheimnisse »gleich kistenweise mitgehen lassen«.

Für den brechen harte Zeiten an. Nicht nur, dass GM-Planungsdirektor John Howell bei seiner Vernehmung glaubwürdig darlegen konnte, dass er López »im Anschluss an eine Fahrvorführung« persönlich Unterlagen über den Astra-Nachfolger ausgehändigt hatte. Der VW-Chefeinkäufer muss sich zudem von der GM-Pressesprecherin Antonia Simonetti der Falschaussage bezichtigen lassen, hatte der Baske in seiner Gegendarstellung doch auch versichert, die Rede, die er der GM-Sprecherin anlässlich seiner Rückkehr zum US-Konzern diktiert hatte, sei »von der General-Motors-Abteilung für Öffentlichkeitsarbeit geschrieben« worden. Pech nur, dass die von ihm später vorgenommenen Einschübe als seine eigene Handschrift identifiziert werden können.

Good afternoon. I know what your first question will be -- why did I change my mind? I *the love, the passion and the affection!* changed because ~~of~~ the GM people. *My heart was broken and* When I saw the reaction of the people, I said it *Show for me.* cannot be; I cannot leave. ~~Even I didn't realize how strong my desire is to stay at General~~ *was difficult* ~~Motors.~~ I learned a lot from this experience. *The protagonists of the third Industrial revolution, the workers and Team members of our W.W.P. Change my mind.*

I am more convinced now of GM's commitment to implement my vision of a new

manufacturing concept that will reduce the time it takes to produce a vehicle (man hours *in the Manufacturing process of a vehicle)* per vehicle) using the complete value-added chain. As Jack told you, this is Plateau 6 of *denied I am about* our seven plateaus. I don't think GM realized, at first, just how ~~serious I am about~~ *vision* implementing this ~~concept~~ into a manufacturing operation. I proposed a pilot project that I *prepared a plan* call Plant X, using this new concept, and I ~~proposed~~ to build it in my homeland, in the *and* Basque Country of Spain. This proposal was ready last year, ~~I began to~~ communicate this *Europe* to my company, to General Motors, but somehow I failed to convince them of the value of *and this plan* this concept. ~~Perhaps it was because of the language barrier.~~ I just don't know *why.*

But another company was interested in this concept, my vision, and offered to implement

it. That was my motivation and my dream — to implement Plateau 6. This is more than a *will* personal challenge, or a professional challenge. I believe that this concept ~~could~~ play a key *with this concept* role in the Third Industrial Revolution, in the future of Western industrial society. *we can settle the leadership in Manufacturing.* *every (comparison with my vision)* *with my company, to avoid the* ~~So~~ I submitted my resignation last week and I refused to negotiate. ~~I had not received an~~ *pushing ... from my side.* ~~offer from General Motors.~~ When I told Jack Smith I would resign, he showed me a very

Richter Ficus verdonnert Volkswagen und López erst einmal zur 75-prozentigen Übernahme der Verfahrenskosten. Und so schweigt Ferdinand Piëch.

⌣

22. Juli 1993. Auf den Tag genau einen Monat nach der Hausdurchsuchung in Wiesbaden kündigt die Darmstädter Ermittlungsbehörde an, ihre bisher weitgehend auf López und Gutierrez beschränkten Recherchen jetzt auch auf Alvarez und Piazza auszudehnen. Tags darauf trifft sich der VW-Aufsichtsrat. Doch statt in der Krisensitzung endlich die notwendigen Schritte einzuleiten, entschließt man sich, eine weitere Ehrenerklärung für Ignacio López abzugeben.

⌣

27. Juli 1993. VW-Pressesprecher Lutz Schilling erklärt, der Konzern sei bereit, in die Offensive zu gehen. Trotz der in aller Welt äußerst negativen Berichterstattung hat Piëch in den vergangenen Wochen zu den insbesondere gegen López gerichteten Vorwürfen geschwiegen. Jetzt werden rund hundert Journalisten zu der für den morgigen Mittwoch einberufenen Pressekonferenz im Wolfsburger Kongresspark eingeladen.

⌣

Sollen wir es Vaterlandsliebe, Konzerntreue oder einfach nur Kameradschaft unter Kriegern nennen? Ferdinand Piëchs Rückendeckung für López lässt sich rational nicht mehr nachvollziehen.
Piëch befindet sich im Krieg. Seit seiner Jugend wird er bedrängt und zuweilen unterdrückt – von seiner dominanten Mutter, von seinen Mitschülern im Zuozer Internat, von seinen internen Konkurrenten bei Porsche, Audi und Volkswagen. Seitdem er denken kann, muss er sich durchsetzen, muss er sich verteidigen, muss er angreifen, muss er kämpfen. Obwohl sein materielles Überleben nie in Frage stand – bekanntlich zählen die Piëchs zu den Wohlhabenderen dieser Welt –, ist er durch seine Kindheit und Jugend geprägt und für die Karriere gestählt worden. So hat Ferdinand Piëch gelernt, Menschen in Schubladen einzuordnen: in Freund und Feind, in Mitstreiter und Aggressoren, in Gut und Böse – Zwischentöne gibt es kaum. José Ignacio Lopéz de Arriortúa ist guter

182

Freund und enger Verbündeter zugleich. Seit an Seit kämpfen die beiden gegen das Übel, bekriegen sie ihre Gegner in Rüsselsheim und Detroit.

⌒

28. Juli 1993. Fernsehkameras übertragen die Ansprache live in die Wohnzimmer, Tonbänder zeichnen sie auf, Kugelschreiber fliegen übers Papier. »Das ist ein Krieg zweier Unternehmen.« Bereits Piëchs Eröffnung verrät, was folgen wird – eine Kriegserklärung an den Mitkonkurrenten in Detroit.

Seine weitere Rede sucht ihresgleichen, zumindest in der Nachkriegshistorie des VW-Konzerns. Denn nie zuvor hat ein Volkswagen-Vorsitzender derart martialische Worte gewählt: Piëch spricht vom »General-Motors-Krieg gegen Volkswagen«, Piëch warnt vor »unlauteren Machenschaften«, Piëch bezichtigt GM der »Irreführung der Öffentlichkeit«, Piëch propagiert den »Kampf mit Produkten« auf »den Kriegsschauplätzen« der Automobilindustrie. *General Piëch* ist nicht zu bremsen.

Selbst als ein Journalist nachhakt, wieso er diese Kriegsterminologie eingeführt habe, fährt der Österreicher mit seinem Szenario munter fort: Die »Diktion Krieg« beruhe darauf, dass »wir für rund 40 Millionen Lkws weltweit Kapazität haben und 30 verkaufen«. Wenn dem Pressevertreter »die Diktion Krieg« nicht gefalle, könne man stattdessen auch vom »Überlebenskampf« sprechen. Es gehe »um einen Verdrängungswettbewerb«, und der werde von VW mit Modellen, Neuerungen, Attraktivitäten geführt, während sich andere Unternehmen »andere Methoden« überlegten. Das »ist für mich eine Form von Krieg«, wiederholt der Volkswagen-Vorsitzende eisern.

Da wundert es wenig, dass aus seiner Sicht eine »gütliche Beilegung« in weiter Ferne ist. Unverhohlen droht der Wolfsburger General sich »aller Mittel« zu bedienen, um aus »dieser Schlacht als Sieger hervorzugehen«. »Zur Zeit« sieht der Kämpfer »kein friedliches Ende« nahen. Und so klingt sein Appell, Opel möge doch endlich »zu fairem Wettbewerb zurückkehren«, wie blanker Hohn.

Wenn der Wiener der GM-Führung an diesem Tag attestiert, das Unternehmen tue sich mit Fragen der Fairness »offensichtlich schwer«, dann fragt man sich, ob er sich der Bedeutung seiner Worte überhaupt noch bewusst ist. Denn anstatt die Angelegenheit mit GM in aller Ruhe hinter den Kulissen zu regeln, provoziert er seinen Konkurrenten. Im Bestreben, immer der Beste zu sein und andere zu übertrumpfen, steht sich der VW-Chef selbst im Weg. Und »manchmal hat er ein autistisches Gehabe an sich«, kommentiert ein Piëch-Kenner kritisch.

Ungebremst vom Aufsichtsrat führt der Feldherr Piëch die Volkswagen AG zielstrebig in die Katastrophe.

⇔

Was passiert, wenn in den USA Anklage erhoben und womöglich eine Arrestbestellung verfügt wird? Ferdinand Piëch ist sich seiner Sache sicher: »Ich spekulier da nicht, denn ich habe die eidesstattliche Erklärung meiner Mitarbeiter und des Herrn Dr. López, an dieser Stelle sauber zu sein.«

Aus seiner Sicht ist es »unerträglich, in welcher Weise der amerikanische Konzern General Motors/Opel einen persönlichen Rachefeldzug gegen Dr. López führt«. GM versuche »zugleich, in diesem Rahmen die Staatsanwaltschaft, die Medien, die Öffentlichkeit zu missbrauchen, um unser Unternehmen zu verunglimpfen«.

Zweifel an López seien nicht angebracht, stattdessen würdigt der VW-Vorsitzende die klare Linie und Standhaftigkeit des Mitstreiters aus dem Baskenland. López arbeite »völlig unbeeindruckt von den Dingen, genau so, wie ich Menschen kenne, die ein sauberes Gewissen haben«. Ein solches bescheinigt Piëch auch sich selbst. »Ich kann zu uns und VW sagen: Wir haben ein sauberes Gewissen – zu uns VW-Leuten, wir haben ein sauberes Gewissen.«

Noch hält die Allianz der Saubermänner.

⇔

29. Juli 1993. Einen Tag nach Piëchs Schlachtengetöse lädt Opel zur Pressekonferenz in Frankfurt. Vehement weisen Vorstand Horst P. Borghs und Aufsichtsrat Hans Wilhelm Gäb die Angriffe des VW-Vorsitzenden zurück. Die GM-Vertreter nutzen die Gelegenheit, um der Öffentlichkeit weitere Details über die Entwendung geheimer Unterlagen mitzuteilen.

Unter dem wachsenden Druck der öffentlichen Diskussion entschließt sich der Volkswagen-Chef tags darauf zu einem Schritt, den er besser vor seiner Kriegserklärung getan hätte: Er greift zum Telefonhörer und ruft GM-Chef Jack Smith an. Doch was erwartet Piëch von seinem größten Kontrahenten, nachdem er dessen Firma gerade in einer Art und Weise verbal attackiert hat, dass unter normalen Menschen unweigerlich ein Abbruch der Beziehungen die Folge wäre?

Auch in den eigenen Reihen verschafft sich Piëch mit seinem Vorgehen nicht gerade viele Verbündete. Einer der »Höhepunkte« ist erreicht, »als man zu einem verabredeten Telefongespräch zwischen mir und dem Chef von General Motors in meinem Privathaus ein Tonband in meine Anlage installiert« hat.

»Eine externe Firma« ist am Werk, der Auftrag kommt »von Volkswagen«, von hausinternen Gegnern.

Nachdem ihn seine Frau auf den Vorgang aufmerksam macht, lässt er »das Ding« wieder abbauen. »Interessant« sei, so der VW-Chef, »dass es zwischen mir und Jack Smith die Verabredung gab, dass keine Seite das Gespräch aufzeichnet«.

Piëch tappt im Dunkeln: »Irgendjemand muss die Absprache mitgekriegt haben.« Nur in einem ist er sich sicher: Die geplante Abhöraktion kommt »von innen, nicht von GM«.

Verrat, vielleicht sogar Abhöraktionen sind für Piëch nichts Neues. So hat eine Tageszeitung bereits zu seiner Zeit als Audi-Chef einen Beitrag publiziert, in dem detailliert aus einer Vorstandssitzung zitierte wurde. Piëch soll daraufhin eine hausinterne Untersuchung des Vorgangs veranlasst haben. Alle Vorstände hätten schriftlich einwilligen müssen, dass die Bundespost dem Unternehmen eine Liste mit allen angewählten Telefonnummern, auch der privaten Anschlüsse, zukommen lassen konnte. Schließlich, erläutert ein Audi-Kenner den Schritt, seien diese vom Konzern bezahlt worden.

Der Motor der Volkswagen-Gruppe stottert schwer, sowohl bei VW als auch bei Audi oder Seat – die Verkaufskurven weisen nach unten. Einzig

Škoda kann bei steigendem Absatz mit den drei Topmodellen Favorit, Forman und Pick-up Erfolge verbuchen.

Das Flaggschiff dagegen ist angeschlagen: Verkaufseinbrüche beim Golf und Passat belasten die Bilanz. Immerhin aber setzt der neue Vento seinen Siegeszug fort, und in den USA verkaufen sich der Käfer und der Jetta immer besser. Dafür verantwortlich: VW-Markenchef Daniel Goeudevert.

Am schlimmsten hat es Audi erwischt. Ausnahmslos alle Zugpferde lahmen – der Audi 80 und der Audi 100, das Audi Cabriolet, das Audi Coupé und selbst der V8. Dafür verantwortlich: formal Audi-Markenchef Franz-Josef Kortüm, de facto aber auch dessen Vorgänger – Potemkin Piëch.

Noch kann die Stimmung jedoch umschlagen. Will Ferdinand Piëch den verhassten Daniel Goeudevert loswerden, muss das jetzt geschehen – im Sommer, in ausreichendem Abstand zum Abschluss des Geschäftsjahres. Dann kann der VW-Chef sein bisheriges Prinzip durchhalten: Entweder es stimmen die Zahlen, oder ich will neue Gesichter sehen, lautete die Devise vergangener Jahre.

Die Zeit drängt, denn schon bald könnte sich herausstellen: Die Verluste bei Audi sind prozentual schlimmer als die bei VW. Und dann gäbe es keinen vermittelbaren Grund, Daniel Goeudevert freizustellen.

Mehr noch: Mit jedem Tag steigt das Risiko, dass die vor sich hin rostenden Audi-Mobile auf den Ingolstädter Halden öffentlich thematisiert werden. Wie stünde Ferdinand Piëch dann da?

Wohin Piëch seinen Blick auch wendet – überall sieht er sich von Aggressoren, Feinden und Verfolgern umgeben. Allen voran GM/Opel wolle »vom Markt ablenken«. Habe es »früher mal ein Kopf-an-Kopf-Rennen« um die Anteile auf dem europäischen Markt zwischen GM und VW gegeben, so liege Volkswagen inzwischen längst in Führung. »Und nun ist mit Herrn López auch noch der weltbeste Rationalisierer zu uns gekommen.« Der Baske stelle »ein Gefahrenpotenzial selbst für den weltgrößten Autokonzern« dar. Und deshalb setze General Motors »dagegen alle Mittel ein«.

Für den VW-Chef ist es »eine völlig offene Frage«, was in den in Wiesbaden beschlagnahmten Kisten »ursprünglich drin war und was jetzt«. Außerdem wisse man nicht einmal, was »lange nach dem Auszug der beiden Mitarbeiter dem Staatsanwalt zugeführt worden« sei.

Immerhin seien »die Dinge nicht bei unseren heutigen Mitarbeitern beschlagnahmt worden, sondern waren möglicherweise zwischenzeitlich in der Verfügungsgewalt unserer Gegner und sind dann zur Polizei hingebracht« worden. Er »schließe zumindest nicht aus«, dass ihm die Konkurrenz bei GM Industriespionage in die Schuhe schieben wolle. Schließlich finde »eine Schlammschlacht« statt, und »wenn wir mit Schlamm angegriffen werden, müssen wir uns entsprechend verteidigen«.

Beweise für diese Verdächtigungen und Unterstellungen kann Piëch allerdings nicht vorlegen. Er ist überzeugt, seinen Gegnern gehe »es einzig und allein um die Verunglimpfung von Herrn López«. Ist das nicht Beweis genug?

31. Juli 1993. Der »Krieg der Konzerne« tobt, Goeudeverts Schicksal ist besiegelt. Mit dem heutigen Tag scheidet der stellvertretende VW-Vorstandsvorsitzende – formal zweiter, de facto dritter Mann nach dem Volkswagen-Chef und dessen Einkaufsvorstand – aus dem Unternehmen aus.

»Ferdinand Piëch hat genau ein Jahr gebraucht« – gerechnet ab der Hauptversammlung im Juli 1992 –, »um sich des Franzosen Daniel Goeudevert zu entledigen«, kommentiert *Le Nouvel Economiste.* »Der Aufsichtsrat dankt Herrn Goeudevert für seine engagierte Mitarbeit«, so der Chef des Kontrollgremiums in den üblichen Floskeln. Über die Hintergründe schweigt Klaus Liesen.

Die Umsetzung seiner Ziele hat sich Piëch zuweilen ein paar Peanuts kosten lassen: Das Desaster der Audi-80-Hinterachse oder der Drang zur eigenständigen Audi-Motorenentwicklung beliefen sich jeweils auf etwa 300 Millionen Mark.

Teuer kommt den Konzern auch die Piëchsche Personalpolitik zu stehen. Denn in der Regel werden Vorstandsverträge für fünf Jahre abgeschlossen und Monat für Monat fortgeführt. Oder sie werden im Falle vorzeitiger Kündigung und gütlicher Trennung ausgezahlt. Nur Carl H. Hahns Vertrag war aus Altersgründen lediglich um zwei weitere Jahre bis Ende 1993 verlängert worden. Allerdings endete selbst Hahns Amtszeit vorzeitig.

Zwischenzeitlich sind mit Larsson und Lauk weitere Vorstände berufen worden, die beide den VW-Vorsitzenden nicht überstanden haben. Von seinen fünf Audi-Vorständen ist lediglich Andreas Schleef über die Runden gekommen – Berthold, Beuler und Stockmar warfen das Handtuch. Stübig durfte zeitgleich mit Piëch gehen – der eine aus dem Unternehmen, der andere in die Konzernzentrale.

≈

In Wolfsburg setzt der Wiener seine Ingolstädter Praktiken in bekannter Manier fort – jetzt jedoch im Turbogang. Nach Juan José Díaz Ruiz, Werner Svetlik, Hans-Jörg Hungerland, Eberhard Müller und Alexander Kowling ist Daniel Goeudevert das sechste Vorstandsmitglied, das unter Piëch geht oder gegangen wird.

Goeudevert zählt mit einem Jahresgehalt von mindestens einer Million Mark zu den absoluten Spitzenverdienern des Unternehmens. Seine vorzeitige – »einvernehmliche« – Freistellung kostet den Konzern Millionen. Goeudevert soll einen Ausscheidungsvertrag erhalten haben, wonach monatlich und nicht auf einen Schlag ausbezahlt wird. Damit beantwortet sich auch die Frage, weshalb die Freigestellten nach ihrer Entlassung über das interne Kräftespiel schweigen.

Und was tut der Aufsichtsrat? Nach dem Motto *Nichts sehen, nichts hören, nichts wissen wollen* nicken die Kontrolleure den Vorgang einmal mehr artig ab.

≈

Wie würdigte doch das Wiener Wirtschaftsmagazin *trend* den berühmtesten Sohn der Stadt in deutschen Landen: Mit Piëchs Aufstieg an die Volkswagen-Spitze sei die Nachbarschaftshilfe »nicht mehr überbietbar«.

Nicht mehr überbietbar sind aber auch die Verhaltensweisen des Österreichers selbst. Unüberbietbar scheint die Sucht des Technikers nach

Macht in der Autoindustrie, nach Macht über andere, nach alleiniger Macht. Ferdinand Piëch kennt keine Grenzen, weder bei der Ausbeutung seiner selbst noch bei seinen Erwartungen an die Mitarbeiter. Was ein durch und durch positives Ziel sein könnte – der Erhalt und Ausbau von Arbeitsplätzen, ein konsequenter Relaunch und die stete Verbesserung der VW-Bilanzen –, das wird in der konkreten Gestaltung durch seine Maßlosigkeit pervertiert.

Was sind das für offene Worte, die Ferdinand Piëch in trauter Runde verkündet? Volkswagen werde sich in dem »Kampf zweier großer Automobilfirmen vor dem Hintergrund eines Wirtschaftskriegs« zu wehren wissen.

Sein Schicksal sei direkt mit dem von Ignacio López verbunden, verkündet er, schließlich habe er ihn doch geholt. Sollte der Baske zurücktreten, hätte das auch für ihn selbst »ganz sicher gravierende Konsequenzen«. Schließlich sei »kein Mensch unersetzlich, weder Herr López noch ich«. Piëchs Prognose ist positiv: Das werde »nicht passieren«.

Doch ganz in Sicherheit darf sich der mächtige General des Volkswagen-Imperiums nicht wiegen. Denn der ansonsten hyperloyale Klaus Liesen erlaubt sich erstaunliche Gedankenspiele: »Jeder ist ersetzbar«, diese »Handlungsfreiheit« müsse er sich als Chef des Aufsichtsrats offen halten.

Und tatsächlich schließt auch Ferdinand Piëch den Fall der Fälle nicht gänzlich aus: »Mit einem Abgang des Gespanns Piëch/López«, so seine unverhohlene Drohung, »würde in Deutschland die englische Krankheit ausbrechen, nicht nur bei VW.« Und dann, glaubt Piëch, »hätten die Gegner erreicht, was sie wollen«, dann nämlich hätten sie den »Krieg gewonnen«.

1. August 1993. Wie sich die Vorgänge gleichen: Nach Kurt J. Lauk bei Audi hat mit Daniel Goeudevert nun auch bei VW der formal zweite Mann im Konzern das Handtuch geworfen. Und wieder wird mit der Freistellung das Amt des Stellvertreters gleich mit abgeschafft. Ein Ferdinand Piëch braucht keinen Kopiloten, und kein Kopilot erträgt einen Ferdinand Piëch.

Müßig zu erwähnen, dass der VW-Vorsitzende mit dem heutigen Tag auch Goeudeverts Posten als Vorsitzender des Markenvorstands übernimmt. So wie der Wiener schon Lauks Amt besetzte, als der damalige Audi-Finanzchef die Flucht nach vorne und aus dem Konzern angetreten hatte.

Allerdings hielt es der Mann aus Stuttgart gut zweieinhalb Jahre unter Piëch aus, der Mann aus Reims gerade mal sieben Monate.

🚗

Erinnern wir uns, was der damalige Audi-Chef kurz vor der entscheidenden Aufsichtsratssitzung zur Wahl des neuen VW-Chefs sagte: Wenn die Zeiten hart seien, bräuchten seine Mitarbeiter »einen Chef, auf den sie vertrauen können und der zu ihnen steht«. Er habe im Lauf seines Lebens »dazugelernt« und »glaube extrem an das Team«. Dazugelernt hat Piëch vor allem in seinen Methoden, missliebige Mitarbeiter zu exportieren. Und »extrem« ist der Mann allemal – extrem gefährlich.

Weiße Westen, dunkle Geschäfte

> »Dr. v. Hülsen ist der Meinung, wir müssten für diese Angelegenheit eine Erklärung parat haben.«
> *Vertrauliches Schreiben von Jorge Alvarez-Lamelas an José Manuel Gutierrez*

> »Wir haben eine weiße Weste!«
> *Ferdinand Piëch (August 1993)*

Im Hochsommer 1993 wird das Eis immer dünner, auf dem sich der Piëch-Schützling bewegt. Als den Medien eine zweiseitige Darstellung für die kommende Aufsichtsratssitzung zugespielt wird, kann López nicht länger leugnen, was er bislang heftigst dementiert hat: In den Kisten, deren Inhalte von seinen Getreuen im Rothehof zumindest teilweise vernichtet worden sind, hat sich auch GM-Korrespondenz mit Zulieferern befunden.

Doch anstatt die Flucht nach vorne anzutreten und endlich die Karten auf den Tisch zu legen, verläuft sich der Baske nur noch mehr im Legitimationslabyrinth: Er habe die GM-Unterlagen nicht an General Motors zurückgegeben – so López' Stellungnahme laut VW-internem Papier –, da ihm deren Vernichtung als »der sicherste und endgültige Weg« erschienen sei, »jede Verbreitung zu verhindern«.

6. August 1993. Fünf lange Stunden tagen die Konzernkontrolleure bei ihrer außerordentlichen Aufsichtsratssitzung. Klaus Liesen zeigt sich anschließend hoch zufrieden, denn die hausinternen Untersuchungen hätten keinerlei Erkenntnisse über GM-Geheimunterlagen in VW-Besitz ergeben: »Sowohl in Wiesbaden als auch im Hotelbetrieb Gästehaus Rothehof trugen ehemalige GM-Mitarbeiter dafür Sorge«, so Liesen, dass die GM-Unterlagen »zur Beseitigung jeder Gefahr der Verbreitung bei Volkswagen vernichtet wurden«.

Doch allmählich beginnt die Front der López-Sympathisanten zu bröckeln. Einige Aufsichtsräte haben bereits darüber nachgedacht, dass die Vorwürfe gegen Ignacio López womöglich doch keine »Erfindung des bösen Konkurrenten« darstellen könnten. Piëch sei nur dann zu retten, wenn López fallen gelassen werde. »Wir müssen eine Brandschneise zwischen Piëch und López schlagen«, wird ein Aufsichtsrat zitiert.

Auch Liesen steht in der Kritik: Ihm wird vorgeworfen, am Ausmaß des López-Skandals Mitschuld zu tragen. Spätestens jetzt ist allen Beteiligten klar, dass es nicht mehr allein darum geht, ob López und seine spanischen Mitstreiter kriminell gehandelt haben und deshalb entlassen werden müssen. Längst haben Klaus Liesen und Ferdinand Piëch höchstpersönlich auf dem Pulverfass Platz genommen.

Nur ein kleines Häufchen Unbelehrbarer steht noch wacker zu dem Basken und spricht ihm in der Nacht zum Samstag das volle Vertrauen aus: der Aufsichtsrat der Volkswagen AG und der VW-Vorstandsvorsitzende. Schön, wenn man solche Freunde hat.

13. August 1993. Auch in den Medien kommt der Wiener nicht mehr gut weg. Nüchtern analysiert beispielsweise der Chefredakteur der *Wirt-*

schaftswoche die Situation, in der sich das Unternehmen befindet: »Inzwischen steht fest«, so Stefan Baron, »nicht López, der VW-Chef selbst ist das Problem.« Im Editorial greift er Piëchs Öffentlichkeitsarbeit an: Deutschlands zweitgrößter Konzern »leistet sich einen Chef, den sogar der eigene Aufsichtsrat aus dem Verkehr mit der Öffentlichkeit ziehen und durch einen PR-Experten mit Vorstandsrang ersetzen« wolle.

Dagegen aber hat Ferdinand Piëch aus nachvollziehbaren Gründen etwas. Da Öffentlichkeitsarbeit jedoch nur mit und nicht gegen den Vorstandsvorsitzenden effektiv sein kann, ist Barons Schlussfolgerung bloß konsequent: »Ein neuer Vorstandsvorsitzender muss her.« Es gebe doch sicherlich noch »andere Manager als Piëch und López auf dieser Welt, die in der Lage sind, VW zu sanieren«.

🚗

In diesen Tagen fährt Ferdinand Piëch eine Medienoffensive. Während die anderen Automobilkonzerne »jüngst Rückgänge ihrer Aktienkurse« zu verzeichnen hatten, »ist die VW-Aktie im Kurs gestiegen«, lautet die frohe Kunde an alle verunsicherten Aktionäre.

López, so Piëchs optimistische Prognose, traue »man die notwendigen dramatischen Änderungen zu«. Denn »wir setzen die Rationalisierungen um in erhöhte Wertschöpfung«. Auch müssten »die Arbeitsplätze damit nicht so dramatisch reduziert werden, wie es sonst nötig wäre«. In der Phase »dieser größten Rezession seit Kriegsende« müsse man bei Volkswagen lernen, »wie man Schwäche in Kraft verwandelt«. Und wenn das nicht gelingt? Dann »haben wir Pech gehabt«.

🚗

Der VW-Vorsitzende hat sich entschieden: »Wir kennen die Funde nicht. Wir kennen sie nur aus Mitteilungen anderer«, verkündet er standhaft. Aber »wir wollen die Staatsanwaltschaft in Ruhe arbeiten lassen«. Vertrauensvoll sichert ihr der Wiener »bei jeder ihrer Ermittlungen« volle Unterstützung zu. So jedenfalls seine offizielle Verlautbarung. Gleichzeitig decken VW-Anwälte die ermittelnde Staatsanwältin mit Anfragen und Aufgaben ein. Dorothea Holland gilt als vergleichsweise unerfahren und hat Mühe, der Verzögerungsstrategie standzuhalten.

🚗

Ferdinand Piëch 1994 (kleines Bild) und 1999.

1938: Hitler legt den Grundstein zur KdF-Wagen-Fabrik.

1940: Ferdinand Porsche mit dem KdF-Wag

Dr. Anton Piëch wurde 1943 in die Hauptgeschäfts-
führung des VW-Werks eingesetzt (Foto von 1941).

1944: Porsche führt Hitler einen neuen Gelän
wagen vor (im Hintergrund General Guderia

1940: Der Konstrukteur
mit seinen Enkelkindern.

1948, Gmünd in Kärnten: Ferdinand »Ferry« Por
mit seinem Vater und dem ersten Modell des Sportwagens 3

Der Wirtschaftsboss mit dem direkten Draht zur Politik: 1997 mit Kanzler Kohl auf der IAA (oben links) und anlässlich eines Werksbesuchs mit dem neuen niedersächsischen Ministerpräsidenten Sigmar Gabriel qua Amt Mitglied im VW-Aufsichtsrat – im Februar 2000 (oben rechts).

Oben: *Gerhard Schröder, damals noch Ministerpräsident und mächtiger Mann im VW-Aufsichtsrat, zeichnet den VW-Vorstandsvorsitzenden mit der Landesmedaille aus (Juni 1997).*

Links: *Mit Sachsens Ministerpräsident Kurt Biedenkopf und Kanzler Schröder bei der Grundsteinlegung für die »Gläserne Manufaktur« in Dresden (Juli 1999).*

Oben: *Industriespionage?*
»Haltlos« seien die Beschuldigungen von
General Motors, erklärt López.
Piëch spricht seinem Einkaufschef das
Vertrauen aus (Mai 1993).

Rechts: *Eine verschworene Ge-*
meinschaft. Fest verbunden präsentieren
sich Ferdinand Piëch, Aufsichtsratsvor-
sitzender Klaus Liesen und José Ignacio
López auf der VW-Hauptversammlung
den Aktionären (Juni 1993).

Gespräch mit seinem Vize Daniel Goeudevert während des Pariser Autosalons im Oktober 1992.

anzpressekonferenz 1997: Zufriedene Gesichter der Vorstände Peter Hartz (Personal), Jens Neumann (Konzern-
-tegie, Recht), Robert Büchelhöfer (Vertrieb) und Ferdinand Piëch (von li. nach re.).

Oben: *Der stolze Herr der Käfer mit dem Möchtegern-Kultcar New Beetle – in den USA top, in Deutschland ein Flop (April 1998)*

Rechts: *Abnahme der Käferparade anlässlich der Feier des 100-millionsten Volkswagens im September 1999 (mit dem damaligen niedersächsischen Ministerpräsidenten Gerhard Glogowski).*

n asiatischen Markt fest im Visier: Mit dem Chef der Toyota Motor Corporation, Shoichiro Toyoda,
f dem Pariser Automobil-Salon (Oktober 1998).

ch ergänzt seine reichhaltige Sammlung von Autofirmen: Mit Scania-Chef Leif Östling (Mitte)
l Marcus Wallenberg von Investor AB (re.) im März 2000 in Stockholm.

Die Frau an seiner Seite: Ursula Piëch (199

Familiendinge sind im Porsche-Piëch-Clan fast immer auch Firmenangelegenhei
Im Gespräch mit Aufsichtsratsmitglied Wolfgang Porsche vor Beginn der Porsche-Hauptversammlung 19

»Nein, haben sie nicht«, versichert der VW-Vorsitzende seinen Gesprächspartnern von der *Süddeutschen Zeitung* auf die Frage, ob die López-»Krieger« Unterlagen von der Konkurrenz bei sich gehabt hätten oder nicht. Er baue »auf die eidesstattlichen Erklärungen«, die er von López und »von jedem seiner Mitgekommenen« habe. »Und außerdem«, verkündet Piëch im August gebetsmühlenartig, »wurde nichts an Geheimwissen« mitgenommen. Zu befürchten hätten sie alle nichts angesichts ihrer »weißen Weste«.

26. August 1993. Für López und seine Vertrauten spitzt sich die Situation dramatisch zu. Bei einer umfassenden Durchsuchungsaktion beschlagnahmen Staatsanwälte und Polizisten an diesem Donnerstag umfangreiches Material im Volkswagen-Werk sowie in den Privatwohnungen der López-Getreuen. Nach einer ersten Auswertung der sichergestellten Dokumente erwägt die Darmstädter Staatsanwaltschaft wenige Tage später die Beantragung eines Haftbefehls gegen López: Man könne »durchaus über Flucht- und Verdunkelungsgefahr« reden, meldet die *Welt.*

Besonders brisant sind Aussagen von VW-Volontären. Bei Vernehmungen sollen zwei von ihnen gesagt haben, sie hätten stapelweise Unterlagen mit der Kennzeichnung »Picos« kopiert und im Computersystem von Volkswagen verarbeitet. Picos ist die Bezeichnung für das gesamte streng vertrauliche GM/Opel-Einkaufsprogramm. Nach der Transferaktion, so die beiden Zeugen, hätten sie die Originalvorlagen unter Mithilfe von López-Mitarbeitern vernichtet.

Nein, Industriespionage habe Volkswagen natürlich nicht betrieben. Piëch sieht sich allerdings genötigt, »über die VW-interne Revision zu prüfen, ob uns irgendwo etwas untergeschoben worden ist, beispielsweise in unseren Computerprogrammen«. Diese Untersuchung hat er »zur Chefsache erklärt«. Und wenn er etwas finde, »dann würden wir selber zum Staatsanwalt gehen und Anzeige erstatten, weil uns jemand was untergeschoben hat«. Denn »in jeder Firma« gibt es »immer ein paar Leute, die einem nicht so wohlgesonnen sind, die auch noch alte Verbindungen nach draußen haben«. Und außerdem »gibt es Leute, die von außen in Computersysteme reinkommen«.

Sind also Hacker an der Zwangslage des VW-Vorsitzenden schuld? Der sagt: Angesichts »der Art, wie die Schlammschlacht läuft, schließe ich überhaupt nichts mehr aus«.

🚗

Im López-Lager löst die Spekulation über die mögliche Beantragung eines Haftbefehls ein schweres Beben aus. Gefahr ist in Verzug. López-Anwalt Wahle wendet sich in schriftlicher Form direkt an Staatsanwältin Holland: »In der Tageszeitung *Die Welt* wird berichtet, die Staatsanwaltschaft erwägt Haftbefehl gegen López.« Er erlaube sich festzustellen, schreibt Wahle, dass sich »theoretisch immer ›durchaus über Flucht- und Verdunkelungsgefahr reden‹ *(Welt)*« lasse.

Doch das ist gar nichts Neues. Denn die López-Verteidigung hat die Frage einer möglichen Inhaftierung frühzeitig erörtert: »Deshalb haben wir Verteidiger – pflichtgemäß – Herrn Dr. López bereits vor Monaten über die Gesetzeslage des Haftrechts« und natürlich auch über »die gesetzlichen Voraussetzungen eines Haftbefehls informiert«. Und damit Dorothea Holland nicht doch noch ernst macht und den Basken quasi über Nacht inhaftieren lässt, versichert der Rechtsanwalt: »Herr Dr. López hat uns dezidiert erklärt, dass er sich dem Verfahren selbstverständlich ›stelle‹.« In der Lesart des Anwalts gibt es natürlich »keinerlei konkrete Tatsachen, die etwa die Annahme einer ›Fluchtgefahr‹ begründen könnten«.

🚗

1. September 1993. Was mögen sich Piëch und der GM-Vorstandsvorsitzende Smith zu sagen haben? Der Wiener verrät es nicht. »Wir haben vereinbart, über den Inhalt dieses Briefaustausches nichts der Öffentlichkeit zugänglich zu machen«, erklärt er. Ein Erfolg war dieser Briefwechsel jedenfalls nicht. Heute nämlich lehnt Jack Smith ein direktes Gespräch mit Ferdinand Piëch auf der Internationalen Automobilausstellung IAA rundweg ab.

Piëch ficht das nicht an. Frohgemut präsentiert er seine Ergebnisse: »Unsere bisherigen Untersuchungen weisen in eine andere Richtung«, und auf »den Verkauf wirkt sich die Angelegenheit nicht schädlich aus«.

7. Oktober 1993, 9.30 Uhr. Der gebürtige Pforzheimer wird darüber belehrt, dass er als Zeuge zu wahrheitsgemäßen Angaben verpflichtet ist, da er sich ansonsten selbst strafbar machen kann. Mit dem Beschuldigten ist er weder verwandt noch verschwägert. Vor seiner Vernehmung wird der 54-Jährige über das Zeugnis- und das Auskunftsverweigerungsrecht belehrt.
Davon aber beabsichtigt er keinen Gebrauch zu machen. Ganz im Gegenteil: Otto Wilhelm Jetter »will aussagen« – über verdächtige Vorgänge im Zusammenhang mit äußerst bedeutenden Unterlagen.

Kriminalabteilung Rüsselsheim, ZK-Nr. 10967/93. Staatsanwältin Holland legt dem Zeugen Jetter die »sichergestellten« Unterlagen vor. Der Pforzheimer hegt keine Zweifel, dass es sich bei einem Teil dieser Folien um diejenigen handelt, die Herr Woyna am 4. Februar dem damaligen GM-Manager und heutigen VW-Vorstand López präsentiert »und anschließend ausgehändigt« hat.
Auch in Bezug auf deren Bedeutung ist sich der Opel-Einkäufer seiner Sache sicher: »Besonders wichtig ist das Chart ›Advance Purchasing – Platform activities‹«, das die Ermittlungsbehörden unter der Nummer 16/1 sichergestellt haben. Mit ihm werden »die bisher erreichten Einsparungen und die Einsparzielsetzungen« in absoluten Zahlen und in Prozentzahlen dargestellt – für die Projekte 2700 (Astra), 4200 (Corsa), 2800 (Omega) und 2900 (Vectra 96). »Ich beurteile dieses Chart als streng vertraulich.«

Bericht von General Motors España an das GM-European Sourcing Committee in Rüsselsheim. Die Inhalte wertet Otto Wilhelm Jetter als »sehr vertraulich«, da darin konkrete Ausführungen über potenzielle und reale Einsparungen am spanischen Markt gemacht werden.
Weiter geht es mit dem Statusbericht der spanischen Firma Cikautxo,

der Teile für den Astra und Vectra – die Projekte T- und J-Car – auflistet. Im Folgenden wird ein Modell dargestellt, »bei dem man durch langjährigen Vertrag hohe Einsparungen erzielt hat«.

🚗

Chart 16/2 »Module Sourcing Projekt 2900« zeigt auf, welche Einsparpotenziale bei der Anwendung des GM-Systemkonzepts bei bestimmten Projekten erreicht werden können. Es ist »gleichfalls streng vertraulich«.

Nicht anders das Chart 16/4 zum Vectra 96, dem Projekt 2900: Es offenbart »die erreichbaren Einsparungen an Investment und Produktkosten« und ist, so Otto Wilhelm Jetters Einschätzung, »ebenfalls äußerst vertraulich«. Das Chart 16/73 wertet Jetter als besonders wichtig: Auf ihm wird eine GM-Strategie dargestellt, wie »durch Kostenanalyse die Leistungsfähigkeit von Lieferanten« analysiert werden kann.

Die Liste sichergestellter GM-Schlüsseldokumente ist lang und enthält nahezu alles von der Strategie des Einkaufs der Rohmaterialien über vielfältige Budgetinformationen bis hin zu aktuellen Angebotsdaten für Opel-Fahrzeuge.

Wer die Auflistung sieht, versteht die Befürchtungen in Detroit und Rüsselsheim, dass diese Unterlagen einem Konkurrenten in die Hände fallen könnten. Der Schaden wäre unermesslich. Dass ausgerechnet López von einem Tag auf den anderen zum härtesten Gegner von General Motors »übergelaufen« ist, lässt aus amerikanischer Sicht das Schlimmste erwarten.

🚗

Staatsanwältin Holland legt Jetter ein letztes Dokument aus dem Sicherstellungsverzeichnis vor. In dem Ordner befindet sich das »gesamte Verhältnis zwischen GM und seinen Lieferanten« hinsichtlich ihrer »Behandlung im Rahmen von ›Quality Network‹« – »eine Art Handbuch mit sehr vertraulichen Informationen« der General Motors Corporation. Aus diesem Grund darf der Ordner »nur innerhalb« des US-Konzerns und im Verhältnis zu seinen Lieferanten benutzt werden, wie auf Seite 1 ausdrücklich vermerkt wird.

»Dieses Handbuch wurde in den USA verwendet«, so Otto Wilhelm Jetter, »um die Beziehungen zwischen Lieferanten und GM zu regeln und die Lieferanten zu bewerten«.

Ganz genau kann sich der Pforzheimer an einen »ungewöhnlichen Vorfall« erinnern. Am 22. März, dem Montag, »als verschiedene Mitarbeiter General Motors/Opel verließen«, entdeckt Jetter, dass bereits bei Arbeitsbeginn »am zentralen Kopiergerät der Abteilung ›Advance Purchasing‹ kein Kopierpapier mehr vorhanden« ist.

Aus den Anschreibelisten für die Neubeschaffung des Kopierpapiers geht hervor, dass »an dem Morgen umfangreich Kopierpapier beschafft« worden ist.

7. Oktober 1993, 15.45 Uhr. Ende der Vernehmung des Zeugen Jetter. Sechs Stunden, in denen eine inhaltsschwere Aussage die nächste gejagt hat.

Mit jedem vorgelegten Dokument wird verständlicher, weshalb seit dem Weggang des Einkaufschefs bei GM alle Alarmsirenen schrillen. Otto Wilhelm Jetter ist nur ein Zeuge unter vielen, doch wie kaum ein anderer kann er zwischen Wichtigem und Unwichtigem, Bedeutendem und Unbedeutendem unterscheiden. Seit zweieinhalb Jahrzehnten arbeitet der 54-Jährige bei GM und Opel, und seine Aussagen könnten eindeutiger nicht sein. Kein Wunder, dass GM/Opel annehmen muss, Ignacio López de Arriortúa habe äußerst vertrauliche Unterlagen entwendet: interne Informationen über Strategie, Einkauf, Rohmaterial und Budget von GM/Opel sowie Dokumente über die Gestaltung der Beziehungen zu Lieferanten.

Gebetsmühlenartig beteuert Ferdinand Piëch, Volkswagen habe davon keinesfalls profitiert, die vertraulichen GM-Papiere seien schließlich nicht in seinem Unternehmen gelandet. Dabei ist längst klar, dass die weißen Westen von López und Co. von schwarzen Flecken übersät sind. Die Frage scheint lediglich noch zu sein, ob sie die kommenden Jahre in Freiheit verbringen werden.

Geständnis in Beugehaft?

»In einer Größenordnung von 30 000 Mitarbeitern.«
Ferdinand Piëch über den Personalüberhang bei Volkswagen

»Ein personalpolitisches Konzept, mit dem Arbeitsplätze
gesichert werden sollen.«
*Ferdinand Piëch zu seiner Zustimmung zum Modell
der Viertagewoche*

»Dann erscheinen die ganzen Feiglinge nicht.«
Ferdinand Piëch über Manager seines Unternehmens

Der Konzernchef ist sich der Dramatik der Lage vollauf bewusst, und er weiß sie zu seinem Vorteil zu nutzen. »Trotz der drastischen Rücknahme des Personalbestands haben wir feststellen müssen«, so Piëch im Geschäftsbericht 1993, »dass die im Laufe des Jahres durchgeführten Maßnahmen zur Steigerung der Produktivität und die weiterhin schwierige Situation auf den Automobilmärkten zu einem Personalüberhang geführt haben.«
Würde er nach rein marktwirtschaftlichen Gesetzen verfahren, wären Massenentlassungen unvermeidlich. Ferdinand Piëch aber ist ein viel zu kluger Kopf, als dass er 30 000 Menschen feuern würde, bloß um bei der nächstbesten Gelegenheit dann selbst geschasst zu werden.

🚗

Warum toleriert der Aufsichtsrat das Vorgehen des Vorstandsvorsitzenden im Fall López? Warum schlucken die Gewerkschaftsvertreter im Kontrollgremium stillschweigend eine Freistellung nach der anderen? Wieso ertragen selbst die kritischsten Köpfe der IG Metall die Methoden des Ferdinand Piëch?
Ein entscheidender Grund liegt in seinem Entgegenkommen bei den innovativen Ideen zur Arbeitszeitverkürzung. Bei Volkswagen sind Zehntausende von Arbeitsplätzen gefährdet. Doch das Modell der Viertagewoche eröffnet Piëch die Chance, sein Renommee zu polieren, die Ge-

werkschafter hinter sich zu bringen und seinen eigenen Kopf aus der Schlinge der Dauerkritik zu ziehen.

Im Oktober 1993 melden japanische Zeitungen, VW beabsichtige die Einführung neuer Arbeitszeitmodelle. In der Woche darauf unterrichten Vorstandsmitglieder den Gesamtbetriebsrat über das revolutionäre Konzept.

⌒

14. Oktober 1993. Vor drei Tagen hat Dr. van Hülsen das Schreiben der Staatsanwaltschaft beim Oberlandesgericht Frankfurt erhalten. Darin wird mitgeteilt, es liege ein Rechtshilfeersuchen für »eine Besprechung US-amerikanischer Staatsanwälte und Ermittlungsbeamter mit Vertretern der Staatsanwaltschaft bei dem Landgericht Darmstadt« vor.

Piëchs Rechtsabteilung reagiert in bewährt konstruktiver und kooperativer Manier. Die Rechtsanwälte van Hülsen und Probst decken die Staatsanwältin erst einmal mit Arbeit ein: »Sollte das Ersuchen um eine Besprechung bewilligt werden«, so die VW-Anwälte, »gehen wir davon aus, dass den US-amerikanischen Ermittlungsbehörden auch mündlich keinerlei Auskünfte (über Ermittlungserkenntnisse der Staatsanwaltschaft Darmstadt) erteilt werden, die Geschäfts- und Betriebsgeheimnisse der Volkswagen AG betreffen.«

Und da »ein Rechtshilfeersuchen um Herausgabe von Unterlagen nicht gestellt ist, dürfen«, darauf pocht die VW-Rechtsabteilung, den »US-amerikanischen Ermittlungsbehörden keine Ermittlungs- und/oder Beweismittelakten überlassen werden« – »auch nicht in Form von Kopien«. Gleichzeitig bitten van Hülsen und Probst die »sehr geehrte Frau Staatsanwältin« schon »jetzt und vorsorglich« darum, »für den Fall einer beabsichtigten Bewilligung der Rechtshilfe uns die Gelegenheit zu weiterer Begründung unseres Rechtsstandpunkts einzuräumen«.

⌒

28. Oktober 1993. Erstmals stellt der für Personal zuständige VW-Markenvorstand Peter Hartz, Nachfolger des im Mai verstorbenen Alexander Kowling, sein Modell der Viertagewoche Medienvertretern vor. Nur wenige Tage darauf sieht IG-Metall-Bezirksleiter Jürgen Peters den Volkswagen-Vorstand auf dem »richtigen Weg«.

Nichtsdestotrotz knallen die Fronten in den kommenden Wochen schier unversöhnlich aufeinander. Denn eine Verhandlungskommission der Metaller befürwortet den Erhalt des bisherigen Monatseinkommens der VW-Beschäftigten und die Beibehaltung der Zielmarke 35-Stunden-Woche. Dagegen fordert der Piëch-Vorstand eine 20-prozentige Kostenreduktion. Worin liegt die Lösung?

🚗

Zum Ende des Jahres wird »Frettchen«, wie er bisweilen respektlos genannt wird, gleich doppelt geehrt: Dr. Peter Frerk, dienstältestes Mitglied im VW-Vorstand und Vizepräsident der IHK Lüneburg-Wolfsburg, erhält am 8. November das Große Niedersächsische Verdienstkreuz und am 31. Dezember seine Beförderung in den Ruhestand.

Manch einer seiner Kollegen mag sich insgeheim gefreut haben, denn der Sozialdemokrat ist gefürchtet: Bei Vorstandssitzungen hat er regelmäßig genauestens Protokoll geführt und sich damit einen Informationsvorsprung verschafft, den er zu nutzen wusste.

Auch von Seiten Piëchs steht Frerks Rücktritt »aus Altersgründen« nichts im Wege. Bereits Anfang Oktober hat der neue Personalvorstand Peter Hartz die Revision im Fall GM/Opel und der VW-Chef selbst die Bereiche »Revision und Regierungsbeziehungen« von Frerks übernommen. Selbstverständlich spricht Dr. Klaus Liesen dem Rechtsvorstand für dessen »verdienstvolle und erfolgreiche Arbeit seinen ganz besonderen Dank« aus.

🚗

25. November 1993, 4.00 Uhr. Dreizehn lange Stunden haben die Teilnehmer dieses Verhandlungsmarathons in Hannover diskutiert und debattiert, gestritten und sich letztlich doch geeinigt. Das fünfte Tarifgespräch hat den erhofften Durchbruch gebracht, zum Wohle der Beschäftigten und des Vorstandsvorsitzenden.

Vereinbart wird die Reduzierung der Belegschaft in diesem Jahr ausschließlich »mit sozialverträglichen Instrumenten«. Freiwerdende Stellen werden nicht neu besetzt, betriebsbedingte Kündigungen zumindest in den kommenden beiden Jahren ausgeschlossen. Dabei sieht der Vorstand den Personalbedarf auf Grund der prognostizierten Auftragslage für Volkswagen bei lediglich 70 000 Mitarbeitern. Doch dank der nunmehr vereinbarten Viertagewoche können etwa 100 000 Beschäftigungsverhältnisse für 1994 und 1995 garantiert werden.

Einerseits können rund zwei Milliarden Mark Sozialplankosten und Abfindungen eingespart werden. Bekanntlich würde ein Arbeitsplatzabbau die VW-Finanzen in den ersten beiden Jahren immens belasten, erst danach ergäbe sich eine positive Bilanz. Zum anderen sichert das Modell die erhofften Arbeitsplätze – auch den von Dr. Ferdinand Piëch.

🚗

26. November 1993, 21.55 Uhr. Mittels internen »Vorstandsmails« werden die Führungskräfte von Volkswagen über die Ergebnisse der Aufsichtsratsitzung dieses Freitags informiert.

Wegen des Vorwurfs der Industriespionage hat das VW-Kontrollgremium bereits dreieinhalb Monate zuvor ein Sondergutachten bei der Frankfurter KPMG Deutsche Treuhand-Gesellschaft in Auftrag gegeben. Bis zu 20 Fachleute, darunter Juristen und EDV-Spezialisten, haben seither geprüft, ob »geheime Informationen oder Daten von GM/Opel als Grundlage für Entscheidungen« bei Volkswagen genutzt wurden.

»Die Vorgänge im Bürozentrum Ost« – gemeint sind Vorwürfe, VW-Mitarbeiter hätten geheime Daten in die firmeneigenen Computer eingespeist – »konnten vollständig aufgeklärt werden«. Dabei sei festgestellt worden, dass lediglich »Schaubilder für diverse Präsentationen angefertigt« wurden, die López zu Beginn seiner Zeit bei VW durchgeführt hat. Nach Feststellungen der KPMG ergäben sich auch »keine Anhaltspunkte, die die Angaben von Dr. López zu den im Rothehof vernichteten Unterlagen in Frage stellen«, so die beruhigende Botschaft. Industriespionage zu Gunsten von Volkswagen habe nicht stattgefunden.

Heile VW-Welt – wäre da nicht der dezente Hinweis der Wirtschaftsprüfer, wonach »die Vorgänge im Hinblick auf die im Rothehof erstellten Kopien nicht abschließend« geklärt werden konnten.

🚗

Detaillicrter widmet sich diesem Thema die Kurzfassung der KPMG-Studie auf Seite 16: Trotz zweimonatiger intensiver Recherche fehlt die »Möglichkeit der vollständigen Überprüfung« »hinsichtlich des Verbleibs des im Rothehof nicht vernichteten Inhalts der Kartons«. Haben López und seine Getreuen also gar nicht sämtliche Unterlagen vernichtet? Dazu liegt den Wirtschaftsprüfern nur eine Erklärung des López-Rechtsanwalts vor, »wonach die verbliebenen Bücher und Zeitschriften in das Büro von Herrn Dr. López sowie seine Privatwohnung gebracht worden« seien. »Drei der aus der Sendung an Herrn Dr. López stammenden Kartons wurden unter den vier Kartons wieder gefunden, die von der Polizei in der Privatwohnung der Mitarbeiter von Herrn Dr. López in Wiesbaden sichergestellt« worden sind, so die KPMG-Recherche. Allerdings stamme »der Inhalt« der sichergestellten Kartons »nicht aus dem Rothehof« – das geben jedenfalls López' Mitarbeiter an.

Und noch eine Kapitulationserklärung müssen die Wirtschaftsprüfer machen: »Hinsichtlich der Frage, von welchen Unterlagen im Rothehof Kopien angefertigt wurden, war uns eine Klärung nicht möglich.« Der Nachsatz der ansonsten eher zurückhaltend formulierenden KMPG-Prüfer widerspricht den Behauptungen von López & Co.: »Die Angaben der beteiligten Mitarbeiter von Herrn Dr. López hierzu, wonach VW-Informationsmaterial für das Team von Herrn Dr. López vervielfältigt worden sei, wurden durch unsere Prüfung nicht bestätigt.« Wenn es sich nicht um VW-Informationsmaterial gehandelt hat, stellt sich die Frage nach der Herkunft des kopierten Materials umso drängender.

In der Aufsichtsratssitzung würdigt Klaus Liesen »die umfangreichen Arbeiten der KPMG«. Der Aufsichtsrat sei von dem hohen Ausmaß der Klärung »beeindruckt« und hoffte, mit dem KPMG-Ergebnis »einen wichtigen Beitrag zur Versachlichung der Kontroverse« zu leisten.

🚗

10. Dezember 1993. Vor knapp zwei Wochen hat die Tarifkommission der IG Metall das Modell bei einer einzigen Gegenstimme mit Zustimmung aufgenommen. Am heutigen Freitag votiert sie endgültig für die Annahme der Vereinbarung.

Das Modell vom »atmenden Unternehmen«, wie das Hartz-Konzept zur Viertagewoche genannt wird, nimmt die letzten Hürden. »Einer der intelligentesten Personalchefs in der deutschen Industrie«, lobt Wirtschaftsautor Günter Ogger den Personalchef zu Recht.

🚗

Kaum jemals zuvor hatte ein Audi-Chef eine schwierigere Aufgabe zu lösen. Auf der einen Seite will sich Franz-Josef Kortüm profilieren, was als Piëch-Nachfolger schwer genug fällt. Und auf der anderen Seite hat ihm der Wiener eine erdrückende Erblast hinterlassen. Mehr als 50 000 Audis gilt es zu verkaufen, die auf allen möglichen Halden und Depots vor sich hin rosten.

Bereits im Jahr eins nach Piëch zeigt sich, dass Kortüm nicht im mindesten an das hoch gelobte Management seines Vorgängers anschließen kann: 1993 brechen der weltweite Autoabsatz von Audi um mehr als 151 000 Fahrzeuge und der Umsatz entsprechend von 16,7 (1992) auf 12,6 Milliarden Mark ein.

Beim Ergebnis vor Steuern muss Kortüm einen Verlust von 148 Millionen Mark ausweisen, während der Wiener im Vorjahr noch einen Vorsteuer-Überschuss von 508 Millionen Mark verbuchen konnte. Unter Piëchs Führung wurde die Ingolstädter Unternehmenstochter in den Medien schon einmal als »Perle« des Gesamtkonzerns gelobt.

Zum Leidwesen der Mitarbeiter schreibt Audi nach einem Jahrzehnt exorbitanten Aufstiegs erstmals dunkelrote Zahlen. Die Unternehmensführung reagiert und stellt 3375 Beschäftigte »frei« — nahezu jeden Zehnten.

🚗

Kortüm trifft eine unumgängliche Maßnahme: Statt weiter sinnlosen Schrott produzieren zu lassen, fährt er die Fertigung radikal runter. In seinem ersten Jahr als Audi-Chef werden lediglich 340 956 Fahrzeuge hergestellt, aber immerhin 357 521 an die Kundschaft ausgeliefert – ein Drittel der Lagerbestände.

Mit diesen Maßnahmen bricht das Bild von Kortüm als idealer Nachfolger für den überaus erfolgreichen Ferdinand Piëch in sich zusammen. Dabei war es der Wiener, der den Topverkäufer Kortüm zur Konzerntochter geholt hat. Piëchs Dank für die neuerdings besonnene, jedoch unattraktive Geschäftspolitik seines Nachfolgers sollte lange auf sich warten lassen.

🚗

Der Vorsitz der Audi AG entwickelt sich zu einem Alptraum. Kortüm sitzt zwischen allen Stühlen: Streitet er für die Interessen Ingolstadts, so nimmt Ferdinand Piëch übel. Setzt er sich für die Umsetzung der Piëchschen Vorstellungen ein, so bekommt er es mit den Vorständen im eigenen Haus zu tun.

Als der Wiener seine Renditevorgaben für die kommenden fünf Jahre von 6,5 auf 8 Prozent anhebt, unterstützt Kortüm diesen Kurs und begeht damit einen fatalen Fehler. Hätte er sich der Unterstützung der eigenen Audi-Vorstände versichert, hätten die zu ihm stehen müssen. Jetzt lautet der Vorwurf »Ausverkauf Ingolstädter Interessen«, und die Zahl seiner Getreuen wird kleiner und kleiner. Dabei hätte er die volle Rückendeckung aus dem eigenem Stall dringend nötig.

Bereits 1992 ist das Ergebnis des Volkswagen-Konzerns auf 147 Millionen Mark eingebrochen – eine Katastrophe gegenüber dem Vorjahreswert von 1,11 Milliarden Mark. 1993 aber geht als *das* Desasterjahr schlechthin in die Annalen der Volkswagen AG ein. Sind die Fahrzeugverkäufe in den vergangenen Jahren stetig gestiegen, so lassen sich jetzt nur noch 2,96 Millionen Automobile und damit knapp eine halbe Million weniger als im Vorjahr und gerade mal noch so viele wie 1989 an die Kunden verkaufen.

Zu Beginn der Ära des Vorstandsvorsitzenden Piëch verzeichnet Volksagen einen dramatischen Umsatzrückgang in Höhe von rund 8,82 Milliarden Mark und muss Verluste in Höhe von 1,94 Milliarden Mark verbuchen.

Eine ideale Voraussetzung für einen Mann wie Ferdinand Piëch, der sich als Retter des Autoriesen profilieren will. Und wie nach ihm Jürgen E. Schrempp, der 1995 von der Münchener Konzerntochter Daimler-Benz Aerospace (Dasa) an die Spitze der Daimler-Benz AG nach Stuttgart-Möhringen wechselt, kann auch Piëch die Schuld für das Desaster seinem Vorgänger in die Schuhe schieben.

Januar 1994. Das neue Jahr beginnt für Ferdinand Piëch mit einer weiteren Katastrophenmeldung, die den Ernst der Lage auch für den VW-Vorsitzenden klar macht.

Im Auftrag des amerikanischen Justizministeriums besucht ein Beamter des FBI die Volkswagen-Pressekonferenz auf der Detroit Motor Show. Im Anschluss an den offiziellen Teil überreicht der US-Geheimdienstler Ulrich Seiffert einen verschlossenen Briefumschlag. Damit hält der VW-Vorstand für Forschung und Entwicklung eine verbindliche Vorladung für die Federal Grand Jury in Händen. Vor dieser Untersuchungskommission des Justizministeriums soll er zum Fall López aussagen. Noch immer ist offen, ob in den Vereinigten Staaten Anklage gegen den Basken erhoben wird.

Ferdinand Piëch, der Ignacio López zu VW geholt hat, und Jens Neumann, der den Vertrag mit dem Basken ausgehandelt hat, meiden derweil Reisen in die USA wie der Teufel das Weihwasser. »Die Tagungen mussten in Kanada stattfinden«, erinnert sich einer aus dem Piëch-Team. Denn wären sie an Seifferts Stelle zur Automesse geflogen, hätte ihnen – so das *manager magazin* – »Untersuchungs- oder Beugehaft« gedroht.

Mit dem Neujahrstag 1994 tritt die Viertagewoche in Kraft. Die Arbeitszeit der VW-Beschäftigten wird um ein Fünftel reduziert, von 36 auf 28,8 Wochenstunden, zugleich werden die Löhne reduziert – auch die des Managements und der Vorstände. Bereits die »zweite einschneidende Gehaltskürzung« sei das, verkündet die VW-Verwaltung mit Verweis auf die zuvor erfolgte Reduzierung der Boni für Führungskräfte um bis zu 70 Prozent.

Das geniale Arbeitszeitmodell – eine Kombination aus Reduzierung der Wochenarbeitszeit, »Arbeitszeitstafette« für junge Mitarbeiterinnen und Mitarbeiter und einer flexiblen Jahresarbeitszeit mit mehrmonatigen Blockfreizeiten – mehrt die Reputation von Arbeitsdirektor Peter Hartz. Aus Sicht von Jürgen Peters, Bezirksleiter der IG Metall Niedersachsen, wurde mit der »spektakulären Vereinbarung quasi über Nacht die verkrustete Diskussion aufgeweicht«.

Aber auch Ferdinand Piëch feiert einen entscheidenden Erfolg. Die Viertagewoche sei »bei gleichzeitiger Entgeltanpassung ein personalpolitisches Konzept, mit dem betriebsnotwendige Kündigungen in den kommenden beiden Jahren vermieden und Arbeitsplätze gesichert werden« sollen. Mit seinem Entgegenkommen bei der Arbeitsplatzgarantie kann

Piëch im Fall López auf die schweigende Akzeptanz aller Aufsichtsräte setzen. Gewerkschafter wie Beschäftigte sind zumindest für zwei Jahre ruhig gestellt.

Doch der Preis ist hoch, denn der gute Ruf in der Arbeitsmarktpolitik wird durch kommende Katastrophenmeldungen gründlich ruiniert.

⚊

So kann es gehen, wenn man sich auf andere verlässt. Quasi zur Strafe muss Ferdinand Piëch, ansonsten das personifizierte Misstrauen, im Januar 1994 feststellen: Die Versprechungen seiner Vorstände bei der Seat SA in Barcelona waren Makulatur. Bereits die Planung für 1993 sei »die erste Täuschung gewesen«, mittlerweile schreibt die VW-Tochter dunkelrote Zahlen. Statt Gewinne zu machen stellt sich heraus, dass »nach den Konstruktionsunterlagen jeder neue Seat 1000 Mark teurer als in den Papieren« kommt.

Immerhin hat Piëch als Vorsitzender des Seat-Aufsichtsrats gleich die Notbremse gezogen und den Seat-Vorstand 1993 fast komplett ausgewechselt: Roland Schober löste Dr. Eberhard Müller als Finanzchef ab, auch die Vorstände für Personal, Produktion und Vertrieb wurden gegangen. Als Hauptverantwortlicher aber gilt Seat-Chef Juan Antonio Díaz Alvarez, der fristlos gefeuert und durch Dr. Juan Llorens Carrió ersetzt worden ist.

⚊

Schober deckt die wahren Zahlen auf: Auf rund 1,4 Milliarden Mark sind die Defizite bis Ende des Geschäftsjahrs 1993 angewachsen. Rechnet man die notwendigen Rückstellungen für Sanierungsmaßnahmen hinzu, muss von einem Gesamtverlust von mehr als zwei Milliarden Mark ausgegangen werden.

Für Piëch liegen die Ursachen auf der Hand: Die Lage bei Seat sei eine »Katastrophe«, denn dort herrsche noch immer »das alte VW-System«. Die so genannte Task Force unter López' Leitung erhält den Auftrag, radikal zu sanieren. Allein 1994 werden 16 000 Arbeitsplätze abgebaut, im nächsten Jahr soll der ›Break even‹ erreicht werden.

Ist »das alte VW-System« schuld an der Seat-»Katastrophe«?

⚊

Ende Januar 1994. Das Medienspektakel ist inszeniert: Díaz Alvarez habe die VW-Führung bewusst hintergangen, indem er geschönte Bilanzen vorgelegt und damit falsche Verhältnisse vorgetäuscht habe. Auch »juristische Konsequenzen« seien denkbar, wettert VW-Sprecher Hans-Peter Blechinger. Und Ferdinand Piëch schimpft über die vermeintlichen Vertuschungen als ein »Delikt mit strafrechtlichen Konsequenzen«.

Ist also Díaz Alvarez schuld an der milliardenschweren Seat-»Katastrophe«?
Produktionsvorstand Günter Hartwich ist im Februar, Finanzchef Dieter Ullsperger im März, Rechtsvorstand Peter Frerk im Dezember 1993 ausgeschieden. Von den neu benannten Piëch-Vorständen haben bereits der stellvertretende Konzernchef Daniel Goeudevert im Juli und Seat-Geschäftsleiter Juan Antonio Díaz Alvarez im September 1993 ihren Hut nehmen dürfen. Auf die Litanei der freigestellten Markenvorstände – die diese Liste letztlich um ein Mehrfaches übersteigt – sei an dieser Stelle verzichtet.
Vom VW-Vorstand des vorigen Vorsitzenden Carl H. Hahn sind zu diesem Zeitpunkt noch Martin Posth, Ulrich Seiffert und Werner P. Schmidt übrig – noch. Denn Posth hat schon kurz nach Piëchs Amtsantritt seinen Posten als Personalvorstand aufgeben müssen und darf sich seither im Führungsgremium um die Region Asien-Pazifik kümmern – von Hongkong aus. Schmidt ergeht es noch viel schlimmer.

Werner P. Schmidt, seit März 1993 VW-Finanzvorstand und seit Juni Mitglied im Seat-Verwaltungsrat, meldet im VW-Vorstand, dass bei Seat Verluste drohen. Dennoch dauerte es viel zu lange, bevor darauf reagiert wurde. Fast scheint es, als wollte der VW-Chef die Verlust nicht wahrhaben, weil er – seit Januar 1993 als Nachfolger von Carl H. Hahn Seat-Verwaltungsratsvorsitzender – nicht selbst darauf aufmerksam geworden war.
Als die millionenschweren Verluste jetzt nicht mehr gedeckt werden können, beschuldigt Piëch auch den Ex-Seat-Chef Díaz Alvarez. Dieser habe die schlimmen Zahlen dem Konzernvorstand verheimlicht und

stattdessen geschönte Zahlen präsentiert. Aller Aufmerksamkeit richtet sich auf Alvarez, und niemand fragt nach der Rolle des ehemaligen Seat-Oberkontrolleurs Piëch.

☙

Über das Ergebnis der internen Untersuchungen schweigt man sich bei Volkswagen aus. Kein Wunder, schließlich ist der VW-Konzernvorstand wiederholt über die Lage in Barcelona unterrichtet worden. Zur Freistellung des Spaniers ist eine verquere Argumentation bemüht worden: Ohne Wissen der Wolfsburger soll der vorige Seat-Vorsitzende aus der Unternehmenskasse eine Parteispende getätigt haben.
Die groß angekündigten strafrechtlichen Schritte haben sich weitgehend in Luft aufgelöst.

☙

Die Seat-»Katastrophe« findet ihr Nachspiel im Aufsichtsrat, wo sich Piëch gegen mögliche Vorwürfe zu schützen sucht.
Die Vorgehensweise erinnert sehr an die »Aktion Sündenbock« früherer Tage. Jetzt also Fall 2: Finanzchef Schmidt, so sein Vorwurf, habe nicht rechtzeitig auf die Situation bei Seat und die dort drohenden Verluste hingewiesen.
Sollte Piëch geglaubt haben, er habe mit der Einschüchterungsstrategie Erfolg, so sieht er sich getäuscht. In der Aufsichtsratssitzung droht Werner P. Schmidt, er werde den Konzernkontrolleuren seine internen Aktennotizen präsentieren, falls die Vorwürfe ins Protokoll aufgenommen würden. Damit könne er belegen, dass er regelmäßig über die Situation bei Seat informiert habe. Hätte Klaus Liesen in diesem Augenblick nicht beschwichtigend eingegriffen, wäre es möglicherweise zur neuerlichen »Katastrophe« gekommen – vielleicht sogar für Ferdinand Piëch persönlich.
Weitere Angriffe gegen Schmidt unterbleiben bei der Öffentlichkeitskampagne gegen Díaz Alvarez & Co. Über die Höhe der Schmidt'schen Abfindung werden keine Angaben gemacht. Es soll angeblich eine der höchsten bislang gezahlten sein.

☙

4. Februar 1994. Es reicht. Die Nachrichten aus Ingolstadt sind weiterhin deprimierend. Was bleibt Ferdinand Piëch anderes übrig, als wieder einmal schnellstmöglich die Notbremse zu ziehen? Das geht gewohnt schnell. So schnell, dass sich selbst Aufsichtsratsmitglieder in Wolfsburg von seinem Tempo überrascht zeigen und – zumindest intern – nicht mit Kritik an der mangelhaften Informationspolitik des VW-Chefs sparen.

Aber hat der VW-Vorsitzende nicht Recht, einen Topmanager zu feuern, der für die Entlassung Tausender Beschäftigter verantwortlich ist? Piëchs Parole, wenn einer seiner Spitzenleute einen Fehler mache und damit Abertausende von Arbeitsplätzen gefährde, dann habe »der Eine« zu gehen, klingt nachvollziehbar. Das Dumme daran ist nur, dass eher der Wiener und keinesfalls sein Nachfolger, der erst kurze Zeit an der Audi-Spitze steht, die Hauptverantwortung für die Entlassungen dieser Tage zu tragen hat.

Aktion Sündenbock – Fall 3 – lässt grüßen.

🚗

Nach nur 13-monatiger Amtszeit als Audi-Chef muss Franz-Josef Kortüm seinen Schreibtisch räumen. Der Schuldige für das Missmanagement ist gefunden und gefeuert.

In Ingolstadt kürt der Volkswagen-Vorsitzende einen Manager zu Kortüms Nachfolger, der seinen Vorstellungen voll und ganz entspricht: Der 40-Jährige ist – wie Piëch – Vollbluttechniker, war – wie Piëch – Entwicklungschef und stammt – wie Piëch – aus Wien. Beste Voraussetzungen also für einen gelungenen Einstand von Piëchs Gnaden.

Der allerdings weiß seine Zuwendung wohl dosiert einzusetzen: Im Gegensatz zu seinem »gescheiterten« Vorgänger wird Dr. Herbert Demel, seit März 1993 Vorstand für Technische Entwicklung, anfangs lediglich zum Vorstandssprecher, nicht aber zum Vorsitzenden des Vorstands benannt. Hat Piëch in seiner vorigen Funktion als Chef in Ingolstadt noch nach Kräften um Autonomie vom Wolfsburger Stammhaus gekämpft, so führt er seinen Nachfolger nun an straffen Zügeln.

Dennoch entwickelt der neue Audi-Vorsitzende ein erfolgreiches Management – zu erfolgreich, wie sich zeigen wird.

🚗

Schon unter dem stellvertretenden Audi-Vorsitzenden war Lutz Schilling, früherer *Welt-am-Sonntag*-Redakteur, Piëchs oberstes Sprachrohr. Der Pressechef durfte damals bereits vieles von dem ausbaden, was sein Chef bei der Ingolstädter VW-Tochter verbockt hatte.

Und auch nach Piëchs Wechsel an die Spitze des Wolfsburger Mutterhauses soll Schilling die Kohlen für ihn aus dem Feuer holen. Doch diesmal scheitert der Öffentlichkeitsarbeiter. Schon »beim Prozess gegen den *Spiegel* hat Schilling Piëch falsch beraten«, lautet die harte Analyse eines ranghohen Audianers. Jetzt geht Schilling bei einem Fernsehstreitgespräch mit dem versierten Rhetoriker Hans Wilhelm Gäb, Pressechef von GM Europa, unter. Stante pede wird er nach Ingolstadt zurückgeschickt, wo er an seinem alten Arbeitsplatz den bisherigen Pressechef Harry Rögner beerbt. Der nämlich wird kurzerhand an diesem 4. Februar beurlaubt.

Dem VW-Chef selbst ergeht es nicht besser: Auch »Piëch ist schlimm untergegangen«, bewertet der Insider einen TV-Auftritt mit Gäb. »Piëch kann sich nicht artikulieren«, und obwohl »daran gearbeitet« worden sei, bleibt das Ergebnis unbefriedigend: »Es hat nichts genutzt.«

🚗

7. Februar 1994. Interview mit dem *Standard* aus Wien. Piëch bleibt seiner Linie treu: »Ich weiß, dass die Schlacht am Markt geschlagen wird«, verkündet er. Und »wir werden uns zu wehren wissen«. Bezüglich der Spionagevorwürfe sei er sich »100-prozentig sicher«, es »kamen nie Unterlagen zu VW«. Das könne er »nach intensiven Prüfungen« bestätigen.

Zwei Monate später kann die Staatsanwaltschaft neue Erkenntnisse verkünden, die diesen Behauptungen diametral entgegenstehen.

🚗

26. April 1994. Auch wenn die Auswertung der in dem von Jorge Alvarez-Lamelas und Rosario Piazza bewohnten Haus in Wiesbaden sichergestellten Unterlagen noch nicht abgeschlossen ist, lässt sich zehn Monate danach eine aufschlussreiche Zwischenbilanz vermelden: Disketten und weitere Datenträger, die in den Privatwohnungen und in VW-Büros gefunden worden sind, enthalten Dateien, »bei denen der Ver-

dacht besteht, dass bei ihrer Erstellung ursprünglich aus der Firma Opel stammende Unterlagen als Vorlagen gedient haben«.

Die Staatsanwaltschaft Darmstadt verkündet, dass sich bei den beschlagnahmten Dokumenten Unterlagen über das von Opel als »vertraulich« und »geheim« eingestufte Entwicklungsprojekt O-Car befunden haben. Brisant erscheint auch ein Zusammenhang mit der von López in seiner Heimat geplanten »schlanken« Automobilfabrik: Ein Vergleich der im VW-Büro des Basken »sichergestellten Datei zu ›Plant B‹ mit den Opel- bzw. GM-Unterlagen zu ›Plant X‹ hat Hinweise auf Übereinstimmungen ergeben« – so die Staatsanwaltschaft.

Trotzdem wird »ausdrücklich darauf hingewiesen, dass eine Entscheidung darüber, ob Anklage erhoben wird, erst am Ende des Ermittlungsverfahrens« getroffen werden könne.

&

Ende des Monats berichtet die Presse, dass der VW-Aufsichtsratsvorsitzende Klaus Liesen in London eine Vernehmung durch amerikanische Fahnder über sich ergehen lassen musste.

Keine Woche später, am 4. Mai, hat Ignacio López Zahltag. Über mehrere Monate hinweg ermittelte die Staatsanwaltschaft beim Hamburger Landgericht wegen »des Verdachts der Abgabe einer falschen Versicherung an Eides Statt«. Mit López' Zustimmung wird das Verfahren gegen Zahlung einer – für manch einen Beobachter überraschend geringen – Geldbuße eingestellt. Der Schuldvorwurf wird »als gering angesehen«.

Gemäß den Ermittlungen »war der Beschuldigte hinreichend verdächtig, fahrlässig falsche bzw. unvollständige Aussagen gemacht zu haben«. Knapp ein Jahr zuvor hatte Ignacio López bei seiner eidesstattlichen Versicherung gegenüber dem *Spiegel* in zwei Punkten die Unwahrheit verkündet: zum einen über den Erhalt von Fotografien des neuen Vectras. zum anderen über das Zustandekommen der Rede anlässlich seines vermeintlich endgültigen Verbleibs bei General Motors, das er der GM-Sprecherin Antonia Simonetti unterjubeln wollte.

Das Strafmaß hätte bis zu einem Jahr Freiheitsentzug betragen können, López aber muss lediglich 75 000 Mark an eine Fördereinrichtung »Hilfe für das behinderte Kind« zahlen. Für einen Mann seiner Gehaltsklasse ein besseres Taschengeld.

⇔

12. Mai 1994. Bei der Volkswagen AG weiß man verdienstvolle Kämpfer im »Krieg der Konzerne« zu würdigen. Seit fast zehn Monaten ermittelt die Darmstädter Staatsanwaltschaft nun auch gegen Jorge Alvarez-Lamelas. Nicht zuletzt dank der Funde geheimer GM-Dokumente in seinem Haus hat es Alvarez zu einem beachtlichen Bekanntheitsgrad diesseits und jenseits des Atlantiks gebracht, und er wird jetzt befördert – nicht vor die Tür, sondern zum Seat-Einkaufsdirektor sowie Mitglied der Seat-Geschäftsleitung in Barcelona.

Die Transaktion fällt in eine Zeit, da sich die Beweise gegen die vier Spanier immer weiter verdichten. Wenn jemand Alvarez vor dem Zugriff der Staatsanwaltschaft hätte schützen wollen, hätte er es kaum geschickter anfangen können: Von nun an wird es für die deutschen Ermittlungsbehörden nicht so einfach sein, die Auslieferung des Spaniers gegebenenfalls via Rechtshilfeersuchen zu erreichen.

⇔

28. Oktober 1994. Verkrustete Strukturen, Seilschaften und Netzwerke allerorten. Der Vorstandsvorsitzende gedenkt seine Probleme in der ihm eigenen Art zu lösen und macht sich dabei immer neue Freunde.

»Das Mittelmanagement ist überall schwierig«, weiß Ferdinand Piëch, »in Wolfsburg üben die gerade den Aufstand gegen einen Personalchef. Denn gegen mich aufzustehen, trauen sie sich nicht.« Seit seinem Amtsantritt hat der Wiener die Hierarchieebenen von neun auf fünf verringert. Warum aber die ganze Aufregung? »Wir nehmen denen kein Geld weg, die Herren ziehen statt Gala den normalen Overall an«, wiegelt der Mann an der Konzernspitze ab und nennt »ein einfaches Beispiel: Welche Leute Sie wirklich brauchen, merken Sie, wenn ein grober Fehler passiert. Dann erscheinen die ganzen Feiglinge nicht.«

Auf die kann ein Piëch bedenkenlos verzichten: »Die brauchen Sie dann aber auch nicht zum Führen in guten Zeiten.« Kein Wunder, dass es »in Ingolstadt zum Schluss« so war, »dass mich nur noch die Macher besucht haben, das waren zwei, drei«. Bei VW aber »erscheinen zur Zeit noch Heerscharen, die von Besprechung zu Besprechung eilen und Papier produzieren«.

Damit sich das alles ändert, müsse man den Leuten die Zeit wegnehmen: »Ich tue nichts anderes, als die Lösung von Problemen in einem Viertel der Zeit zu verlangen.« Ganz wenige würden dann sagen: »Machen wir, wir übernehmen das, und die kriegen die Verantwortung. Und ich weiß, wen ich in absehbarer Zeit nicht mehr brauche.«

Die Netzwerke, so Piëch, würden lediglich innerhalb der Fachbereiche existieren: »Die können Sie aufmischen durch Zuordnung völlig anderer Zuständigkeiten.« Versetzt man einen Ingenieur in ein Gebiet, »in dem er noch nicht war, verliert er sein Netzwerk. Da zeigt sich dann, was er alleine leistet.«

Ob man so agieren müsse, fragt die *Woche*. Freimütig bekennt der VW-Chef: »Ja, man muss. Das macht mir auch Spaß.«

21. November 1994. Der Spaß hat ein Ende, zumindest für einige besorgte VW-Manager. Sie wenden sich – natürlich anonym – an den Mann, von dem sie sich am ehesten Hilfe erhoffen, und reiten eine harte Attacke, deren drastische Formulierungen vor allem zeigen, wie groß ihre subjektive Not ist: »Herr Dr. Liesen, dieses Unternehmen wird von einem Mann mit psychopathischen Zügen ›geführt‹. Alle kreativ und selbständig arbeitenden Führungskräfte werden entweder von ihren Positionen entfernt, begeben sich in die innere Emigration oder kündigen, wie gerade letzte Woche der Leiter des Unternehmensbereichs Nutzfahrzeuge. Herr Piëch sammelt eine Gruppe von Jasagern um sich und glaubt damit ein Weltunternehmen führen zu können.«

Die besorgten Manager zählen nicht zu den Neinsagern: »Wir sehen die Notwendigkeit von Veränderungen und wollen diese auch aktiv unterstützen.« Aber »das Piëch-Regime lässt dies nicht zu, es ist auf stumpfes Gehorchen ausgerichtet und nicht auf kreative Erneuerung durch eine mitdenkende Führungsmannschaft«. Ihrer Ansicht nach ist ein »diktatorischer Führungsstil ohne Überzeugung der Mannschaft der falsche Weg«.

Dementsprechend fordern sie von Liesen: »Machen Sie Herrn Piëch klar, dass ein Weltkonzern nicht wie ein Rittergut mit Leibeigenen zu führen ist.«

25. November 1994. Vor der heutigen Aufsichtsratssitzung hat sich Liesen mit Piëch getroffen, um mit dem VW-Chef über die konzerninterne Stimmung und seine Personalpolitik zu sprechen. An diesem Freitag wird endlich auch offen Tacheles geredet: »Herr Piëch, ab sofort stehen Sie selbst auf dem Prüfstand«, droht der IG-Metall-Vorsitzende und VW-Aufsichtsrat Klaus Zwickel.

Welch tiefen Eindruck solche Drohgebärden auf ihn machen, zeigt die anschließende Meldung: »Zu Beginn seiner heutigen Sitzung hat der Aufsichtsrat der Volkswagen AG in Wolfsburg die innerhalb kurzer Zeit erreichten Fortschritte bei der grundlegenden Umgestaltung des Volkswagen-Konzerns sowie die deutliche Verbesserung der Ertragslage gewürdigt. Für diese außerordentlichen Leistungen hat der Aufsichtsrat dem Vorstand und insbesondere dem Vorstandsvorsitzenden, Dr. Ferdinand Piëch, besonderen Dank und Anerkennung ausgesprochen.«

Die Meldung sei »entgegen dem Verlauf der Sitzung« publiziert worden und stelle eine »völlige Verdrehung der Tatsachen« dar, kommentiert Heinz Blüthmann. Der *Zeit*-Redakteur ist sich sicher, dass »Piëchs gutsherrliche Auftritte und sein gestriger Führungsstil trotz der katastrophalen Folgen für das innerbetriebliche Klima vom Aufsichtsrat ungestraft« bleiben. Stimmt.

Ein Problem haben die Hilfe suchenden Briefschreiber aus dem VW-Management nicht bedacht: Wer sich an Liesen wendet, kann auch gleich bei Ferdinand Piëch persönlich vorsprechen. Denn der Aufsichtsratchef steht in Rittertreue zu seinem Konzernvorsitzenden.

Mit Piëchs Wahl haben sich die Konzernkontrolleure eine Falle gestellt, aus der sie nicht wieder herausfinden. In den vergangenen knapp zwei Jahren hat er nämlich ganze Arbeit geleistet und die meisten der Vorstände in seinem Sinne ausgetauscht. Würden die Aufsichtsräte jetzt Piëch entlassen, bliebe ein ihm ergebener Vorstand – ein kopfloser allerdings.

Mit dem heutigen Tag scheidet »Herr Dr. rer. pol. Werner P. Schmidt nach über 19-jähriger Zugehörigkeit aus dem Vorstand der Volkswagen AG aus«. Fast zwei Jahrzehnte hat er das Überseegeschäft, die so genannten Overseas Operations, und die Vertriebsstrategie geführt. Vor gut eineinhalb Jahren war er dann zum Controlling- und Finanzchef des Gesamtkonzerns avanciert. Im Namen des Aufsichtsrats spricht ihm Klaus Liesen »für seine langjährige, verdienstvolle und erfolgreiche Arbeit seinen Dank aus«.

Was er nicht erwähnt, ist die Tatsache, dass sich die Herren Piëch und Schmidt ein heftiges Scharmützel wegen der Seat-»Katastrophe« geliefert haben. Am 31. Dezember 1994 ist Schmidts Vorstandsuhr abgelaufen.

🚗

Zu viel des Unguten für die Staatsanwaltschaft: Bei den Haussuchungen sind derart viele Akten und Datenträger gefunden worden, dass bereits im April 1994 eine Arbeitsgruppe beim Hessischen Landeskriminalamt eingerichtet worden ist, die insgesamt zweieinhalb Jahre dafür brauchen wird, alles zu sichten. Sowohl in Deutschland als auch in den USA ziehen sich die Untersuchungen in die Länge. In den Medien kocht gelegentlich die Frage hoch, ob das Ermittlungsverfahren gegen López und seine Kampfgenossen nun eingestellt oder ob doch noch Anklage erhoben wird. Oberstaatsanwalt Hans-Hermann Eckert von der Generalstaatsanwaltschaft Frankfurt verschiebt wiederholt den Termin dieser Entscheidung.

Noch ist alles möglich: von der López-Verurteilung bis zum Piëch-Rücktritt, vom Freispruch bis zur Haftstrafe.

🚗

»Piëch hat das nie kapiert, er versteht nichts vom Markt«, lautet der Vorwurf eines seiner Kollegen aus alten Audi-Tagen. Gemeint ist die Tatsache, dass General Motors zu dieser Zeit mit allen Mitteln versucht, »den Markt von Volkswagen trockenzulegen«. Und »je länger der Streit« geht, desto besser für GM.

1995 beginnen für die Wolfsburger harte Zeiten: In Nordamerika bringt Volkswagen gerade mal noch 191 000 Fahrzeuge an die Kunden – gewaltige 65 000 weniger als im Vorjahr. Allein der Verkauf des VW-Käfers bricht innerhalb eines Jahres von 78 000 auf knapp 16 000 ein. In der Volkswagen-Zentrale wird die Durchhalteparole vom »abgeschwächten Wachstum der US-amerikanischen Volkswirtschaft« ausgegeben.

Und »Piëch dachte noch immer, es gehe um López«, so der frühere Vertraute des Vorstandsvorsitzenden. »Für GM war der López-Skandal ein gefundenes Fressen. Das FBI wurde eingesetzt«, gleichzeitig seien in den USA »Naziparolen gestreut« und »die jüdische Weltgemeinde scharf gemacht« worden – aber Piëch »hat das nie begriffen«.

Kapitel 6: Der Fall López

Rücktritt vom Rücktritt

»Das hätte ganz sicher gravierende Konsequenzen für mich.«
Ferdinand Piëch (Juli 1993) auf die Frage nach dem Rücktritt
von Ignacio López

»Das gilt.«
Ferdinand Piëch (Oktober 1994) zu seinem Versprechen zurück-
zutreten, falls Ignacio López zurücktritt

»Konsequenzen für mich hätte es geben können, wenn ganz
bestimmte Umstände ihn dazu gezwungen hätten, seinen Hut
zu nehmen.«
Ferdinand Piëch im Dezember 1996 nach erfolgtem Rücktritt
von Ignacio López

Die Bedingungen ihres Rücktritts sollten Spitzenpolitiker wie Topmanager nicht erörtern. Schließlich droht seine Glaubwürdigkeit zu verlieren, wer den eigenen Ankündigungen nicht nachkommt.
Der Wiener ist ein bedächtig sprechender Mensch. Wenn er redet, lässt er sich Zeit, wählt die Worte wohl und weiß, was er sagt – zumindest solange sich sein Günstling Ignacio López noch nicht vollends im Netz von Schutzbehauptungen, Beschuldigungen anderer und Falschaussagen verstrickt hat.

7. März 1996. Das Spiel mit dem Feuer droht den gesamten Konzern zu erfassen. Vor einem amerikanischen Bundesgericht in Detroit beschuldigt GM Piëch, den VW-Vorstand für Konzernstrategie Jens Neumann und weitere VW-Topmanager, die Volkswagen AG sowie Volkswagen of America Inc. der »kriminellen Verschwörung«.

General Motors drängt auf mehrere Milliarden Dollar Schadensersatz. Eine Verurteilung wäre der Super-GAU. Solch ein Betrag brächte selbst den Automobilgiganten Volkswagen an den Rand des Abgrunds. Trotz dieser trüben Aussichten gelingt es den Deutschen nicht, das Zivilverfahren in den Vereinigten Staaten zu blocken.

🚗

September 1996. Was passiere, wenn gegen López Anklage erhoben werde, wird Piëch gefragt. »Das werden wir sehen, wenn es so weit kommen sollte«, lautet seine reservierte Antwort.

Wie ein Fels in der Brandung steht der Österreicher zum Spanier: »Was das persönliche Verhältnis angeht, bin ich von López überzeugt.« Seine Einstellung zu Gunsten des Basken habe »auch etwas mit seiner inneren Haltung und seinem Glauben zu tun«. Den Menschen López, so Piëchs persönliches Plädoyer, »muss man kennen, um ihn beurteilen zu können«.

🚗

Im Juli 1993 hatte Piëch noch vollmundig verkündet: López' Rücktritt »hätte ganz sicher gravierende Konsequenzen für mich«, er selbst »habe ihn doch geholt«. Und schließlich sei »kein Mensch unersetzlich, weder Herr López noch ich«. Doch »das wird nicht passieren«, prognostizierte er damals selbstsicher.

Mit Sicherheit hat Ferdinand Piëch nicht unüberlegt gehandelt, als er sein Schicksal aufs Engste mit dem seines Günstlings verbunden hat. Denn unmissverständlich äußerte er sich im Oktober 1994 auch gegenüber dem österreichischen Magazin *News*. »Treten Sie zurück, wenn López gehen muss?«, fragten damals die Journalisten Axel Meister und Herbert Langsner. »Das gilt«, gab Piëch sein Wort in der Überzeugung »dass López unschuldig ist«.

🚗

29. November 1996. Die Bastion Piëch und López ist gefallen. Dreieinhalb Jahre hat es gedauert, bis aus dem wilden Krieger der brave Bittsteller geworden ist. Und dreieinhalb Jahre hat es gedauert, bis aus dem »Würger von Wolfsburg« der Besiegte aus dem Baskenland geworden

ist. Ferdinand Piëch kann nicht anders, als den Manager aus dem Vorstand zu verabschieden, der seinem vorigen Arbeitgeber gegenüber wortbrüchig geworden ist und geheime Unterlagen entwendet hat.
Mit der heutigen Aufsichtsratssitzung scheidet der 56-Jährige aus dem Amt als VW-Vorstand für Produktionsoptimierung und Beschaffung aus. Der Vorsitzende verkündet anschließend, López sei »kein Opfer« des Vorstands. Den Rücktritt hätten weder der Aufsichtsrat noch er selbst »ausgelöst«. López sei »aus freien Stücken gegangen, damit er sich auf seine Verteidigung ausreichend vorbereiten« könne, erklärt Piëch, und da hat Ignacio López tatsächlich noch einige Arbeit zu leisten. »Wir von Volkswagen feuern jedenfalls keine Leute«, versichert Piëch, »um hinterher feststellen zu müssen, dass es dafür überhaupt keinen Grund« gegeben hätte.

🚗

»Mit Respekt« nehmen die Aufsichtsräte das Rücktrittsgesuch entgegen. »Herr López hat sich in dieser Zeit mit großem Engagement für die Verbesserung der Wertschöpfungsleistung des Unternehmens eingesetzt.« So würdigt ihn Klaus Liesen achtungsvoll, um dann auch noch López' hervorragenden Einsatz, seine hohe Qualifikation und sein Charisma herauszustreichen, durch das der Baske bei VW große Erfolge erzielt habe. »Der Aufsichtsrat spricht ihm hierfür seinen Dank aus.«
In der großen Volkswagen-Familie werden solche Leistungen bekanntlich fürstlich entlohnt. Selbstverständlich erfülle das Unternehmen seine Verpflichtungen, versichert Klaus Liesen dem scheidenden Beschaffungsvorstand. Vorgesehen sei die Auszahlung zweier Jahresbezüge. Macht summa summarum vier Millionen Mark, meldet das *Handelsblatt*.

🚗

Steht Piëch zu seinem wiederholt geäußerten Wort, müsste auch er seinen Rücktritt einreichen. Doch der VW-Chef kennt die Wirtschaftsbibel wie kein anderer. Dort steht im vierten Managergebot geschrieben: Du sollst deine Vorstände ehren, auf dass du führest deinen Konzern, ohne dass du selbst gefährdet bist. Für diesen Fall aber ziehe Konsequenzen, auf dass dein Job gerettet werde.

Ferdinand Piëch ist geprägt von tiefem Glauben. Und er weiß auch dieses Managergebot in die Tat umzusetzen.

☙

Ein wahrhaft großer General lässt seine Krieger auch nach verlorener Schlacht nicht fallen. Bis auf López und Gutierrez seien alle anderen schließlich noch bei Volkswagen, verkündet der VW-Vorsitzende zufrieden. Außerdem »wünsche ich mir«, dass Ignacio López »die Kapazitäten zur Verfügung hat«, um für Volkswagen als Berater zu arbeiten.

Der ramponierte Ruf raubt ihm nicht die Ruhe: »Es geht hier nicht um Image. Es geht darum, dass wir Herrn López für den Überlebenskampf des größten europäischen Autoherstellers brauchen«, hat er bereits drei Jahre zuvor bekundet und seither entsprechend agiert.

Die Reaktion an der Börse spricht Bände: Mit dieser Aufsichtsratssitzung stufen die Aktienhändler den Wert des VW-Konzerns quasi über Nacht um eine Milliarde Mark herab. »Es geht, für Volkswagen zumindest, ums Ganze, um die Existenz«, kommentiert die *Stuttgarter Zeitung* die Entwicklung.

☙

Für den 3. Dezember 1996 beraumt die amerikanische Bundesrichterin Nancy Edmunds einen Gerichtstermin an. Mit dem Volkswagen-Vorstand werden Verhandlungen über den Zeitplan und die Art des von General Motors angestrengten Schadensersatzprozesses geführt. Diesmal sollen nicht nur die Machenschaften von Ignacio López, sondern auch Piëchs Rolle zur Sprache kommen.

Edmunds, die sich umfassenden Einblick in die Protokolle verschafft hat, lässt keine Zweifel an ihrer Vermutung aufkommen: Es gebe »viele Fakten, von denen man auf eine Verschwörung schließen« könne. Zu allem Überfluss findet der Termin an einem Ort statt, der bei Ferdinand Piëch ganz besondere Glücksgefühle hervorruft – am GM-Stammsitz in Detroit.

☙

12. Dezember 1996. Nach dem Rücktritt des Basken muss sich Ferdinand Piëch einige kritische Fragen gefallen lassen. Als *Stern*-Redakteure

ihn in die Mangel nehmen, gerät er in eklatanten Argumentationsnotstand.

Einerseits soll López trotz des schwelenden GM-Gerichtsverfahrens weiterhin für VW beratend tätig sein, weil sie beide sich als »Einzelkämpfer – ich als Techniker, er als Einkäufer« – »sehr gut« ergänzen. Andererseits erklärt sich Piëch zur Beilegung des Streits mit General Motors zu einem Opfer bereit: Dann werde er den Basken für »eine gewisse Zeit« nicht als Berater beschäftigen. Im gleichen Atemzug verkündet er, wenige Tage zuvor habe er »auf höchster Ebene einen vierten Anlauf für eine Einigung genommen«. Schließlich liege ihm sehr an einer außergerichtlichen Einigung. Wen wundert's – Detroit sicher nicht.

🚗

Der Aktenberg besteht aus 15 allgemeinen Bänden, 19 Beweismittelbänden und 20 Sonderbänden – alles in allem 23 000 Seiten. Insgesamt 196 Zeugen sind vernommen worden, allein 137 teilweise gleich mehrfach durch die ermittelnde Staatsanwältin Dorothea Holland. Hinzu kommt die Auswertung der sichergestellten Disketten und Computer beim Landeskriminalamt. Würde man diese Daten auf Papier ausdrucken, ergäben sich über 2,2 Millionen Seiten. »Allein diese Auswertung«, so die Staatsanwaltschaft, »hat weit über ein Jahr Zeit gekostet.«

🚗

13. Dezember 1996. Drei Jahre und neun Monate nachdem Ignacio López seinen Vorstandsvertrag bei Volkswagen unterzeichnet hat, sieht sich die Justiz endlich in der Lage, an die Öffentlichkeit zu gehen. In der Pressekonferenz der Staatsanwaltschaft werden die Verdachtsmomente gegen López und die Mitbeschuldigten Gutierrez, Alvarez und Piazza dargelegt. »Zweck der Beschaffung« der GM/Opel-Präsentationsvorlagen und Folien aus Spanien und Deutschland sei es gewesen, »diese nach einem Wechsel zu VW dort zu verwenden und im Interesse von VW auszuwerten«.
Der Staatsanwaltschaft liegen Ausdrucke der GM-Epos-Listen mit Einkaufsdaten und den Namen der Lieferanten bis hin zu den Einkaufspreisen vor. Außerdem Daten über Stückpreise und Kosten für Werkzeugformen sowie über Maschinen und Ausrüstungen für die Opel-Modelle Corsa, Omega, Vectra und Astra.

Zudem haben López und Co. »drei aufeinander aufbauende Studien über die technischen, rechtlichen und finanziellen Voraussetzungen für die Errichtung eines Automobilwerks« mitgehen lassen. Mit der Verwirklichung der so genannten Plant-X-Studien wollte sich López in seiner Heimat ein Denkmal setzen. Dafür hat er gute Vorarbeit geleistet, wie ihm jetzt die Staatsanwaltschaft auf ihre Weise bestätigt.

Nun sind die Ermittler bei Ignacio López auch »auf die so genannten Plant-X-Studien von General Motors hinsichtlich einer mit Plant B bezeichneten Studie von VW« gestoßen. Es geht um »die Errichtung eines neuen VW-Werks in Spanien«. Deutlicher kann man nicht formulieren, dass López GM-Dokumente in VW-Aktivitäten ummünzen wollte.

Jetzt gilt es »zu prüfen, ob das Gericht wie die Staatsanwaltschaft den hinreichenden Tatverdacht für gegeben« erachten, die Anklage zulassen und ob das Hauptverfahren eröffnet wird.

🚗

»Das geschah in der Weise«, so die erdrückenden Untersuchungsergebnisse der Staatsanwaltschaft zum geplanten López-Autowerk im Baskenland, dass aus den GM-Studien »die Fertigungszeiten der einzelnen Arbeitsabschnitte für den Corsa, die Personalbedarfsrechnungen und Löhne der General-Motors- bzw. Opel-Werke Saragossa und Eisenach übernommen wurden«. Genauso seien »die angefallenen Investitionskosten und Einsparungsmöglichkeiten durch eine modulare Fertigung unter Einbeziehung der Lieferanten« weitergegeben worden.

In den weiteren Ausführungen wird den Angeklagten die Verwendung zusätzlicher GM-Unterlagen für VW-Zwecke vorgeworfen. Nach Auffassung der Staatsanwaltschaft handelt es sich »bei den verwerteten Plant-X- und den Einkaufsgeschäftsunterlagen um Geschäfts- und Betriebsgeheimnisse im Sinne des § 17 des Gesetzes gegen unlauteren Wettbewerb« (UWG).

Klar ist auch die juristische Bewertung der Vergehen: Nach Ansicht der Darmstädter Ermittler »liegt Unterschlagung vor«. Für diesen Fall sieht das Gesetz eine Geldstrafe oder eine Freiheitsstrafe von bis zu fünf Jahren vor.

Felice Navidad!, die Herren Spanier.

🚗

Einer wenigstens kann es sich an Heiligabend gemütlich machen: Den Staatsanwälten fehlen Anhaltspunkte dafür, dass López-Unterlagen in die Hände von Volkswagen-Vorständen gelangt sind.

Den Darmstädter Ermittlern bleibt lediglich die Erkenntnis, dass – mit dem Wechsel der López-Crew von GM zu VW – »Plant-X-Unterlagen umgearbeitet worden« sind zu »Plant-B-Unterlagen«. Aber »es gibt keinen Beleg dafür, dass diese Plant-B-Unterlagen dann weitere Verwendung gefunden haben im Bereich der Volkswagen AG«.

Gratulation, Herr Piëch. Der Rest lässt sich regeln – am besten von besonneneren Verhandlungsführern.

🚗

Den Chefsessel des Beschaffungsvorstands hält der Multifunktionsvorsitzende Piëch seit López' Entlassung Ende November 1996 selbst besetzt. Selbstverständlich seien seine vormaligen Ankündigungen »heute etwas anderes, weil ich den Rücktritt von Herrn López in dieser Form damals nicht ahnen konnte«. Sicherlich – sonst hätte er sein Schicksal damals nicht mit dem des Basken verbunden. »Konsequenzen für mich hätte es geben können, wenn ganz bestimmte Umstände ihn dazu gezwungen hätten, seinen Hut zu nehmen.« Die bestimmten Umstände bestehen seit Jahren und sind juristischer Natur. Aber López ist ja nicht gezwungenermaßen, sondern freiwillig abgetreten.

Das ist denn auch der argumentative Rettungsanker: López hätte eben vom »Aufsichtsrat dazu aufgefordert« werden müssen. Wie bitte? Glaubt der Volkswagen-Chef allen Ernstes, dass Aufsichtsräte, die sowohl Ignacio López als auch dessen Schutzpatron bis zur letzten Schlacht gedeckt haben, ebendieses Vorstandsmitglied zum Rücktritt auffordern würden? Natürlich nicht.

Zumindest in diesem Punkt besteht Piëchs Konsequenz in seiner Inkonsequenz.

🚗

Jetzt gehe »Herr López einen anderen Lebensweg«, und das müsse »man akzeptieren«. Akzeptieren muss Ferdinand Piëch auch die Anklage der Darmstädter Staatsanwaltschaft, den drohenden Schadensersatzprozess in den USA, den permanenten Imageverlust Mitte der Neunzigerjahre sowie die Tatsache, dass den Abwiegelungen des Wieners immer weniger Menschen außerhalb der Werksgrenzen glauben mögen.

Ende 1996 geht es für Piëch persönlich um mehr als »nur« um die Posten von López und Gutierrez: Im März kommenden Jahres wird der Aufsichtsrat über seine Vertragsverlängerung oder die Neubesetzung des Chefsessels entscheiden.

In dieser Situation findet zumindest der stellvertretende Vorsitzende des VW-Aufsichtsrats, IG-Metall-Chef Klaus Zwickel, deutliche Worte: Volkswagen sei von der Klageerhebung in Detroit »überrascht« worden, die »VW-Juristen sind doch nicht so gut, wie sie selber glauben«. Jetzt hängt es vor allem an Ferdinand Piëch, über seinen Schatten zu springen: »Ich würde mich entschuldigen und dafür sorgen, dass diese ganze juristische Lawine gestoppt wird«, empfiehlt Zwickel.

Viel Zeit bleibt dazu nicht. Wie ein Damoklesschwert hängt die drohende Schadensersatzklage über dem Vorsitzenden. Und – für ihn ganz ungewohnt – Ferdinand Piëch manövriert sich in eine Sackgasse, in der die Entscheidung nicht mehr in der Macht des Technikers liegt.

Wolfsburger Wahnsinn

> »Das alles wird nichts daran ändern, dass der erfolgreiche Manager Herbert Demel sich ohne weiteres als Sanierer der Marke Audi bezeichnen darf.«
> *Stephan Grühsem, Redakteur des »Handelsblatts«*

> »In diesem Krieg konnte es keine Sieger geben, nur Verlierer. Piëch war das lange nicht klar.«
> *Wolfgang Herles über Ferdinand Piëchs Fehleinschätzung im Fall López*

Angesichts der Tragweite des Beschlusses, Ignacio López gehen zu lassen, sind die weiteren Personalentscheidungen der Aufsichtsratssitzung vom November 1996 fast banal. So wird die Verlängerung des 1998 auslaufenden Vertrags von Dr. Martin Posth, im Vorstand zuständig für den Raum Asien und Pazifik, erst gar nicht behandelt. Und für den zum neuen Seat-Chef bestellten Pierre-Alain de Smedt wird der Audi-Vorsitzende Dr. Herbert Demel nach Brasilien gehen. Eine gewonnene Schlacht aus Sicht des VW-Vorsitzenden.

Es klingt wie ein Ultimatum, als die Konzernsprecherin verkündet, es sei »nunmehr an der Zeit, dass sich Volkswagen ernsthaft mit einem Ausgleich für die Schäden befasst, die GM und Opel durch das unverantwortliche Verhalten von López und seinen Gehilfen entstanden« seien. Da der Baske seine Aufgaben bei VW weitgehend erledigt habe, sei die Vertragsauflösung durch den VW-Aufsichtsrat lediglich als »hektische und unter juristischem Druck durchgeführte Aktion« mit reinem »Symbolcharakter« einzustufen. Bei der gerichtlichen Klärung müsse es auch um die Aufdeckung persönlicher Verantwortlichkeiten und möglicher Abhängigkeiten gehen.

Die Lage spitzt sich zu: Im März 1997 wird der VW-Aufsichtsrat über den neuen Vorstandsvorsitzenden befinden – und potente Kronprinzen finden sich auf dem freien Markt gleich mehrere. Um die Nachfolgediskussion in den Griff zu bekommen, muss Ferdinand Piëch den selbstzerstörerischen Konflikt mit General Motors schnellstmöglich zu einem für Volkswagen akzeptablen Ende bringen.

Dabei kämpft er gegen mehrere Gegner gleichzeitig: gegen die Uhr, gegen seine Konkurrenten um den Vorstandssessel, gegen General Motors, vor allem aber gegen die eigene Unfähigkeit, sich das Scheitern seiner kompromisslosen Strategie im Fall López einzugestehen.

4. Dezember 1996. Was der Audi-Aufsichtsrat an diesem Mittwoch beschließt, ist die konsequente Umsetzung der fünf Tage zuvor erfolgten Vorgabe aus der Wolfshöhle. Herbert Demel hat den Ingolstädter Chefsessel zu verlassen und darf die Leitung der Volkswagen do Brasil übernehmen. Der bisherige Entwicklungsvorstand Franz-Josef Paefgen, qua Amt mit dem Techniker Piëch in engstem Kontakt, wird zum Demel-Nachfolger gekürt.

So schnell der Wiener seinen Landsmann an die Spitze der Ingolstädter Konzerntochter befördert hat, so schnell sieht sich dieser jetzt vom Thron gestoßen.

Entscheidet sich alles an der Höhe der zu zahlenden Entschädigung? Beim bevorstehenden Rechtsstreit in den Vereinigten Staaten soll es um eine beträchtliche Stange Geld und damit möglicherweise auch um Piëchs Posten gehen: Die Forderung des US-Automobilkonzerns beläuft sich laut *Detroit Free Press* auf eine Summe zwischen vier und fünf Milliarden Mark, hinter vorgehaltener Hand werden sogar 7,5 Milliarden Mark gehandelt.

Aber mit der Schadensersatzklage droht nicht nur eine empfindliche Geldbuße. Pikanterweise hat das zuständige Gericht in Detroit nämlich ein Klageverfahren gemäß dem so genannten Rico-Law zur Bekämpfung von Bandenverbrechen ermöglicht. Das heißt: Ferdinand Piëch könnte nach dem gefürchteten Antimafiagesetz auf die Anklagebank kommen, und neben ihm würde dann – zumindest symbolisch – auch die Crème de la Crème der deutschen Industrie auf dem Sünderbänkchen Platz nehmen.

Obendrein ermöglichen die Rico-Statuten im Falle einer Verurteilung von Volkswagen sogar eine Verdreifachung des gerichtlich festgesetzten Schadensersatzes.

»Der plötzliche Abgang des 43-jährigen Österreichers wirft viele Fragen auf«, schreibt Stephan Grühsem im Dezember 1996 im *Handelsblatt*. Herbert Demel sei der »Sanierer der Marke Audi«, urteilt Grühsem, der pikanterweise heute in der VW-Kommunikationsabteilung beschäftigt ist.

Ein nachvollziehbares Sachargument für die Degradierung Demels hat Piëch bis zum heutigen Tage nicht geliefert – oder vielleicht doch? Vom österreichischen *trend*-Journalisten Christian Kornherr nach dem Grund befragt, warum er »unseren Landsmann Herbert Demel in den Dschungel Brasiliens geschickt« habe, antwortet der VW-Vorsitzende: Bei Volkswagen do Brasil müssten »die Produkte dringend auf den europäischen

Stand erneuert werden«. Dagegen hätte Herbert Demel, so die botanische Analyse vom Hobbygärtner Piëch, »bei Audi eine gemähte Wiese vor sich gehabt«.

In den vier Jahren seiner Amtszeit ist es Ferdinand Piëch gelungen, dem Konzern nach dem Rekordverlust 1993 von 1,9 Milliarden Mark wieder einen ansehnlichen Gewinn von 678 Millionen Mark im Jahr 1996 zu verschaffen.

Trotzdem sieht Bruno Adelt, VW-Vorstand für Controlling und Rechnungswesen, skeptisch in die Zukunft. Denn sollte die Volkswagen AG eine zweistellige Milliardenschuld an den US-Konkurrenten überweisen müssen, geriete der Konzern an den Rand des Ruins und der größte VW-Einzelaktionär, das Land Niedersachsen, in seine schwerste Finanzkrise. Und der dafür mitverantwortlich gemachte VW-Vorsitzende würde wohl aus dem Amt befördert werden.

Angesichts solcher Perspektiven sieht sich sogar der Aufsichtsrat zu unbotmäßigen Gedanken veranlasst: Im Gegensatz zum in den USA als vergleichsweise belanglos eingestuften López-Rücktritt wäre die Nominierung eines neuen VW-Vorsitzenden, dem nicht der Ruf eines rüden Rambos anhaftet, ein echtes Friedenszeichen.

Die Karriere des Audi-Vorsitzenden wurde durch einen banaleren Grund als technische Unkenntnis, fachliches Unvermögen, folgenschwere Fehlentscheidungen, wirtschaftlicher Misserfolg oder gemähte Wiesen in Ingolstadt unterbrochen.

Dr. Herbert Demel hat sich eines viel schwerwiegenderen Vergehens schuldig gemacht: In den drei Jahren seiner Führungstätigkeit bei Audi hat er erfolgreich gewirkt – zu erfolgreich für den VW-Chef, der das Heranwachsen eines möglichen Konkurrenten um den Vorstandsvorsitz im Gesamtkonzern wachsam verfolgt hat. Der Leitwolf in Wolfsburg sieht die Rangordnung im Rudel gefährdet, und er beißt zu, bevor er selbst erlegt werden kann. »Demel wurde ihm zu mächtig«, zitiert Jörg Schmitt einen ehemaligen Audi-Manager.

Der Befund des *Stern*-Journalisten wird ergänzt durch die Erfahrungen eines Vertrauten des VW-Vorsitzenden. Hier »in Wolfsburg fürchtet Piëch den potenziellen Nachfolger«, der zudem einen schwerwiegenden Fehler begangen hat: »Demel wagte es, Piëch zu widersprechen.« Außerdem sei der Audi-Chef »zu oft in Zeitungen gefeiert worden«. Und das ist »ein Fehler, denn in Wolfsburg dürfen sie nicht aufwachen«.

🚗

In dieser hoch sensiblen Phase gilt es jede Provokation zu vermeiden und versöhnliche Signale auszusenden. Der Konzernchef weiß, worauf es ankommt, und er beweist filigranes Fingerspitzengefühl.

Gefragt, ob die Kostenersparnisse der letzten Jahre durch den drohenden Schadensersatz gefährdet seien, antwortet Piëch gewohnt charmant: »Das sehe ich überhaupt nicht so wie Sie.« Er wisse auch, wer den Herren vom *Stern* »diesen Floh« mit dem milliardenschweren Schadensersatz »ins Ohr gesetzt hat«: General Motors habe noch nicht einmal eine Summe genannt. »Wundert Sie das eigentlich nicht?«, poltert Piëch und ergänzt: »Es wird nicht einmal gesagt, worin der Schaden bestehen soll.« Besonders erfreut ist er von Opels Wunsch nach einer Entschuldigung: »Ich wüsste nicht, wofür ich mich entschuldigen sollte.«

🚗

Möglicherweise stand Herbert Demel vor dem Karrieresprung seines Lebens. Im Konzern wird spekuliert, dass der Aufsichtsrat sich bereits nach einem Ersatzmann umschaut für den Fall, dass in den USA Anklage gegen Piëch erhoben wird. Ende 1996 machen Vermutungen die Runde, wonach sogar schon Klaus Liesen und Gerhard Schröder mit dem damaligen Audi-Chef Herbert Demel gesprochen haben. Die Schlussfolgerung fällt so knapp wie konsequent aus: Piëch habe Demel daraufhin nach Brasilien geschickt, einem Land, das durch »eine schwierige ökonomische Lage« gekennzeichnet ist, wie es im Geschäftsbericht von Volkswagen heißt. Die Erfolgsaussichten für den neuen Vorsitzenden von VW do Brasil sind auf Jahre hinaus stark eingeschränkt.

🚗

Das Jahr 1996 neigt sich dem Ende zu, und der renommierte Rheinländer denkt über seinen Rückzug nach. Mit der Zustimmung des Daimler-

Benz-Vorstands zur Schrempp'schen Neuordnung der Konzernstruktur ist de facto auch die Entscheidung für den neuen und zugleich alten Vorstandsvorsitzenden und gegen einen Wechsel an der Konzernspitze gefallen.

Mit Argusaugen muss Ferdinand Piëch die Geschehnisse im fernen Stuttgart beobachten. Denn wenn der VW-Aufsichtsrat im Frühjahr kommenden Jahres zu seiner entscheidenden Sitzung zusammentritt, kann sich der Vorsitzende durchaus nicht sicher sein, ob sein Name anschließend noch im Vorstandsorganigramm auftauchen wird. Mit Helmut Werner steht ein ernst zu nehmender Konkurrent in der Poleposition.

☙

Das Verhandlungsgeschick dieses Mannes ist legendär. Er weiß, wie man bei seinen Gegnern gut Wetter macht.

Ferdinand Piëch bestätigt, dass der Baske trotz des schwelenden GM-Gerichtsverfahrens weiterhin beratend für Volkswagen tätig sein soll. General-Motors-Chef Jack Smith und GM-Verwaltungsratspräsident John Smale müssen diese Rückendeckung für den zurückgetretenen López als pure Provokation empfinden. Methode Holzhammer lässt grüßen.

Auch im Aufsichtsrat hat man mittlerweile erkannt, in welch unruhiges Fahrwasser der Wiener das Unternehmen bringt. Die führenden Köpfe des Kontrollgremiums werden tätig – ohne den Vorstandsvorsitzenden in die Verhandlungen mit einzubeziehen.

☙

»Im Innenverhältnis mit wirschaftlicher Wirkung zum 31. Dezember 1996, 24.00 Uhr / 1. Januar 1997, 0.00 Uhr« geht das Vermögen der Mercedes-Benz AG auf die Daimler-Benz AG über. Helmut Werner ist mit seinen Vorstellungen im Daimler-Vorstand gescheitert. Und die zweitbeste Lösung – unter dem Diktat Schrempps Vizevorsitzender des renommiertesten deutschen Automobilkonzerns zu werden – kommt für ihn nicht in Frage.

Konsequenterweise wird er Daimler-Benz zum 31. Januar 1997 verlassen. Ein Abschied, der ihm gemäß Verschmelzungsvertrag mit einer

Summe von 5 643 284 Mark versüßt wird. Doch Geld allein reicht einem Automann wie ihm nicht. Werner will wohl mehr – den Vorstandsvorsitz im führenden Autokonzern Europas.

☙

Ferdinand Piëch steht unter Strom. Seine Devise – »Jeder ist ersetzbar« – und die eher nebenbei geäußerte Ergänzung – »auch ich« – könnte auf ihn selbst zurückfallen.

Noch aber ist Zweckoptimismus angesagt: Der Aufsichtsrat, so der VW-Chef, werde ihn so lange behalten, wie er »für das Unternehmen gute Arbeit leiste«. Erst wenn dies eines Tages nicht mehr der Fall sein sollte, würden ihn die Räte »in den wohlverdienten Ruhestand« schicken.

☙

In ihrer Vita verbindet sie vieles: Beide sind Mitte der Dreißigerjahre geboren, beide haben als Bereichsvorstände eine Unternehmenstochter geführt – bei Mercedes-Benz der eine, bei Audi der andere –, beide liegen seit Jahr und Tag mit Opel im Streit, beiden wird nachgesagt, sie hätten »Benzin im Blut«. Und beide sind sie bereits drei Jahre zuvor zu Vorstandsvorsitzenden angesehener deutscher Automobilunternehmen berufen worden: Werner in Untertürkheim, Piëch in Wolfsburg. Das Entscheidende aber ist: Beide dulden keinen anderen über sich.

Längst ist der schwelende Konkurrenzkampf der beiden Topmanager nicht länger zu deckeln. Dabei täte Piëch gut daran, sich etwas zurückzuhalten, denn Werner soll bereits als Vermittler im Streit General Motors versus Volkswagen eingeschaltet worden sein. Und dass Deutschlands beliebtester Automann – im Gegensatz zum Dickschädel in Diensten der VW AG – ein versierter Diplomat ist, weiß man besonders in dieser Situation zu würdigen.

☙

Im Januar 1997 ist Piëch nicht nur dreieinhalb Jahre älter, sondern auch um einige Skandale, wiederholte Durchsuchungsaktionen in seinem Unternehmen sowie unzählige Kleinkriege mit GM-Rechtsanwälten erfahrener. Von vollmundigen Vorwürfen hat er sich ebenso verabschieden müssen wie von den bitterbösen Kriegserklärungen vergangener Jahre.

Abgewendet ist ein Prozess auf der Basis des Rico-Gesetzes zur Bekämpfung organisierter Kriminalität, abgewendet ist die Verurteilung der VW-Vorstände Piëch und Neumann, abgewendet ist eine Schadensersatzzahlung in bis zu zweistelliger Milliardenhöhe.

Wie es das vereinbarte Prozedere vorsieht, wenden sich Ferdinand Piëch und Klaus Liesen schriftlich an General-Motors-Chef Jack Smith und GM-Verwaltungsratspräsident John Smale: »Dieser Brief ist Teil unserer Vereinbarung, die Zivilverfahren zwischen Volkswagen AG einerseits und General Motors Corporation und Adam Opel AG andererseits zu vergleichen.« Vorstands- und Aufsichtsratschef bestätigen, »dass Volkswagen den Rücktritt der Herren López und Gutierrez mit Wirkung zum 29. November 1996 akzeptiert hat«.

Auch »die Herren Alvarez und Piazza werden« – so die kleinlaute Zusicherung – »spätestens bis Ende Januar 1997 zurücktreten oder beurlaubt werden«. Weiterhin bestätigen Piëch und Liesen, dass »die Herren López, Gutierrez, Alvarez und Piazza vor einem deutschen Gericht wegen rechtswidriger Handlungen angeschuldigt« sind.

Es folgt die entscheidende Erklärung: Volkswagen »erkennt die Möglichkeit an, dass es zu rechtswidrigen Handlungen dieser Personen gekommen sein kann«. Einziger Vorbehalt: »Die Anschuldigungen müssen bewiesen oder entkräftet werden.«

Jetzt endlich zeigen Piëch und Liesen »Verständnis für die Besorgnis von GM/Opel hinsichtlich möglicher unrechtmäßiger Handlungen der Angeschuldigten«.

Hätte es so eine versöhnliche Erklärung bereits im Sommer 1993 gegeben, hätte Ferdinand Piëch sich und seinem Unternehmen wahrscheinlich nicht nur die Anwaltskosten sparen können.

Eine Enttäuschung folgt der nächsten. Helmut Werner hat den Konkurrenzkampf mit Ferdinand Piëch so wenig ausgefochten wie den mit Jürgen E. Schrempp. Am Ende muss er sich einen neuen Job suchen – und wird Aufsichtsratsvorsitzender bei gleich mehreren Unternehmen: bei der Formular One Holdings im Rennsportstall von Bernie Ecclestone, beim Elektroriesen Alcatel Deutschland GmbH und bei der Expo 2000 in Hannover. Außerdem ist er zusammen mit Jack

Welch an dem US-Unternehmen Penske Capital Partners, das sich bei unterbewerteten Unternehmen engagiert..

☙

Der Konzernchef ist kleinlaut geworden, weil es nur noch darum gehen kann, wenigstens den allerschlimmsten Schaden abzuwenden – für das Unternehmen, aber vor allem für sich selbst. Diese Niederlage schmerzt wie kaum eine andere in seinem Leben. Doch Ferdinand Piëch hat eingesehen, dass eine außergerichtliche Einigung erzielt werden muss, soll ihn der Aufsichtsrat für eine zweite Periode im Amt bestätigen.

VW akzeptiert die »Klarstellung« von GM, dass es bei der »Einleitung von Rechtsverfahren« und allen bisherigen öffentlichen Erklärungen weder darum gegangen sei, das Image von Volkswagen zu schädigen, noch, sein Management zu verleumden. Im Gegenzug heißt es: »Volkswagen bedauert Erklärungen, die dahingehend ausgelegt worden sind, nahe zu legen, dass GM/Opel Beweise unter schoben oder vorgetäuscht haben.« Weiter bekunden Piëch und Liesen in ihrem schriftlichen Rückzugsgefecht: »Wir glauben nicht, dass die Handlungen von GM/Opel einen Angriff auf den Standort Deutschland dargestellt haben.« Zweck und Ziel dieser weitgehenden Kapitulationserklärung sind offensichtlich: Hochoffiziell begrüßt VW, dass dieses Schreiben und die entsprechenden Maßnahmen es ermöglichen, »die zivilrechtlichen Auseinandersetzungen zu beenden«.

Am Ende wird das beiderseitige Bedauern zum Ausdruck gebracht – das allerdings bedauernder klingt auf Seiten der Wolfsburger als bei den Detroitern –, »dass eine solche öffentliche Eskalation der Auseinandersetzung stattgefunden hat«. Die Vereinbarung zwischen GM/Opel und Volkswagen eröffnet, so die VW-Manager versöhnlich, beiderseitige »zukünftige Geschäftsmöglichkeiten«.

Mit freundlichen Grüßen
Dr. Liesen Dr. Piëch

☙

9. Januar 1997. An diesem Donnerstagabend verkünden die vier mächtigen Automänner das Ergebnis der Verhandlungen: Volkswagen zahlt 100 Millionen Dollar an General Motors – ob als Ausgleich für einen

wie auch immer entstandenen Sachschaden oder als Schmerzensgeld oder als Ausgleich für den Imageverlust, ist nicht klar. Zudem verpflichtet sich Volkswagen, in den nächsten sieben Jahren für eine Milliarde Dollar Zulieferteile beim US-Konkurrenten einzukaufen. Für die etwa 80 Anwälte wie für die Prozesse übernimmt Volkswagen die Kosten.

Im letzten Augenblick haben die Verhandlungsführer den Konzernkrieg außergerichtlich beigelegt. Exakt einen Tag vor Ablauf der Frist, bis zu der die Gegenklage in Detroit hätte eingereicht werden müssen, kann die für Volkswagen existenzgefährdende Eskalation vermieden und der außergerichtliche Vergleich vereinbart werden. Die Anklage gegen López wird von der Darmstädter Staatsanwaltschaft weiter aufrechterhalten.

🚗

Nachdem er sich bereits im November wider Willen von seinem Offizier Ignacio López trennen musste, hat Ferdinand Piëch nun die entscheidende »Schlacht« verloren: General Motors »verlässt als moralischer Sieger die Arena«, urteilt die *Börsen Zeitung.* »Nachdem Piëch Krieg führen und Sieger sein wollte«, muss er jetzt in Milliardenumfang Autoteile von GM kaufen, und das – vermutet die *Süddeutsche Zeitung* – »sicher nicht zu den Bedingungen, die López in den vergangenen Jahren den VW-Zulieferern diktierte«.

So schmerzlich diese Entscheidung für Piëch auch ist – für die Volkswagen AG vermeidet er eine juristische Katastrophe. »Vier Jahre lang, seit dem Tag, als VW den GM-Manager López von Detroit abwarb, regierte der Wahnsinn«, kommentiert die *Frankfurter Rundschau* und stellt »die Frage nach der Verantwortlichkeit für den Wahnsinn«. Die Antwort liegt auf der Hand.

Hundertprozentig wenig Gegenliebe

»Es gibt sicher eine Art Seelenverwandtschaft zwischen
Herrn López und mir.«
Ferdinand Piëch (Dezember 1996)

»Ich glaube, der Ausgang der Affäre hat eine heilsame Wirkung.«
Hans Wilhelm Gäb, Vorsitzender des Opel-Aufsichtsrats

»Und da stehe ich auf dem Standpunkt, dass der eine zu gehen
hat, nicht die 10 000.«
Ferdinand Piëch über Managerfehler

In den letzten Runden der Geheimverhandlungen bleiben die führenden
Manager beider Unternehmen außen vor. Dass eine Lösung jenseits der
Gerichte überhaupt möglich wird, ist auf Seiten der Volkswagen AG vor
allem den Aufsichtsräten zu verdanken: Klaus Liesen als Vorsitzender,
unterstützt von Gerhard Schröder und Walther Leisler Kiep, der seine
US-Kontakte zur Vermittlung genutzt hat. In den Verhandlungen mit
GM-Verwaltungsratschef Smale erreichen sie am Ende das, was Ferdi-
nand Piëch wohl ein Leben lang nicht gelungen wäre.
Man muss Klaus Liesen dafür allerdings keinen Orden verleihen. Er er-
lebt genau das, was er selbst mit zu verantworten hat. »Herr Liesen war
lange Jahre Vorstandsvorsitzender der Ruhrgas AG«, weiß Norbert Cul-
tus. Aus Sicht des langjährigen Volkswagen-Beschäftigen »ist es kein
Wunder, dass Herr Liesen als Chef des VW-Aufsichtsrats den jeweiligen
Vorstandsvorsitzenden permanent verteidigt – damals Hahn und heute
Piëch. Im Endeffekt setzt Herr Liesen im Aufsichtsrat die Interessen des
Vorstandsvorsitzenden durch.«
Für den kritischen VW-Aktionär »liegt das Ergebnis auf der Hand: Die
Kontrolle des Vorstands durch den Aufsichtsrat existiert de facto nicht.«
Als Beispiel führt der Berliner »die Auseinandersetzungen mit Opel und
die Machenschaften von Ignacio López« an. Der Aufsichtsrat habe »im-
mer nur abgenickt, anstatt eine Vollbremsung zu vollziehen«.

🚗

Dem niedersächsischen Ministerpräsidenten wäre viel erspart geblieben, hätte er früher mäßigend auf Piëch eingewirkt. Stattdessen positionierte sich Gerhard Schröder, Vertreter des Großaktionärs Niedersachsen und damit einflussreiches Mitglied im VW-Aufsichtsrat, von Anfang an als provozierender Pikador im Kampf gegen Smith und Smale.

Nachdem der *Spiegel* im Mai 1993 über den Verdacht der Industriespionage berichtet hatte, äußerte Schröder, die Opel/GM-Aktivitäten seien »gegen den größten europäischen Automobilhersteller gerichtet«. Die Angriffe des US-Konzerns zielten »auf den Industriestandort Deutschland« mit der Intention, »Volkswagen kaputtzumachen«.

Genau ein Jahr später warf die ARD in ihrer Sendung »Krieg der Giganten« die am Ende haltlose Frage auf, ob Opel sich anrüchiger Mittel bediene. Sogleich nutzte Schröder die Gelegenheit, die in der Filmreportage geäußerten Vermutungen und Verdächtigungen gegen General Motors pauschal als Tatsachen darzustellen.

Anschließend musste der damalige niedersächsische Ministerpräsident und heutige Bundeskanzler in den Verhandlungen mit GM die Suppe ausbaden, die er zuvor selbst kräftig mitversalzen hatte.

Doch mit der außergerichtlichen Einigung hat Gerhard Schröder, der sich so gern in der Rolle des agilen Arbeitsplatzbeschaffers sieht, einen Pyrrhussieg errungen. Die Zahlungen an General Motors führen zu Arbeitsplatzverlusten, auch im Schröder-Stammland Niedersachsen. Belasteten bereits die Daumenschrauben eines Ignacio López Zulieferfirmen massiv, so bedeutet der Milliardenauftrag von VW an GM, dass hiesigen Firmen Aufträge fehlen, mit denen sie gerechnet haben.

Piëchs »Seelenverwandtschaft« mit Herrn López erklärt, warum der VW-Vorsitzende sich nicht einfach des Problems entledigt hat. Während zahlreiche Audi- und Volkswagen-Vorstände den Weg frei machen mussten, schmiedete General Piëch mit seinen Brigadekommandeuren den Bund für die »Schlammschlachten« im »Krieg« der Autokonzerne.

Mit Ignacio López verbindet ihn sowohl strategisches Denken als auch das Gespür für Macht. Den Basken achtet er mehr als alle anderen Mitstreiter – fast bis zur Selbstaufgabe: Die López-Vergötterung hätte ihn beinahe seinen Chefsessel bei Volkswagen gekostet.

In Treue fest, wenn auch mit keinem solchen persönlichen Wagemut, stehen auch die Aufsichtsräte zu Piëch. Selbst als der mit dem Dickschädel eines österreichischen Elefanten in den amerikanischen Porzellanladen marschiert, deckt Klaus Zwickel seinen Chef: »Piëch war für VW ein großer Gewinn und ist es immer noch. Daran«, so der stellvertretende Aufsichtsratsvorsitzende, »hat sich nichts geändert.«

Aber auch hinter den GM-Kulissen haben sich heftige Positions- und Machtkämpfe abgespielt. Piëchs direkter Gegenspieler war der GM-Europachef Louis R. Hughes, der als potenzieller Nachfolger für den GM/Opel-Chefsessel in den Vereinigten Staaten gehandelt wurde. Hughes war in der Affäre einer der Hardliner, der sich von López persönlich hintergangen fühlte und darüber geradezu fassungslos erschien. Mit Schadensersatzforderungen in mehrstelliger Milliardenhöhe solle Volkswagen in die Knie gezwungen werden, forderte Hughes – ein Krieger wie Piëch, der an den entscheidenden Verhandlungsrunden zu einer außerordentlichen Einigung dann ebenfalls nicht beteiligt war.

Die Fraktion der »Tauben« bei General Motors verfolgte dagegen die Strategie, kein Verfahren gegen VW zu eröffnen und den Fall auf friedlichem Wege beizulegen. Auf diese Weise wollte man bei GM vor allem Louis R. Hughes treffen: Dessen Karriere wäre verbaut gewesen, wenn er den Machtkampf mit Volkswagen verloren hätte.

Letztlich entscheidet der Verwaltungsratspräsident den Konflikt: John Smale neigt zu einer vermittelnden Verhandlungsposition, die dem Volkswagen-Aufsichtsrat einen durchaus akzeptablen Rückzug ermöglicht: »Wir haben unsere Anwälte angewiesen, die gegen Herrn Dr. Piëch und Herrn Dr. Neumann erhobene Klage zurückzuziehen und gemäß der getroffenen Vereinbarung auch die Klageverfahren gegen die anderen Beklagten zu beenden«, heißt es in der Antwort von Smale und Smith auf das »Kapitulationsschreiben« von Piëch und Liesen.

»Wir haben bekommen, was wir wollten, und sind glücklich«, erklärt Opel-Chef David Herman.
Besonnen bringt es Hans Wilhelm Gäb auf den Punkt. Die GM-In-

teressen juristisch durchzusetzen hätte die Existenz von Volkswagen gefährdet – was dem Opel-Aufsichtsrat als ein zu hoher Preis erscheint: »Nicht die Täter, sondern völlig unschuldige Menschen hätten diesen Preis bezahlen müssen.«

Wohl wahr. Trotzdem scheint es auf Seiten von VW mit ähnlichen Einsichten nicht weit her zu sein. Denn VW-Kommunikationsvorstand Klaus Kocks verkündet nach der außergerichtlichen Einigung großspurig, die jetzigen Kosten kämen einem »Wölkchen an einem insgesamt strahlenden Himmel« gleich. Der Absatz laufe hervorragend, Volkswagen sei mit Erfolg restrukturiert worden.

🚗

25. Februar 1997. Frohe Kunde vom Konzernchef: erstmals auf über hundert Milliarden Mark gestiegene Umsatzerlöse und die Verdoppelung des Ergebnisses auf 678 Millionen – das Geschäftsjahrs war ein Erfolg. Zu Recht ist Piëch mit sich und der Welt zufrieden.

An diesem Dienstag aber steht ihm ein Treffen mit Betriebsräten ins Haus, an das er noch lange zurückdenken wird. Berichte über einen Schmiergeldskandal bislang unbekannten Ausmaßes dämpfen empfindlich die Freude über die grandiosen Bilanzen. Und wieder sind Volkswagen und GM/Opel betroffen, wieder ermitteln Staatsanwälte, wieder stehen die Herren López und Gutierrez im Mittelpunkt des Geschehens. Und wieder gibt Klaus Liesen Piëch Rückendeckung, wenn auch mit einem warnenden Unterton: Er stehe voll und ganz hinter Piëch, betont Liesen – »auf der Basis der bisher vorliegenden Ermittlungsergebnisse«.

🚗

In Braunschweig und in Zürich ermittelt die Staatsanwaltschaft: José Manuel Gutierrez soll noch vor seinem Wechsel zu VW in zweifelhafte Geschäfte involviert gewesen sein.

Die Staatsanwälte sind auf ein Netzwerk von Schmiergeldfällen gestoßen, mittels dessen der Spanier bei seinem vorigen Arbeitgeber kräftig abkassiert haben soll: Eine »fünfprozentige Schmiergeldabsprache« soll Gutierrez' Gehilfen beim Bau von GM/Opel-Lackierereien in Portugal, Mexiko, dem Rüsselsheimer Stammwerk und bei weiteren Projekten von Škoda und Saab insgesamt rund 20 Millionen Mark eingebracht haben.

Betriebsratschef Klaus Volkert packt »Entsetzen und Wut«, wenn er daran denkt, dass López-Freund Gutierrez mittlerweile in Diensten der Volkswagen AG steht. Und López-Freund Piëch befürchtet eine Kette von Unterstellungen, die »von Gutierrez über López zu Piëch« läuft.

Aber nicht nur das, Piëch macht sich auch Sorgen über die mögliche Verlagerung des Netzwerks. Immerhin könnten nach dem Wechsel der López-Crew zu Volkswagen die Aktivitäten von Wolfsburg aus fortgeführt und gesteuert worden sein.

Bereits im Januar 1997 hat Asea Brown Boveri (ABB), einer der Marktführer im Geschäft mit Lackieranlagen, in Zürich Strafanzeige gestellt und darin behauptet, Gutierrez »kontrolliert alles«. Zu den Leidtragenden, so der Schweizer Personalberater Axel Landwehr, zähle auch »der Aktionär von VW«, denn der Volkswagen-Profit werde »zum Teil an die Personen verteilt, die das Ganze kontrollieren«.

21. März 1997. »Die Volkswagen AG ist das erste deutsche Unternehmen, das allen Beschäftigten den Erwerb solcher Aktienoptionen einräumt«, heißt es in der viel beachteten Mitteilung über das Ergebnis der Aufsichtsratssitzung an diesem Freitag. Damit werde den Mitarbeitern »die Möglichkeit eröffnet, am wirtschaftlichen Erfolg des Unternehmens teilzuhaben«. Eher beiläufig erfährt die Öffentlichkeit, dass das Kontrollgremium auch Piëchs Vertrag, der Ende des Jahres ausgelaufen wäre, um weitere fünf Jahre verlängert hat.

Ferdinand Piëch hat vorgesorgt: Die einzig ernst zu nehmende Personalalternative ist mehr als 9000 Kilometer entfernt damit beschäftigt, das VW-Desaster auf dem brasilianischen Markt zu beheben. Wieder einmal ist die Strategie des Vorsitzenden voll und ganz aufgegangen. Seine Wiederwahl im Aufsichtsrat erfolgt einstimmig.

Im April 1993 hatte GM/Opel Strafantrag wegen des Verdachts von Geheimnisverrat gegen López gestellt. Es folgten die Vernehmung von knapp 200 Zeugen, die Zusammenstellung von mehr als 50 Ermitt-

238

lungsbänden und die schier unendliche Geschichte von der Sichtung des beschlagnahmten Datenmaterials.

Im August 1993 erwog die Darmstädter Staatsanwaltschaft die Beantragung eines Haftbefehls gegen López: Man könne »durchaus über Flucht- und Verdunkelungsgefahr« reden, meldete die *Welt*. Passiert ist nichts, Alvarez und Piazza konnten sich ganz offiziell in ihr Heimatland absetzen. Die Staatsanwaltschaft sichtete und sichtete und sichtete.

Vergleicht man die Vorgehensweise der Darmstädter Ermittlungsbehörde mit der anderer Staatsanwaltschaften – beispielsweise der Bochumer im »Fall Veba« oder der Frankfurter im »Fall Schneider« –, kommt man unweigerlich zu dem Schluss: In der Affäre um Ignacio López ist zu spät und zu lasch an den Fall herangegangen worden.

Dieses Versäumnis der vergleichsweise unerfahrenen Staatsanwältin anzulasten greift zu kurz: Um den Vorwurf der Industriespionage zwischen zwei der größten Autokonzerne der Welt aufzuklären, hätte man ihr zumindest einen weiteren routinierten Staatsanwalt zur Seite stellen müssen. Sie allein zu lassen hat sich als kapitaler Fehler entpuppt – wenn es denn einer war.

Wären von der Justizbehörde mehrere Staatsanwälte mit dem Fall López betraut worden, dann hätten gleich eine Vielzahl von Hausdurchsuchungen durchgeführt werden müssen – auch im Umfeld von Ferdinand Piëch, von seinem Wohnhaus bis hin zum 13. Stock der VW-Machtzentrale. So hätte sich zweifelsfrei ermitteln lassen, dass der Konzernchef von etwaigen Machenschaften weder etwas wusste noch gar an ihnen beteiligt war.

🚗

Warum war Dorothea Holland so lange allein mit dem Fall befasst? Ist die Darmstädter Staatsanwaltschaft überfordert gewesen? Hat sie im eigenen Haus ausreichend Rückendeckung erhalten? Weshalb wurden erst so spät und in derart begrenztem Umfang Hausdurchsuchungen durchgeführt?

🚗

27. Juli 1998. Endlich erhalten die vier Angeklagten ihr gerechtes Urteil für den Vorwurf, »sich während ihrer Tätigkeit bei der Firma Adam

Opel AG in Rüsselsheim kurz vor dem gemeinsamen Wechsel zu dem Konkurrenzunternehmen VW AG im März 1993 Geschäftsunterlagen aus den Bereichen Forschung, Planung, Fertigung und Verkauf verschafft und über ihr Ausscheiden bei GM/Opel hinaus für sich behalten zu haben, um sie für ihre Arbeit bei der VW AG auszuwerten und anschließend, zumindest teilweise, zu vernichten«.

☙

Mit Zustimmung der Staatsanwaltschaft stellt die Wirtschaftsstrafkammer des Landgerichts Darmstadt das Verfahren gemäß § 153a Abs. 2 der Strafprozessordnung vorläufig ein. Einzige Auflage: López muss 400 000 Mark, Gutierrez 100 000 Mark, Alvarez 50 000 Mark und Piazza 40 000 Mark an gemeinnützige Einrichtungen zahlen. Sobald die Angeschuldigten die »auferlegte Zahlung erbracht haben, wird das Verfahren endgültig eingestellt werden«.
Solche Bußgelder sind für Manager dieser Einkommensklasse allenfalls ein besseres Trinkgeld. López & Co. jedenfalls können mit der finanziellen Seite des Gerichtsbeschlusses ganz gut leben.
Noch am selben Tag meldet die gerichtliche Pressestelle Vollzug: »Nachdem die Angeschuldigten López, Gutierrez, Alvarez und Piazza die ihnen auferlegten Zahlungen erbracht haben, wurde das Verfahren mit Beschluss der 13. Strafkammer endgültig eingestellt.«

☙

30. Juli 1998. Hans Wilhelm Gäb setzt auf Versöhnung. Statt gegen den Beschluss zu wettern, äußert sich der Opel-Aufsichtsratsvorsitzende zufrieden über die »heilsame Wirkung« des Verfahrens. Künftig werde sich jemand »dreimal überlegen, unerlaubt fremdes Wissen zu verwenden«. Schließlich sei das »sicher nicht karriereförderlich«.

☙

Nachdem die Darmstädter Justizbehörde den Aktendeckel über dem Fall López geschlossen hat, kann sich in Wolfsburg ein ihm nahe stehender Manager entspannt zurücklehnen. Jedoch nicht lange, denn den Volkswagen-Oberen könnte neues Ungemach ins Haus stehen.

☙

August 1999. Als sie die Büroräume im schweizerischen Zollikon durchsuchen, stoßen die Ermittler auf einen bedeutsamen Hinweis. »die Weiterleitung der vereinnahmten Gelder«, so der schriftliche Vermerk, »muss über mehrere Stufen erfolgen«: über »zwischengeschaltete Treuhandgesellschaften bis hin an die Endempfäng. Deren Kürzel – »L.,G. etc.« – könnten an wohl vertraute Namen erinnern: López und Gutierrez, vormals in Spitzenstellung bei GM/Opel und der Volkswagen AG tätig. Trotz »vorhandener Indizien auf ein internationales Netzwerk« hat sich der Verdacht noch im »nicht verdichtet«, erklärt Eckehard Niestroj, Staatsanwalt in Braunschweig. Für die Spiegel-Rechercheure Dietmar Hawranek und Georg Mascolo ist klar: Die so genannte Netzwerk-Affäre »ist einer der spannendsten Fälle mutmaßlicher Wirtschaftskriminalität«.

Die Strafanzeige lautet auf Bildung einer kriminellen Vereinigung. Fest steht: Über verschiedene Provisionssysteme kassierten Firmen in Liechtenstein und auf der Kanalinsel Guernsey von den VW- und Opel-Zulieferern ABB und der Eisenmann KG in Böblingen. Noch ist offen, wer diese millionenschweren Provisionen letztlich eingesackt hat.
In Wolfsburg liegen die Nerven blank: Einen zweiten Skandal – womöglich noch dazu mit Piëchs Seelenverwandtem Ignacio López und dessen Geschäftspartner Manuel Gutierrez im Zentrum des Netzwerks – kann man kaum verkraften. Freiwillig reisen VW-Manager zur Vernehmung nach Braunschweig zur Stattsanwaltschaft.
Wie das System funktionierte, zeigt ein Auftrag der Eisenmann KG für die Lackiererei des VW-Werks Mosel über 58,6 Millionen Mark. Die erste Provision umfasste 1 811 249 Mark – und wurde vom Böblinger Lackfabrikanten an eine Firma von Hans Hüskers überwiesen. Der frühere GM-Vizepräsident Europa ist ein Freund von López.
Die Verstrickungen sind vielfältig, das Verfahren dauert noch an.

Der Fall López ist zumindest vorläufig abgeschlossen, obwohl entscheidende Fragen noch immer nicht geklärt sind. Was ist mit den GM-Geheimdokumenten geschehen, die López und seine Mithelfer Gutierrez, Alvarez und Piazza nicht in den Reißwolf gegeben haben?

»Zweck der Beschaffung« sei gewesen, die GM-Informationen »nach einem Wechsel zu VW dort zu verwenden und im Interesse von VW auszuwerten«. Diesen Vorwurf der Staatsanwaltschaft hatte Piëch nie glauben wollen. Noch im Februar 1994 erklärte er, »nach intensiven Prüfungen« sei er sich »hundertprozentig sicher, es kamen nie Unterlagen zu VW«.

22. Mai 2000. Die US-Justiz schlägt zu, Ignacio López soll in Detroit vor Gericht: wegen mehrfachen Betrugs und des Transports gestohlenen Eigentums über die Grenzen von US-Bundesstaaten.

Staranwalt Plato Cacheris erklärt, sein Mandant habe bei einem Autounfall 1998 schwere Gehirnverletzungen erlitten und leide seither unter »signifikantem Gedächtnisverlust«.

López' Gedächtnis reicht aber immerhin so weit, dass er sein Autoprojekt »Carmen« im portugiesischen Ex-Renault-Werk in Setubal voranbringen, 1999 Pläne für Autowerke in Brasilien, Indien und Spanien präsentieren und in Bilbao eine Unternehmensberatung betreiben kann.

López werde nicht in die USA kommen, verkündet der Anwalt, denn Spanien liefert seine Staatsbürger grundsätzlich nicht aus. Deshalb sei »der Fall eine Geld- und Zeitverschwendung«.

Aus den hier präsentierten Dokumenten und Indizien kann jeder selbst seine Schlüsse ziehen. Die internen Protokolle der Befragung im Rothehof, der vertrauliche Brief von Alvarez an Gutierrez, die Vernehmungsprotokolle Günther Wittes durch die Kripo Wolfsburg und nicht zuletzt die Zeugenaussage Otto Wilhelm Jetters vor der Kriminalabteilung Rüsselsheim werfen viele Fragen auf – Fragen, die im VW-Konzern auf wenig Gegenliebe treffen dürften.

Immerhin hat der Krieger Ferdinand Piëch in einem Punkt dazugelernt: Kein Kommentar, mehr hat ein VW-Sprecher zum US-Prozess im »Fall López« nicht zu sagen.

242

Teil III:

Vielfrontenkrieg

Kapitel 7: Globaler Krieger

Strampeln gegen den Strom

>»Aber außerhalb strampeln alle erheblich mehr.«
Ferdinand Piëch über seine Entscheidung gegen Ingolstadt

>»Mittelfristig trägt sie vielleicht dazu bei, die Audi-Arbeitsplätze
>in Ingolstadt sicherer zu machen.«
Peter Schnell über Piëchs Entscheidung gegen Ingolstadt

>»Wo zeigt Herr Piëch schon globale Verantwortung?«
Thilo Bode, Executive Director Greenpeace International

Der Einfluss heutiger Wirtschaftsführer ist nur mit der Macht früherer Monarchen zu vergleichen: Sie diktieren Vertragsbedingungen, verteilen Millionen- und Milliardenbeträge, treffen Entscheidungen, die das Schicksal Tausender von Menschen grundlegend beeinflussen. Hebt der Imperator den Daumen, dann wird ein neues Werk gegründet und eine ganze Region lebt auf. Darauf hoffen die Menschen in dieser Stadt, die voll und ganz von der Autoproduktion abhängig ist.
Ferdinand Piëch nennt den Oberen in Stadt und Freistaat seine Forderungen: von der Senkung der Gewerbesteuerhebesätze bis zu Fördermitteln aus dem Etat des Landes. Und sie alle mühen sich nach Kräften, ihn gnädig zu stimmen. Werfen wir also einen Blick in die Vergangenheit. In eine Zeit, da die Globalisierung der Autoindustrie ihre ersten Schatten wirft, selbst auf das beschauliche Ingolstadt.

☙

Grenzenlos sind seine Gedanken, zahllos die nationalen wie internationalen Angebote. Im Februar 1990 türmen sich die Offerten auf dem Schreibtisch des Audi-Chefs: »Wir werten die 90 Angebote aus«, erklärt der Wiener. Sein Blick geht vor allem nach Osteuropa, auch wenn

»westlich von Ingolstadt attraktive Standorte« dabei sind. Entscheidend ist die Tatsache, dass bei »allem, was östlich von der Bundesrepublik liegt«, eine »möglichst hohe Kapitalnutzung« gegeben ist. Dort nämlich kennt man »diese Samstag-Sonntag-Diskussion nicht«, attackiert Ferdinand Piëch Arbeitnehmervertreter und die Positionen von Pastoren.

Mit den Politikern in der Donaustadt ist er nicht zufrieden: »Die stärkeren Bemühungen um das Motorenwerk beginnen außerhalb unseres Landkreises.« Hier in Ingolstadt habe man ihm Grundstückspreise »von 150 Mark pro Quadratmeter« angeboten. Bei BMW in Regensburg aber war »eine Null weniger dran«.

Allerdings sei der Grundstückspreis auch »nur ein Mosaikstein«. Da muss dem Regent der Ringe schon mehr geboten werden als eine radikale Reduzierung der Kosten. Denn »außerhalb strampeln alle erheblich mehr«.

⌐

Den Vorwurf mangelnden Engagements weist Peter Schnell von sich. Hat der Ingolstädter Oberbürgermeister dem Audi-Chef doch ein Grundstück zum Quadratmeterpreis von weit unter 100 Mark angeboten, wie er der *Augsburger Allgemeinen* sagt. Und selbstverständlich will der OB auch die Senkung des Hebesatzes der Gewerbesteuer anbieten.

Dennoch befindet sich Schnell auf verlorenem Posten. Aus letztlich gut 150 Angeboten willfähriger Bittsteller fügt Piëch die Mosaiksteine zusammen. Schon früh favorisiert er die Magyaren-Republik. Dorthin hatte er noch vor anderen osteuropäischen Staaten »zuerst Verbindungen« geknüpft. Außerdem »muss man sagen: Ungarn schlägt Portugal, nicht nur preislich«. Denn »die können dort deutsche Zeichnungen lesen. Und für die Portugiesen bräuchten wir Übersetzer.«

⌐

10. Dezember 1990. Natürlich sind sie resigniert ob ihres vergeblichen Strampelns. Lange hat sich die Stadt bemüht, hat »mit dem Esso-Grundstück Vorsorge getroffen«, wie Peter Schnell betont. Bereits im letzten Jahr traf sich Ingolstadts OB mit Ferdinand Piëch zur Aussprache. Doch von Anfang an hatte er schlechte Karten gegen die Kon-

kurrenz im Ausland. Die »Grenzlandförderung und andere staatliche Förderungen« fehlen, sucht Schnell nach weiteren Erklärungen. So sei »weniger Geld« im Stadtsäckel eingegangen, eine Senkung der Gewerbesteuer deshalb außer Frage gestanden. »Vielleicht« trage Piëchs Entschluss dennoch dazu bei, die Arbeitsplätze bei der Audi AG »sicherer zu machen«.

Lange Zeit gehofft hat Dr. Franz Götz, Chef der SPD-Stadtratsfraktion und Mitglied des Bayerischen Landtags. Er ging davon aus, dass »noch nichts entschieden« sei. Ratlos wirkt auch Erhard Kuballa. Anfang des Jahres hat der Betriebsratsvorsitzende hoffnungsfroh verkündet, er halte »noch einige Trümpfe in der Hand«, zumal »wir hier ausgebildete Arbeitskräfte, die Logistik und die Infrastruktur« haben. Ende 1990 ist er dann mit den Audi-Oberen zum Gespräch zusammengetroffen. Seither hält er das Projekt eines neuen Motorenwerks für »überhaupt gestorben«.

Nur einer von ihnen gesteht offen, er habe sich sowieso nie Hoffnungen gemacht. Bei Hermann Regensburger, dem Vorsitzenden der CSU-Fraktion im Stadtrat, hält sich deshalb die »Enttäuschung in Grenzen«. Am Ende reagieren sie alle mehr oder minder verständnisvoll. Was bleibt ihnen auch anderes übrig – den Vertretern der Stadt und dem Oberbürgermeister, den Spitzen des Audi-Betriebsrats und der IG Metall, den Fraktionssprechern von CSU und SPD? Der Audi-Vorsitzende hat »die Bombe platzen« lassen, wie der *Donaukurier* die Situation vor Ort auf den Punkt bringt. Und die Verletzungen sitzen tief.

🚗

Entscheidend für den Standort Györ – auf halber Strecke zwischen Wien und Budapest gelegen – sind die vergleichsweise gut ausgebildeten Arbeitskräfte, die Stundenlöhne von etwa vier bis sechs Mark sowie die Infrastruktur. Motoren- und Zulieferteile können via Nachtzug von und nach Ingolstadt transportiert werden. Zudem subventioniert Ungarn die Audi-Ansiedlung erst einmal mit einer fünfjährigen Steuerbefreiung. Industrieminister László Pál hat am erfolgreichsten »gestrampelt«, da guckt selbst Piëchs Heimatland in die Röhre.

Bereits in der Frühphase des Entscheidungsprozesses haben Vertreter der Austria Metall AG (Amag), die zur staatlichen Austrian Industries zählt, Gespräche über die Ansiedlung eines Audi-Motorenwerks geführt. Ziel war, die Produktionsstätte an den oberösterreichischen Amag-Standort Braunau-Ranshofen zu holen. Vergeblich. So kann man dem Global Player Piëch vieles vorwerfen, kaum jedoch einen überzogenen Lokalpatriotismus.

🚗

12. Oktober 1994. Anlässlich der Eröffnungszeremonie des hypermodernen Produktionswerks, in dem eine völlig neue Generation von Motoren mit Fünfventiltechnik gefertigt werden wird, spricht Staatspräsident Arpád Göncz von einem »Meilenstein für Ungarn«. Befriedigt verfolgt der Volkswagen-Chef die Feierlichkeiten. Sein Aufsichtsrat ist heute nur Staffage.

Zum Ausbau der internationalen Wettbewerbsfähigkeit gelte es das Standbein in Osteuropa zu stärken, verkündet der neue Audi-Chef an diesem Tag. Zufrieden bilanziert Herbert Demel: »Die Audi AG wird mit diesem Standort auch in der Fertigung zum Global Player.« Györ aber ist überall und nur ein Beispiel unter vielen im Global Game um Macht und Moneten. Jürgen E. Schrempps Entscheidungen für das Smart-Werk in Lothringen oder die M-Klasse-Produktion in Alabama sind auf Grund vergleichbarer Vergünstigungen gefallen.

🚗

Heute wird »einem Audi-Vorstand in Ungarn Aufmerksamkeit zuteil wie einem Staatsgast«, wundert sich der Ingolstädter *Donaukurier*. Zur Begrüßung durch den Minister fährt der Konvoi mit Blaulichteskorte vom Flugplatz in die Budapester Innenstadt. Angesichts der gewaltigen wirtschaftlichen Schwächen im Osten Europas werden Arbeitsplatz schaffende Investoren aus dem Westen zu Helden stilisiert. Allen voran die Helden des Volkswagen-Konzerns, denn der ist der größte deutsche Investor.

Mittlerweile räumen die Ungarn dem Unternehmen eine zehnjährige Steuerbefreiung ein. Lohnintensive Arbeitsprozesse wie die Montage erfolgen in Györ, wo »die Arbeitskosten nur rund ein Siebtel der Kosten wie in Deutschland« betragen, erläutert Karl Huebser, Geschäftsführer der Audi Hungaria. Aber auch die Beschäftigten sind zufrieden, verdienen sie doch rund 40 Prozent mehr als ihre Kollegen im Landesdurchschnitt. Das Einkommen reicht von 650 Mark brutto für einen Arbeiter in der Fertigung bis zu 3900 Mark für die Führungskräfte. Rund um die Uhr läuft das rollierende Schichtsystem auf Hochtouren.

Bei der Audi Hungaria Motor Kft. werden 1997 bereits 585 000 Motoren gefertigt, nahezu alle der gesamten Audi-Flotte. Im Jahr darauf sind es schon eine Million Benzinmotoren für Volkswagen, Škoda, Seat und eben Audi. Das Audi Coupé TT, das Flaggschiff im Konkurrenzkampf mit Mercedes und BMW, wird seit 1998 in Györ montiert, der offene Zweisitzer sollte folgen.

Die Frage der Standortwahl ist nur eine von vielen, Györ allenfalls ein Nebenschauplatz im Megamonopoly. Was zum Vorteil der Menschen in der Region geschieht, in der das neue Werk aus dem Boden gestampft wird, entwickelt sich nicht selten zum Nachteil der Arbeiter in den Stammwerken.

Die Linie der Vorstände und der Kapitalseite in den Aufsichtsräten ist eindeutig: »Made by Volkswagen« geht vor »Made in Germany«, Aktienkurse vor Arbeitsplatzgarantien, Dividendenerhöhung vor mehr Mitwirkung, Unternehmenswertsteigerung vor umweltverträgliche Mobilität, Shareholder Value vor soziale Absicherung. Immer rationeller die Produktionsweise, immer schneller die Arbeitsschritte, immer flexibler die Beschäftigten, immer größer die Gewinne, immer mächtiger die Konzerne und ihre Vorsitzenden.

In atemberaubendem Tempo erobert die Autoindustrie noch den letzten Winkel der Erde. Der Kampf der Schiene gegen die Straße scheint verloren. »Das Land wird seine gewaltigen Warenströme in Zukunft vor allem auf der Straße transportieren«, beschreibt Ferdinand Piëch die Entwicklung in China, wo schon heute sechs von zehn Pkws aus einem VW-Werk stammen.

Die Front der Kritiker ist erstaunlich breit. »Ich bin entsetzt, mit welcher Kaltschnäuzigkeit Herr Piëch und andere Konzernchefs der Automobilbranche Schwellenländern wie China, Indien oder Taiwan ihre steinzeitliche Strategie aufdrücken«, urteilt Thilo Bode. Auf der einen Seite würden »Industrieführer vollmundige Erklärungen über die globale Verantwortung der Automobilkonzerne« abgeben, auf der anderen Seite stehe »doch das Streben nach wirtschaftlichem Erfolg über allem«.

Die Fragen des Executive Director von Greenpeace International zielen auf den Kern des Verkehrsproblems: »Wo ist die Lösung für die Mobilitätsförderung von Milliarden von Menschen? Wo zeigt Herr Piëch schon globale Verantwortung?«

Auch Edzard Reuter sorgt sich um die globale Frage und warnt davor, dass »plötzlich 1,2 Milliarden Chinesen 400 Millionen Autos fahren«. Dann nämlich, so der damalige Daimler-Benz-Vorsitzende, »entstünde ein Umweltschaden, den wir mit unserem Umweltschutz in Amerika und Europa nie ausgleichen könnten«.

Wie aber verhält sich die IG Metall im Global Game? Sich anpassen oder opponieren, mitschwimmen oder dagegen ankämpfen, sich mit dem Mainstream treiben lassen oder strampeln gegen den Strom der Globalisierung?

Für manch einen Metaller stellt sich angesichts der sozialen, ökologischen und gesellschaftlichen Folgen des Turbokapitalismus die Frage nach dem richtigen Kurs der Arbeitnehmervertretung, aber auch nach der eigenen Identität in Zeiten schwindenden Einflusses von Gewerkschaften. Der Gesamtbetriebsratsvorsitzende von Volkswagen hat sich solche Fragen bereits vor Jahren gestellt – und erstaunliche Antworten gefunden.

Quo vadis, Klaus Volkert?

»Wir brauchen die ausländischen Standorte.«
Klaus Volkert, VW-Gesamtbetriebsratsvorsitzender

»Ohne den Rückhalt von Volkert hätte Piëch den Konzern
nie umkrempeln können.«
Stefan Winter im »Handelsblatt«

September 1995. Haben sie »erst mal Ochsenblut getrunken«, dann ist »es schwierig, die Leute wieder zur Ruhe zu bringen«. Alle wollen sie nur eines: »keinen Streik«, fügt der Gewerkschaftsboss doppeldeutig, weil drohend hinzu, aber »irgendwann ist Feierabend«. Knapp 300 000 Beschäftigte sind in Lohn und Brot bei der Volkswagen AG, und viele von ihnen stehen hinter dem Gesamtbetriebsratsvorsitzenden. Klaus Volkert ist damit einer der wenigen, die einem Ferdinand Piëch Paroli bieten können – könnten, wenn sie es nur wollten.

Denn so offen Volkert früher die Konfrontation gesucht hat, so mild sind viele seiner Stellungnahmen heute. Volkswagen brauche die ausländischen Werke, meint der Metaller, »damit sie mit der billigen Produktion im Rahmen einer Mischkalkulation die Produkte insgesamt billiger machen«. Umgekehrt bräuchten »sie uns in puncto Know-how, Produkte und Technik«.

Nicht nur in Fragen der Globalisierung operiert der oberste VW-Gewerkschafter häufig vorstandskompatibel, was ihm im Bundesvorstand der IG Metall auch schon mal kräftig Ärger einträgt – und versteckt formulierte Sympathien bei Vertretern des VW-Vorstands. Er sei »kein Ideologe«, schallt es aus dem Topmanagement schon fast rufschädigend. Zu deutlich darf sich Volkert nicht mit der anderen Seite einlassen, sonst ist sein Image zum Teufel.

In den letzten drei Jahren ist die Produktion allein im Stammwerk um mehr als 200 000 Automobile gesunken. »Da würden andere Konzerne ganze Fabriken platt machen und die Leute rausschmeißen.« In einer solchen Situation wirkt sich Volkerts Nähe zu den Konzernoberen durchaus positiv aus. »Das machen wir bei VW natürlich nicht«, verkündet er 1995 selbstbewusst. Und das, obwohl »der Kampf auf dem Markt« angesichts der Überkapazitäten von rund zwei Millionen Autos »weitergehen wird«.

Eines aber unterscheidet den Gewerkschafter grundlegend vom Konzernchef. Dem nämlich kommt kaum ein Wort des Bedauerns über menschliche Schicksale über die Lippen. Wo Piëch trockenes Zahlenwerk im Krieg der Konzerne darlegt, kennt Volkert auch die emotionale Seite: Das Beschäftigungsproblem werde VW »auf Dauer behalten«, denn Tausende von Beschäftigten seien »zu viel an Bord«. Gleichgültig, ob es sich um die vom Vorstand anvisierten 30 000 oder um die von der IG Metall errechneten 15 000 handelt, »für Betroffene ist es das gleiche Elend«.

☙

Entgegen den Erwartungen steigt der Absatz der VW-Fahrzeuge 1999 geringer als prognostiziert. Volkswagen verdient weniger als zuvor. Auch wenn »die Modelloffensive fortgesetzt« werden soll, muss die Produktion des Golf und des Polo wegen der rückläufigen Automobilkonjunktur begrenzt werden, in Wolfsburg verschärft sich das Arbeitsplatzproblem.

Das weiß Klaus Volkert auf seine Weise zu lösen: im Sinne des Stammwerks und auf Kosten der Produktionsstätten im VW-Werk Zwickau-Mosel. Dort haben die Beschäftigten mit Warnstreiks darauf aufmerksam gemacht, dass viele der befristeten Arbeitsverträge vom Auslaufen betroffen sind. In anonymen Schreiben wenden sie sich im Februar 1999 an die örtlichen Medien. Vom »Bauernopfer« ist darin die Rede und von »Racheakten« auf dem Rücken der Beschäftigten – wegen der Streikaktionen.

Der Gesamtbetriebsratsvorsitzende tritt in Aktion, Produktionskapazitäten des Golf werden von Ost- nach Westdeutschland, vom Moseler ins Wolfsburger Werk verlagert. Das ist fatal, vor allem wenn man weiß, dass die VW-Sachsen GmbH – neben dem Hannoveraner Nutzfahrzeugwerk – zu den wenigen wirklich rentablen Fertigungsstätten zählt. Also muss Ersatz geschaffen und Produktionsvolumen aus einem der anderen Werke nach Zwickau-Mosel verlagert werden. Bluten muss Emden: Dort wird die Passat-Produktion vermindert, die der Sachsen GmbH erhöht.

Das Zusammenspiel mit Volkert kommt dem Konzernchef entgegen: Ganz in Piëchs Sinne wird den kritischen Kollegen gezeigt, wer Herr im Hause ist.

⌣

Als die Arbeiter 1999 im Werk Emden gegen den Beschluss protestieren, dass nicht alle der befristet eingestellten Beschäftigten übernommen werden, profiliert sich Klaus Volkert, indem er über den »wilden Streik« seiner Kollegen wettert.

So also definiert der oberste Repräsentant der Arbeitnehmervertretung Solidarität. Da ist es kein Wunder, dass nicht wenige mit dem Mann, der an der Spitze des Konzern- und Gesamtbetriebsrats steht, so ihre Probleme haben.

⌣

1969 als Mechaniker im Wolfsburger Presswerk eingestellt, absolvierte Volkert eine steile Gewerkschaftskarriere und stieg Anfang der Neunzigerjahre an die Spitze des Gesamtbetriebsrats auf. Der gelernte Schmied scheint sich in der industriellen High Society wohl zu fühlen und Piëchs Einladungen an ihn und seine Gattin ebenso zu genießen wie die Möglichkeit, mit Gemahlin im VW-Firmenflieger zur Tokioter Motorshow zu jetten. Was in der Politik ein Skandal wäre, ist bei Volkswagen Teil des Systems Piëch.

⌣

Mai 1999, Barcelona. Gemeinsam unterzeichnen Ferdinand Piëch und Arbeitsdirektor Peter Hartz für den Vorstand, sowie deutsche, tschechische, slowakische, polnische, belgische, britische, spanische, portugiesische, mexikanische, brasilianische, argentinische und südafrikanische Arbeitnehmervertreter das Vertragswerk. Dieses regelt, dass die Betriebsrats- und Gewerkschaftsarbeit vergleichbar dem Europäischen Konzernbetriebsrat organisiert wird – allerdings mit globalem Anspruch, in allen Regionen, in denen der Konzern aktiv ist..

An der Spitze des neuen VW-Weltbetriebsrats steht ein Mann, der sich aus Sicht des Vorstandsvorsitzenden bestens bewährt haben dürfte: Klaus Volkert. Zusammen mit Stellvertreter Hans-Jürgen Uhl soll er die Interessen der mehr als 300 000 Beschäftigten an 40 Standorten des Konzerns vertreten. In der Schaffung des Weltbetriebsrats sieht Volkert »nicht nur einen formalen Akt«. Die 27 Mitglieder nähmen auch »ein hohes Maß von gegenseitiger Verantwortung« auf sich. »Wir wollen Solidarität weltweit ausbauen«, verkündet der neu gewählte Weltgewerkschafter voller Pathos bei der konstituierenden Sitzung. Dabei »dürfen wir nicht aus dem Auge verlieren, dass unser gemeinsames Ziel das Überleben aller Teile des VW-Konzerns sein muss«.

Stellvertreter Uhl erkennt seine Aufgabe im »ständigen sozialen Dialog zwischen den Gewerkschaftern und dem VW-Vorstand«, der »eine der wesentlichen Stärken des Konzerns« darstelle und »entscheidend zur Sicherung der Standorte und Arbeitsplätze in der Welt beitrage«. Das ist in der Tat eine wichtige Aufgabe, wie die Situation in den südafrikanischen oder brasilianischen VW-Werken zeigt.

»Herr Piëch, Sie dulden die Massenentlassung von 1300 Beschäftigten bei Volkswagen in Südafrika.« Der VW-Vorsitzende sieht sich mit heftigen Vorwürfen konfrontiert. Aus Sicht von Henry Mathews »dient die rüde Vorgehensweise vor allem dazu, sich 13 missliebige Vertrauensleute vom Hals zu schaffen«. Dabei hätten die so genannten Shopstewards vor allem »die berechtigte Unzufriedenheit vieler Mitarbeiter über ihre Arbeitsbedingungen artikuliert« und seien dabei von immerhin einem Drittel der Belegschaft unterstützt worden.

Damit nicht genug. Der Geschäftsführer des Dachverbands der Kritischen Aktionärinnen und Aktionäre kritisiert auch, »dass Piëch nicht gegen die Entlassung von Beschäftigten des brasilianischen VW-Werks São Carlos« eingeschritten ist. Die 22 Arbeiter hatten die Angleichung ihrer Löhne und Arbeitszeiten an die ihrer Kollegen in den Werken Anchieta und Taubaté gefordert.

Wütend macht Mathews vor allem die Tatsache, dass der VW-Vorstand seine Zusage, »3000 neue Arbeitsplätze zu schaffen«, nicht eingehalten hat. Diese sollten, so der Kölner Aktionärssprecher, die Gegenleistung

sein für die vom brasilianischen Staat kostenlos bereitgestellte Infrastruktur. »Gehalten hat der Vorstand sein Versprechen nicht.«
Und da der Aufsichtsrat die »unsoziale Geschäftspolitik des Vorstands in Südafrika und Brasilien deckt« und »Herrn Piëch nicht massiv wegen dessen Untätigkeit attackiert«, fordert Henry Mathews auf der VW-Hauptversammlung im Sommer 2000 die Nichtentlastung von Vorstand und Aufsichtsrat.

Wohin steuert Klaus Volkert mit seinem vorstandskonformen Kurs? Ist er der Einzige in der Gewerkschaftsspitze, dessen Nähe zu Piëch derart bedenklich stimmt? Vertritt der Vorsitzende des Weltbetriebsrats noch die Interessen kritischer Gewerkschafter?

Sushi à la Johansson

»In der Automobilindustrie findet zur Zeit ein Krieg der Japaner, Amerikaner und Europäer statt.«
Ferdinand Piëch über den globalen Autokrieg (1993)

»Muss immer der die Führung haben, der größer ist?«
Ferdinand Piëch über die Unternehmensführung im Fall einer Fusion von VW mit Toyota (1999)

»Nach schwedischem Verständnis hat der größte Einzelaktionär die industrielle Führung.«
Ferdinand Piëch über die Unternehmensführung nach der VW-Beteiligung an Scania (2000)

Den verbliebenen Reis auf dem Noriblatt ausbreiten, die Fischstreifen in der Mitte platzieren, anschließend aufrollen und kalt stellen. Danach wieder ausrollen, mit einem Messer in drei Scheiben schneiden und diese mit der geschnittenen Seite nach oben auf eine Platte legen. Zu guter Letzt den Reis zusammendrücken und den Lachskaviar darauf ausbreiten. Fertige Sushi können nach Farben angeordnet auf eine runde Platte mit Rand gesetzt und mit spitz zugeschnittenen Blättern dekorativ garniert werden. Als Beilage bietet sich eine eisgekühlte Sojasauce, auch geraspelter Ingwer an. Vor dem Essen empfiehlt sich eine Schale leicht gewärmter Sushi-Tee.

Intensiv hat sich Sushi-Fan Piëch mit der Kultur Japans beschäftigt, hat sie »in gewissen Dingen verehrt und versucht, was nachzumachen«. So sind seine häusliche Sammlung antiker Samurai-Schwerter und die Einrichtung seines Büros im japanischen Stil zugleich ein Ausdruck von Anerkennung und Nachahmungsstreben.

Piëch ist ein »glühender Verehrer der japanischen Herrenmenschen«, meint Ferdy Scheip in der *Woche*. Tatsächlich spricht vieles, was er tut und wie er es tut, die Sprache der alten Kriegerkaste. Deren Leben war der Schwertkampf, der nach dem Selbstverständnis der Samurai jedoch nicht nur auf die Kunst des Kämpfens beschränkt ist. Vielmehr sind »ausgezeichnete Gesundheit, große Ausdauer, technische Fertigkeiten« ebenso von Bedeutung wie die »Tugenden Mut, Entschlussfreudigkeit, Belastbarkeit, Bescheidenheit und geistige Beweglichkeit«, erläutert der Experte Thomas Preston.

Dem »Samurai an der Business-Front« dienen die Samurai-Prinzipien als Vorbild. Innerhalb von 700 Jahren, so Don Schmincke, entwickelte sich »eines der erfolgreichsten Managementsysteme in der Geschichte der Menschheit«. Nicht wenige glauben, »dass dieses System die Voraussetzungen für die heutige globale Vormachtstellung der japanischen Wirtschaft geschaffen hat«, preist Schmincke die 47 Prinzipien des »Bushido«, den Weg des Kriegers.

In Japan wird er verehrt und gilt bis heute als erfolgreichster Samurai des 17. Jahrhunderts. Längst sind Musashis fünf Bücher, vereint im *Buch der fünf Ringe*, zum Kultbuch für höhere Führungskräfte geworden. »Unzählige Manager haben im Land der aufgehenden Sonne ihre strategischen Pläne nach seinen Anleitungen gestrickt«, weiß Dr. Andreas Drosdek. »Im Westen haben zuerst amerikanische, dann aber auch europäische Firmen Miyamoto Musashi als den großen Strategen akzeptiert und sich an seinen Rat gehalten«, erläutert der Unternehmensberater und Kampfsportler.

☙

Seit Jahrzehnten führt Ferdinand Piëch die Auseinandersetzung mit Vorgesetzten und Untergebenen, mit Gegnern und Feinden, bei Porsche, Audi und Volkswagen. Er führt Krieg – gegen General Motors, gegen die japanische Autoindustrie, gegen alle, die nicht auf seiner Seite stehen. »Der weltweite Wettbewerb ist hart«, hat er bereits 1992 seine Sicht der Dinge erläutert, »vor allem in Europa tobt in den nächsten Jahren ein mörderischer Kampf.« Um den siegreich zu beenden, »braucht der VW-Konzern die Scharfschützen vorn«. Volkswagen müsse »gemeinsam operieren« können, »ähnlich wie Luftwaffe und Heer«.
Die Wortwahl des Wieners ist nicht von taktischen Erwägungen, sondern von der inneren Überzeugung eines Samurai geprägt. »Wenn wir jedoch irgendetwas in fast 1000 Jahren Schlachtfelderfahrung gelernt haben, dann dies: verteidigender, abwartender Kampf ist schlechter, ja nutzloser Kampf«, macht Preston mobil. Ferdinand Piëch hat diese Strategie verinnerlicht. Bereits im ersten Jahr seiner VW-Vorstandschaft hat er dem Konkurrenten General Motors vor laufenden Kameras den Krieg erklärt.

☙

»Man sollte bei einem wichtigen Kampf alle verfügbaren Waffen einsetzen. Zu sterben, ohne sein Schwert je gezogen zu haben, das wäre in der Tat bedauerlich.«
Miyamoto Musashi: »Das Buch der Erde«*

Drei automobile Supermächte beherrschen die Welt: Amerika kämpft gegen Europa und beide vereint gegen den Konkurrenten in Fernost. Und wer diktiert – zumindest 1993 – das Geschehen? »Zwei Krieger aus

---

* Alle Zitate Miyamoto Musashis sind folgendem Buch entnommen: Drosdek, Andreas: *Der Samurai-Faktor. Durch Chaosmanagement aus der Krise,* Frankfurt/M. 1995

kleinen, tapferen Bergstämmen«, so kennzeichnet Herbert Völker die Manager Piëch und López.

Für die beiden ist das Land der geachteten Japaner zugleich das Reich des Bösen. So haben sich die zwei mächtigsten Männer im Konzern zusammengetan in der gemeinsamen »Berufung gegen die Japaner«, analysiert der Chefredakteur des österreichischen Magazins *autorevue*. Und das Automagazin *ecoXtra* stellt fest: »Eines brauchte der Automann in der Vergangenheit immer: ein Feindbild.« Das ist zwar auf Ferdinand Piëch gemünzt, lässt sich aber ohne weiteres genauso auch von Ignacio López sagen.

Der Baske verfolgt klare und einfache Ziele: »Die Parameter, auf die es ankommt, heißen Qualität, Service und Preis.« Deshalb gebe es »keine Ausreden mehr, wenn man im letzten Gefecht mit den Japanern gewinnen« wolle, so López. Piëch funkt auf derselben Wellenlänge wie der Baske, wenn er diagnostiziert: Die westliche Welt habe sich »damit abgefunden, dass uns die Asiaten überrundet haben, und wir fahren jetzt hinterher«.

Damit will sich der Wiener nicht zufrieden geben: »Mein Anspruch ist – und darin besteht auch die Sinnesverwandtschaft zu Herrn López: Die Japaner kann man schlagen.« Um dieses Ziel zu erreichen, sind sie beide bereit, alle verfügbaren Waffen der Wirtschaft einzusetzen.

🚗

»Man muss den Blick so schulen, dass man auch in der Schlacht die Gedanken des Gegners liest. Man muss die inneren Stärken und Schwächen der eigenen Truppen und der des Gegners genau erfassen. So wird man letztlich den Sieg erringen.«
Miyamoto Musashi: »Das Buch des Windes«

Aus Piëchs Perspektive kommt es einer Ehre gleich, als Gegner gefürchtet, geachtet und gewürdigt zu werden. Fast bewundernd erklärt der VW-Chef: »Das sind unsere Gegner.« Denn »die Weltbesten sitzen in Japan«, und diese »verleiten uns dazu, Benchmarks zu setzen, die höher sind als das, was die Japaner anstreben«. Besser als die Weltbesten zu sein ist sein Ziel.

Eher abwertend äußert sich der Volkswagen-Vorsitzende dagegen über seine Mitkonkurrenten aus den Vereinigten Staaten: »Bitte betrachten Sie die Historie, woher die amerikanische Automobilindustrie kam und wo sie heute steht.«

Als Beispiel für den Niedergang der Amerikaner zerpflückt Piëch die bescheidenen Bilanzen seiner Gegner, als der »Krieg« zwischen Volkswagen und General Motors tobt. So sei der ohnehin magere Marktanteil des Opel Astra im Sturzflug begriffen, Opel habe einen Auftragsrückgang von 13,4 Prozent zu verkraften. Das »beste Auto der Welt der unteren Mittelklasse« sei eben der VW Golf. Und im Vergleich zum VW Polo »kam der Opel unter ferner liefen«.

»Wenn du dem Weg des Strategen folgst, wirst du heute bereits dein gestriges Selbst besiegen; morgen gewinnst du gegen diejenigen, die schlechter sind als du. Danach wirst du auch über Männer siegen, die dir heute noch überlegen sind – weil du dem wahren Weg genau gefolgt bist und deinen Geist auch nicht im Geringsten davon abweichen ließest.«
Miyamoto Musashi: »Epilog zum Buch des Wassers«

Aus seiner Sicht ist die Bedrohung immens, die japanische Autoindustrie der europäischen weit überlegen. Nur durch eine radikale Kursänderung ist ein Untergangsszenario zu verhindern: »Wir können wie die Engländer die Strukturen ganz kaputtgehen lassen«, so Piëchs düstere Vision, »und dann kommen die Japaner hierher und lassen aus zumeist vorgefertigten Teilen in Deutschland Autos zusammenbauen.« Deshalb hat er sich zur Aufgabe gemacht, dafür zu sorgen, »dass die europäische Automobilindustrie nicht kaputtgeht«. Denn sollte diese zerstört werden, dann würde »der ganze europäische Wirtschaftsraum kaputtgehen«.

»In drei Jahren«, so seine Prognose 1993, könne VW wieder mit den japanischen Autokonzernen konkurrieren. Für Volkswagen in Deutschland bedeute das »dann auch dauerhaft gesicherte Arbeitsplätze«. Piëch sollte Recht behalten und zugleich die größte Leistung seines Managerlebens vollbringen.

Trotz berechtigter Kritik – eines muss man ihm lassen: Mitte der Neunzigerjahre ist es – neben den Firmenkäufen – vor allem seiner Strategie zu verdanken, dass die Volkswagen AG innerhalb weniger Jahre auf der Basis von nur fünf Plattformen an die Spitze der europäischen Autoindustrie vorgefahren ist. Allein von 1993 bis 1996 steigert VW die Fahrzeugverkäufe um eine Million Stück, von vormals knapp drei auf fast vier Millionen – ein Trend, der sich in den kommenden Jahren fortsetzen sollte.

☙

»Welche Kampfstellung du auch immer wählst, konzentriere dich nicht auf sie, sondern sieh sie nur als Teil eines Prozesses: des Niederschlagens.«
Miyamoto Musashi: »Das Buch des Wassers«

»Die beiden besten japanischen Hersteller brauchen jeweils etwas über zwölf Stunden für die Montage eines Autos«, macht Piëch die Rechnung auf: »Wir liegen im Durchschnitt dreimal so hoch.« Und da »der beste Japaner 12 bis 13 Stunden Bauzeit für ein Auto« benötige, Volkswagen jedoch 19, brauche die europäische Autoindustrie »Quantensprünge« bei der Reduzierung der Produktionszeiten, um den Gegner niederschlagen und im Wettbewerb gegen die Japaner bestehen zu können.
Jetzt gelte es, »mit dem preiswertesten Auto von unten« zu kommen und »mit fortschrittlichstem Design sowie Spitzentechnik von oben« – dazu dient der Achtzylinder-Audi mit Aluminiumkarosserie. Piëch setzt auf Optimismus: »Die Japaner sind zu schlagen, und wir im VW-Konzern haben das Zeug dazu.«
Erste Auswirkungen zeigen sich bereits 1994: »Seit Piëch in Wolfsburg regiert, gibt es Ärger mit Toyota«, kommentiert der *Spiegel.* »Die Japaner lösen deshalb ihr Büro in Hannover auf.«

☙

»Man muss sich bemühen, so hoch wie möglich zu stehen, damit man auf seinen Gegner herabsehen kann.«
Miyamoto Musashi: »Das Buch des Feuers«

Noch ist es nicht so weit, dass er auf seine Gegner herabsehen kann. Doch der Weg zu den geforderten Quantensprüngen ist klar definiert: Diese müssen »beim Produkt und bei den Produktionsmethoden« ansetzen und ein »besseres Produkt plus Kosten- und damit Preissenkung« ergeben. Keine leichte Aufgabe, zumal sie »bei Kosten und Preisen in zweistelligen Prozentzahlen« erfolgen soll. Wenigstens sind die Fehler bekannt: In der Vergangenheit hätte das Management »zu sehr auf zu teure Stundenkosten und auf die zu hohen Lohnnebenkosten geschielt«. Dabei seien »die Stunden, die die Japaner weniger pro Auto brauchen, nicht gezählt« worden.

Piëch weiß, dass er sein Ziel, »im weltweiten Wettbewerb wieder an die Spitze zu gelangen«, nur gemeinsam mit den Zulieferbetrieben erreichen wird. Nur dann »haben wir alle eine Zukunft«. Sollten diese Anstrengungen scheitern, »bekommen wir alle irgendwann einen japanischen Chef«.

Die Drohung hat ihre Wirkung nicht verfehlt – bei den Aufsichtsräten wie bei den Gewerkschaftern. In den kommenden Jahren hat Piëch seinen Konzern fest im Griff.

»Durch den Weg der Strategie wird man Vertrauen in die eigene Kraft zum Sieg erhalten. Man wird dadurch zuversichtlich werden und Ruhm und Ehre erlangen.«
Miyamoto Musashi: »Epilog zum Buch der Erde«

Februar 1998. Längst haben die deutschen Hersteller die Stoßstange vorn. Bei den Automessen in Detroit und Tokio sind ihre Produkte am stärksten umlagert. Für Piëch keine Frage, worauf der Sieg zurückzuführen ist: »Wir haben uns auf unsere Tugenden besonnen: erstklassige Ingenieurleistung, Umstrukturierung der Produktion und Kosten sparende Baukastensysteme, die es in diesem Ausmaß in der Welt nicht gibt.«
Der Volkswagen-Chef hat selbst General Motors überrundet, das Unternehmen, das bisher beim Baukastenprinzip als führend gegolten hat. »Wir verwenden nur die gleichen Plattformen«, erklärt der Wiener den Erfolg der Wolfsburger, »und um die herum bauen wir eine echte Vielfalt.«

Mittlerweile ist es ihm mit harten Sanierungsmaßnahmen auch gelungen, das Kostenproblem in den Griff zu bekommen. Im sechsten Jahr seiner Amtszeit als VW-Vorstandsvorsitzender kann Piëch das verkünden, was ihm vor Jahren nur wenige zugetraut hatten: Zwar sei Toyota »produktionstechnisch immer noch Weltspitze, aber sie haben die Kostenführerschaft nicht mehr«. Inzwischen »sind wir technologisch eine Generation vor sie gesprungen. Nun haben die auch mal Nachholbedarf.«

Allein dafür sind ihm Ruhm und Ehre gewiss.

☙

Noch immer verehrt Ferdinand Piëch die japanische Kultur, aber »es hat sich was bei mir verändert«. Inzwischen hat er »festgestellt, wir sind doch so anders«. Und deshalb ist es »besser, unseren Charakter zu pflegen, in der vollen Individualität des Europäers«. Denn »es ist gewaltig, was die Asiaten leisten. Es ist auch gewaltig, was die Europäer fähig sind zu leisten, ohne dass uns das selbst ganz bewusst ist.«

Längst ist »aus der Bewunderung für die Japaner Distanz geworden. Distanz vor allem vor der menschlichen Komponente«, erzählt er Herbert Völker. Aus dem Mund eines Managers, der nicht gerade für Einfühlsamkeit und Rücksichtnahme bekannt ist, sind das überraschende Worte. Doch auch wenn er die Leitsätze der Samurai verinnerlicht hat und weiterhin anwendet, der distanziertere Piëch ist auf dem Höhepunkt seiner Karriere ruhiger und gereifter geworden. Offensichtlich beweist er auch mehr Geduld mit all denen, die Fehler begehen. Seinem Gesinnungswandel liegt vor allem eine Erkenntnis zu Grunde: Er habe feststellen können, »dass wir enorme Kräfte realisieren können unter Einbezug von Familie und Gruppen«. Diese Dinge seien »dem Asiaten ganz fremd«. Konzerntreffen »machen wir jetzt mit Frauen«, die »nicht nur dabeisitzen dürfen und zuhören, sondern aktiv mitarbeiten«.

☙

Mit Toyota hat Volkswagen einen Lizenzvertrag über die Motorenentwicklung zur Direkteinspritzung von Benzin abgeschlossen. Mehr sei »im Moment« nicht möglich, verkündet der VW-Chef im Mai 1999.

Interessiert verfolgt Ferdinand Piëch die Entwicklung nach der Fusion von DaimlerChrysler. Im Gegensatz zur »eher technisch getriebenen« deutschen Konzerntochter Daimler-Benz arbeite der US-Partner Chrysler »stark gewinnorientiert«. Genau »diesen großen Unterschied« gebe es zwischen Toyota und Volkswagen nicht. »Das sind beides technisch orientierte Unternehmen.« Der Wiener lobt die Qualitäten beider Autobauer: »Toyota ist im Organisieren von Produktionsabläufen, bei der Lean-Production, bei der Qualitätssicherung weltweit führend. Ich halte die Kreativität unseres Konzerns für weltführend.«

»Nur eine japanische Automarke hat er nicht«, stellt die *Welt am Sonntag* fest und ergänzt: »Noch nicht.« Wo aber würde der Toyota-Volkswagen-Konzern seinen Stammsitz haben? Wie hieße der neue Vorstandsvorsitzende?

»Denn durch seine heldenhafte Tat kann er zum Retter seiner Firma und all seiner höher gestellten und untergeordneten Kollegen werden.«
Don Schmincke: »Samurai-Prinzipien«

Das größte Problem bei dieser Megafusion liegt in Piëchs Persönlichkeitsstruktur. Auf Dauer scheint er sich höher gestellten Kollegen einfach nicht unterordnen zu können. Die Rolle eines stellvertretenden Vorstandsvorsitzenden kommt für ihn kaum in Betracht. Piëch verwirft diese Option kategorisch. Aber nicht nur, weil sich die Frage aus Altersgründen de facto so gar nicht stellen wird, sondern weil Größe nicht das entscheidende Kriterium ist: »Muss immer der die Führung haben, der größer ist?« Würden sich zwei Unternehmen zusammenschließen, »sollte in jedem Bereich immer der Bessere das Sagen haben«.

Solche Aussagen klingen wenig überzeugend. Man stelle sich einmal vor, Piëchs Volkswagen AG würde mit einem kleineren Partner fusionieren und dieser würde den Anspruch erheben, in entscheidenden Fragen »das Sagen« zu haben. Aber auch eine Doppelspitze dürfte für jemanden mit einem derart ausgeprägten Durchsetzungsvermögen nicht in Frage kommen.

»Seine Tat wird zur Legende werden, und bis ans Ende aller Tage
wird man sich seiner als vorbildlichen Manager erinnern.«
Don Schmincke:« Samurai-Prinzipien«

Jetzt sei es »viel zu früh«, Fusionsüberlegungen ernsthaft zu prüfen.
»Wir sind derzeit in einer Phase, in der Kooperationsprojekte auf techni-
schem Gebiet erörtert werden. Nicht mehr«, auch wenn »die Sympathie
auf beiden Seiten« vorhanden sei. Das zeige sich schon »an der jahrelan-
gen erfolgreichen Zusammenarbeit beim Vertrieb unserer Fahrzeuge in
Japan und an der Bereitschaft zur Vergabe von Lizenzen auf techni-
schem Gebiet«.
Honda dagegen sei »noch ganz auf Alleingang eingeschworen«. Aber
auch dort würden »die großen Fusionen die Denkweise möglicherweise
noch ändern«. Alles in allem eine erstaunlich offen formulierte Zielvorgabe des vorbildlichen Managers, der so gerne legendäre Taten vollbringen möchte.
Alles ist möglich, auch mit Toyota.

Noch Anfang 1999 sah er keine Möglichkeit, mit Scania oder MAN einen seiner Wunschpartner aufzukaufen. »Denen geht es im Moment allen sehr gut«, will sagen: »Sie sind uns deshalb zu teuer.« Die Hoffnung
des VW-Vorsitzenden zielte damals auf die »nächste Krise«. Dann nämlich »werden die Preise sinken«.
Seinen Wunschpartner hat er seither nicht mehr aus dem Auge verloren.
Im Sommer 1999 betont er ausdrücklich, bei den Kandidaten »fällt die
Wahl automatisch auf Scania«, den schwedischen Nutzfahrzeugherstel-
ler »möchte ich gerne in unserem Konzern sehen«.

Ferdinand Piëch habe eine der »bemerkenswertesten Managerleistungen
der Neunzigerjahre« vollbracht, lobt Günter Ogger »Deutschlands bekanntesten Autochef«. Vor allem die »von Piëch eingeführte Plattformstrategie ist Vorbild für die Konkurrenz in aller Welt, und zudem in der
Personal- und Arbeitszeitpolitik (Viertagewoche) setzte der Wolfsburger
Konzern Maßstäbe«. Vorbildlich erscheint dem Wirtschaftsexperten zu-

dem Piëchs Leistung, Volkswagen in die Spitzenklasse der »ertragsstärksten Automobilbauer der Welt zu führen mit einer breit gefächerten und attraktiven Modellpalette«.

Einziges Manko, so der gefürchtete Managerkritiker, sei »die Lastwagenmarke, die ihm noch in seiner Sammlung« fehle.

🚗

27. März 2000. Nach der Allianz der DaimlerChrysler AG mit der Mitsubishi Motors Corporation erhöht sich der Fusionsdruck auf die Konkurrenz. Mit knapp 5,9 Millionen im Vorjahr verkaufter Pkw und Geländefahrzeuge sind die Stuttgarter nach der Mitsubishi-Beteiligung zur Nummer drei der automobilen High Society aufgestiegen. Damit haben sie Volkswagen und Toyota den Rang abgelaufen, die 4,9 beziehungsweise 4,6 Millionen Fahrzeuge an die Kunden ausliefern konnten.

Doch der VW-Chef schlägt zurück. Am gleichen Tag, da Jürgen E. Schrempp mit dem Mitsubishi-Deal an die Öffentlichkeit geht, verkündet Ferdinand Piëch seinen neuesten Coup. Der ist möglich geworden, nachdem die Eurokontrolleure die geplante Fusion der beiden schwedischen Nutzfahrzeugfabrikanten Scania und Volvo untersagt haben. Jetzt ist die Bahn frei für Piëch: Er will den »Rolls-Royce unter den Lkw« – Scania.

🚗

2. April 2000. In seine Worte mischen sich Zufriedenheit und etwas Stolz: »Niemand hat damit gerechnet, dass wir uns nach dem EU-Entscheid so schnell mit dem Scania-Eigner einigen würden.« Am Telefon sei der Volvo-Vorsitzende »sehr still gewesen«, verkündet er nach der heutigen Sondersitzung des VW-Aufsichtsrats.

Zur Feier der erfolgreichen Zusammenkunft lässt der Automann den Konzernkontrolleuren eine ganz besondere Ehre zuteil werden. Dank seines Anfang des Jahres erworbenen Busführerscheins kann er die Aufsichtsräte persönlich mit einem 420 PS starken Scania Century durch Wolfsburg kutschieren. »Zum Glück muss er sein Geld nicht damit verdienen«, zitiert *Focus*-Chefredakteur Helmut Markwort einen der Teilnehmer nach überstandener Fahrt.

🚗

Den Einstieg schaffte VW mit dem Santana, gefertigt bei der Shanghai-Volkswagen Automotive Company Ltd. Später nahm die FAW-Volkswagen Automotive Company Ltd. im nordchinesischen Changchun ihre Produktion von Golf- und Jetta-Fahrzeugen im zweiten VW-Werk auf. Mitte der Neunzigerjahre übernahm der Konzern mit dem Jetta City-Golf, dem Santana sowie dem Audi 100 die Marktführerschaft im Reich der Mitte.

Sieben Jahre lang konnten Zuwachsraten von mehr als 15 Prozent verbucht werden. Auch wenn 1998 lediglich noch ein 7-prozentiges Wachstum verbucht wurde, schraubte VW seinen Marktanteil auf 58 Prozent hoch und setzte zum ersten Mal mehr als 300 000 Fahrzeuge ab. 1999 lagen die Audi- und VW-Verkäufe bereits bei 315 000 Autos – Tendenz weiter steigend.

Dabei ist der eigentliche Markt in China noch gar nicht erschlossen. Denn für die große Mehrheit im bevölkerungsreichsten Land der Erde ist ein eigenes Auto unbezahlbar. Während das Durchschnittseinkommen eines Haushalts etwa 25 000 Yuan beträgt, kostet der preiswerte Santana knapp das Fünffache.

Chinas beabsichtigter Beitritt zur Welthandelsorganisation WTO bringt den chinesischen Automarkt kräftig in Bewegung und birgt für die Wolfsburger beträchtliche Risiken. Bislang fertigt Volkswagen seine Fahrzeuge auf Grund planwirtschaftlicher Strukturen zu überteuerten Preisen im Land, umgeht dafür aber die Einfuhrzölle von 100 Prozent. Bis zum Jahr 2006 werden diese jedoch auf 25 Prozent gesenkt, damit öffnet sich das Land für Importe. Der VW-Vorstand hat reagiert und weitere Investitionen in Höhe von drei Milliarden Mark zur Modernisierung der Modellpalette und des Händlernetzes beschlossen.

Nach dem 3,2 Milliarden Mark teuren Kauf der Scania-Anteile setzt Ferdinand Piëch auf Expansion im Lkw-Sektor. »In der Klasse zwischen sechs und 16 Tonnen sind wir nämlich beide noch nicht auf dem Markt«, erläutert der Volkswagen-Chef das Defizit, das bis 2003 behoben sein soll. »Besonders interessant ist für uns China.« Dort erwartet sich der Wiener einiges von der Produktion mittelschwerer Lkws: »Die Hälfte des gesamten Weltmarkts dafür besteht in Asien.« In den

Ballungszentren sei der Transport allenfalls mit derartigen Lkws möglich.

Dem Vorstandsvorsitzenden kommt die günstige Ausgangslage zugute.

Der VW-Partner FAW fertigt nämlich schon heute etwa 100 000 Lkws pro Jahr, die sich auf Grund ihrer Robustheit allerdings »fast nur in China verkaufen« lassen. Günstige Voraussetzungen also, »dort auch ein modernes Produkt herzustellen«.

Einer allerdings könnte Ferdinand Piëch das Leben ganz schön schwer machen: Weltweit dominiert Schrempps DaimlerChrysler AG mit einem Anteil von 20,9 Prozent den Nutzfahrzeugmarkt. Forsch sucht der Wiener die Konfrontation mit dem Freiburger: »Wir bauen auf die Qualität unserer Produkte«, poltert Piëch. Diese zähle in der Branche in besonderem Maße. »Deswegen gibt es bei uns auch nicht so hohe Rabatte«, wie sie ansonsten üblich seien.

Der Krieger hat das Schlachtfeld Asien entdeckt. Dort winken »Renditen bei der Lkw-Produktion«, von denen »die Pkw-Hersteller nur träumen« können. Günstig ist die Ausgangslage auch deshalb, weil eine Vielzahl vergleichsweise kleiner Hersteller rund die Hälfte des Markts unter sich aufgeteilt haben: »Einen Hecht wie uns«, so sein Vergleich, »kann man leichter in einen solchen Fischschwarm hineinschicken als in einen Teich, in dem sich noch andere riesige Karpfen tummeln.«

Mutig gesprochen, zumal zu diesem Zeitpunkt noch nicht einmal die Führungsrolle bei Scania geklärt ist. Ferdinand Piëch und Leif Johansson haben diesen Strauß erst noch auszufechten. Volkswagen verfügt über 34, Volvo über 31 Prozent der Anteile. Der Wiener rammt deshalb gleich seine Pflöcke ein: »Nach schwedischem Verständnis hat der größte Einzelaktionär die industrielle Führung«, antwortet er auf die Frage der *Focus*-Redakteurin Susanne Frank, wer denn von nun an bei Scania das Sagen habe.

Zur Erinnerung: Für den Fall einer Fusion mit Toyota hatte Piëch noch darauf insistiert, dass »in jedem Bereich immer der Bessere das Sagen haben« sollte. Die Argumentation überzeugt – vor allem davon, dass der VW-Manager die Machtfrage jeweils in seinem Sinne klärt. Und damit keine Zweifel an der Rollenverteilung aufkommen, stellt er klar: »Volvo wird als Folge der EU-Entscheidung ein inaktiver Partner sein.« Wehe, wenn der Hecht zum Haifisch wird. Dann gibt es Sushi à la Johansson.

Rettende Giftspritzer

>»Wir sind gelassen, weil die Strategie stimmt, die Aufstellung
>hervorragend ist – und wir nicht faul sind.«
>*Ferdinand Piëch (Dezember 1999)*

>»Ihre Aktie ist derzeit so im Keller, dass Sie eher selbst Opfer
>einer feindlichen Übernahme werden könnten.«
>*»Stern«-Reporter im Interview mit Ferdinand Piëch*

>»Wie gut, dass die Wolfsburger mit dem Land Niedersachsen
>einen einflussreichen Aktionär im Rücken haben.«
>*»Handelsblatt« (Februar 2000)*

September 1996. Die Konkurrenten sind ihm davongefahren: Im Vorjahr erzielten Ford mit 3 Prozent und GM mit mehr als 4 Prozent deutlich höhere Renditen als der Volkswagen-Konzern. Piëch jedoch sieht seine »Messlatte eher bei Chrysler«, greift zu unkonventionellen Methoden und präsentiert den VW-Beschäftigten eigenwillige Schaubilder: »Unsere Rendite wird durch einen Golfball dargestellt, die von Chrysler durch einen Medizinball.« Die Visualisierung soll verdeutlichen, dass die Umsatzrendite nach Steuern bei Volkswagen lediglich 0,6 Prozent, bei Chrysler beachtliche 6,6 Prozent beträgt. Doch damit nicht genug: »Wir wollen der attraktivste Autohersteller Europas werden«, sinniert der Visionär – und zwar »für die Mitarbeiter, die Kunden, die Aktionäre und im Ansehen«. Seine Erwartungen an die Profitabilität der Volkswagen AG sind hoch. An diesem Maßstab muss er sich messen lassen.

Im Sommer 1996 sind die Wolfsburger noch weit entfernt von ihrem Ziel. »Wir haben etwa ein Viertel des Weges zurückgelegt«, lautet die ernüchternde Zwischenbilanz.

Jetzt gilt es »die Kosten ganz dramatisch« zu senken, indem »wir statt 16 Plattformen, die sich aus Bodengruppe, Vorderwagen, Lenkung, Achsen, Motor und Getriebe zusammensetzen, nur noch vier haben werden«. Bei konsequenter Verwirklichung der Plattformstrategie erwartet Ferdinand Piëch jährliche Einsparungen in Höhe von rund drei Milliarden Mark. Nach einer Übergangsphase, in der »wir mit 20 Plattformen leben« müssen, weil zugleich vier neue anlaufen, werden »die alten schrittweise mit der Einführung neuer Modelle ersetzt«.

Danach, verspricht der VW-Vorsitzende, »geht es uns deutlich besser«.

🚗

Februar 1998. Seine Zielsetzung ist ehrenwert: »Wenn ich die Arbeitnehmerschaft bei VW in Dienst und Arbeit halten kann und vernünftige Renditen erziele, dann sehe ich meine Aufgabe als erfüllt« an. »Im Jahr 2000 oder 2001«, so seine Vorhersage, werde die »Messlatte Chrysler« endlich übersprungen. Das Problem liege vor allem darin, dass »wir in der oberen Klasse nicht die Autos haben, mit denen man gut Kasse macht, noch nicht«. Zwar sei der neue Passat richtig positioniert, »aber bei allem, was darüber liegt, hapert es«. Doch »das wird sich ändern«. Erstmals, seit er vor fünf Jahren den Vorstandsvorsitz übernommen hat, überschreitet die Umsatzrendite die 2-Prozent-Marke. »Das will ich nicht kommentieren«, reagiert Piëch verkniffen, als er an frühere Versprechungen erinnert wird. Eineinhalb Jahre ist es her, dass er für VW das Ziel formuliert hat, »der attraktivste Autohersteller Europas« werden zu wollen.

🚗

Januar 1999. Wenn sich in der neuen rot-grünen Bundesregierung die Umwelt- und Steuerpolitiker durchsetzen sollten, komme es im »schlechtesten Fall im zweiten Halbjahr in Deutschland zu einer Konjunkturdämpfung, nicht nur in der Autoindustrie«. Zumindest in Bezug auf die konsequente Umsetzung der ökologischen Steuerreform braucht er sich aber keine Sorgen zu machen, dafür sorgt sein Kanzler.

269

Einstweilen predigt Piëch Durchhalteparolen: Für Volkswagen werde es einen erneuten Zuwachs geben, denn »wir haben im Unterschied zu unseren Konkurrenten in Asien keinen Verlust erlitten«. Außerdem »können wir durch Wachstum in China den Rückgang in Japan und in anderen asiatischen Ländern kompensieren«. Selbst in Brasilien »werden wir die Kurve kriegen«.

♧

Februar 1999. Noch immer hinkt Piëch seiner selbst gesetzten Profitmarke weit hinterher. Volkswagen – hinter DaimlerChrysler und noch vor Toyota viertgrößter Autohersteller der Welt – rangiert bei der Rendite noch nicht einmal unter den Top Ten.

»Eine Produktion von sechs Millionen Autos und eine Umsatzrendite von 6,5 Prozent« sei in Sicht. Er wolle »den Konzern gern spätestens Ende 2001 so auf Kurs haben«. Exakt ein Jahr zuvor hatte er noch versprochen, die Messlatte werde bereits »im Jahr 2000 oder 2001« übersprungen.

♧

März 1999. Ferdinand Piëch hat sich an vieles gewöhnt, mittlerweile auch an die Kritik aus der Finanzwelt. Als er beim Genfer Autosalon mit 13 Neuheiten aufgetrumpft und seine Visionen beschworen hat, fällt die Volkswagen-Aktie.

Der Schuldige ist gleich ausgemacht. »Man könnte vermuten, dass die Börse die Autoindustrie für einen Einheitsbrei hält«, beschwert sich ein verärgerter VW-Chef. Was ihn fast noch mehr auf die Palme bringt, ist die zugleich gestiegene Aktie des Konkurrenten BMW. Dieser Umstand belege, »wie weit manche Banker von den wirklichen Vorgängen in der Industrie entfernt« seien, wettert er. Doch ein Grund zur Sorge sei das nicht, denn »kurzfristige Bewegungen am Kapitalmarkt sind nie von industrieller Bedeutung – weder in die eine noch in die andere Richtung«.

♧

Mai 1999. Kurz vor der Hauptversammlung wird der Vorstandsvorsitzende erneut zur Gewinnsituation befragt. Lediglich Audi habe die Zielmarke von 6,5 Prozent Umsatzrendite erreicht, so sein Eingeständnis.

Volkswagen sei »auf dem Weg dorthin«. Und wie so oft, wenn er mit kritischen Fragen konfrontiert wird, tritt das Prinzip vom Versprechen und Verschieben in Kraft: Die Erholung des südamerikanischen Marktes gehe »schneller, als wir erwartet haben«. Schuld am Verfehlen der Chryslerschen Messlatte seien »die Krisen in Südamerika und Asien«, denn »die anderen Marken und Regionen sind in den schwarzen Zahlen«. Noch Anfang des Jahres hatte Piëch versprochen, die Einbrüche im asiatischen Raum »durch Wachstum in China« zu kompensieren.

⌢

»Es wird nicht einfach«, beschwört er seine Zuhörer, doch »wir werden alles tun, die positiven Meldungen der vergangenen Monate fortzusetzen«. Tatsächlich sind die Kennzahlen des Geschäftsjahres 1998 beeindruckend. Mit einem Umsatz von 134 Milliarden Mark und einem Gewinn nach Steuern von 2,2 Milliarden übertrifft Volkswagen die Rekordmarken früherer Jahre. Auch die 4,7 Millionen verkauften Fahrzeuge und 18 000 neue Arbeitsplätze sprechen die Sprache des Erfolgs.
Vor allem die Aktionäre sind zufrieden: Die Dividenden der Stammaktie mit 1,50 Mark und der Vorzugsaktie mit 1,60 Mark fallen höher als je zuvor aus: »Für uns ist es eine Selbstverständlichkeit, dass wir unsere Aktionäre an den steigenden Ergebnissen partizipieren lassen.« Einmal mehr gelingt es dem Konzernchef, seine Kritiker weitgehend ruhig zu stellen und die Aktionäre zu befriedigen. Diese »dürften eigentlich nicht unglücklich sein«, kommentiert die *FAZ* eher zurückhaltend.
Dem von Ferdinand Piëch forcierten Expansionskurs des Konzerns stehen allerdings bedenkliche Voraussagen über die globale Automobilkonjunktur gegenüber. Für den VW-Chef kein Grund zur Mäßigung: »Ich sehe für Volkswagen gute Chancen, langfristig auch auf schrumpfenden Märkten weiter zu wachsen.« Sein Unternehmen sei »gut gerüstet«. Fast schon gebetsmühlenhaft bekundet er: »An unseren Zielen halten wir fest.« Er wolle das »Verkaufsvolumen langfristig auf jährlich sechs Millionen Fahrzeuge steigern und eine Umsatzrendite von 6,5 Prozent vor Steuern erwirtschaften«. Dasselbe hat Piëch bereits Mitte der Neunzigerjahre verkündet.

⌢

September 1999. »Volkswagen, die Erfolgreichsten«, lautete Piëchs Devise 1996. Jetzt muss Volkswagen eingestehen, dass die Umsatzrendite gegenüber dem Vorjahr sogar sinkt: Für den Zeitraum Januar bis September bilanziert der Gesamtkonzern einen Rückgang von 3,4 (1998) auf 3,0 Prozent. Die Tochter Volkswagen, das Herzstück des Unternehmens, verzeichnet gar einen Einbruch von 3,8 (1998) auf 1,5 Prozent.

Dabei hat Piëch noch vor einem guten Jahr – aber lassen wir das lieber.

⎗

26. November 1999. Auf Volkswagen kommen schwere Zeiten zu. Eine Entwicklung, deren sich zumindest die Aufsichtsräte bewusst sind. Bei ihrer Sitzung am heutigen Freitag steht die Erörterung der so genannten Planungsrunde 48 an. Es geht um das strategische Konzept für den Zeitraum von 2000 bis 2004.

Piëchs Ankündigungen drohen wie Seifenblasen zu zerplatzen. Zu positiv waren seine Prognosen, zu optimistisch seine Erwartungshaltung, zu utopisch seine Voraussagen. Schon für das kommende Jahr rechnen die Konzernkontrolleure mit stagnierenden und womöglich schwindenden Gewinnen.

⎗

Dezember 1999. Wenigstens rein äußerlich soll die Wolfsburger Wachstumswelt in Ordnung gehalten werden. Obwohl sich die Zuwächse verlangsamen und Volkswagen in verschiedenen Bereichen auf einen Verkaufseinbruch zusteuert, versucht der Vorsitzende kurz vor Weihnachten vermeintliche Erfolge zu feiern.

»Wir arbeiten einen Tick rationeller als die Konkurrenz«, lobt er sich und ist »arg froh, dass wir noch über ordentliche Gewinne reden«. Die Renditesteigerung hat er fest eingeplant: »Da wackelt gar nichts.« Er habe »dieses Ziel nach der Jahrtausendwende angepeilt, und dabei bleibe ich auch«. In den Vorjahren hat Piëch wenigstens noch konkrete Jahreszahlen genannt, wann er sein Renditeziel erreichen will. Jetzt spricht er vage von einem Zeitraum »nach der Jahrtausendwende«.

⎗

Februar 2000. Volkswagen verkündet die neuen Ertragszahlen, und die sind vergleichsweise schlecht. Doch statt die Probleme einzuräumen, stellt ein Konzernsprecher die Gewinnminderung als einmaliges Ereignis dar. Auf den Kapitalmärkten wird das Vorgehen durchschaut. Den Schaden haben die Aktionäre, denn die Volkswagen-Aktie fällt ins Bodenlose – allein vom Juli 1999 bis Februar 2000 von 63 auf unter 40 Euro. Düster sind die Prognosen der Analysten: Der Abwärtstrend werde sich womöglich fortsetzen, denn entgegen der von Ferdinand Piëch so gerne propagierten Modelloffensive hat VW »nicht besonders viele Modellneuheiten im Köcher«. Und auch die Ingolstädter Konzerntochter »kocht auf Sparflamme«, urteilt das *Handelsblatt* und resümiert: »Kaum jemand nimmt den Wolfsburgern dieses allzu optimistische Bild ab.«

In Wachstumszeiten kritisch beäugt, wird die hohe Beteiligung der Landesregierung in Problemphasen recht gern gesehen. Dass Volkswagen mit Niedersachsen »einen einflussreichen Aktionär im Rücken« habe, sei gut, glaubt das *Handelsblatt*, denn sonst »würde ein weiter fallender Aktienkurs VW bald zum Übernahmekandidaten machen«. Piëchs Bilanz sieht schlecht aus. Doch im Interview mit *Stern*-Redakteuren kommt der VW-Chef zu einem anderen Schluss: Eine Übernahme sei für ihn kein Thema, die Strategie stimme, die Aufstellung sei hervorragend – und darüber hinaus gebe es »diese kleine Giftpille, die potenzielle Angreifer« abschrecke.
Mit freundlichen Grüßen an die Anteilseigner in Hannover.

19. April 2000. Bei DaimlerChrysler wird die Rendite längst nach amerikanischem System mit der Kennzahl RONA, dem »Return on the Assets«, gemessen. »Unsere Vorgabe für neue Projekte heißt ›Value added‹ schaffen«, lautet die Devise des Daimler-Chefs. Im Gegensatz zu Piëch verlangt Schrempp, dass sich »jeder Bereich mit den Besten seiner Branche« messen muss.
Auf der DaimlerChrysler-Hauptversammlung verkündet Manfred Gentz die aktuellen Vergleichszahlen. Umgerechnet auf das Berechnungssystem von Volkswagen liegt die Rendite des Gesamtkonzerns für das

Geschäftsjahr 1999 vor Steuern bei 6,2 Prozent und nach Steuern immer noch bei beachtlichen 4,1 Prozent. »DaimlerChrysler lag damit deutlich vor Volkswagen«, verkündet Finanzvorstand Gentz zufrieden und ergänzt: »Das trifft auch auf das Jahr 1998 zu.«

☙

23. Mai 2000. Die Uhren gehen wieder rückwärts. Die VW-Rendite ist in den vergangenen Jahren schon mager ausgefallen, 1999 aber ist sie katastrophal. Gegenüber dem Vorjahr ist die Umsatzrendite vor Steuern um 1,3 Prozentpunkte auf 3,4 Prozent und nach Steuern um 0,6 auf nunmehr 1,1 Prozent gefallen.

Bei der Hauptversammlung muss der Volkswagen-Chef endgültig das Scheitern seiner Renditeziele eingestehen und seine seit Jahren gepflegte verbale Vertröstungstaktik aufgeben – müsste er. Stattdessen bekundet Ferdinand Piëch das Festhalten an den Renditezielen und verspricht für das Geschäftsjahr 2000 eine »deutliche Steigerung bei Absatz, Umsatz und Ergebnis«.

Die Aktionäre bedanken sich da auf ihre Weise: Mehrere Redner attackieren den Wiener vehement angesichts der schlechten Zahlen beim Ergebnis, dem vor sich hin dümpelnden Aktienkurs und der rückläufigen Rendite. Diese Bilanz sei zurückzuführen auf »strategische Fehler« des Vorstands. »Die Aktionärssprecher ließen kein gutes Haar an der Arbeit des Managements«, kommentiert Meite Thiede tags darauf in der *Süddeutschen Zeitung*.

☙

In Sachen Rendite hat der VW-Vorsitzende seit Jahren viel versprochen und wenig gehalten. Mit Managern, die ihre Ziele verfehlen und offensichtlich Fehler machen, ist er weder als Audi- noch als VW-Chef sonderlich zimperlich umgesprungen. Aber warum sollte sich der Vorstandsvorsitzende an denselben Ansprüchen messen, die er an andere anlegt?

Kapitel 8: Der Herr der Käfer

Beetle boykottieren, Zwangsarbeiter auszahlen

»A wave of Beetlemania in the United States.«
Die »Automotive News« über die Beetle-Welle in den USA

»Ich gebe zu, dass wir die Emotionen, die der Beetle bei unseren Kunden geweckt hat, zunächst unterschätzt haben.«
Ferdinand Piëch über die Beetlemania in den USA

»Die Marketingabteilung hat dem VW-Vorstand vorgerechnet, was eine Boykottkampagne gegen den New Beetle in den USA kosten wird.«
Volker Beck über den Hintergrund von VW-Ausgleichszahlungen für Zwangsarbeiter

Für den seinerzeitigen VW-Justiziar Dr. Manfred Pilgrim ist der Fall klar: Es sei im Nachhinein fast unmöglich, die damaligen Geschehnisse zu rekonstruieren. Anspruch auf Entschädigung hätten die KZ-Häftlinge und Zwangsarbeiter, die zur Zeit des Nationalsozialismus im Volkswagenwerk tätig sein mussten, nicht. Außerdem seien »bei Volkswagen bislang keine Ansprüche geltend gemacht worden«. Selbstverständlich »verkennen wir nicht die große Bedeutung und das moralische Gewicht« dieser Problematik.

So die Stellungnahme der VW-Rechtsabteilung im Mai 1989, knapp fünfzig Jahre nach Beginn des Zweiten Weltkriegs. Ein Zwangsarbeiter, der damals zwanzig Jahre alt war, begeht jetzt seinen siebzigsten Geburtstag – falls er noch lebt. Zehntausende waren es während der NS-Herrschaft, täglich werden es weniger.

Seit 1987 arbeitet Professor Hans Mommsen an seiner Auftragsstudie; sobald die abgeschlossen ist, soll neu entschieden werden.

Januar 1994, Detroit Motor Show. In Ermangelung ansprechender neuer Serienmodelle hat Ferdinand Piëch seinen Designern im Simi-Valley Freiraum gelassen, den das Team in Kalifornien weidlich nutzt. Bei der wichtigsten Automesse auf dem US-Markt landen sie einen Überraschungscoup.

Mit dem Concept 1 präsentiert der VW-Vorsitzende eine gelb lackierte Fahrzeugstudie, die den staunenden Journalisten aus aller Welt schier den Atem raubt. Wieder einmal beweist Piëch sein Talent, die Autowelt im richtigen Augenblick mit einem revolutionären Produkt zu verblüffen. In diesem Moment beginnt ein Traum Konturen anzunehmen, der zumindest auf dem amerikanischen Kontinent eine wahre Hysterie entfachen sollte.

🚗

Der Widerstand formiert sich. Nachdem ehemalige Zwangsarbeiter in den vergangenen Jahren wiederholt die Stätte ihres Leidens besucht haben, formulieren sie nunmehr offen ihren Anspruch: »Wir werden den vorenthaltenen Zwangsarbeiterlohn beanspruchen«, verkündet einer aus der Gruppe der Juden um Yitzchak Shamir Anfang der Neunzigerjahre.

Unterstützung erhalten die ehemaligen Zwangsarbeiter vom DGB-Kreisvorsitzenden Gerhard Bruder: Eine »Schande« nennt er die Tatsache, dass Polen und Russen, denen damals härteste Arbeit aufgezwungen worden sei, bislang keinen Pfennig an Entschädigungszahlungen erhalten haben. Mommsens Studie ist noch nicht fertig, noch lange nicht.

🚗

Eingerahmt und im Büro aufgehängt, erfreut der am 21. Januar 1994 ausgestellte 500-Dollar-Scheck das Herz des VW-Vorstands für Konzernstrategie und Recht. Von dieser ersten Vorbestellung fühlt sich Dr. jur. Jens Neumann »ständig an das ungeheure Potenzial erinnert, das dieses Auto vor allem auf dem nordamerikanischen Markt besitzt«.

So wird der allererste New Beetle an eine forsche Kundin aus Michigan ausgeliefert und rollt seither mit stetig steigendem Erfolg im Land des unbegrenzten Käfer-Konsums.

🚗

Der rechtspolitische Sprecher der Bündnisgrünen im Bundestag ist voll des Lobes über den Konzern und seinen Vorstandsvorsitzenden: »Sein Unternehmen hat von allen Großkonzernen am schnellsten reagiert«, würdigt Volker Beck die Tatsache, dass »Volkswagen in der Debatte Größe gezeigt« habe. Die Höhe der von VW erbrachten Entschädigung für Zwangsarbeiter, unter den Nationalsozialisten zum Arbeitsdienst im Wolfsburger Werk genötigt, erscheint Beck mit 10 000 Mark pro Person fürs Erste »angemessen«.

⌒

»VW-Chef Piëch hat die Konkurrenz hoch zwei erfunden«, kommentiert Karl-Heinz Büschemann in der *Süddeutschen Zeitung*, denn »er sucht den totalen Wettbewerb«. Neue Fahrzeugteile werden von zwei Teams gegeneinander entwickelt. Und mit der gleichen Verve spielt er die Werke der Unternehmensgruppe knallhart gegeneinander aus. Den firmeninternen Wettstreit um die begehrte Beetle-Produktion haben die Mexikaner für sich entschieden.
Und seither gilt das Kultauto im Herstellerland als Statussymbol – vergleichbar einem Mercedes in Industrieländern.

⌒

In Puebla, rund 125 Kilometer südöstlich von Mexico-City gelegen, ist der automobile Frühling ausgebrochen. »The flowers are blooming these days«, kommentiert Ralph Kisiel, Redakteur des US-Motorsportmagazins *Automotive News* die sensationelle Wiederauferstehung eines Produktionswerks.
Volkswagen of America blickt auf eine durchwachsene Firmengeschichte zurück. Hatte VW 1969 noch gut 570 000 Fahrzeuge – vor allem Käfer – in den USA abgesetzt, so ist der Patient mittlerweile klinisch tot. Bereits 1988 hatten die Vorstände um Carl H. Hahn das Produktionswerk in Westmoreland, Pennsylvania, wegen der Verluste auf dem US-Markt geschlossen. Gerade mal 49 533 Automobile können 1993 noch an die US-Kunden ausgeliefert werden.
Mehr als eine Milliarde Dollar investiert die Unternehmensführung in die Golf- und Jetta-Fertigung im mexikanischen Puebla. 1992 aber streikten die Gewerkschaften, Qualitätsprobleme wurden von den Kunden

beklagt, das Werk für mehrere Tage geschlossen. Kurzerhand feuerte VW die gesamte Belegschaft.

Schlagzeilen von gestern. Jetzt hat Puebla den firmeninternen Wettstreit gegen das Wolfsburger Stammwerk, die Škoda-Fertigungsstätte in Bratislava sowie das Mosel-Werk in Sachsen gewonnen – auch deshalb, weil die Auslastung allerorten hervorragend ist. Der New Beetle wird in Mexiko gebaut – und die Zerwürfnisse und Konflikte sind vergessen.

Der Betrag ist mit der Jewish Claims Conference abgesprochen, das Volumen entspricht dem Antrag seiner Fraktion aus der letzten Legislaturperiode. Über die Höhe mag Beck nicht weiter spekulieren: Im Endeffekt sei jeder Betrag willkürlich, auch 15 000 Mark durchaus angebracht – was in Osteuropa angesichts des dortigen Durchschnittseinkommens vergleichsweise viel Geld ist.

Positiv sei auch, dass »bei Volkswagen die Zahlung an die Opfer zügig« erfolge – »allerdings bislang primär an die Westopfer. Die Ostopfer melden sich später.« Um auf das Angebot aufmerksam zu machen, hat VW sogar Anzeigen in russischen Zeitungen geschaltet.

Februar 1998. Dank des »Revivals des alten Flower-power-Käfers« *(Focus)* in den Vereinigten Staaten laufen die Bänder in Puebla auf Hochtouren, erste Engpässe zeichnen sich ab.

Für Piëch Grund genug, sich und sein Unternehmen zu feiern. Globale Autokriege werden heutzutage auch durch das Wecken von Emotionen gewonnen, und so verkündet er: »Es kommen noch mehr Autos dieser Art.« Angesichts der Auftragslage denkt der VW-Vorsitzende »derzeit über Kapazitätserweiterungen im Raum Mexiko, USA und Kanada nach. Die Entscheidung falle »wohl zwischen USA und Mexiko. Ich will das nicht weiter eingrenzen, sonst kann ich mich hier vor Besuchen aus Übersee nicht mehr retten.«

Juni 1998. »Nach der bisherigen Rechtslage nicht möglich«, so die Antwort des VW-Vorstands Klaus Kocks auf die Forderung von 30 früheren

Zwangsarbeitern nach Entschädigung. Für bislang nicht erfolgte Lohnzahlungen fordern sie 4000 Mark – pro Mann und Monat. Kocks dagegen verweist auf die bereits bezahlten 25 Millionen Mark, die an karitative Einrichtungen in den Herkunftsländern geflossen sind.

Der Geschäftsführer des Gesamtbetriebsrats sieht in der Einrichtung eines Bundesfonds eine »staatliche Aufgabe«. Hans-Jürgen Uhl meint, alle Unternehmen, »in denen es während des Nationalsozialismus Zwangsarbeiter gab«, sollten in den Fonds einzahlen.

Tag für Tag krabbeln 1998 erst 500, dann 600 Käfer vom Band und überschwemmen von Puebla aus Nordamerika. »Less flower, more power« spielt die US-Werbung auf die vergangene Hippie-Ära an. In null Komma nichts entwickelt sich der New Beetle zum Verkaufsschlager mit langen Lieferzeiten.

Die Meldung reißt die Verantwortlichen bei Volkswagen of America aus ihren Glücksgefühlen: Gut 10 000 den USA und in Kanada ausgelieferte New Beetle werden in die Werkstatt zurückberufen. Möglicherweise könnten Kabelprobleme den Ausfall der Benzinpumpe oder Brände verursachen und zum Motorausfall führen. Noch sind keine Unfälle zu verzeichnen, noch ist das Image des Kultcars unbefleckt.

Unsanft wird Ferdinand Piëch an die Sensibilität des US-Markts erinnert. Die hat ihm bereits als Audi-Chef beträchtlichen Kummer bereitet.

Warum reagiert der Piëch-Vorstand so schnell und vergleichsweise unkompliziert? Die Lehren aus der Vergangenheit haben sicher auch eine Rolle gespielt. Dass sie für Piëchs Vorpreschen aber letztlich ausschlaggebend gewesen sind, darf bezweifelt werden.

Seit Jahren hat der Vorstand, auch unter Piëchs Vorgänger, die Entschädigung ehemaliger Zwangsarbeiter abgelehnt. Schriftlich hatte sich der Hahn-Vorstand auf das Londoner Schuldenabkommen von 1953 berufen. Auch Hans Mommsen äußerte Zweifel, dass die »individuelle Entschädigung zu realisieren« sei, von den früheren Zwangsarbeitern würden Anschriften und sogar Namen fehlen. Mommsen verwies auf die Gefahr eines »unkontrollierten Schleppersystems«. Deshalb solle eine Entschädigung lediglich in »wirklichen Notlagen« erfolgen.

Im Sommer 1998 aber hat sich die Rechtslage geändert. »Bekanntlich drohten Klagen«, kommentiert Hartwig Hohnsbein, mittlerweile nach Göttingen gezogen. »Und da mochte VW nicht länger Verzicht üben.« Für den pensionierten Pastor kommt die Entscheidung reichlich spät. Wäre nämlich, so seine Kritik, »der Gesinnungswandel bei VW und anderen früher erfolgt, dann hätten etliche Zwangsarbeiter, die seitdem gestorben sind, finanzielle Zuwendungen erhalten können«. Richtig ist auch: Wäre er später erfolgt, dann hätte die Stimmung in den USA womöglich gegen VW und den Beetle umschlagen können.

Januar 1999, Detroit Motor Show. Für VW-Manager in Auburn Hills ist das Vorjahr zu einer Success-Story ohnegleichen geworden: Gegen den allgemeinen US-Trend hat VW den Absatz in den Vereinigten Staaten auf knapp 220 000 verkaufte Fahrzeuge hochschrauben können. Vor allem der Passat und der New Beetle haben die Verkäufe um rund 60 Prozent gesteigert – seit Anfang der Achtzigerjahre haben die Wolfsburger keinen solchen Erfolg mehr verbucht.

Der Höhenflug geht weiter, der New Beetle wird zum »Auto des Jahres 1999« gewählt. Bis zum Jahresende will Ferdinand Piëch gut 80 000 Käfer-Nachfolger an die Kunden bringen. Und alsbald soll der VW-Vorstand darüber entscheiden, ob das Kultauto auch im Stammwerk am Mittellandkanal gefertigt wird.

»Wäre das moralische Argument ausschlaggebend gewesen, wären die Vorstände der mitverantwortlichen deutschen Konzerne um Jahre früher aktiv geworden«, meint Volker Beck, der sich seit langem für die Opfer der NS-Herrschaft engagiert. »Die Volkswagen-Vorstände haben zum Handeln nunmehr fünfzig Jahre Zeit gehabt.«

Das Wolfsburger Unternehmen »ist nicht besser als die anderen Konzerne, aber Herr Piëch hat schneller gehandelt als die anderen Vorstandsvorsitzenden«. Und doch ist es »eine Mogelpackung, wenn Volkswagen die Zahlung der Gelder als humanitäre Geste verkauft«. Denn ohne »öffentlichen Druck und in Abwägung des Imageschadens« wären die Zahlungen zumindest nicht in diesem Umfang erfolgt.

⌒

Das Beispiel der New-Beetle-Produktion, ist typisch. Mit rund 14 Dollar verdient ein Mitarbeiter in Puebla in etwa so viel am Tag wie sein in einem vergleichbaren Bereich arbeitender Kollege im Wolfsburger Stammwerk pro Stunde. Dabei sind die Qualitätsstandards bei Volkswagen de Mexico absolut vergleichbar mit denen »Made in Germany«.

Nach Aussage von Gewerkschaftschef Luis Fontes zählen die mexikanischen VW-Beschäftigten zu den bestbezahlten im Land. So wenig die mexikanischen Arbeiter bei VW bekommen, so viel ist es doch im Vergleich zum Verdienst bei anderen Unternehmen.

⌒

September 1999. In der ersten Runde hat der Konzern 20 Millionen Mark bereitgestellt. Doch »angesichts der Forderungen der Gegenseite«, die zu diesem Zeitpunkt bei 20 bis 30 Milliarden Mark liegen, werde »auch der Volkswagen-Vorstand an einer Aufstockung des Gesamtbetrags nicht vorbeikommen«, schätzt Beck: Wenn die VW-Vorstände glauben, »die einmalige Zahlung von 20 Millionen Mark ließe sich moralisch durchhalten, dann täuschen sie sich«. Bei dieser Summe handle es sich lediglich um einen »Bruchteil des Betrags, den der Volkswagen-Vorstand ansetzen muss, denn weitere Anträge werden folgen«.

Eins der Grundprobleme liegt darin, dass die deutsche Industrie die Gesamtzahl der anerkannten Zwangsarbeiter auf die 65 000 jüdischen Betroffenen begrenzen will, die in den USA leben. Tatsächlich aber haben rund 240 000 Zwangsarbeiter im KZ überlebt. Rechnet man die rund 700 000 in der Landwirtschaft tätigen sowie die bis zu 700 000 in der Industrie arbeitenden Zwangsarbeiter hinzu, dann liegt die Zahl der heute noch Lebenden bei weit mehr als anderthalb Millionen.

Die ganze Tragweite der Diskussion verdeutlicht eine Aussage des Historikers Hans Mommsen: »Das Volkswagenwerk war der Betrieb mit dem höchsten Zwangsarbeiteranteil in Deutschland.«

⌒

Wenn schon nicht moralische Erwägungen den Ausschlag gegeben haben für Piëchs schnelles und unkompliziertes Handeln – was dann? »Mit Sicherheit besteht bei Volkswagen eine große Divergenz der Ansichten zwischen der Marketing- und der Rechtsabteilung«, glaubt der rechtspolitische Sprecher. Die Juristen nämlich wollten »die Prozesse gewinnen, und die Marketingabteilung weiß: Das wäre für das Image des Unternehmens das Schlimmste, was passieren kann.«

Tatsächlich käme ein Prozesserfolg für Piëch einem Pyrrhussieg gleich. Becks Beispiel leuchtet ein: Man stelle sich vor, »eine heute 80-jährige Zwangsarbeiterin verliert ihre Klage«. Wenn diese dann »vor laufender Kamera von ihrem grausamen Schicksal in Wolfsburg – wohlgemerkt unter der Werksleitung von Dr. Anton Piëch –« erzähle, wären die Auswirkungen nicht nur für den Gesamtkonzern, sondern auch für den heutigen Vorsitzenden Ferdinand Piëch desaströs.

US-Anzeigen mit dem Hinweis auf die führende Rolle des Vaters bei der Ausbeutung der »Slaveworkers« und dem Foto des Sohnes vor dem Firmenemblem »wären für den VW-Konzern katastrophal«, denn »Volkswagen produziert für die Masse der Konsumenten«. Folglich würde »eine Boykottkampagne VW extrem hart treffen«.

🚗

Die Flotte der Passate, Jettas – in Deutschland als Bora vertrieben – und neuen Beetles überrollt die Vereinigten Staaten. Das Geschäftsjahr 1999 bringt erhebliche Zuwächse, am Ende können 315 563 verkaufte Fahrzeuge bilanziert werden.

Der Wiener sei in einer Reihe zu sehen mit US-Autogrößen wie Henry Ford oder Lee Iacocca, frohlockt der erfolgreichste der mehr als 600 VW-Händler in den USA. »Dieser Piëch ist der Größte«, urteilt Joe Gunther. Der VW-Vorsitzende wird es gern vernommen haben.

Bloß die Beschäftigten des New-Beetle-Werks in Puebla boykottieren ihr Produkt eher ungewollt. Mit einem Monatssalär von durchschnittlich 3600 Pesos müsste ein Angestellter knapp vier Jahreslöhne auf den Tisch blättern, um sich das Statussymbol leisten zu können. Am Ende reicht es nur für einen gebrauchten Käfer der ersten Generation – der genießt in Mexiko bis heute einen hohen Wert.

🚗

»Herr Piëch leitet ein Unternehmen, das sich seiner Verantwortung nicht nur gegenüber der früher bei ihm beschäftigten Zwangsarbeiter bewusst ist, an die bereits elf Millionen Mark ausgezahlt wurden«, betont Norbert Cultus. Den bekannten Berliner VW-Aktionär freut besonders, dass darüber hinaus »auch 200 Millionen Mark an den Stiftungsfonds der deutschen Wirtschaft für die Entschädigung ehemaliger NS-Zwangsarbeiter einbezahlt worden« sind. Die Marketingabteilung habe dem VW-Vorstand vorgerechnet, »was eine Boykottkampagne gegen den New Beetle in den USA kosten wird«, ist sich der Kölner Bundestagsabgeordnete Beck sicher. Diese werde, lautet die rationale Erkenntnis, »Volkswagen allemal härter treffen – und genau davor hatte man in Wolfsburg Angst«.

Sexy Cars für schlaffe Kunden

> »Nachdem er die amerikanischen Herzen im Sturm erobert hat, wurde er auch in Deutschland sehnsüchtig erwartet.«
> *Volkswagen-Werbung zur erhofften Positionierung des New Beetle*

> »Dagegen kann eine Höherpositionierung in absehbarer Zeit erfolgen.«
> *Stellungnahme der VW-Kommunikation zur zukünftigen Positionierung des New Beetle*

> »In der bescheidenen Nische eines kuriosen Modeartikels und Lifestyle-Spielzeugs für launische Besserverdienende.«
> *Kommentar der »Frankfurter Rundschau« zur gescheiterten Positionierung des New Beetle*

März 1998, Automobilsalon Genf. Noch fehlt der Superstar aus den Staaten. »Wir wollen ihn zuerst in Amerika verkaufen«, rechtfertigt sich Piëch. Dort seien »die Leute bereits so begeistert, dass wir nicht noch anderenorts den Wunsch nach kurzfristiger Auslieferung anzünden wollen«. In Europa sei es »noch nicht« so weit, vertröstet er potentzielle Interessenten, den Beetle werden sie »erst frühestens Ende des Jahres kaufen können«.

Den Preis allerdings »kenne ich noch nicht«. Volkswagen hat »nämlich noch für kein einziges europäisches Land einen Preis fixiert«. Klar ist jedenfalls, dass der New Beetle »zu den Trendsettern der neuen Volkswagen-Vielfalt« zählt. Außerdem ermögliche es die VW-Strategie, »in kurzer Zeit Modelle mit einem attraktiven Preis-Leistungs-Verhältnis zu entwickeln«.

Was für ein Fahrzeug. Nach dem Herzenssturm in den USA wollen die Volkswagen-Werber auch Sehnsüchte in der Heimat wecken. »Und jetzt ist er da: der New Beetle«, mit »modernster Technik, großzügiger Ausstattung und seinem unverwechselbaren Design«. Wolfsburger Wünsche: »Automobilbau auf höchstem Niveau«, kurzum »ein Auto zum Verlieben.«

»Der New Beetle ist Teil unserer Strategie, den gesamten Konzern und damit auch die Marke Volkswagen breiter zu positionieren«, erläutert Ferdinand Piëch seine Zielsetzung. Auch der Käfer-Nachfolger soll »die Rentabilität des Konzerns weiter verbessern sowie die Beschäftigung sichern und nach Möglichkeit ausbauen«.

Eines allerdings hat er wohl übersehen: Der Käfer war in Zeiten der Sparsamkeit und Finanznot nach dem Krieg das richtige Auto zur richtigen Zeit. Die emotionale Komponente aber ist ihm erst angedichtet worden, nachdem seine Fertigung hier zu Lande vor über zwei Jahrzehnten eingestellt worden ist. Seither gilt er als Sammelobjekt.

Ab Ende November 1998 wird es den Käfer-Nachfolger auch in seinem Stammland geben: »Bei derzeit weit über 100 000 vorliegenden Bestellungen wird der New Beetle wohl auch in Deutschland ein Erfolg werden«, so der Wiener selbstsicher.

»In Zukunft verbinden wir technologischen Vorsprung mehr und mehr mit Emotionalität und Ästhetik im Design.« Denn »Autos werden mehr und mehr zum Ausdruck des eigenen Lebensstils«, fühlt Ferdinand

Piëch. »Sie müssen Individualität ausstrahlen und unverwechselbar sein.« Darum, so der VW-Chef, »gewinnen für einen Autohersteller die Formensprache und die Anmutung der Ausstattung eines Autos ein immer größeres Gewicht«.

Auch Journalisten flirten heftig mit dem Emotion vehicle. In ihrer Silvesterausgabe empfindet die *Süddeutsche Zeitung*, der New Beetle sei »kein Wagen fürs Volk, sondern ein rollender Fetisch«. Das »Muscle Car« habe »Kotflügel, die wie durchtrainierte Arme aussehen, und einen knackigen Po«. Früheres Blech und Blinker seien durch »Stahlhüften und Leuchtbrüste« ersetzt. Kein Vernunftauto also, stattdessen ein »Blech gewordenes Lustobjekt«. Die »Resexualisierung der Autokarosserie ist unübersehbar«.

Der 61-jährige Piëch selbst zählt zu den heißesten Fans des Sexmobils. Angeregt schwärmt er vom New Beetle, der »viel, viel stärker als alle unsere anderen Produkte« und ein »sehr stark emotionalisiertes Auto« sei. Fehlt nur noch die emotional erregte Kundschaft, die sich ihre Liebe zum Käfer durchschnittlich knapp 40 000 Mark kosten lässt.

März 1999. Die Jahreskapazität in Puebla liegt bei 170 000 Beetles. Der US-Markt boomt, und noch immer hofft der VW-Vorsitzende auf den Durchbruch des Käfer-Nachfolgers in Deutschland. Was wäre das für ein Triumph, seinen weltberühmten Großvater auf dessen ureigenem Feld zu schlagen! Doch der Mann hat schlechte Karten: Der Produktionsrekord liegt bei unerreichbaren 16 Millionen von Volkswagen gefertigten Käfern. Die Zielmarke wird für das laufende Geschäftsjahr in Deutschland auf 45 000 festgelegt, wie ein VW-Sprecher mit einem Funken Hoffnung erklärt.

Natürlich möge er den automobilen Vorfahren aus Großvaters Zeiten, sagt er im Gespräch mit den Motorjournalisten Jürgen Lewandowski und Herbert Völker. Doch gleichzeitig macht er deutlich, dass er »auch Distanz zum alten Käfer« hält. Er sei »zutiefst überzeugt, dass der VW-Konzern die Kurve nur knapp gekriegt« habe, »weil die Abkehr von der Käfer-Monokultur spät erfolgt« sei. Da lebte Ferdinand Porsche schon lange nicht mehr.

Derweil kämpft der Betriebsrat eisern für eine Wolfsburger Fertigungsstraße des New Beetle. Sollte das Stammwerk leer ausgehen, dann dürfe der Lupo keinesfalls nach Bratislava ausgelagert werden. Ferdinand Piëch hält dagegen und fordert Zugeständnisse bei den Samstagszuschlägen. Am Ende aber sorgen die lustlosen Kunden selbst für die Verhütung des sexy Beetle.

⌐⌐

Dann ist also doch was dran am Vorurteil, wonach die Deutschen ein gefühlloses Völkchen seien. 200 000 Beetle-süchtige Interessenten hat Volkswagen anfangs verzeichnet, fast die Hälfte in Deutschland. Doch trotz seines Sex-Appeals floppt der New Beetle hier zu Lande. Verzweifelt sucht Ferdinand Piëch nach Auswegen aus der selbst gestellten Falle. Denn dem angepeilten jungdynamischen Kundenkreis mangelt es am nötigen Kleingeld, der neu verpackte Käfer ist schlicht zu teuer für die Zielgruppe automobiler Jungyuppies.

Wieder einmal sucht der VW-Vorsitzende die Schuld bei anderen, statt bei sich selbst: »Die Händler haben alle hochwertige Christbäume bestellt. Das schreckt den einen oder anderen ab.« Hinzu kommt, dass Piëchs Pressestab zielstrebig das nächstbeste Fettnäpfchen ansteuert. Als *Bild am Sonntag,* bestens bestückt mit Insiderinfos, in naher Zukunft eine »abgespeckte« 75-PS-Version des Möchtegern-Kultmobils mit einem Grundpreis deutlich unter 30 000 Mark prophezeit, knallen in Kocks' Kommunikationsabteilung sämtliche Sicherungen durch: »Eine einzelne Spekulation in den Medien zum skelettierten New Beetle, einem angeblich vorgesehenen neuen Modell mit dramatisch reduzierter Ausstattung und einem entsprechend angepassten Preis, entspricht nicht der Volkswagen-Planung.«

Dabei ist das Pseudo-Kultcar völlig überteuert. In den ersten beiden Monaten 1999 können gerade mal 8000 Beetles in deutschen Landen ausgeliefert werden. Mithin erbrächte die von Kocks & Co. erwogene »Höherpositionierung« wenigstens einen Erfolg: die weitere Senkung der Verkaufszahlen. Allerdings, eines muss man ihnen zugute halten: Die VW-Kommunikatoren setzen auch nur das um, was der Herr der Käfer von ihnen verlangt.

⌐⌐

Beim New Beetle seien nun »strategische Ausrichtung und Beharrlichkeit verlangt«, versucht sich Piëch über die Runden zu retten. Dieses Fahrzeug sei »ein Automobil der Sonderklasse, ein Sympathieträger, der diese Aufgabe bisher schon glänzend erfüllt hat«. Und die Volumenmaximierung sei sowieso »nicht das Ziel« gewesen. »Unter dem Strich bringt es dasselbe, wenn jemand wegen des Beetle in den Laden reingeht und ihn mit einem neuen Golf wieder verlässt«, lautet die neue Devise.

Was für Töne aus dem Mund desjenigen, der für den Beetle »auch in Deutschland einen Erfolg« prognostiziert hat. Auf das sich abzeichnende Desaster reagiert er mit den gewohnten Mechanismen: Es gelte, »die Leistungspalette künftig zu spreizen«. Dazu gehöre »auch, eine noch leistungsstärkere Version auf den Markt zu bringen«.

Den ersten Schritt hat er bereits mit der Präsentation eines PS-protzenden Beetle auf der Detroiter Autoshow vollzogen. Der »Beetle mit über 300 PS« soll Emotionen wecken und damit die Absatzzahlen fördern. »Wenn ein solches Auto vorbeifährt«, so Verkaufsstratege Piëch, »hebt es den Eigner eines Normalbeetles wieder in ganz andere Regionen«. Dabei »gehören diese Wagen zum Programm, damit die Kunden mit dem normalen Geldbeutel unsere normalen Produkte kaufen«. Und wenn »die Menschen sich mit solchen Autos identifizieren«, dann würden sie auch »den Normalbeetle kaufen«. Weit gefehlt, Herr Piëch.

Das neue Jahrtausend ist angebrochen, und was den Leuten als Kultauto verkauft werden sollte, sammelt schlechte Noten wie andere Leute Briefmarken: So wettert *auto motor sport* über »die schlechte Übersicht nach vorne, die unbequemen Sitze, das eingeschränkte Platzangebot, den kleinen Kofferraum und die billige Qualitätsanmutung im Innenraum«. Zudem schluckt der »brummige 115-PS-Motor« fast zehn Liter auf hundert Kilometer. Fatales Fazit: Der New Beetle »zählt zu jenen Modeautos, die bereits nach kurzer Zeit nicht mehr im Trend« liegen. Logische Folge: Im Jahr 2000 bewegen sich die Preise der ersten Jahreswagen um bis zu einem Fünftel unter denen der Neuwagen.

Auch den Tuner-Fans ist die Partylaune verdorben. »Die Nachfrage ist wahnsinnig gering«, sagt Lars Menzel von Abt aus Kempten. Und Engelbert Spanier, Mitglied im Fürther Tuner Beetlechoose, ergänzt: »Schlechter kann es eigentlich nicht mehr werden.«

Ist der PS-protzende Turbobeetle also lediglich ein pfiffiger Einfall Piëchscher Promotion? »Für PR-Zwecke machen wir nicht in Stahl und Eisen.« Und »was wir ausstellen, fertigen wir in der Regel«. Genau »diese Emotion nutzt unserer gesamten Produktpalette«, entgegnet der VW-Chef stur und merkt dabei gar nicht, dass er sich – und mit ihm die gesamte Konzernstrategie – im Kreis dreht.

Wolfsburger Waterloo

»Ich hätte es vorgezogen, beide Marken zu behalten.«
Ferdinand Piëch 1998 zur Rolls-Royce- und Bentley-Übernahme

»Ich wollte von Anfang an nur Bentley und habe deshalb bei Rolls-Royce nachgegeben.«
Ferdinand Piëch 1999 zur Rolls-Royce- und Bentley-Übernahme

»Im Krieg gelten keine Regeln.«
Wolfgang Kaden über Piëchs Vorgehensweise

März 1998. Noch ist es nicht so weit, die Claims aber werden abgesteckt. Zwar sei »die Ausweitung der VW-Modellpalette vom Lupo bis zur Luxuslimousine sicher groß genug«, sinniert der Wiener. »Aber darüber noch eine Marke zu haben«, halte er für sinnvoll. Denn davon seien »am Weltmarkt längerfristig vernünftige Stückzahlen abzusetzen«.

Rolls-Royce ist nicht nur Kult, bei Rolls-Royce kommt man »um den modischen Begriff ›Mythos‹« nicht herum, meint Autor Ingo Seiff. Von der britischen Nobelmarke geht eine Anziehungskraft aus, der sich auch Piëch nicht entziehen kann. Doch das Anrecht zum Kauf des renommiertesten Autounternehmens der Welt liegt in München. Bereits vor sieben Jahren diversifizierte BMW mit der Gründung des Gemeinschaftsunternehmens BMW-Rolls-Royce GmbH. Seither werden in Oberursel Flugzeugtriebwerke entwickelt und gefertigt. Für viele überraschend liegen die Namensrechte für die britische Fahrzeugmarke bei den Triebwerksherstellern von Rolls-Royce plc.

Warum aber sollte das Ferdinand Piëch interessieren? Er will Rolls-Royce und Bentley kaufen und keinesfalls in die Flugzeugbranche einsteigen.

🚗

7. Mai 1998, London. Die Sensation ist perfekt. Das Angebot der Wolfsburger, tiefer als die Konkurrenz von der Isar in die Konzernkasse zu greifen, überzeugt den Vorstand der Rolls-Royce- und Bentley-Eigner: Die Führung des britischen Vickers-Konzerns nimmt das deutlich aufgestockte Angebot von Volkswagen an und empfiehlt seinen Aktionären die Billigung der VW-Offerte. »Während des Verkaufsprozesses von Rolls-Royce Motor Cars haben wir uns darauf konzentriert, unseren Aktionären einen maximalen Zugewinn zu bescheren«, erklärt Vickers-Chef Colin Chandler.

🚗

5. Juni 1998. Tags zuvor zeigt sich Piëch zurückhaltend optimistisch. Er habe die Chancen »in den letzten Wochen immer 50:50 eingeschätzt«. Sein Gefühl aber sage ihm, »dass man unsere Vorzüge kennt«. Das VW-Angebot an Vickers liegt bei 430 Millionen Pfund für die Rolls-Royce Motor Cars, zudem gilt es noch die Verträge für die Motorenfertigung in Großbritannien auszuhandeln.

Die Namensrechte liegen beim Triebwerkshersteller Rolls-Royce plc, doch genau die »veranschlagen wir im Moment gar nicht«, bekennt Piëch. Der eine habe eben »die Emily auf dem Kühler, der andere hat den Namen Rolls-Royce«. Und sicher zahle »man keine 100 Millionen Pfund für eine Hälfte, mit der man ohne die andere Hälfte nichts anfangen« könne.

Die finanziellen Rahmenbedingungen stimmen, der Verkauf von Rolls-Royce und Bentley wird auf der außerordentlichen Versammlung der

Vickers-Aktionäre beschlossen. Geld regiert die Welt. Rolls-Royce und Bentley werden von VW übernommen, Bernd Pischetsrieder hat das Nachsehen, Ferdinand Piëch triumphiert.

🚗

15. Juni 1998, 8.20 Uhr. Zackig fährt ein rosafarbener Silver Seraph mit dem Autokennzeichen WOB-06245 vor, wohl der erste seiner Art auf dem VW-Firmengelände.

»Der Mann vom Werkschutz vergaß beinahe den Schlagbaum am VW-Tor zu öffnen«, beschreibt Helmut Raabe die Spritztour in den *Wolfsburger Nachrichten.* Ferdinand Piëch jedenfalls scheint seine Freude an dem britischen Luxusliner gefunden zu haben. Die Freude allerdings währt nicht allzu lange.

🚗

28. Juni 1998. Immerhin 479 Millionen Pfund lässt er sich das Vergnügen kosten, eine überalterte Fabrik und zwei renommierte britische Autofirmen mit marginalen Verkaufszahlen sein Eigen nennen zu dürfen. Dabei ist der Wiener bei dem Versuch gescheitert, die Namensrechte der unabhängigen Tochterfirma Rolls-Royce plc zu erwerben.

In den Verhandlungen mit Bernd Pischetsrieder muss sich Piëch auf einen folgenschweren Kompromiss einlassen: Bis Ende 2002 darf Volkswagen Rolls-Royce-Fahrzeuge fertigen. Danach bleibt VW lediglich die Entwicklung, Fertigung und der Vertrieb von Luxusautos der Marke Bentley. Die Rolls-Royce Motor Cars mutiert dementsprechend zur Bentley Motor Cars, das Werk im englischen Crewe verbleibt in der Volkswagen-Gruppe. Anfang 2003 gehen die Namensrechte und die Vertriebsorganisation an die Bayern über. BMW zahlt dafür 120 Millionen Mark an den Triebwerkshersteller Rolls-Royce plc.

Am 3. Juli werden die Zahlungsmodalitäten vereinbart. Immerhin versorgt BMW Rolls-Royce auch weiterhin mit den benötigten Fahrzeugteilen. Mit dem Gentleman's Agreement ermöglicht Bernd Pischetsrieder seinem Kontrahenten in Wolfsburg einen Abgang in Anstand. Ferdinand Piëch hat das Nachsehen, Bernd Pischetsrieder aber verzichtet auf Gesten des Triumphs.

🚗

Als »bittere Niederlage für VW-Chef Piëch« beurteilt Franz W. Rother in der *Wirtschaftswoche* den Ausgang der Verhandlungen. Kaum anders kommentiert das *AutoForum:* »Piëch wird branchenintern als großer Verlierer angesehen, weil er nun für Bentley 1,44 Milliarden Mark bezahlt hat, BMW Rolls-Royce aber für ein Butterbrot bekommt.« *Capital*-Redakteur Stephan Grühsem, seit Januar 1999 für die VW-Motorpublizistik verantwortlich, erkennt eine »herbe Schlappe für Piëch«.

In Österreich meldet sich Herbert Völker zu Wort: Rolls-Royce habe »mehr Kohle gemacht, als sie je hoffen konnten«, und so sei »am Ende die Optik ein bissl patschert«.

Das neue Bentley Sedanca Coupé bietet einen Vorgeschmack auf das, was den wohl situierten Volkswagen-Kunden erwartet. »Denn eine Skurrilität wie diese, die weder als waschechtes Cabriolet noch als elegantes Coupé daherkommt, lässt sich nur in homöopathischen Dosen verkaufen.« Wer so daherschreibt, ist keiner aus der ökoorientierten Kritikergarde. Nach einer Probefahrt kommt Jürgen Zölltner zum Schluss: »Dieses Auto braucht wirklich niemand.« Der V-8-Motor treibt den 2,6 Tonnen schweren Koloss in 6,4 Sekunden auf 100 und in der Höchstgeschwindigkeit auf bis zu 245 Stundenkilometer voran. Wer sich also »das Sammeln von Bentleys nicht leisten kann, sollte auch das Fahren des Sedanca Coupés anderen überlassen«, empfiehlt Zölltner in der *Welt am Sonntag*. Rund 80 Exemplare, so die Planung, sollen von der 674 000 Mark teuren Nobelkarosse unters Völkchen gebracht werden.

Auch Ferdinand Piëch scheint erkannt zu haben, dass er seine Kunden mit derlei »Kult-Cars« nicht ansprechen kann. Immerhin hat sich der Wiener vorgenommen, die Verkaufsquote von derzeit 2000 abgesetzten Bentleys zu vervier- oder verfünffachen. Ob sich seine Modelle Arnage, Continental und Azure zum Marktrenner entwickeln, wird man erst in einigen Jahren richtig beurteilen können.

Januar 1999. Die Verkaufszahlen der beiden Töchter der Rolls-Royce Motor Cars sind kräftig in den Keller gerutscht. 16 Prozent weniger verkaufte Fahrzeuge lautet die ernüchternde Bilanz von Rolls-Royce und Bentley für 1998, das Jahr der Übernahme durch VW. Lediglich die Verkaufszahlen auf dem europäischen Kontinent stellen einen Lichtblick dar: Mit 234 verkauften Luxuslimousinen können 16-prozentige Zuwächse verbucht werden. Vor allem in Japan und auf dem britischen Heimatmarkt jedoch zeigen die Käufer wenig Sympathie für die Trennung der beiden Marken. In Großbritannien schrumpft der Fahrzeugabsatz gar um nahezu ein Drittel.

🚗

Mai 1999. Piëch sieht sich mit kritischen Fragen konfrontiert und kontert gekonnt: »Die Verkaufszahlen sinken unter dem Strich keineswegs.« Weltweit hätten Bentley und Rolls-Royce »in den ersten vier Monaten dieses Jahres rund 40 Prozent« gegenüber dem Vorjahr zugelegt. Für ihn sei die Welt sowieso in Ordnung, denn er »wollte von Anfang an nur Bentley und habe deshalb bei Rolls-Royce nachgegeben«.
Und im Übrigen »hätten wir bei der Übernahme auch eine harte Linie fahren können«. Aber damit, so der Soft-Piëch, »wäre so viel Porzellan zerschlagen worden, dass man niemals über eine gemeinsame Zukunft hätte reden können«.

🚗

Die britische Sicht ist geprägt von historischen Ressentiments. Ausgerechnet ein deutscher Konzern, der in Zeiten des Nationalsozialismus eine äußerst unrühmliche Rolle gespielt hat, kauft Rolls-Royce. Und ausgerechnet Ferdinand Piëch, dessen Familie in der Zeit dieses Regimes führende Wirtschaftsrepräsentanten gestellt hat, akquiriert das letzte und zugleich renommierteste britische Autounternehmen.
Manch einem Briten drängt sich da der Gedanke auf, die Deutschen hätten den Zweiten Weltkrieg verloren, den Frieden aber gewonnen: »Es scheint gerade so«, meint der Kölner Journalist Rüdiger Liedtke, »als sei es Piëch Genugtuung, Rolls-Royce, das englische Statussymbol, nach Deutschland zu holen, ins Reich der Nazi-Gründung Volkswagen.«
In solchen Situationen werden die Deutschen von ihrer Vergangenheit eingeholt, nur allzu gern lässt die britische Boulevardpresse das Bild

vom Hitler-Deutschland auferstehen. BMW sollte es beim Rover-Verkauf im Frühjahr 2000 nicht besser ergehen.

🚗

»Die Übernahmeschlacht« zwischen BMW und Volkswagen um Rolls-Royce sei, wie auch die DaimlerChrysler-Fusion, »nicht ohne die beiden wohl stärksten Antriebskräfte neben dem Sex zu erklären«. Aus Sicht des *Spiegel*-Redakteurs Dietmar Hawranek sind das »die Gier nach Macht und die nach Geld«. Und »einen wie Piëch« lasse dieses Ergebnis nicht ruhen: »Er sinnt nach Rache.«

Beispielsweise indem er in die Rolls-Royce-Fahrzeuge bis zum Wechsel an BMW so viele Teile eines Volkswagens einbaue, dass man in München die Lust an den Briten verliere. Oder indem er gleich die Übernahme des Konkurrenten aus Bayern vorantreibt. »Der Kampf der Egos«, die Auseinandersetzung zwischen Bernd Pischetsrieder und Ferdinand Piëch, geht in die nächste Runde. Mit einem Ergebnis, das weder der Wiener noch der Münchner ahnen können.

🚗

Der Gedankengang liegt auf der Hand: Wer eine Schlacht verloren hat, kann den Krieg dennoch gewinnen. Nach seinem Scheitern beim Erwerb von Rolls-Royce bleibt Piëch nur das *Unternehmen Übernahme,* um als Phönix aus der Asche zu steigen.

Der Heiratsantrag stößt erst einmal auf wenig Gegenliebe: BMW sei zweifelsohne »eine attraktive Braut«, verkündet Konzernchef Bernd Pischetsrieder trotzig und gibt sich selbstsicher: »Aber die Braut sagt Nein und wird nicht zu einer Hochzeit gehen.« BMW werde selbständig bleiben, alles andere seien »bestenfalls die unerfüllbaren Wünsche anderer Unternehmen, sich an BMW zu beteiligen, schlimmstenfalls platte Lügen«.

Bereits im Februar wird Pischetsrieder seines Amts als BMW-Chef enthoben. Und so bleiben Piëchs Lockrufe letztlich nicht unerhört: Mit der erfolgreichen Anwerbung Bernd Pischetsrieders – seines siegreichen Gegners beim Buhlen um Rolls-Royce – gelingt ihm im Dezember 1999 ein sensationeller Coup.

🚗

»Im Krieg herrscht ein rechtloser Zustand«, kommentiert Wolfgang Kaden Piëchs Kampf um Rolls-Royce, und »Siegen ist alles«. Im »Eifer des Gefechts und in heilloser Selbstüberschätzung«, urteilt der Chefredakteur des *manager magazins,* habe »der VW-General dann auch noch geflissentlich übersehen, dass die Kollegen in München in einer Vetoposition« gesessen seien.

Im Fall López habe Piëch »die Kapitulation einreichen« müssen, »das Debakel war einzigartig«. Im Fall Rolls-Royce sei das Ergebnis »ein Waterloo, wie es ein Unternehmenschef selten, wenn überhaupt jemals erlebt hat«, lautet Kadens Urteil über den Napoleon vom Mittellandkanal.

Vorsprung durch TTechnik

»Jugendliches SelbsTTbewusstsein, LeidenschafTT, InstinkTT, LusTT perfekt vereint.«
Werbung für das Audi TT Coupé

»Der TT hat die Marke Audi noch enorm viel sportlicher gemacht.«
Ferdinand Piëch (April 1999)

»Warum haben Sie die Kunden so lange falsch informiert?«
Karl-Heinz Büschemann im »SZ«-Interview mit Franz-Josef Paefgen

Konsequent treibt der VW-Chef die Umsetzung seiner Strategie voran. Während 1997 etwa 25 Prozent aller neuen Fahrzeuge in der Unternehmensgruppe auf gemeinsamen Plattformen gefertigt wurden, steigert er diesen Anteil 1998 auf rund 47 Prozent – mehr als zwei Millionen Autos. Ein Jahr später sollen es schon gut 60 Prozent sein und der Anteil weiter deutlich steigen.

»So werden wir in den kommenden Jahren mit unserer Strategie weitere Erfolgspotenziale konsequent erschließen«, verspricht Piëch. Immerhin habe »der TT 45 Prozent Plattform-Teile: Räder, Aufhängungsteile, Bremsen«. Das beweise, dass »unser Plattform-Konzept einmalig demonstriert worden« sei. Wie verschieden aber »die Autos sein können«, das sehe man »etwa am New Beetle und dem Audi TT Coupé«.

☙

24. August 1998, Gubbio. Vor fünf Jahren hat sich »eine kleine Gruppe von Enthusiasten mit LeidenschafTT« an die Arbeit gemacht, das Rad neu zu erfinden: Von den Rädern bis zum Tankdeckel (aus Audi-Sicht ein »Juwel der Außenhaut«) soll »frei von Kompromissen« ein neuer Sportwagen entwickelt werden. Gerade mal zwei Jahre danach präsentieren die Audi-Ingenieure mit stolz geschwellter Brust die TT-Coupé-Studie auf der IAA 1995. Der Flitzer sorgt für Furore und macht »LusTT auf mehr«. In Ingolstadt ist man sich einig: »Audi muss den TT bauen!«

Von nun an gilt es »aus der emotionalen Studie« ein Serienfahrzeug zu machen und dabei »die FaszinaTTion zu erhalten«. Die Anforderungen an alle Beteiligten sind enorm, die Erfolge beachtlich. Neben den technischen Aufgaben muss zugleich die Integration der Fertigungsstätten in Ingolstadt und im ungarischen Györ gemanagt werden. Im Hochsommer 1998 ist es endlich so weit: Im italienischen Gubbio wird das TT Coupé den begeisterten Medienvertretern aus aller Herren Länder vorgestellt – ein Sportwagen, bei dem »InstinkTT und LeidenschafTT betont« worden sind.

Als der TT zwei Monate später beim Internationalen Automobilsalon in Paris erstmals die öffentliche Bühne betritt und kurz darauf auf dem Markt eingeführt wird, sind bereits 18 000 Vorbestellungen eingegangen. Zu Piëchs Zufriedenheit hat das Team um Franz-Josef Paefgen, seit gut einem Jahr neuer Audi-Vorsitzender, ganze Arbeit geleistet. »Unsere Autos sollen dabei jeweils Wertmaßstab ihrer Klasse sein«, so der Anspruch des VW-Chefs.

☙

»Wie ein Panther vor dem Absprung, und er knurrt auch so einschüchternd«, spürt Jürgen Kesting das Kraftpotenzial des motorisierten Raubtiers. In der *Woche* erliegt der Motorsportjournalist, wie fast alle seiner Branche, den Emotionen.

Autojournalisten entdecken ihre lyrische Ader. Der TT trifft voll »ins

Lustzentrum des Automenschen« und »wirkt wie ein Neo-Käfer, aber de luxe« – kurzum »wie die Ode an die automobile Freude«. Wie bei der New-Beetle-Markteinführung erschallen auch beim TT himmelhoch jauchzende Jubelarien. Die Presse propagiert Paefgens Kultmobil. Der fühlt sich zu Höherem berufen. Sollte dem sympathischen Rheinländer mit dem TT Roadster der Durchbruch gelingen, so ist im Jahr 2002 auch die Tür in Wolfsburg weit aufgestoßen.

Ein einziges Problem steht ihm dabei im Weg: Der 62 000 Mark teure Sportpanther ist, wie sich bald zeigen wird, schwer zu zähmen. Und wenn – je nach Version – die 180 oder gar 225 PS des 1,8-Liter-Turboladers ausbrechen, dann erlegt das Raubtier seine Jäger.

🚗

Januar 1999. Der Roadster aus Ingolstadt fügt sich nahtlos in Piëchs Konzernkonzept ein. »Nur die richtige Harmonie dieser Dinge macht Geschäft«, der Autobauer »ist halb Modeschöpfer, halb Techniker«. Deshalb »versuchen wir die Käufer über Emotionen zu erreichen, die unser Beetle und der Audi TT auslösen«.

🚗

5. Oktober 1999. Der Audi-Pressesprecher übt sich im Schönreden: Der Audi TT sei ein »besonders agiles und fahraktives Sportfahrzeug mit einem sehr weit oben angesiedelten Grenzbereich«. Seine Fahrdynamik werde auch von »ausländischen Fachzeitschriften ausdrücklich gelobt«. Dagegen sei ein »nachträglicher Einbau« des Elektronischen Stabilitätsprogramms, ESP, »in nicht serienmäßig vorbereiteten Fahrzeugen nicht praktikabel«. Mit freundlichem Gruß Rudolf Schiller.

🚗

Eigentlich sollte er ganz sicher sein. Perfekter Insassenschutz durch Überrollbügel, Seitenaufprallschutz, vorne wie hinten Knautschzonen, Verwindungssteifigkeit im Limousinenniveau und, und, und. »Mit dem TT Roadster wird ein neues Kapitel in der Geschichte der Sicherheit in offenen Autos aufgeschlagen«, hat Audi vollmundig ein Optimum an aktiver und passiver Sicherheit versprochen.

Audi-Sprecher Schiller verkündet im Vorfeld der Tokio Motor Show, es werde »bei uns keine Fehler wie bei der A-Klasse-Affäre geben«. Und Werner Mischke, Vorstand für Technische Entwicklung, verspricht die totale Offenheit und seine Unterstützung. So weit die Theorie.

Die Tester der *Auto Zeitung (AZ)* sind der Ansicht, im Gegensatz zur elch-anfälligen A-Klasse seien die TT »von den Audi-Entwicklern bewusst so konstruiert«. Die Schlussfolgerung ist doppeldeutig: »Wer zu früh be-stellt, den bestraft das Leben.«
Die Audi-Öffentlichkeitsarbeiter haben sich einiges abgeschaut von der Kommunikationsabteilung im Hause: »In Ingolstadt verlegt man sich auf Beschwichtigen, Zeit-Gewinnen und Beeinflussungsversuche wichti-ger Meinungsbildner«, kritisieren Dirk Vincken und Wolfgang Partz. Audis Informationspolitik sei »miserabel«. Offen werfen die beiden *AZ*-Redakteure den PR-Verantwortlichen »versuchte Manipulation« vor.

13. November 1999, Luxemburg. An diesem Samstag werden ausge-wählte Mitglieder des TT Owners Club in einem Luxemburger Hotel verwöhnt – mit Pralinen und freiem Logis. Patrick Kiss hatte allen Betroffenen und Interessierten mit seiner Webseite www.TT-Owners-Club.de im Internet ein Forum geboten. Audi sieht sich zur Reaktion gezwungen. Endlich wird ein vermeintlich sicherer TT mit Spoiler of-feriert.

Alles nur maßlose Schwarzmalerei der Medien? Oder schlichtes Un-vermögen einiger TT-Fahrer? Wie dem auch sei: Der Audi TT wird in diesem Jahr nicht nur von *Auto Bild*, sondern auch in der Gesamtbilanz der fünf Topwahlen – Auto Trophy, Die besten Autos, Auto 1, Car of the Year und Goldenes Lenkrad – zum Auto des Jahres 1999 gekürt. Das Ergebnis der Jury aus Fachleuten und Lesern der großen Auto-magazine fällt eindeutig aus: Mit großem Abstand vor den konzern-internen und -externen Konkurrenten erringt der TT den heiß begehr-ten Spitzenplatz.
Viel Freude haben die Fachblätter an ihrer Entscheidung aber nicht.

Und noch weniger Zeit zur Genugtuung bleibt dem Vorsitzenden in Ingolstadt oder dem in Wolfsburg.

⌘

Ob sich »das Warten auf den Audi TT Roadster wirklich lohnt«, hat Christian Kornherr bereits im September 1999 kritisch gefragt. Zu einer Zeit also, da sich der Mainstream der Medien noch voll auf dem Emotion-Trip befindet: »Vorsicht: Die Topversion reagiert im weit rausgeschobenen Grenzbereich ein wenig giftig.« So dass »eine versierte Fahrerhand gefragt« sei. Kein schlechter Riecher, den Piëchs Landsmann bereits vor den tödlichen Unfällen bewiesen hat. Hätten mehr TT-Fahrer seinen Bericht im österreichischen Magazin *trend* gelesen, wären sie wohl vom Unfall verschont geblieben.

⌘

17. Januar 2000, in der Nähe von Eisenach. In den Siebzigerjahren war der Thüringer einer der Stars der ostdeutschen Rallye-Gemeinde, gewann zwei Meisterschaften, die zu den härtesten Rennen der DDR zählten. Mittlerweile ist der 60-Jährige stolzer Besitzer eines Autohauses für Audi-Fahrzeuge.

An diesem Montag lenkt Peter Hommel den TT über eine Anhöhe. Urplötzlich wird der Wagen instabil, die Heckführungskräfte geraten ihm außer Kontrolle. Zweimal dreht sich das Fahrzeug, bevor es seitlich gegen einen Baum geschleudert wird.

Laut Zeugenaussage soll der frühere Rennfahrer äußerst schnell gefahren sein. Dennoch wird das TT-Wrack beschlagnahmt, die Staatsanwaltschaft nimmt Ermittlungen auf. In diesem Fall seien die äußeren Umstände »eigentlich nicht erklärbar«. Ein entgegenkommendes Fahrzeug habe es nicht gegeben. Vorerst bleibt unklar, warum der TT »von der Fahrbahn abkommt und so gegen einen Baum fährt«, meint Oberstaatsanwalt Heiko Krieg ratlos. *Focus TV* spricht von »einer beängstigenden Serie tödlicher Unfälle mit dem Sportwagen aus Ingolstadt«.

⌘

»Jetzt lastet auf dem Audi TT ein schwerer Verdacht«, kommentiert die *Berliner Zeitung* und verweist darauf, dass »schon wieder« drei Menschen bei TT-Unfällen gestorben sind. Insgesamt fünf Tote gibt es bislang zu beklagen. »Ist der TT ein Mörder?«, fragt die *BZ*. Ohne ESP fahren die Besitzer der ersten Generation quasi im freien Feldversuch. Mittlerweile kündigen Versicherungen an, ohne die technische Nachrüstung verfalle der Kaskoschutz.

»Ein Traum wird wahr«, verspricht die Audi-Werbung – zum Alp-TTraum hat er sich mittlerweile entwickelt.

🚗

3. Februar 2000. Pulverdampf über Ingolstadt. Am heutigen Donnerstag tagt der Vorstand in einer außerordentlichen Sitzung. Denn geht man davon aus, dass pro Fahrzeug bis zu 15 000 Mark für die technische Nachrüstung veranschlagt werden müssen und bislang rund 60 000 TTs verkauft worden sind, würde »ein Aufwand von bis zu 900 Millionen Mark anfallen«. Diese Rechnung macht die gut informierte *Frankfurter Allgemeine* auf, die auch wissen will, dass »Konzernchef Ferdinand Piëch mit der schleppenden Behandlung überhaupt nicht zufrieden« sei.

Audi dementiert: »Es gibt keinerlei Dissonanzen.«

🚗

4. Februar 2000, München. Die Bilanz ist erschreckend: Hunderte von Unfällen und fünf tote TT-Fahrer. Verzweifelt versucht der ansonsten so souveräne Diplom-Ingenieur seinen Kopf aus der Schlinge zu ziehen. »Herr Dr. Franz-Josef Paefgen gibt in diesen Minuten eine Pressekonferenz«, meldet sich Heinz Hermann Nagel, Leiter des deutschen Audi-Vertriebs, beim TT-Owners-Club.

Paefgens einzige Chance liegt jetzt darin, die Fehler der letzten Wochen einzugestehen, den Schaden seiner Kundschaft – so weit möglich – unbürokratisch zu beheben und die technischen Voraussetzungen zur Vermeidung neuer Unfälle zu schaffen: mit einer Mixtur aus Heckspoiler, abgestimmtem Fahrwerk und dem von nun an serienmäßig eingebauten ESP. »Für die Verunsicherung«, versucht Paefgen eine Wiedergutmachung, »möchte ich mich in aller Form bei unseren TT-Kunden entschuldigen. Unsere Offensive soll diese Verunsicherung beenden.«

Am liebsten würde er auch seine eigene Verunsicherung schnellstmöglich beseitigen. Das Projekt Piëch-Nachfolge jedenfalls droht zu scheitern. Dem Audi-Vorsitzenden dürfte klar geworden sein, dass mit seinem sinkenden Image auch seine Chancen ins Bodenlose fallen.

❧

Anstatt das Beste aus der verfahrenen Situation zu machen und die Flucht nach vorne anzutreten, sucht Paefgen nach Schuldigen – natürlich außerhalb seines Unternehmens: Klar sei doch, dass »ein Pkw etwas anderes ist als ein Sportwagen«. Dieser sei »anders ausgelegt und verlangt andere Reaktionen vom Fahrer«. Das Fahrverhalten des TT sei »auch ohne Spoiler in Ordnung«. Motto: Selbst schuld, wer das Auto aus eigener Unfähigkeit zu Schrott fährt.

Die Hauptschuldigen aber hausen wieder einmal in den Redaktionsstuben der Printmedien und in den Sendestudios der Fernsehanstalten: »Ich glaube nach wie vor nicht, dass die Eigenschaften des Autos das Hauptproblem sind, sondern die nicht enden wollende Diskussion darüber.« Motto: Am besTTen leidenschafTTlich, lusTTvoll und selbsTT-bewussTT über die TTollen TTechnischen FähigkeiTTen und die FaszinaTTion des TT berichTTen – und die TToten vergessen lassen.

Gemäß dem Slogan »Vorsprung durch Technik« hat Audi seit vielen Jahren der Konkurrenz mit einer Vielzahl technischer Innovationen den Kampf angesagt. »Game over« titelt die PR-Abteilung ihre TT-Werbung heute. Die Aussage trifft zu: auf den Roadster ohne ESP wie auf die Situation von Franz-Josef Paefgen. Der nämlich, so die *Wirtschaftswoche* im April 2000, ist »nicht mehr im Rennen« um die Nachfolge von Ferdinand Piëch.

❧

Detektive sollen um sein Büro geschlichen sein. Zunächst aber hat man ihn ganz einfach unterschätzt, den vermeintlich kleinen Rechtsanwalt aus Hannover. Geschickt wählt er den Weg über die Medien, dann meldet sich Audi bei ihm. »Da war man doch noch ziemlich arrogant und hat mich regelrecht abgekanzelt«, kommentiert Hans-Joachim Wiebe. Doch seine Aussagen finden in der Öffentlichkeit weit mehr Widerhall, als es Paefgen und auch Piëch lieb sein kann, zumal Wiebe von »typischen TT-Unfällen« spricht – und damit der offiziellen Audi-Lesart diametral entgegentritt. Immerhin 420 TT-Geschädigte vertritt der 42-Jährige und könnte, würden seine Kapazitäten ausreichen, die fünffache Anzahl vertreten.

Nach dem Tod eines Mitarbeiters der Qualitätssicherung im Volkswagenwerk Hannover-Stöcken hat der leidenschaftliche TT-Fahrer Wiebe die Unfallstelle mehrfach beäugt und danach Strafanzeige gegen Audi gestellt. Begründung: fahrlässige Tötung, die Ingolstädter hätten »nicht schnell genug reagiert«, die Fahrwerksveränderungen kämen für die Toten zu spät.

Jetzt, nach der Schreckensbilanz der letzten Monate, erfolgt die technische Aufrüstung: 650 Mark muss jeder Nachrüster berappen. Wiebe, der auf die noble Geste von Mercedes nach dem Kippen der A-Klasse verweist, findet das »kleinlich«. Die Bayern präsentieren sich knauseriger als die sparsamen Schwaben.

Dabei fühlen sich der Rechtsanwalt und seine Mandanten von Audi verschaukelt: Im Oktober 1999 habe man noch verkündet, das ESP-System sei in die ersten TTs nicht einbaubar. »Audi hat gelogen«, lautet die nüchterne Analyse des Hannoveraner Rechtsanwalts.

⁂

13. Mai 2000, Barcelona. Der Chef der Audi-Öffentlichkeitsarbeit versucht sich in der Analyse. Bei einer internationalen Tagung von PR-Managern spricht Rainer Nistl in der katalonischen Hauptstadt über das »stärkste Tier der Welt« – den Elch. Vor dem Foto des Schreckens aller Autobauer, vor allem aber derer aus dem Schwabenland, spricht Nistl über die »Superkrise für Mercedes«, den »Alptraum eines jeden PR-Managers«.

Audi aber ist es mit dem TT eher schlimmer ergangen. Was also können wir daraus lernen, welchen Ratschlag können die Teilnehmer mit nach Hause nehmen, vor allem, wenn wir selbst mit einem solchem Desaster konfrontiert werden? Nistl gibt konkrete Empfehlungen: Beachte das Internet. Reagiere schnell und umfassend. Vor allem aber: »Get lawyers out of the way!« Und: »All the money spent here is well spent since the resulting damage will be much higher in any case!« Rechtsanwälte meiden, nicht aufs Geld schauen – gut und schön. Aber was ist mit den Unfallopfern, den Verletzten, den Toten?

Kapitel 9: Der Kanzler und sein Chauffeur

Steuermann Piëch

>»Die Kommunalbehörden setzten sich gegen Piëchs Tendenz
>der Bevormundung erbittert zur Wehr.«
>*Hans Mommsen über Anton Piëch*

>»Nachdem ich zur Oberbürgermeisterin gewählt worden bin,
>habe ich ihn zu mir ins Rathaus eingeladen.«
>*Ingrid Eckel über Ferdinand Piëch*

>»Volkswagen ist Piëch, und Piëch ist Volkswagen,
>und Volkswagen ist Wolfsburg ...«
>*Michael Schweres und Louisette Gouverne*

Richtig stolz ist die ehemalige Realschullehrerin und heutige Schrift-
führerin des Niedersächsischen Landtags auf das Erreichte. Dazu hat die
56-Jährige auch allen Grund, denn das beschauliche Wolfsburg mausert
sich zu einer immer attraktiver werdenden Stadt.
»Wir haben bereits viel angeschoben«, verkündet Ingrid Eckel selbstbewusst, die sich in ihrer Funktion als Oberbürgermeisterin für die
Zukunft noch »viel vorgenommen« hat – von der Erlebniswelt über das
Science Center und ein neues Fußballstadion bis zum großen neuen
Schwimmbad. »Wir wollen die Infrastruktur verbessern, das alles dient
dem Ziel, dass sich die Leute hier wohl fühlen.«
Um die Arbeitslosenzahl weiter zu senken, soll der Dienstleistungssek-
tor gestärkt werden. »Überhaupt ist der Erhalt und die Schaffung von
Arbeitsplätzen unser oberstes Ziel.« Das will Eckel in Zusammenarbeit
mit dem Konzern und dessen Vorstandsvorsitzendem verwirklichen.
In der Vergangenheit lief der Kontakt auch schon mal andersherum und
nicht immer im Sinne des Wolfsburger Rats.

Die Einflussnahme führender VW-Repräsentanten auf kommunalpolitische Entscheidungen lässt sich bis in die Frühphase von Werk und Stadt zurückverfolgen. Ferdinand Piëchs Vater hat in den letzten Kriegsjahren versucht, die Lokalpolitik in seinem Sinne auszurichten. Formal war Anton Piëch 1945 Stellvertreter des Werksleiters Ferdinand Porsche, realiter aber leitete er den Konzern weitgehend.

In seiner Funktion als ehrenamtliches Ratsmitglied agierte der Wiener Rechtsanwalt »selbstbewusst und gelegentlich selbstherrlich«, denn für ihn zählte ausschließlich das Interesse des Volkswagenwerks. Damit machte er sich keine Freunde. »Piëchs Auftreten rief insbesondere die Kritik der Kommunalbehörden in der Stadt des KdF-Wagens hervor«, beschreibt der Historiker Mommsen die Stimmung damals. Die Stadtoberen setzten sich gegen seine »Tendenz der Bevormundung«, beispielsweise beim Bau des Krankenhauses oder des Schlachthofs, »erbittert zur Wehr«.

🚗

Wie ist das Verhältnis zwischen VW-Vorstand und den kommunalen Behörden heute? »Der Draht ist kürzer geworden«, sagt Ingrid Eckel. Wolfsburgs oberste Repräsentantin empfindet das Verhältnis als ungetrübt, schließlich können »wir als Stadt mit dem Pfund Volkswagen wuchern«. Das alles nutze den Bürgern, »von den Arbeitsplätzen bis hin zu den Ansiedlungen im Dienstleistungsbereich, der Verbesserung der Verkehrsanbindung«.

Natürlich gebe es »festgelegte Kontakte zwischen Rat und Verwaltungsspitze auf der einen und Konzernvorstand und Spitzenmanagement auf der anderen Seite«, beschreibt sie die Situation. Etwa drei- bis viermal im Jahr gibt es Sitzungen des Arbeitskreises Werk-Stadt, zu denen jede Seite abwechselnd einlädt. Die Stadt schickt ihre führenden Köpfe, von Werksseite nehmen die Vorstände Dr. Neumann und Dr. Hartz, der Betriebsratsvorsitzende, sein Vertreter und der Geschäftsführer, der Werksleiter und Vertreter des Topmanagements teil. »Die Leitung liegt bei Herrn Hartz und mir«, erklärt Ingrid Eckel.

Fünfmal hat das so genannte Adventsgespräch stattgefunden. Dazu geladen sind alle Ratsmitglieder, die Spitzen der Verwaltung, der Konzernvorstand, der VW-Markenvorstand, das Spitzenmanagement sowie leitende Angestellte. Daneben werden auch kurzfristig Gespräche anberaumt, je nach Bedarf.

Und der oberste Konzernchef?

Nachdem sie in den Chefsessel im Wolfsburger Rathaus gewählt worden ist, hat sie ihn zu sich eingeladen. Später erledigt sie ihren Antrittsbesuch »in seinem Büro in der Konzernzentrale«. Alles in allem »haben wir uns einige Male zu Gesprächen getroffen«. Auch an den Feierlichkeiten des letzten Stadtgründungstags hat der VW-Chef teilgenommen.

Ihre Freude über den persönlichen Draht ist offensichtlich, ihre Achtung vor seinen Leistungen beträchtlich: »Herr Piëch ist derjenige, der aus meiner Sicht das Werk aus den roten Zahlen geführt hat, der mit seinen Vorstandskollegen VW zukunftsorientiert umstrukturiert hat.« Selbst der weithin in Verruf geratene José Ignacio López erfährt aus dem Mund der Sozialdemokratin ungetrübtes Lob: Ihrer Ansicht nach haben der Baske und der Wiener »in schwieriger Zeit vieles gemeinsam geschafft«. Und »ohne López hätte Volkswagen so schnell nicht so viel erreicht«.

Kein gewagtes Wort, kein skeptischer Unterton, keine kritische Nachfrage der Politikerin gegenüber den Verantwortlichen im Konzern über dem Kanal. Die Abhängigkeit ist groß, die Distanz gering.

»Unser Konzept, das mein Kollege Peter Hartz der Stadt Wolfsburg zu ihrem 60-jährigen Bestehen geschenkt hat, sieht vor, eine Reihe Arbeitsplatz schaffender Initiativen zu ergreifen und bestehende Potenziale zu nutzen«, erklärt Piëch. Für ihre Bemühungen zur Halbierung der Arbeitslosigkeit vor Ort ernten die Volkswagen-Vorstände viel Lob.

Initiativen zur Gründung von Technologiezentren und wissenschaftlichen Instituten, Unterstützung bei der Ansiedlung von Zulieferbetrieben, Mithilfe bei der Errichtung von Freizeit- oder Erlebnisparks – mit solchen Maßnahmen macht sich der VW-Vorsitzende viele Freunde. Und alle sitzen sie in einem Boot: Piëch beschwört »das gemeinsame Engagement und das abgestimmte Handeln aller Beteiligten. Wirtschaft, Verbände, Stadt und Volkswagen ebenso wie Unternehmer und Arbeitnehmervertreter, Politiker und Vertreter der Verwaltung.«

Am Ende schlägt er zwei Fliegen mit einer Klappe: Einerseits verschafft ihm das Hartz'sche Beschäftigungskonzept den erhofften Sympathieschub. Andererseits decken Gewerkschafter und Sozialdemokraten seine Entscheidungen – selbst solche, bei denen die Kollegen und Genossen andernorts gegen die rüden Maßnahmen des Radikalsanierers und Turboglobalisierers auf die Straße gehen würden.

Wolfsburg ist total abhängig vom Werk, die Stadt lebt von den Steuerzahlungen des Konzerns. Insgesamt beläuft sich das Volumen des Gewerbesteueransatzes auf rund 200 Millionen Mark im Jahr, wovon allein die Volkswagen AG zwei Drittel erwirtschaftet. Kein Wunder also, dass Frau Eckel sagt: »Ohne die Steuereinnahmen durch VW könnten wir uns vieles nicht leisten.« Verschärft wird die Abhängigkeit durch ein rückläufiges Einkommensteueraufkommen, das wesentlich durch Abwanderung bedingt ist.

Das Interesse des Konzerns ist weitgehend deckungsgleich mit dem der Mehrheit der Ratsfrauen und -herren, eine aktive Einmischung des Vorstandsvorsitzenden in die Lokalpolitik gar nicht nötig. Wolfsburg hängt am Tropf der Volkswagen AG. Solange Piëch schwarze Zahlen schreibt und die Steuerzuwendungen entsprechend hoch sind, so lange sind die Bürger zufrieden – auch mit ihrer Oberbürgermeisterin.

Was aber passiert, wenn die Erfolge des Steuermanns Piëch ausbleiben? Was, wenn dessen Plattform-Strategie voll umgesetzt ist und die Kunden verstärkt Seat- und Škoda-Fahrzeuge kaufen? Was, wenn dann auch noch eine Rezession zu Einbrüchen beim VW-Absatz führt?

Die immense Abhängigkeit dient den Wolfsburgern. Und zwar genau so lange, wie Volkswagen boomt.

Unter die Räder

»Kaum jemand macht auf die Machenschaften von Großindustriellen wie Herrn Piëch aufmerksam.«
Thilo Bode

»Bei uns kommt demnächst das Drei-Liter-Auto und dann das
Zwei-Liter-Auto und danach das Ein-Liter-Auto.«
Ferdinand Piëch (1998)

»The Hypercars that can be made rather easily are better than
2 liters per hundred kilometers, they're around 1.5.«
Amory B. Lovins (1995)

Die Überlegungen gehen auf die Achtzigerjahre zurück, als der Audi-
Vorsitzende Piëch einen Luftwiderstandswert von 0,1 cw und einen
Spritverbrauch von drei Litern auf 100 Kilometer als technisch machbar
vorhersagt: »Es wird so sein müssen«, beantwortet er die Frage nach dem
damals noch utopisch erscheinenden Drei-Liter-Auto.
1991 kündigt er ein »echtes Drei-Liter-Auto« an, zwei Jahre später wird
der neue VW-Chef konkreter. Vor allem »mit umweltfreundlichen, ver-
brauchsgünstigen und sicheren Fahrzeugen« seien enorme Fortschritte
realisierbar: »Das Auto mit weniger als fünf Liter Verbrauch je 100 Kilometer können Sie schon kaufen. In wenigen Jahren werden wir mit drei
Litern auskommen«, verspricht er.

🚗

Die Umweltschutzorganisation gilt als der härteste Gegenspieler natur-
zerstörender und luftbelastender Großkonzerne. Ganz oben auf der
schwarzen Liste der Ökoaktivisten rangiert die Autoindustrie.
Bei Volkswagen hat ein »Roter« das Sagen: Ulrich Steger war bis 1987
Wirtschaftsminister der hessischen SPD und leitet seit September 1991
in Wolfsburg den Bereich »Umwelt und Verkehr«. Seitdem hat er sich
den Ruf eines kompetenten Gesprächspartners erarbeitet, der selbst bei
Greenpeace angesehen ist.

Als rund 20 Konzernvertreter und Umweltschützer zu insgesamt drei Treffen im Wolfsburger Schloss sowie in einer Braunschweiger Nobelgaststätte zusammenkommen, sind Ulrich Steger für VW sowie Wolfgang Lohbeck und Oliver Worm für Greenpeace mit von der Partie. Steger müht sich redlich, »bestehende Strukturen im Umweltbereich zu überwinden«, lobt Lohbeck. Der VW-Umweltchef habe »das Auto unter dem Mobilitätsaspekt gesehen und als solches durchaus kritisch hinterfragt«, anerkennt der Hamburger Verkehrsexperte.

Ein anderer beobachtet das konstruktive Treiben argwöhnisch.

🚗

»Ulrich Steger und Ferdinand Piëch sind in persona, aber eben auch in ihren Zielvorgaben inkompatibel«, meint Oliver Worm. Während der »versierte Kommunikationsmanager Steger beachtliche Pläne für ein umfassendes Mobilitätskonzept von Volkswagen« entwirft, will der »trockene VW-Chef das Umweltthema herunterfahren«.

Mit dessen Amtsantritt weht ein heftiger Gegenwind: Unter »Piëch sind sämtliche Gespräche auf Steger-Ebene eingestellt worden«, nennt Worm den seiner Ansicht nach dafür Verantwortlichen. Unter dem neuen Vorsitzenden seien »sämtliche Bemühungen um Mobilität und ernst zu nehmenden Umweltschutz den Bach hinabgegangen«.

🚗

»Schon Stegers System der Rufbusse war dem normal gestrickten Technokraten Ferdinand Piëch zu viel«, meint Wolfgang Lohbeck, weithin bekannter Experte in Sachen ökologisch verträglicher Mobilität. Steger sei »1993 intellektuell weiter als Herr Piëch« im Jahr 2000, urteilt Lohbeck. In jedem Fall habe »Herr Steger einen größeren geistigen Horizont als sein Chef« bewiesen und »durchaus positive Ansätze zur Verwirklichung nachhaltiger Mobilität« vertreten. Lohbecks Schlussfolgerung: »Herr Piëch hat das erkannt und ihn kurzerhand abgesägt – was man im VW-Vorstand natürlich niemals eingestehen kann.«

Am 28. Februar 1993 scheidet Steger aus. In der von Arbeitskollegen erstellten Zeitung zu seiner Abschiedsfeier sei »vorne eine Karikatur von López- und Piëch-Köpfen auf Hundekörper gemalt« worden, berichtet einer aus der Runde. Das hätte »wie eine Hundemeute« ausgesehen.

Daraufhin habe der Spruch »Wollt ihr ewig mit der Meute heulen?« die Runde gemacht, was natürlich »ironisch gemeint« gewesen sei.

»Piëch hat nachforschen lassen«, wer für die Karikatur verantwortlich gewesen ist. Kommentar des Konzernkenners: »Der piëchsche Humor existiert nur im eigenen Sinn.« Natürlich könne der Wiener »charmant sein«, er sei zugleich »aber immer misstrauisch«.

Im Alter von 49 Jahren scheidet Ulrich Steger aus der Volkswagen AG aus. Nachfolger wird der 50-jährige Gunnar Larsson, der den neu geschaffenen Bereich »Umwelt, Verkehr und Forschung« übernimmt, jedoch nicht als Mitglied im VW-Markenvorstand.

»Der Abschiebung durch Ferdinand Piëch folgte eine Beerdigung erster Klasse auf eine hoch dotierte Stelle«, meint Wolfgang Lohbeck. Damit steht er nicht allein. Auch andere würden sich nicht wundern, wenn sich Stegers 1994 beginnende Professorentätigkeit an der European Business School in Östrich-Winkel »als Teil der Vereinbarung« zum Ausscheiden des VW-Umweltchefs entpuppte.

Dezember 1994. Richtig gute Freunde werden Greenpeace und der VW-Vorsitzende erst, als die Ökoaktivisten die Republik mit Plakaten voll pflastern. Eines von ihnen zeigt den lächelnden Piëch, darüber die Zeile: »Ferdinand, der Klimafeind.« Die Begründung »Sparautos predigen, aber Spritsäufer bauen.« Das ist der Greenpeace-Kommentar zur »Fehlentwicklung VW-Polo: Er säuft und säuft … Wir raten ab!«

»Unser Ziel ist es, die Verantwortung von Industriekapitänen öffentlich zu machen«, erklärt Thilo Bode. »Bisher zielt die Schuldfrage immer nur auf die verantwortlichen Politiker, und kaum jemand macht auf die Machenschaften von Großindustriellen wie Herrn Piëch aufmerksam.«

Die Resonanz auf die Aktion gegen Piëch & Co. gibt ihm Recht. »Wie beurteilen Sie die Klimakiller-Plakate von Greenpeace?«, fragt das Emnid-Institut und ermittelt eine Zustimmungsquote von 65 Prozent.

»Nach unserer Klimakiller-Kampagne ist der Faden zum VW-Chef ganz gerissen.« Oliver Worm wundert das kaum: »Piëch reagiert seither stinkig auf alles, was von Greenpeace kommt.« Das merke man ihm »immer dann an, wenn er unsere Aktivitäten kommentiert«. Sein Unterton sei dann »bissig und angesäuert«.

Im April 1995 simulieren die Umweltschützer in Hannover eine Rückrufaktion. Motto: »VW bedauert den hohen Benzinverbrauch.« Bei der IAA plakatieren Greenpeace-Mitglieder bissige Motive: »Die neuen Auslaufmodelle '95 – zu schwer, zu gefräßig, von vorgestern.« Neben dem Text – »Der neue Golf. 7,9 Liter auf 100 km« – prangt das Volkswagen-Logo, dahinter zeigt ein Tyrannosaurus Rex seine Zähne. Bei VW gibt man sich redlich Mühe, die Aktion zu ignorieren.

Als Schröder im August 1995 zum »Autogipfel« nach Bonn bittet, sitzt Piëch selbstverständlich mit in der Runde. Er revanchiert sich für das gute Verhältnis mit einer Einladung: 1996 reist Gerhard Schröder nebst Gattin Hiltrud in Ferdinands Firmenflieger zum Wiener Opernball. Zwei Logenplätze für den Landesfürsten sind reserviert.

Februar 1998. Piëch holt zum Gegenschlag aus: Bei Volkswagen komme »demnächst das Drei-Liter-Auto und dann das Zwei-Liter-Auto und danach das Ein-Liter-Auto«. Noch »vor dem Jahr 2000« sei mit dem Drei-Liter-Fahrzeug zu rechnen, und zwar noch vor der Konkurrenz im eigenen Konzern. »Dort, wo ich bin, versuche ich immer, der Erste zu sein«, verweist er die Ingolstädter auf die Plätze.
Ungläubig hakt der *Stern*-Reporter nach, ob der VW-Chef das Ein-Liter-Auto wirklich für möglich halte. »Sonst hätte ich es nicht erwähnt«, beharrt der. Dabei handle es sich um ein Fahrzeug, das »vier Räder, aber nicht unbedingt vier Sitze« haben wird. »Aber eine Person allein käme damit genauso schnell von Wolfsburg nach Hamburg wie heute.« Große Töne, selbst für einen Techniker wie ihn.

29. September 1998, Paris. Das Timing ist perfekt. Nur zwei Tage nach der von Gerhard Schröder als SPD-Kanzlerkandidat gewonnenen Bun-

destagswahl präsentiert der VW-Vorsitzende auf dem Autosalon seine neueste Errungenschaft. Dank konsequenter Leichtbauweise, einem neu konstruierten Automatikgetriebe und Leichtmetallfelgen erreicht der Dreizylinder-Direkteinspritzer mit seinen 61 PS einen Verbrauch von 2,99 Litern auf 100 Kilometer im europäischen Normalzyklus. Der thermische Wirkungsgrad von 45 Prozent gilt als bislang unerreichte Energiebilanz eines Pkw.

Das nahezu ungetrübte Lob der internationalen Automobilpresse bezieht sich auch darauf, dass der Viersitzer mit einer Höchstgeschwindigkeit von 165 Stundenkilometern »ein vollkommen alltagstaugliches Auto« ist, das die Ökokonkurrenten »verblassen lässt«. Allerdings rückt der *Spiegel* die Größenverhältnisse gleich wieder zurecht: Denn der »Spar-Weltmeister« steht »unscheinbar im Schatten der hubraumgewaltigen 18-Zylinder-Studie mit dem von VW jüngst erworbenen Traumwagen-Namen Bugatti«.

Gut zehn Jahre vor dieser Bundestagswahl hat Ferdinand Piëch unmissverständlich Stellung bezogen: »Die freie Fahrt auf der Autobahn ist ein Schlüssel des Erfolges der deutschen Autos«, verkündete der damals stellvertretende Audi-Vorsitzende. Mit seiner Einschätzung, »dass wir noch länger mit freier Fahrt rechnen können«, sollte er Recht behalten – bis zum heutigen Tag.

Seit er seinen Chefsessel in Ingolstadt mit dem in Wolfsburg getauscht hat, ist der Übergang zwischen privaten und dienstlichen Kontakten der beiden Machtmänner fließend: Gerhard Schröder wird zu Familienfeiern der Piëchs eingeladen und handelt seinerseits artig im Sinne des Autofreunds. Als die SPD 1994 in ihr Programm zur Bundestagswahl die Forderung nach einem Tempolimit aufnehmen will, legt der Niedersachse sein Veto ein.

Doch das Engagement des Sozialdemokraten für den Konzernchef bleibt auf Bundesebene folgenlos, denn die Wahl gewinnt die christlichliberale Regierungskoalition – diesmal noch.

Mit Bugatti gelingt Piëch 1998 erneut »ein Husarenstreich«, so der Journalist Ingo Seiff bewundernd. Volkswagen kauft die Bugatti-Gesellschaft und damit die Rechte »an dem ruhmreichen Markennamen«.

Noch im Oktober zeigt sich die stellvertretende Bürgermeisterin Marie-Claire Mahr überrascht. Piëch hat es scheinbar nicht für nötig gehalten, die Kommune Molsheim bei Straßburg über seine Pläne zu informieren. Mit Investionen in dreistelliger Millionenhöhe soll nämlich ab dem Jahr 2002 dort im alten Bugatti-Werk die Produktion der EB-Bauserien aufgenommen werden. Die Vorbesitzer hatten mit der Firma Konkurs gemacht. Heute verspricht der Markt lukrative Geschäfte. Bei einem Stückpreis von rund einer Million Mark soll sich »das Zeug rentieren«, verkündet ein Designer. Fünfzig Bugattis sollen jährlich an den Mann gebracht werden. »Voll im Zenit des PS-Exhibitionismus«, urteilt *Spiegel*-Redakteur Wieland Wagner über das Piëch-Projekt.

Seit September 1998 ist eine Bundesregierung im Amt, die sich in der Verkehrspolitik neue Ziele gesetzt hat. Vor allem die Grünen haben ihren Wählerinnen und Wählern eine »Verkehrswende« versprochen. Finanziert werden soll die laut Wahlprogramm durch »die einmalige Erhöhung der Mineralölsteuer im ersten Jahr um 50 Pfennig«. Nach zehn Jahren soll ein Liter Benzin rund fünf Mark kosten. »Mehr Verkehrssicherheit und Emissionsminderung verlangen insbesondere Geschwindigkeitsbegrenzungen: Tempo 100 auf Autobahnen, 80 auf Landstraßen und 30 innerorts.« Energiespartechniken sollen, so die Grünen, »für die Effizienzrevolution« sorgen. Außerdem wird unter anderem die Entwicklung und Markteinführung eines »Drei-Liter-Autos« gefordert.

Ferdinand Piëch zeigt sich tief beeindruckt und beschließt, seinem Freund Schröder beizustehen. Zumindest in puncto Drei-Liter-Auto kann der VW-Chef Vollzug melden. Vorher aber steuert er mit weiteren innovativen Ökomobilen kräftig in Richtung einer Verkehrswende à la Volkswagen.

September 1998. Bereits im Sommer wurde der »Letter of Intent« unterzeichnet. Mit dem Vorvertrag ist in die Wege geleitet worden, was jetzt vollzogen wird: Audi übernimmt die Automobili Lamborghini SpA in Bologna. Deren Anteile liegen zu 60 Prozent bei Hutomo Mandala Putra, dem jüngsten Sohn des indonesischen Ex-Diktators Suharto, die restlichen 40 Prozent bei der malaysischen Mycom-Gruppe.

Vom Supersportwagen Diablo, dem einzigen Produkt der Autofirma, hat Lamborghini zuletzt keine 250 Stück im Jahr verkauft. Kein Wunder, denn der 575 PS starke Bolide kostet bis zu 560 000 Mark und erreicht mit 338 Stundenkilometern eine Höchstgeschwindigkeit, von der »selbst Lamborghini seinen Kunden abrät«. Peter Pursche kommentiert im *Stern*, der Diablo GT dürfe »in der Spitzengruppe der ökologisch bedenklichen Fortbewegungsmittel der Welt mitmischen«.

🚗

Oktober 1998. Auf der Automesse in Paris präsentiert der VW-Vorsitzende den Drei-Liter-Lupo, das erste in Serie gefertigte Auto, das die magische Verbrauchsgrenze unterschreitet.

Ob es sich dabei um ein Alibi für den grünen Bundesumweltminister handle, wird Piëch gefragt. »Wir richten unser Fahrzeugprogramm nicht nach Wahlterminen«, hält er dagegen.

🚗

9. März 1999. Bereits im letzten Herbst hat Ferdinand Piëch das Coupé-Modell EB 118 enthüllt, jetzt folgt seine neueste Entwicklung.

»Der Bugatti EB 218 stellt ein faszinierendes Fahrzeug der automobilen Top-Luxusklasse dar«, erklärt das Unternehmen. Die Karosserieform verdeutlicht »Kraft und Eleganz« zugleich. Das »bei Volkswagen entwickelte Triebwerk verfügt über drei Sechszylinderbänke«, in W-Form angeordnet. Bei einem Hubraum von 6,3 Litern bringt der Motor 555 PS auf die Straße. Der EB 218 zeichnet sich durch eine »beeindruckende Fahrdynamik und ausgezeichnete Traktion« aus.

Dem Wiener steht das Vergnügen ins Gesicht geschrieben, als er die Limousine beim Genfer Automobilsalon vorstellt.

🚗

5. Juli 1999, Göteborg. Stolz präsentiert der Wiener seinen »Öko-Lupo« – den »Wolf« mit italienischem Namen. Greenpeace nutzt die Ge-

legenheit, um Piëchs Drei-Liter-Diesel mit dem Drei-Liter-Benziner entgegenzutreten. Bei einer Vergleichsfahrt unter Aufsicht von Experten soll der Twingo »SmILE« – das Kürzel steht für Small, Intelligent, Light, Efficient – den Lupo schlagen. Seit immerhin drei Jahren schon fährt der Greenpeace-Flitzer mit umgebautem Renault-Motor mit »bisher unerreichten Verbrauchswerten« von 2,2 bis 3,5 Litern.

»Der Vorteil des Greenpeace-Konzepts liegt darin begründet«, erläutert Alexander Dauensteiner, »dass es nicht fahrzeugspezifisch gebunden, sondern auch auf die gesamte Fahrzeugpalette von Volkswagen übertragbar und vor allem auch sofort umsetzbar ist.«

Allerdings verbinde sich für viele Autofahrer »ein gravierendes Imageproblem« mit der Vorstellung, dass die Höchstgeschwindigkeit vermindert werde. Dauensteiner, Fahrzeugbauingenieur und ehemaliger Mitarbeiter am Wuppertal-Institut, sieht das eigentliche Problem jedoch in der Person des VW-Vorsitzenden: »Ferdinand Piëch leidet wohl unter Schlafschwierigkeiten, wenn sein Auto letztlich nur noch 130 km/h fährt und kein schnelleres greifbar ist.«

»Das erste Drei-Liter-Auto ist auf dem Markt«, freut sich der verkehrspolitische Sprecher des ökologisch orientierten Verkehrsclubs Deutschland (VCD). Denn Volkswagen habe »keine Mühen gescheut, den Verbrauch genau auf 2,99 Liter zu begrenzen«. Kein Wunder also, dass der Lupo 3L TDI – noch vor den Kleinsten von Daihatsu, Opel und dem MCC Smart – in der Auto-Umweltliste 1999/2000 auf Platz 1 vorfährt.

Für Gerd Lottsiepen ist der Erfolg dennoch durchwachsen: Der Drei-Liter-Lupo bleibt »ein umstrittener Sieger, weil er viele exotische Bauteile hat, weil er ein Diesel ist und entsprechend krebserzeugende Rußpartikel ausstößt«.

〰️

»Absolut unverantwortlich« findet es auch Günter Hubmann, »dass Herr Piëch auf Dieselmotoren setzt«. Diesel, so der Umweltexperte von Greenpeace, »erzeugt nachweislich Krebs«. Damit offenbare der VW-Chef, »dass sein Ruf eines Technikgenies ausgesprochen zweifelhaft« sei. Solange die Volkswagen AG, anders als Peugeot und Citroën, Dieselrußfilter nicht serienmäßig einbauen lasse, trage Ferdinand Piëch »die

Verantwortung für die gesundheitlichen Folgen der krebserzeugenden Dieselemissionen«.

☞

Mit der Entwicklung eines Drei-Liter-Autos sei es ihm, so Piëch, von Anfang an darum gegangen, »bei einem einmalig niedrigen Verbrauch einen vollwertigen, alltagstauglichen und für den Normalverbraucher bezahlbaren Volkswagen anzubieten – variabel, nutzbar, sicher, mit Platz und Komfort für vier Personen sowie mit guten Fahrleistungen«. All das biete der Drei-Liter-Lupo, und deshalb sei er »sehr zuversichtlich, dass er seine Käufer finden wird«. Denn diese »wollen ein vollwertiges Auto und keines, das Verzicht bedeutet«.

Vieles ist gelungen, und trotzdem liegt Piëch gründlich daneben. Zwischen 5000 und 10 000 Kunden pro Jahr soll Vertriebsvorstand Robert Büchelhofer gewinnen. Doch denen darf der horrende Anschaffungspreis nichts ausmachen. Das Benzinsparen »ist ein teures Vergnügen«, kommentiert Markus Efler den Grundpreis von 26 500 Mark für den Drei-Liter-Lupo und urteilt im *Focus:* »Der Preisschock sitzt.«

Nach Ansicht von Rudolf Petersen ist »der Preis für den Drei-Liter-Lupo um ein Drittel zu hoch«. Der »grundlegende Fehler« sei, so der Direktor der Verkehrsabteilung am Wuppertal-Institut für Klima, Umwelt und Energie, »dass man mit dem Lupo ein Mainstreamfahrzeug nimmt. Bei Piëch fehlt die Einsicht, dass man ein von Grund auf neues Fahrzeug bauen muss.«

Sage am Ende keiner, der Kunde sei schuld, wenn der Lupo 3L TDI zum Ladenhüter verkommt.

☞

»Ich kenne Schreiben aus der Entwicklungsabteilung von Volkswagen, die besagen: Wir bekommen mit dem Absatz des Lupo ernsthafte Probleme, weil die Benzinpreise zu niedrig sind«, erzählt Jürgen Trittin. Bei VW habe man »ganz einfach durchkalkuliert«. Die betriebswirtschaftliche Rechnung laufe auf die Frage hinaus: Wann amortisieren sich die Mehrkosten für den Drei-Liter-Lupo im Vergleich zur Sparversion des Golf »beim jetzigen Benzinpreis«?

Das Ergebnis ist ernüchternd: »Erst nach rund zehn Jahren« würden sich die höheren Investitionen für einen Kleinwagen rechnen. Schon seit längerem habe man bei Volkswagen befürchtet, der Lupo verkaufe sich »nicht gut genug«. Die logische Schlussfolgerung in der VW-Entwicklungsabteilung, so der Bundesumweltminister, sei die, »dass der Benzinpreis ansteigen muss«.

Für den Grünen-Politiker ist »das ein klares Plädoyer für eine Rahmenbedingung«, nämlich für eine »gezielte Benzinpreiserhöhung«. Diese sollte, »wie sie die Bundesregierung eingeleitet hat, durchgeführt werden«. Doch aus der von den Bündnisgrünen im Wahlkampf propagierten massiven Spritverteuerung zur Finanzierung der ökologischen Verkehrswende wird nach der Wahl nichts. Um gerade mal sechs Pfennige pro Liter wird die Mineralölsteuer erhöht – exakt so viel, wie der vom VW-Aufsichtsrat ins Kanzleramt gewechselte Piëch-Freund zulässt. Dafür schlagen die Mineralölkonzerne kräftig zu.

Doch selbst bei einer so geringen politischen Preiserhöhung meldet der VW-Chef noch Vorbehalte an. Er empfinde sie »nur so weit« als richtig, »wie wir damit leben können«. Jetzt müssten Benzineinsparungen »bei unseren neuen Modellen das ausgleichen, so dass der Kunde auch in Zukunft preiswert fährt«. Immerhin sieht er insofern einen Ansporn, als dass »wir versuchen, mit dem dritten Drei-Liter-Auto auf dem Markt zu sein, bevor die anderen ihr erstes haben«.

Dafür, so Piëch, »fusionieren wir nicht so aufgeregt«. Ein Giftpfeil mehr in Richtung Schrempps Smart CDI und den Zusammenschluss mit der Chrysler Corporation.

»Das Drei-Liter-Auto sollte ursprünglich für die Audi-80-Klasse, das heißt die Mittelklasse, entwickelt werden«, erinnert Rolf Petersen an die ursprüngliche Zielvorgabe. »Das wurde von Herrn Piëch verfehlt und nur für die Klasse der Subkompaktfahrzeuge erreicht.« In diesem Sinne, so der Verkehrsexperte vom Wuppertal-Institut, stelle »die heutige Darstellung des Erfolgs eine Täuschung dar«. Das Ziel sei »bis heute bei keinem Mittelklassefahrzeug erreicht« worden. Nur ein Golf als Drei-Liter-Auto hätte der Ankündigung des VW-Vorsitzenden entsprochen. »Dennoch ist Herr Piëch unter seinen Kollegen in der Automobilindustrie ein weißer Rabe«, attestiert Petersen dem Konzernchef. Schließlich

»ist die heutige Darstellung des Durchbruchs beim Drei-Liter-Auto ein genialer Schachzug gegenüber der Öffentlichkeit und der Politik«.

⚘

Juli 1999. »Jede noch so geringe Wirkungsgradverbesserung des Motors kostet sehr viel Geld«, relativiert Martin Winterkorn. Der VW-Vorstand für Technische Entwicklung sieht allenfalls die Chance, eine Spritreduzierung auf minimal 2,7 Liter zu erreichen, »wenn man den Weg des konsequenten Leichtbaus weitergeht«.
Eineinhalb Jahre nach der großspurig verkündeten Vision vom Ein-Liter-Auto wird dieses Ziel sang- und klanglos beerdigt. »Wir haben die Arbeiten zum Zwei-Liter-Auto eingestellt«, gesteht Piëch. »Es würde für den Kunden zu teuer werden.«

⚘

Kleinlaut muss sich Piëch vom Projekt eines Zwei- oder gar Ein-Liter-Autos verabschieden. Mit seinem technischen Verstand ist das nicht kostengünstig realisierbar – dazu bedürfte es eines neuartigen Ansatzes des 21. Jahrhunderts.
In den USA erforscht Dr. Amory Lovins, Gründer des Rocky Mountain-Institute, seit Mitte der Neunzigerjahre den effizientesten Umgang mit Energie und Ressourcen. Für den »Energie-Papst« *(Süddeutscher Rundfunk)* ist »das Drei-Liter-Auto alles andere als ein ehrgeiziges Ziel«. Er arbeitet mit seinem Wissenschaftlerteam am so genannten Hypercar, einem von einem Elektromotor angetriebenen Hybridfahrzeug. Ein Benzinverbrauch von unter einem Liter – Lovins strebt einen Durchschnittswert von 0,8 Litern an – scheint erreichbar.

⚘

Sind verbrauchsreduzierte Autos ein technologischer Quantensprung, oder dienen sie schlichtweg als Alibi? »Ich halte den Drei-Liter-Lupo für eine ambitionierte Entwicklung und würde Herrn Piëch daher loben«, meint Trittin. Allerdings, so der Umweltminister, stelle sich die Frage nach der Alibifunktion, wenn der Sparflitzer »nur eine Legitimation für all die anderen Fahrzeuge von Volkswagen« bleibe: »Wenn der Drei-Liter-Lupo nicht insgesamt dazu führt, dass der Flottenverbrauch drastisch reduziert wird, dann ist er lediglich ein Sonntags- und kein Alltagsauto.«

☙

Als Piëch im Sommer 1999 ankündigt, VW werde »noch in diesem Jahr das erste vollwertige Drei-Liter-Auto« – gemeint ist ein Benziner – auf den Markt bringen, ergänzt er im gleichen Atemzug: »Ein Zeugnis unserer Innovationskraft ist aber auch der 18-Zylinder-Motor im Bugatti EB 118 und EB 218, der sicher die Spitze des derzeit technisch Machbaren« darstelle. Hier spricht der Techniker, nicht der Ökologe. Umweltprobleme, vor allem die drohende Klimakatastrophe, tauchen in seinem Horizont nur als technische Fragestellungen auf und müssen folglich mit technischen Mitteln zu lösen sein. Hier rächt es sich, dass Volkswagen ein Mann vorsteht, dessen Visionen sich auf das technisch Machbare beschränken.

»Ich nehme ihm eine ökologisch ernst gemeinte Produktpolitik erst dann ab, wenn die Spritsparer einen vergleichbaren Preis wie die heutigen Dreckschleudern haben«, sagt Thilo Bode und wirft dem VW-Vorsitzenden vor: »Für Herrn Piëch ist eines typisch: Er redet vom Sparauto und lässt zugleich Spritfresser bauen.« Wann aber, so Bodes Frage, »hat Herr Piëch schon einmal ernsthaft über nachhaltigen Schutz unserer Umwelt gesprochen?« Der Greenpeace-Chef ist der Meinung, Ferdinand Piëch lasse den Lupo bauen, um die »Vorschriften über die Reduktion der Flottenverbrauchswerte seitens der Europäischen Union« zu erfüllen.

☙

Der Drei-Liter-Lupo hat die Welt verändert. Gehören die unkonventionellen und provokativen Aktionen von Greenpeace gegen den »Klimakiller« der Vergangenheit an? Alles Wunschdenken: »Im Falle von Piëch und den anderen Vorstandsvorsitzenden der Automobilunternehmen erscheint mir heute eine Nachfolgekampagne ausgesprochen sinnvoll«, sagt Thilo Bode. Schließlich sei »der Transportsektor die am schnellsten wachsende Quelle schädlicher Emissionen«.

Von seinem Amsterdamer Büro aus hat man einen herrlichen Blick auf die Keizersgracht. Hier wurden und werden die Kampagnen ausgedacht und umgesetzt, die selbst Großkonzerne in Verlegenheit bringen. Der Chef der größten Umweltschutzorganisation der Welt ist kämpferisch: »Herr Piëch und die anderen Verantwortlichen der gesamten Automobil- und der Ölindustrie tragen am meisten zur Klimazerstörung bei.« Gerade »der Vorsitzende des größten europäischen Massenherstellers von Kraftfahrzeugen hat den enormen Schadstoffausstoß, vor allem von CO_2, mit zu verantworten«. Trotzdem verweigere »Herr Piëch den notwendigen Beitrag zu nachhaltiger Mobilität«. Deshalb »würde ich persönlich heute eine solche Anti-Autokampagne noch lieber durchführen.« Die Auseinandersetzung David gegen Goliath geht in die nächste Runde.

🚗

»Wäre er ein verantwortungsbewusster VW-Vorsitzender, dann müsste er eine millionenteure Werbekampagne starten, um das Image langsamerer Automobile zu verbessern«, fordert Alexander Dauensteiner. Stattdessen setze der Wiener »auf Dinosaurier vom Typ Bugatti und Hochgeschwindigkeitsgeschosse à la Lamborghini«. Mit solchen Luxuslimousinen »bedient Herr Piëch die Interessen der Besserverdienenden«. Diese Produktpolitik, so der Maschinenbauingenieur, richte sich »in höchstem Maße gegen die realen Mobilitätsinteressen der überwältigenden Mehrheit der Menschen« und gehe – ökologisch gesehen – »auf deren Kosten«.

🚗

Der Bugatti-Kauf ist kein Ausrutscher eines Konzernchefs, der sich zum Karriereende noch einen extravaganten Lebenstraum erfüllen will und dabei einmal sämtliche rationalen Aspekte über den Haufen wirft. Piëch ist vielmehr stolz auf seine Sammlung elitärer Fahrzeugmarken: »Die Einbindung der neuen Marken des Top-Luxus-Segments« sei ein »bedeutender Schritt«. Zufrieden bilanziert der VW-Vorsitzende, dass jetzt Bentley, Rolls-Royce, Bugatti und Lamborghini zum VW-Konzern gehören. In den kommenden Jahren würden »diese Marken modellpolitisch und unter Ertragsaspekten konsequent« weiterentwickelt. Dabei gelte es vor allem, »künftig auch in diesem Segment individuelle Kundenwünsche voll erfüllen« zu können.

Gerade den »Luxus im Automobilgeschäft« sieht der Wiener »als eine Notwendigkeit schlechthin«. Denn Luxus schaffe »Identität, fungiert als Brücke zur Gesellschaft« und begründe »letztlich Lebensqualität«. Damit nicht genug: »Unter diesen Aspekten wird Luxus zu einem Thema für alle Automobilmarken, also auch für Seat und Škoda.«

Triebfeder seines Handelns ist die »weltweite Aufmerksamkeit«, die Luxusautomobilen »in der Öffentlichkeit und in den Medien zuteil wird«. Gerade der Luxus treffe »die Herzen der Menschen«. Selten zuvor hat Ferdinand Piëch seine Philosophie so klar zum Ausdruck gebracht. Schade eigentlich, dass dieser Mann nicht Mercedes-Benz, sondern die Marke Volkswagen führt. Ein Unternehmen, das sich mit dem von Ferdinand Porsche entwickelten Käfer – dem meistverkauften Fahrzeug der Welt – einen Namen als Massenproduzent gemacht hat.

☞

Wie seine Lust auf spritfressende Luxuskarossen zu seinem Sendungsbewusstsein in Sachen Sparsamkeit, beispielsweise dem Drei-Liter-Lupo, passe, fragt das *manager magazin*. Handelt es sich etwa um reine Prestigeobjekte? »Ganz und gar nicht«, entgegnet Piëch. Mit dem Erwerb der Luxusmarken »wollen wir unseren Kunden ein noch breiteres Spektrum an Autos anbieten, damit unser Programm nach oben hin abrunden und insgesamt den gesamten Konzern höher positionieren«. Außerdem würden »im Segment der Luxusautos zwar weniger Fahrzeuge verkauft« als in der Golf-Klasse, dafür aber lasse sich dort »gutes Geld verdienen«.

Sein Ziel sei es, mit einem umfassenden Fahrzeugangebot »die gesamte Bandbreite der Kundenwünsche erfüllen zu können: vom Kleinwagen bis zur Luxuslimousine, vom Freizeitwagen bis zum schweren Lkw«. »Die Aussage spricht für sich«, schäumt Wolfgang Lohbeck: »Wenn es heute die größten Absurditäten zu erfüllen gilt, Herr Piëch befriedigt sie. Konstruktive Ideen kommen dabei völlig unter die Räder.«

☞

14. September 1999. Pressetag auf der Frankfurter IAA. Hunderte Interessierte drängeln sich am VW-Stand in Halle 1.2. Mit geschwellter Brust feiert Ferdinand Piëch den »weltweit ersten 18-Zylinder«. Mit dem Bugatti 18/3 Chiron, benannt nach dem erfolgreichen Grand-Prix-

Rennfahrer Louis Chiron, kann er dem Heer der Fotografen und Journalisten bei der größten Automesse der Welt sein neuestes Meisterwerk präsentieren.

Neben den mittlerweile bekannten technischen Werten überzeugt vor allem die Karosserie der 1150 Millimeter hohen und 4420 Millimeter langen Studie: gefertigt aus Carbonfiber und im Farbton »Blú Côte d'Azur« lackiert. Hinter den Sitzen, so der dezente Hinweis, kann eine Golfausrüstung verstaut werden. Die Höchstgeschwindigkeit »von deutlich über 300 km/h wird dem Anspruch der Marke Bugatti gerecht«, verkündet Volkswagen.

⌐⌐

13. Oktober 1999. Bis heute ist Piëch eine nachvollziehbare Erklärung schuldig geblieben, warum Audi die Automobili Lamborghini SpA übernommen hat. Die Verlautbarung der Ingolstädter, man wolle vom »sehr sportlichen Image« profitieren, klingt angesichts der Geschehnisse geradezu absurd.

Selbst für Profipiloten ist der Diablo GT ein schier unberechenbares Hochgeschwindigkeitsgeschoss. Der 28-jährige Werksfahrer Antonio Leandro jedenfalls bezahlt eine Fahrt mit dem Leben. Seine Todestour ereignet sich bei einer Pressevorführung. Keiner der anwesenden Journalisten dürfte diesen Tag jemals wieder vergessen.

⌐⌐

Ferdinand Piëch wird von inneren Zwängen getrieben: als Erster das Drei-Liter-Auto auf den Markt zu bringen, 18 Zylinder unter die Motorhaube zu packen, Mercedes und BMW in der Luxusklasse zu überrunden, Volkswagen an vorderster Front im Autokrieg zu positionieren, sich selbst zu verwirklichen.

Vieles von dem, was er sich zum Ziel setzt, gelingt ihm, zuweilen aber übernimmt er sich. Nur im Umweltschutz kann ihm das nicht passieren, Nachhaltigkeit zählt nicht zu seinen Prioritäten. Schlimmer noch: Sollten ökologisch verbesserte Rahmenbedingungen gar die Kasse des Konzerns belasten, dann wird der Wiener aktiv – im Sinne seines Finanz-, nicht aber des Umweltvorstands. Den gibt es gar nicht.

Verkehrte Welten

»Ich hoffe auf Ihr Verständnis für diese deutlichen Worte
und bitte Sie um Unterstützung.«
Ferdinand Piëch in seinem Schreiben an Gerhard Schröder (1999)

»… could have significant economic implications on the European
economy which instead needs a stimulation.«
Ferdinand Piëch in seinem Schreiben an Dominique Strauss-Kahn

»Der Kanzler aller Autos hat gesprochen.«
Peter Sennekamp, Journalist

»Ein Skandal, der die Frage nach dem Verhältnis von Wirtschaft und
Politik in der Regierung Schröder aufwirft«, empört sich die *Stuttgarter
Zeitung.* »Nie zuvor« habe sie »so etwas erlebt«, meint Europas Umwelt-
kommissarin Ritt Bjerregaard konsterniert.
Bei den Geschehnissen von 1999 handelt es sich um den vermutlich
größten Lobbyismusskandal der deutschen Geschichte. Weder in der
16-jährigen Regentschaft Helmut Kohls noch unter den Kanzlern zuvor
hat sich je ein vergleichbarer Fall zugetragen. Zum ersten Mal hat ein
Wirtschaftslenker dem Regierungschef unverblümt gezeigt, wer in der
Republik das Sagen hat.

Bereits im Juli 1997 hat die EU-Kommission den Richtlinienentwurf verabschiedet. Seitdem weiß jeder Autokonzern, dass er in einigen Jahren
verpflichtet wird, die von ihm produzierten Fahrzeuge als Altautos wieder zurückzunehmen. Der Fahrzeughalter wird seinen Schrottwagen wie
gehabt am Recyclingcenter abgeben, die Rechnung jedoch dem Hersteller schicken. Oder der Autobauer regelt die Entsorgung selbst.
»Der Richtlinienentwurf ist ein Glücksfall für die Umwelt, da Prinzipien
wie die Herstellerverantwortung und Abfallvermeidung auf den Auto-
mobilsektor angewendet werden.« Die grüne Europaabgeordnete Hiltrud Breyer ist von der Vorlage begeistert. Damit würde der Anreiz ge-

steigert, umweltfreundliche und nahezu voll recycelbare Fahrzeuge zu fertigen. Noch werden durchschnittlich erst knapp 75 Prozent recycelt. Bis 2006 sollen Altautos zu 80 Gewichtsprozent verbindlich wieder verwertet, die Verwendung von Blei, Cadmium, Chrom und Quecksilber gänzlich verboten werden.

⌘

In erster Lesung berät das Europaparlament im Februar 1999 über den Richtlinienvorschlag. Geht es nach dem Willen der Straßburger, dann soll die Altautoverordnung schon 2001 in Kraft treten. Dem widersetzen sich die Wirtschaftsminister, sie halten 2006 für einen angemessenen Termin. Der Einigungsvorschlag der EU-Kommission läuft darauf hinaus, sich beim Jahr 2003 zu treffen.

Die Fundamentalisten der Autoindustrie dagegen wollen die Verordnung frühestens 2010. Bis dahin, so die leicht durchschaubare Strategie, würde die Zahl der nach heutigen Maßstäben gefertigten Altfahrzeuge zur marginalen Größe. Mit jedem Jahr, um das die Verordnung nach hinten geschoben werden kann, spart die Industrie enorme Kosten.

Für den 11. März ist die Sitzung der 15 EU-Umweltminister anberaumt. Entsprechend offensiv agiert der oberste Vertreter der europäischen Fahrzeugindustrie.

⌘

Im Rotationsprinzip wählt die Vereinigung der europäischen Kfz-Hersteller jedes Jahr einen neuen Vorsitzenden. Anfang 1999 übernimmt Ferdinand Piëch die Präsidentschaft der Association des Constructeurs Européens de l'Automobile (ACEA) von seinem Vorgänger, BMW-Chef Bernd Pischetsrieder.

Unter dessen Vorsitz hatte die ACEA im Dezember 1998 »gegen eine Beschlussfassung zur Altautorichtlinie nichts einzuwenden«, erklärt der Bundesumweltminister: »Herr Pischetsrieder hat die Altautoverordnung konstruktiv laufen lassen. Mit der Amtsübernahme von Herrn Piëch hat sich das Blatt konfrontativ gewendet, obwohl ACEA mit der vorliegenden Fassung einverstanden war.« Dabei habe diese Version »das Wesentliche beinhaltet«. Jürgen Trittin kennt auch den Grund für die Kooperationsbereitschaft des Münchner: »Das hängt damit zusammen, dass die

322

Firma sowieso alle Fahrzeuge zurücknimmt. Schließlich werden auch kaum Fahrzeuge an den Hersteller BMW zurückgegeben.«

Ganz anders der neue ACEA-Chef: Piëch setzt alle Hebel in Bewegung, damit die unter Leitung von Ritt Bjerregaard erarbeitete Vorlage zur Neuregelung der Altautoverordnung scheitert. Andernfalls fürchtet der Verband »weit reichende und unzumutbare Auswirkungen«.

🚗

»Den einen drängt es in die große Öffentlichkeit, der andere meidet sie, der eine hat kein Kind, der andere zwölf, der eine ist Politmanager, der andere Unternehmensboss – doch zusammen geben sie ein Traumpaar ab«, so der Vergleich des Magazins *auto motor sport*. Neben diesen trennenden Elementen gebe es aber mehr Einendes »als gemeinsame Verbundenheit für Niedersachsens größtes Unternehmen: Sie liegen im Bekanntheitsgrad ihrer jeweiligen Branche ganz weit vorn – als selbst ernannter Kanzler aller Autos der eine, am liebsten mit dem Auto für alle Kanzler der andere.«

Und die Briefe des einen an den anderen sind ausgesprochen aufschlussreich.

🚗

3. März 1999. Wenn es Piëch nicht gelingt, in allerletzter Minute seinen Einfluss geltend zu machen, kommen auf den Massenhersteller Volkswagen Kosten in Milliardenhöhe zu. Was liegt da näher, als sich an den mächtigsten Politiker der Republik zu wenden und ihm einen »Ausweg« anzubieten? In seinem Schreiben an den sehr geehrten Herrn Bundeskanzler redet Piëch Tacheles.

»Der Entscheidungsprozess zur europäischen Altfahrzeugdirektive geht in die letzte Phase«, macht Piëch klar, dass Eile geboten ist. Denn »der Rat der Umweltminister hat sich bereits für seine Sitzung am 11. März vorgenommen, den ›gemeinsamen Standpunkt‹ zu beziehen«.

🚗

Die Lage ist denkbar schlecht. Selbst wenn es Piëch gelingen sollte, den ehemaligen VW-Aufsichtsrat Gerhard Schröder im Sinne der Automobilkonzerne zu mobilisieren, ist allenfalls die leichtere Hürde genommen. Denn der Juniorpartner der SPD gilt in Ökofragen als äußerst konsequent und der Autoindustrie nicht eben freundlich gesinnt.

Damit nicht genug: Das für die Altautoverordnung zuständige Umweltministerium wird von einem Mann geführt, dessen Prinzipientreue weithin gefürchtet ist.

🚗

Der Vorschlag der Kommission habe »durch Änderungsanträge im Europaparlament weitere Verschärfungen erfahren«, wettert der Wiener. »Unsere Sorge bezieht sich vor allem auf die gesamtwirtschaftlichen Auswirkungen einer von der Automobilindustrie zu erfüllenden Vorschrift«, so Piëch in seinem Protestschreiben an Schröder. Diese wirke sich »nicht in berechenbarer Weise nur auf künftige Neufahrzeuge« aus: »Es ist beabsichtigt, dass die Automobilhersteller dem Letztbesitzer die Entsorgungskosten für sein Altfahrzeug erstatten«, klagt der Konzernchef, zumal die Regelung »bereits kurzfristig auf sämtliche 150 Mio. Fahrzeuge des Bestandes in Europa« angewandt werden soll.

Und da der ACEA-Präsident seinen Schreibtisch zugleich in Wolfsburg hat – im Briefkopf outet sich der Verfasser als »Vorsitzender des Vorstands der Volkswagen AG« –, moniert Piëch: »Auf den Volkswagen-Konzern entfallen hiervon ca. 29 Mio. Fahrzeuge.«

🚗

Bei Schröder, bis zu seinem Wechsel nach Bonn und Berlin als Aufsichtsrat qua Amt im VW-Interesse aktiv, müssen solche Worte auf fruchtbaren Boden fallen. Zwar lässt sich das Unheil nicht mehr vollends abwenden, aber Piëch schickt dem Kanzler einen Vorschlag zur Güte, dessen Verwirklichung all das aushebeln würde, worauf sich die EU-Umweltminister in vielen Verhandlungsrunden zuvor weitgehend geeinigt haben.

»Als Ausweg im Sinne eines wirtschafts- und strukturpolitischen Kompromisses bietet sich an, das Prinzip der Kostenlosigkeit ausschließlich auf Neufahrzeuge nach Inkrafttreten der Richtlinie anzuwenden«, schlägt der VW-Vorsitzende vor.

DR. TECHN. H. C. DIPL.-ING. ETH
FERDINAND PIËCH
VORSITZENDER DES VORSTANDS
DER VOLKSWAGEN AG

32638 WOLFSBURG
TELEFON (05361) 923599
923996

Herrn
Gerhard Schröder
Bundeskanzler der Bundesrepublik Deutschland
Adenaueralee 139 – 141

53113 Bonn

3. März 1999

Sehr geehrter Herr Bundeskanzler,

der Entscheidungsprozeß zur europäischen Altfahrzeugdirektive geht in die letzte Phase. Der Rat der Umweltminister hat sich bereits für seine Sitzung am 11. März vorgenommen, den „gemeinsamen Standpunkt" zu beziehen.

Der Kommissionsvorschlag hat durch Änderungsanträge im Europaparlament weitere Verschärfungen erfahren. Unsere Sorge bezieht sich vor allem auf die gesamtwirtschaftlichen Auswirkungen einer von der Automobilindustrie zu erfüllenden Vorschrift, die sich nicht in berechenbarer Weise nur auf künftige Neufahrzeuge bezieht: Es ist beabsichtigt, daß die Automobilhersteller dem Letztbesitzer die Entsorgungskosten für sein Altfahrzeug erstatten, und das bereits kurzfristig angewandt auf sämtliche 150 Mio. Fahrzeuge des Bestandes in Europa; auf den Volkswagen-Konzern entfallen hiervon ca. 29 Mio. Fahrzeuge.

Allein aus den hochgerechneten Entsorgungskosten - ohne die Bewertung des möglichen Mißbrauches durch unangemessene Kostenanlastung durch die Verwertungswirtschaft - ergibt sich ein gravierendes Risiko für die Automobilwirtschaft. Mit Inkrafttreten der Richtlinie wäre das Entsorgungskostenrisiko für den gesamten Fahrzeugbestand ergebnisbelastend zu berücksichtigen.

Als Ausweg im Sinne eines wirtschafts- und strukturpolitischen Kompromisses bietet sich an, das Prinzip der Kostenlosigkeit ausschließlich auf Neufahrzeuge nach Inkrafttreten der Richtlinie anzuwenden.

Aufgrund der wirtschaftlichen Dimension werden wir uns an alle Wirtschafts-, Finanz-, und Umweltminister der EU-Mitgliedsländer wenden, um auf diese Zusammenhänge aufmerksam zu machen. Eine Kopie liegt in der Anlage bei.

Ich hoffe auf Ihr Verständnis für diese deutlichen Worte und bitte Sie um Unterstützung.

Mit freundlichen Grüßen

Anlage

Das hieße, dass auf Jahre hinaus alle Altfahrzeuge weiterhin ausnahmslos auf Kosten der Nutzer entsorgt würden – wenn sie denn überhaupt ordnungsgemäß verschrottet würden. Bekanntlich wird etwa jedes 15. Schrottauto in Kiesgruben oder in Seen versenkt. Aber Umweltschutz steht bei dieser Diskussion, da es um Milliarden Mark geht, ganz hintenan. Bekanntlich kommt zuerst das Fressen und dann die Moral – das ist bei manch einem Autofahrer nicht anders als bei manch einem Topmanager.

Auf Englisch schreibt der ACEA-Präsident an den »Dear Minister«, den französischen Industrie- und Finanzminister.

Mit eindringlichen Worten warnt er Dominique Strauss-Kahn vor den »negativen wirtschaftlichen Konsequenzen« einer kostenfreien Rücknahme der Altfahrzeuge, die – o Wunder – insbesondere für die Autoindustrie aufträten. Mehr noch: Die Direktive »könnte schwerwiegende ökonomische Folgen für die europäische Wirtschaft« haben, die dringend belebende Impulse benötige.

Es folgt ein Schreckensszenario, in dem Prophet Piëch ausführlich das dir Ursachen dieses »Gefahrenpotenzials« beschreibt, wonach sogar »Klein- und Mittelbetriebe zu den Verlierern« zählen würden. Letztlich aber träfe die Verordnung die Verbraucher, die die Kosten »über den höheren Fahrzeugpreis zu tragen« hätten.

All das wohlgemerkt für den Fall, dass es nicht gelingen sollte, am 11. März eine Notbremsung hinzulegen.

Mit den Briefen an den vermeintlich mächtigen deutschen Kanzler und den französischen Industrieminister ist es nicht getan. Der ACEA-Präsident macht keinen Hehl daraus, dass er sich »auf Grund der wirtschaftlichen Dimension« jetzt an »alle Wirtschafts-, Finanz- und Umweltminister der EU-Mitgliedsländer« wendet. Schließlich gilt es, »auf diese Zusammenhänge aufmerksam zu machen«.

Freundlicherweise liegt dem Schröder-Schreiben »eine Kopie in der Anlage bei«

Die beiden kennen sich aus alten Tagen. Zu seiner Zeit als Fraktions-vorsitzender der Grünen im niedersächsischen Landtag hat Jürgen Trittin erkannt, dass »VW eine zentrale Rolle spielt«. Und »gerade bei strategischen Entscheidungen« ist man sich durchaus bewusst, dass »in Niedersachsen jeder siebte Arbeitsplatz von Volkswagen und sei-nen Zulieferern abhängig« ist. Für Trittin trifft der Satz – »Wenn VW hustet, dann bekommt das Land Schwindsucht« – durchaus »den Kern der Sache«.

Auch über den Vorstandsvorsitzenden hat sich der Grünen-Politiker seine Meinung gebildet: »Herr Piëch ist ein Autoverrückter. Und als Au-toverrückter, der einen Generalschlüssel für alle Autos hat und diese dann auch immer selbst fährt, hat er etwas von einem großen Jungen an sich.« Was so nett klingt, bringt den Minister schneller in die Bredouille, als ihm lieb sein kann. Denn »unangenehm ist der Interessenkonflikt, den wir auszutragen haben«.

11. März 1999. Ritt Bjerregaard hat sich die Vereinheitlichung des Sys-tems zur Beseitigung und Wiederverwertung von Altautos zur Aufgabe gemacht und will den Entwurf heute von den EU-Umweltministern bil-ligen lassen. Die Absicht der Umweltkommissarin ist klar: Mit Verab-schiedung dieser Altautoverordnung würde der Druck auf die Autokon-zerne zum Schließen des Recyclingkreislaufs massiv wachsen.

Vor kurzem noch zogen alle europäischen Umweltministerien an einem Strang. Jetzt ist eines ausgeschert: das deutsche, mit einem grünen Mi-nister an der Spitze. Der amtierende Vorsitzende des Ministerrats setzt »alle Hebel in Bewegung, um das unangenehme Thema in letzter Mi-nute von der Tagesordnung streichen zu lassen«, kommentiert die *Frank-furter Rundschau* die Aktivitäten des Bundesumweltministers.

Trittins Einsatz ist von zweifelhaftem Erfolg gekrönt: Ganz im Sinne des Kanzlers gelingt es dem Umweltminister an diesem Donners-tag, eine Beschlussfassung der EU-Umweltminister verschieben zu lassen.

Piëchs vertrauliches Schreiben an Schröder hat seinen Zweck voll und ganz erfüllt. Die Entscheidung ist auf Juni vertagt. Dank Trittins Taktieren hat er wertvolle Zeit gewonnen – Zeit, die er nutzen kann, um vor wie hinter den Kulissen seine Kampagne weiterzuführen.

Umwelteuropa steht derweil Kopf: »Merkwürdig« nennt Bjerregaard die Vorgehensweise der Deutschen. Und Karl-Heinz Florenz, christdemokratischer EU-Umweltobmann, ereifert sich über die »Missachtung des Parlaments«.

Verkehrte Welten – zumindest parteipolitisch.

⌘

Mai 1999. »Mit Herrn Piëch bin ich neben gesellschaftlichen Anlässen das erste Mal direkt im Zusammenhang mit der Altautorichtlinie in Kontakt gekommen«, erinnert sich der Bundesumweltminister. Als Präsident des internationalen Automobilverbands ACEA wendet sich der Wiener telefonisch an den Bremer. »Er hat mich im Mai auf meinem Handy angerufen, darum hatte ich gebeten«, beschreibt Jürgen Trittin die Kontaktaufnahme. Vorausgegangen war der Vorschlag des Ministers, »es sei doch besser, miteinander zu reden, als sich Briefe zu schreiben, und er soll doch einmal zurückrufen«.

Beim Telefonat in Sachen Altautoverordnung fällt Trittin auf, »dass Herr Piëch sich offensichtlich schon sehr früh mit diesen Dingen beschäftigt« hat. Der VW-Vorsitzende gibt sich »freundlich, direkt und in der Art seiner Interessenvertretung – als ACEA-Präsident und im Interesse seines Unternehmens – auch nachdrücklich«, beschreibt der Umweltminister das Auftreten seines Gesprächspartners.

»Ich habe darauf verwiesen, dass nach unserer Auffassung eine Umsetzung der Altautorichtlinie keinen Automatismus für die Bildung von Rückstellungen beinhalten würde.« Das sei »ihm auch bekannt«, soll der VW-Chef geantwortet und darauf verwiesen haben, »dass die Masse der von seinem Konzern hergestellten Fahrzeuge nicht in Deutschland verkauft würde und noch viel weniger nach Deutschland zurückgegeben werde« – eine Argumentation, die Trittin natürlich durchaus einleuchtet.

Dennoch endet das Gespräch im Dissens: »Die Frage, die Herr Piëch uns gestellt hat, war: Sehen Sie hier noch eine Chance, zu einer Kompromissbildung zu kommen?« Trittin ist skeptisch und verweist darauf,

»dass es Vorabfestlegungen im Dezember-Rat gegeben hat und dass ich da wenig Chancen sehe, aber von meiner Seite gerne die Frage nochmals ausloten würde«. Deutliche Worte findet der Umweltminister bei der maßgeblichen Frage der Altautoentsorgung: »Ich habe Herrn Piëch da auch schon gesagt, dass ich alle Vorstellungen, dass man Altautos von der Rückgabepflicht ausschließt, für Unsinn halte.«
Trotzdem, die beiden bleiben im Gespräch. »Mit Herrn Piëch hatte ich danach öfter Kontakt, im Wesentlichen immer telefonisch.«

Mitte Juni wird Peter Hartz aktiv. Der Vorstand, seit knapp sechs Jahren Personalchef und Arbeitsdirektor, macht sich wegen einer möglichen Belastung der VW-Bilanzen Sorgen.
Die Folgen wären drastisch, denn »die dann notwendigen Rückstellungen in Höhe von rund 50 Milliarden Mark bremsen die Investitionsfähigkeit der europäischen Autoindustrie«. Somit würden Importeure außerhalb Europas bevorteilt – ein Argument, mit dem sich prima Politik machen lässt.

16. Juni 1999. Schriftlich kündigt der Bundesumweltminister seinen Kollegen in der EU an, er werde der Altautoverordnung wie geplant zustimmen. Das bringt das Fass zum Überlaufen. Gerhard Schröder fühlt sich »dadurch in seiner Autorität als Kanzler angegriffen«, deutet die *Berliner Zeitung* feinfühlig die Folgen von Trittins trotzigem Vorstoß. An diesem Mittwochabend wird Joschka Fischer ins Kanzleramt beordert. »Entweder der nimmt das zurück, oder er fliegt«, lässt der *Spiegel* Schröder verkünden.
Tags darauf werden Peter Struck und Rezzo Schlauch ins Kanzleramt zitiert. Bereits am Morgen teilt der Regierungschef den beiden Fraktionsvorsitzenden mit, er werde Trittin eine allerletzte Chance geben: Wenn er das Schreiben an die EU-Umweltminister zurücknehme, könne er im Amt bleiben.
Nicht lange danach »gilt der Konflikt als bereinigt«.

Ein Dementi jagt das Nächste. Im Hause Schröder wird bestritten, dass dem Wutausbruch des Kanzlers ein Anruf des VW-Vorstandsvorsitzenden vorausgegangen sei, wie eine Zeitung gemeldet hat. Piëch habe sich, so der Bericht, »über den Umgangston Trittins ihm gegenüber beschwert«. Im Hause des Umweltministers müht man sich zu betonen, ein Gespräch mit Ferdinand Piëch habe in den vergangenen Wochen gar nicht stattgefunden. Im Hause des Außenministers und im Büro des Fraktionsvorsitzenden der Grünen hält man sich bedeckt angesichts des Vorwurfs, bereits konkret über die Nachfolge des Niedersachsen nachgedacht zu haben.

Die ganze Aufregung ist umsonst. Schließlich hat sich Schröder – oder Piëch? – durchgesetzt und der oberste Umweltschützer längst den Rückzug angetreten. Klammheimlich soll die schriftliche Zustimmung zurückgezogen werden. Genau das aber klappt nicht. Denn durch eine Indiskretion dringt Trittins Kapitulation nach außen. Dessen Verbitterung ist nachvollziehbar.

Nachvollziehbar ist, dass sich Trittin auf die Frage nach Schröders Drohung zurückhaltend äußern muss: »Nein, wir haben über die Inhalte dieses Briefes von Herrn Piëch kurz gesprochen, und dann war die Frage geklärt.« Denn er habe darauf verweisen können, »dass in diesem Brief«, den Trittin an seine Ministerkollegen in der EU geschrieben hat, »nichts anderes steht als in der schriftlichen Weisung, die das Bundeskanzleramt abgesegnet hat an die Bundestagsvertretung«.

In den Medien sei allerdings »vieles falsch dargestellt worden«. Zudem sei manches, und da wird Trittin dann doch direkt, »auch von interessierter Seite mit Absicht gestreut worden« – auch »aus der grünen Partei zum Teil«. Von Rezzo Schlauch, beispielsweise? »Ja. Ich weiß ja, wer sich anschließend öffentlich geäußert hat.« Und Joschka Fischer? »Die Frage, eine einheitliche Linie herzustellen, scheiterte insbesondere an *den* Grünen, die sich anschließend dann am lautesten über das vermeintliche Umfallen von Herrn Trittin ereifert haben.«

Intern hat es vor allem mit Rezzo Schlauch einen heftigen Disput im Parteirat der Grünen gegeben. Selbstverständlich wies der Fraktionsvorsitzende alle Vorwürfe weit von sich. Doch der Schluss liegt nahe, dass maßgebliche Mitglieder der Parteiführung Trittin im entscheidenden Moment wie eine heiße Kartoffel fallen gelassen haben, um seine Demission zu erzwingen. Im Gegensatz zu Schlauch & Co. scheint Piëch durchaus ein Interesse daran zu haben, den Umweltminister zur Umsetzung seiner Interessen auf EU-Ebene zu halten und zu nutzen. Darum kann er dem Grünen-Politiker von dem Augenblick an Rückendeckung geben, da dieser einwilligt, sein zustimmendes Schreiben an seine EU-Kollegen zurückzuziehen. Eine Konstellation, wie sie in der bundesdeutschen Partei- und Wirtschaftsgeschichte noch nicht vorgekommen ist. Verkehrte Welten eben.

🚗

Zur eigenen Rettung wendet der Umweltminister eine Doppelstrategie an: Will er seine Absetzung verhindern, muss er auf den Schröder-Kurs einschwenken. Will er die EU-Altautoverordnung in ihrer der Vorlage entsprechenden – schärferen Form durchboxen, muss er Gelegenheiten finden, Resteuropa zumindest verbal zu stärken.

Hätte sich innerhalb der Grünen eine »einheitliche Linie« gegen Piëchs versuchte Einflussnahme und Schröders Weisungen herstellen lassen, dann wäre vieles anders gelaufen. Stattdessen haben führende Realos offensichtlich versucht, Trittin zum Rücktritt zu bewegen, um so den linken Parteiflügel zu schwächen. Aus politischer wie ökologischer Sicht geht der Schuss nach hinten los.

Gravierende Risiken

»Ich bin Österreicher, also Gastarbeiter in diesem Land.
Deshalb mische ich mich nicht in die hiesige Politik ein.«
Ferdinand Piëch über sein Politikverständnis (1998)

»Bundeskanzler Piëch sagt seinem Chauffeur Schröder,
wohin die Reise geht. Wäre es nicht sinnvoller, das Parlament
aufzulösen und den Konzernen gleich das Regieren zu überlassen? Zumindest wäre das ehrlicher und billiger. Schröder
hat sich dennoch verdient gemacht. Denn nie zuvor
hat jemand so deutlich gemacht, wer das Land wirklich
regiert.«
Holger Strohm, Leserbrief im »Stern«

»Herr Schröder hat sozusagen bei dem Versuch, eine Sperrminorität zu
organisieren, zu hören bekommen, das Problem sei ein Vorgang des
Umweltministeriums«, erklärt Trittin den Zorn des Kanzlers. »Schröders
Problem war: Das Vorgehen des Umweltministeriums entsprach der
schriftlichen Weisung an den ständigen Vertreter in Brüssel, die das
Kanzleramt so abgesegnet hat. Formal konnte der Kanzler an dem Verfahren überhaupt nichts deuteln.«
Der Bundesumweltminister bestätigt die Telefonkontakte zwischen dem
Kanzler und dem VW-Chef: »Dieser Anruf von Herrn Piëch erfolgte zu
einem Zeitpunkt, da gab es bereits seit Wochen Gespräche über den Vorgang. Dass davor ein Anruf von Piëch vorausgegangen ist, wird in der
Bundesregierung bestritten. Mehr kann ich nicht sagen, da ich nicht
weiß, mit wem Herr Schröder spricht.« Nach seinem Kenntnisstand sei
»zu diesem Zeitpunkt die Meinungsbildung innerhalb der Bundesregierung dissent, aber abgeschlossen« gewesen.

🚗

22. Juni 1999. Der Konflikt Schröder–Trittin kommt in die entscheidende Phase. Auch wenn er offiziell auf dem Rückzug ist, versucht der
Umweltminister noch immer, den Kanzler auszuhebeln – in der Frage

des schnellstmöglichen Atomausstiegs wie bei der Verordnung über die Autobeseitigung. Am heutigen Dienstag finden sich Vorstände und Vorsitzende der deutschen Autokonzerne beim Kanzler ein.

Trittin bestätigt »ein formelles Treffen mit der deutschen Automobilindustrie, an dem der Wirtschaftsminister und der Umweltminister« teilnehmen. Bei dieser Zusammenkunft wird »nochmals eindringlich« versucht, »Kompromissmöglichkeiten auszuloten«. Ohne Erfolg: »Das Faszinierende an dieser ganzen Geschichte war, dass sowohl die Kommission, die irgendwelche Glaubensfragen zu verteidigen hatte, wie auch die Automobilindustrie gesagt haben: Wir wollen keine Kompromisse.« Die Kommission habe geäußert, sie wolle »diese Richtlinie und sonst keine«. Und der Vertreter der Automobilindustrie habe dagegengehalten: »Wir wollen gar keine.«

🚗

Bis zum Treffen des EU-Umweltministerrats setzt Trittin sein Doppelspiel fort. Gebunden an die Weisung des Kanzlers, soll er die Interessen der deutschen Autobauer vertreten. Getrieben von den eigenen Vorstellungen, gibt er sich bereits im Vorfeld »sehr pessimistisch«, bei der Luxemburger Konferenz noch eine Umkehr zu erreichen.

🚗

Nach zweijähriger Diskussion und zahlreichen Treffen auf nationaler wie internationaler Ebene ist die Autoindustrie erwacht.

Für eine Sperrminorität zur Verhinderung der Altautoverordnung sind im EU-Parlament 26 Stimmen nötig. Hinter den Kulissen laufen die Drähte heiß. Mit Deutschland, Spanien und Portugal – wo der Volkswagen- beziehungsweise Seat-Einfluss beträchtlich ist – formiert sich eine mögliche Gegenfront. Allerdings fehlen noch immer drei Stimmen, zudem sind die Portugiesen eher unsichere Piëch-Partner. So gilt es, einen weiteren Verbündeten zu gewinnen – einen, der wie die Deutschen zehn Stimmen einbringt. Bleiben vor allem Frankreich oder Großbritannien. Tatsächlich erwägen beide ihre Zustimmung, falls Deutschland sich auf einen politischen Kuhhandel einlässt. Paris hofft bei der geplanten Liberalisierung des staatlichen Eisenbahnsystems auf die Unterstützung aus Berlin. Dazu müssten die Brüsseler Vorgaben erst einmal geblockt werden. In London dagegen setzt man auf ein Tauschgeschäft, das am Rande des Kölner G-8-Gipfels dingfest gemacht werden soll.

❧

24. Juni 1999. Was sich im Verlauf des Treffens des EU-Umweltministerrats auf dem Luxemburger Kirchberg abspielt, kann als historisch bezeichnet werden. Wie immer werden die Verhandlungen unter Ausschluss der Öffentlichkeit geführt – zumindest sollte es so sein. Pech nur, dass an diesem Abend ein technisches Versagen zur Live-Übertragung der hitzigen Diskussion führt: Über das hauseigene Fernsehnetz erleben die Journalisten den Clinch hautnah. Ein Hoch auf die Technik.

❧

Zu fortgeschrittener Stunde bringt der österreichische Umweltminister den Sachverhalt in dem fast leeren Sitzungssaal auf den Punkt: »Jürgen, du bist Teil des Problems.« Martin Bartenstein ist enttäuscht von der Haltung des deutschen Ratspräsidenten und erklärt, er wolle »nicht Opfer von Lobbyisten werden«. »Es wäre ein schlimmer Präzedenzfall, wenn Europa sich durch ein Industrieunternehmen breitschlagen ließe«, spielt Bartenstein auf die Aktivitäten aus Wolfsburg an. Die Mehrkosten pro Neufahrzeug würden sich auf lediglich 300 Mark belaufen, würden die Neuwagenpreise also kaum verteuern.
Seine Meinung teilen alle, auch Trittin, der das Treffen initiiert hat. Der Ratsvorsitzende steckt in der Zwickmühle: Als Diskussionsleiter muss er moderieren, als Grünen-Vertreter will er seine Vorgehensweise rechtfertigen. Jetzt sieht er sich der geschlossenen Riege der 14 anderen EU-Umweltminister sowie Schwedens Umweltkommissarin Ritt Bjerregaard gegenüber. »Was soll ich machen?«, fragt er verzweifelt in die Runde. Er habe »keinen Handlungsspielraum«, Schröders Auftrag sei unmissverständlich: »Ich habe Weisung, dagegen zu stimmen.« Offene Worte, wie sie nur in einer diskreten Versammlung fallen können.

❧

Ferdinand Piëch hat seine Hausaufgaben gemacht, den Rest regeln die Verbündeten. Vor allem Gerhard Schröder und Tony Blair scheinen im Vorfeld ganze Arbeit geleistet zu haben. Wenige Tage vor dem Luxemburger Treffen soll der britische Premier beim G-8-Gipfel der Aushebelung der Altautoverordnung zugestimmt haben.

Im Gegenzug verdonnert der Kanzler Herta Däubler-Gmelin dazu, ihr Veto gegen die weitere Harmonisierung des europaweiten Kunsthandels einzulegen. »Die Justizministerin habe geschäumt«, zitiert die Journalistin Ulrike Brede einen deutschen Regierungsvertreter. Mit dem Deal, so das *Hamburger Abendblatt*, brauchen britische Galerien und Auktionshäuser wie Sotheby's – im Gegensatz zu ihren Kollegen vom Festland – beim Bilderverkauf auch weiterhin keine 5-prozentige Künstlerabgabe zu zahlen.

So funktioniert das moderne Europa.

Sind die Kosten, die den Fahrzeugherstellern zugemutet werden, nicht doch zu hoch? Was bleibt den Autobauern, wenn Milliardengewinne durch die Verordnung zur umweltgerechten Entsorgung von Schrottfahrzeugen aufgefressen werden?

Für viele überraschend, entdeckt Michael Meacher – bislang ein erklärter Befürworter der Altautoverordnung – sein Herz für Volkswagen & Co.: Die Richtlinie belaste die deutsche Industrie über alle Maßen, erkennt der britische Umweltminister und votiert, wie auch Spaniens Vertreter, mit den Deutschen. Die benötigte Sperrminorität ist damit unter Dach und Fach, den anderen Umweltministern fehlen die entscheidenden Stimmen zur qualifizierten Mehrheit.

In dieser Nacht vom Donnerstag zum Freitag feiern die Hardliner der Autoindustrie ihren Erfolg. Immerhin ist es ihnen gelungen, einen Keil in die vormals geschlossene Front der EU-Umweltminister zu treiben und die ursprüngliche Fassung der Verordnung endgültig in der Schublade verschwinden zu lassen. Schon überraschend, dass Fundis doch noch über Realos siegen können – wenn schon nicht bei den deutschen Grünen, dann wenigstens in Gestalt dieses Sieges der Fundamentalisten aus der Autoindustrie über die Realpolitiker der Europapolitik.

Beim »Inkrafttreten der Richtlinie wäre das Entsorgungskostenrisiko für den gesamten Fahrzeugbestand ergebnisbelastend zu berücksichtigen«, hatte Piëch den Kanzler in seinem vertraulichen Schreiben gemahnt. »Allein aus den hochgerechneten Entsorgungskosten – ohne die Bewertung des möglichen Missbrauches durch unangemessene Kostenanlastung durch die Verwertungswirtschaft – ergibt sich ein gravierendes Risiko für die Automobilwirtschaft.« Gerhard Schröder hat verstanden, sich zum Umdenken bewegen lassen und konsequent reagiert. Damit ist das »gravierende Risiko« für die Autokonzerne gemindert, das der fortschreitenden Entdemokratisierung aber verschärft worden.

Piëchs Brief endet mit dem eindringlichen Appell: »Ich hoffe auf Ihr Verständnis für diese deutlichen Worte und bitte Sie um Unterstützung.« Ein kräftiges Husten aus dem VW-Hochhaus, und schon erzittert das Kanzleramt. Wer weiß, welchen Einfluss der Autochef auf den Autokanzler hat, wundert sich wenig über den Erfolg des Wieners.

Der Rest verläuft nach den Regeln des politischen Dominospiels: Piëch diktiert, Schröder setzt um. Schröder diktiert, Trittin setzt um.

🚘

»Keiner sah den VW-Chef Ferdinand Piëch – doch alle wähnten ihn im Saal«, versetzt sich Joachim Hönig in die EU-Umweltminister hinein und kommentiert im *Handelsblatt*: »Er beherrschte das Ereignis, obwohl er keiner von ihnen war. Er traf die Entscheidung, obwohl er nicht abstimmen durfte.« Er *ließ* die Entscheidung treffen, müsste es korrekterweise heißen – aber einen Unterschied macht das nun auch nicht mehr.

🚘

Ausgerechnet am Firmensitz der Porsche Austria schlagen die *Salzburger Nachrichten* kritische Töne an: Satu Hassi, der als finnischer Umweltminister am 1. Juli den Kommissionsvorsitz übernimmt, müsse es jetzt gelingen, »den Widerstand des deutschen Bundeskanzlers Gerhard Schröder zu brechen, der eisern die Forderungen von Ferdinand Piëch, dem Präsidenten des Europäischen Autoproduzenten-Verbands, unterstützt«. Ein mutiger Beitrag aus der Stadt der Louise Piëch.

🚘

Der Autokanzler ist wohl durchaus gewillt gewesen, den Autokonzernen die Stirn zu bieten. »Wir fahren allen europapolitischen Beschädigungen zum Trotz in Sachen Altautoverordnung einen ganz harten Kurs«, habe

Schröder geäußert, »weil er sich einer Einheitsfront von Kapital und Gewerkschaften gegenübergesehen hat«. Außerdem habe der Kanzler bestimmt: »Finger weg, wir machen da gar nichts.« Diese Front aber, so Trittins Einschätzung, »steht ein sozialdemokratischer Kanzler nicht durch«. Letztlich sei »dieser Vorgang eher ein Beleg für den Sozialdemokraten Gerhard Schröder als für den Automann Gerhard Schröder«. Denn »wenn ein Sozialdemokrat in eine solch umfassende Frontstellung kommt, dann hat er ein ernstes Problem«. Schröder hat »bei dieser Frage geblockt und hat sich auf nichts mehr eingelassen«.

Am Ende hat »Herr Schröder die Bundesrepublik in eine Situation manövriert, wo sie zum Schluss dem eigenen Kompromissvorschlag nicht zugestimmt hat«.

Es kommt nicht häufig vor, dass sich Sozialdemokraten und Gewerkschafter auf verschiedenen Seiten wieder finden. Piëchs Intervention hat genau zu dieser Konfrontation beigetragen.

Der Mann an der Spitze der Industriegewerkschaft hat seinen Kurs definiert – und zwar gegen den früheren VW-Aufsichtsrat und heutigen Kanzler. »Auch die IG Metall ist mitverantwortlich«, urteilt Jürgen Trittin, denn der stellvertretende VW-Aufsichtsratsvorsitzende »Klaus Zwickel persönlich hat sich dafür eingesetzt, die Verabschiedung der Altautoverordnung zu verhindern. Dieser Fakt ist ihm heute sicherlich unangenehm«, so der Bundesumweltminister, aber der Fall sei eindeutig: »Ich habe die Briefe doch alle.«

In der Öffentlichkeit sei »die Diskussion so nicht transportiert worden«. Aber »das ist das Perverse: Die gleiche IG Metall, die sich jetzt über die Konzernhörigkeit der Bundesregierung beschwert, hat an dem entscheidenden Punkt, als es um Image geht, entscheidend dazu beigetragen, dass der Kanzler von seinem eigenen Kurs abgewichen ist.« Dieser Vorgang gleiche »dem Verhalten der ÖTV bei der Frage Machtwort im Atomausstieg. Das darf man bei der ganzen Debatte nicht vergessen.«

»In der Sache habe ich mich durchgesetzt«, seine Ziele habe er unter schweren Rahmenbedingungen erreicht, findet Trittin. Allerdings ist ihm bewusst, dass er die Debatte »im Licht der Öffentlichkeit verloren« hat. Und »entscheidend ist immer, was in den Zeitungen steht«.

Europaweit hagelt es in den Medien fast ausschließlich Kritik. Auch in Deutschland hat es der Umweltminister in diesen Tagen schwer: *Auto Bild* weiß, dass »Bundeskanzler Schröder den Grünen und Umweltminister Trittin vergatterte, die EU-Altautoverordnung zu blocken«. Kommentar des Springer-Blatts: »Der gehorchte.« Seit Monaten, so Dagmar Dehmer in der *Badischen Zeitung*, gebe Trittin »für seinen Kanzler den Kasper ab« und lasse sich »um des Machterhalts willen jede Demütigung gefallen«. Thomas Gack fordert in der *Stuttgarter Zeitung* sogar: »Wenn Jürgen Trittin Charakterfestigkeit hätte, müsste er jetzt zurücktreten.«

»Das ist die Meinung von Herrn Gack«, kontert der Bundesumweltminister kühl. Klar sei doch, so Jürgen Trittin, »dass es nicht schön ist, in der Präsidentschaft die Beschlussfassung einer abgestimmten Richtlinie letztendlich nicht zu Stande zu bringen«.

🚗

2. Juli 1999. Wer glaubt, Ferdinand Piëch ruhe sich auf dem Erreichten aus, kennt den VW-Vorsitzenden schlecht. Jetzt gilt es, den Sachverhalt möglichst dramatisch darzustellen und in der Öffentlichkeit für die eigene Konfrontationspolitik zu werben.

»Das Volumen«, erläutert der Wiener, verleihe dem Thema beträchtliche Relevanz: »Von den registrierten 160 Millionen Fahrzeugen im europäischen Gesamtbestand sind 83,5 Millionen von deutschen Herstellern.« Zudem »schieben wir derzeit eine Altlast von rund 41 Millionen Autos vor uns her«. Und »unsere« Automobile hielten »nun mal länger als andere«. Aus diesem Grund würden sich die Rückstellungen – so seine eher überzogene Darstellung – »im höheren zweistelligen Milliardenbereich« bewegen. »Wir rechnen im Schnitt mit 340 Mark pro Fahrzeug.« Es könne aber »nicht sein, dass wir für die Entsorgung von 15 Jahre alten Modellen aufkommen sollen, die nicht so konsequent unter Wiederverwertungsaspekten gebaut wurden wie heute«. Ein Auto sei »nicht einfach in Minuten zerlegt. Im Gegenteil. Sie brauchen etwa 24 Stunden, es zusammenzuschrauben – und fast genauso lange, alles wieder sauber zu trennen«, lamentiert Piëch.

Dass damit der illegalen Entsorgung in freier Natur wie gehabt Vorschub geleistet wird, erwähnt der ACEA-Präsident lieber nicht. Und auch dass etwa die Hälfte aller Altautoverwerter die Schrottfahrzeuge kostenfrei zum Recycling annimmt, verschweigt er geflissentlich.

Eindringlicher als mit seinem Einsatz zur Verhinderung der ursprünglich geplanten Altautoverordnung hätte Ferdinand Piëch nicht zeigen können, wie viel ihm eine ökologisch verträgliche Mobilität wert ist.

🚗

22. Juli 1999. An diesem Donnerstagabend fällt unter finnischem Vorsitz im Rat der Ständigen EU-Vertreter die Entscheidung zu Gunsten eines Kompromisses: Sämtliche in der Europäischen Union zugelassenen Neufahrzeuge, auch die Importfahrzeuge, sollen vom Jahr 2001 an kostenlos von den Produzenten zurückgenommen werden. Für Altfahrzeuge greift die Regelung erst ab 2006.

Die Grünen geben sich alle Mühe, die Entscheidung als die Ihre zu verkaufen: »Mehr Trittin, weniger Piëch«, lautet die Devise. Damit verhalten sie sich deutlich geschickter als Sozialdemokraten und Autoindustrie, die selbst diesen Kompromiss aus »grundsätzlichen Erwägungen« und wegen »gravierender Nachteile« ablehnen – so das Kanzleramt in einer ersten Stellungnahme. Schröder liegt damit weiterhin auf dem knallharten Kurs der Konzerne. Die ziehen trotz der zeitlichen Streckung nun sogar rechtliche Schritte in Erwägung und drohen mit einer Klage vor dem Europäischen Gerichtshof.

Wie schon im Fall López zeigt Ferdinand Piëch, wie wenig er mit Kompromissen leben kann. Verbale Unterstützung findet er beim Verband der Deutschen Autoindustrie (VDA). Dort heißt es, der Beschluss treffe die Autobauer »ins Mark«. Der Zeitpunkt 2006 sei »sehr früh«, moniert VDA-Präsident Bernd Gottschalk, der den »Präzedenzfall« eines Gesetzes mit rückwirkender Belastung beklagt.

Und der ACEA, dessen Vorsitzender Piëch den Stein ins Rollen gebracht hat, bemüht sich um die allgemeine Mobilmachung: »Am Ende wird der Verbraucher für die Autos bezahlen, die er kauft, und auch für die, die in der Vergangenheit an andere verkauft wurden.«

Darüber, dass Piëchs Strategie letztlich den Konzernkassen und nicht dem Portemonnaie der Kunden dient, schweigt man beim ACEA.

🚗

29. Juli 1999. Mit dem heutigen Tag läuft die Widerspruchsfrist zur Altautoverordnung ab. Keiner der 15 Staaten macht Vorbehalte geltend. Noch in der Vorwoche hatte Schröders Delegation gegen den Brüsseler Kompromiss gestimmt. An weiteren Verzögerungen sei man aber nicht interessiert, verlautet es nunmehr aus deutschen Regierungskreisen. Zur zweiten Lesung wird die Richtlinie jetzt ans EU-Parlament verwiesen.

🚗

Selbstverständlich kommen auf die Autoindustrie Kosten in Milliardenhöhe zu – für Produkte, die sie selbst auf den Markt gebracht hat, ohne einen Gedanken daran zu verschwenden, was nach Ablauf der Lebensdauer aus ihnen wird.

Allerdings fallen die Belastungen der deutschen Fahrzeughersteller »wesentlich moderater aus, als die Industrie befürchtet hat«, kommentiert Klaus Wirtgen in der *Berliner Zeitung*. Die Rede ist nur noch von mehreren Milliarden Mark. Noch im Juli hatte Piëch ein wahres Horrorszenario aufgezeigt: 83,5 Millionen Autos deutscher Hersteller und durchschnittlich 340 Mark pro Fahrzeug hätten mehr als 28 Milliarden Mark an Rückstellungen bedeutet.

Nur einen Monat später gibt VDA-Präsident Bernd Gottschalk an, mit der Revision der EU-Richtlinie sei die Belastung um etwa 40 Prozent reduziert worden. Die notwendigen Rückstellungen seien jedoch »immer noch beträchtlich«.

In Wirklichkeit werden die Kosten für die Konzerne noch deutlich geringer ausfallen. »In Deutschland kommen jährlich 4,5 Millionen Fahrzeuge auf den Markt, und nur 1,5 Millionen werden im Jahr im Rahmen der Altautoverordnung zurückgenommen.« So die Faktenlage laut Trittin. »Die Frage stellt sich: Was passiert mit den anderen drei Millionen? Die werden schlicht und ergreifend exportiert.«

Dass sie danach noch die Bilanz deutscher Autokonzerne belasten, steht nicht zu erwarten. Über erhöhte Verkaufspreise spülen sie ihnen sogar noch Geld in die Kassen. So funktioniert Lobbypolitik in Perfektion: Dramatisieren – Druck ausüben – Konfrontationskurs fahren – Kosten sparen.

🚗

»Ob Piëch dem VW-Konzern mit seiner Intervention einen Gefallen getan hat, bleibt abzuwarten«, meint Gerd Lottsiepen. Immerhin aber »schneidet der Konzern im Vergleich zu seinen Mitbewerbern in Sachen Umweltmanagement, umweltverträgliche Produktion und auch bei der Autoentsorgung vergleichsweise gut ab«. Folglich hätte VW »also keine Wettbewerbsnachteile zu fürchten« gehabt, stehe aber nun »europaweit als Bremser einer modernen Umweltpolitik dar«.

Ein »klassisches Eigentor von Piëch«, meint der verkehrspolitische Sprecher des Verkehrsclub Deutschland (VCD).

Was er von der neuen rot-grünen Regierung erwarte, wurde Ferdinand Piëch nach der Bundestagswahl im Herbst 1998 gefragt. Er sei Österreicher, »also Gastarbeiter in diesem Land«, lautete seine Antwort. Und aus diesem Grund mische er sich »nicht in die hiesige Politik ein«.

Trotzdem lobt der VW-Chef bereits wenige Monate nach Amtsantritt des Kohl-Nachfolgers die autofreundliche Politik des Kanzlers: »Eines kann ich sagen: Herr Schröder hat bislang nichts anbrennen lassen.« 1999 bekräftigt er seinen Standpunkt: »Ich habe mich früher aus der Politik herausgehalten, ich halte mich auch jetzt raus.« Denn »als Österreicher bin ich hier Gastarbeiter und habe vor, es noch länger zu bleiben«.

Wie ernst solche Versprechungen zu nehmen sind, hat Politprofi Piëch im Fall der Altautoverordnung selbst vorgeführt.

»Rot-grün ist schlichtweg eine Katastrophe.« Thilo Bode, oberster Chef von Greenpeace, kritisiert vor allem, dass in »Gerhard Schröders neuer Mitte der Umweltschutz nicht vorkommt, es sei denn, er ist der Wirtschaft von Nutzen«.

Bode ist der Ansicht, »Jürgen Trittin hätte es schon gar nicht so weit kommen lassen dürfen. Das Desaster der Altautoverordnung hätte ihm nicht passieren dürfen.« Spätestens »in der direkten Konfrontation mit dem Bundeskanzler hätte es der grüne Umweltminister zum Konflikt kommen lassen und die Koalitionsfrage stellen müssen«. Nach Einschätzung des Greenpeace-Vorsitzenden »hätte Herr Schröder die Koalition keinesfalls wegen der Altautoverordnung platzen lassen«. Jürgen Trittin benehme sich aber »nicht wie ein Umweltminister, der Alternativen umsetzen« wolle. Schließlich kenne »er doch die Machtpolitik von Schröder und Piëch«.

Immer deutlicher zeige sich die entscheidende Rolle, die »die überaus enge freundschaftliche Beziehung zwischen Herrn Piëch und Herrn Schröder« in der bundesdeutschen – und auch in der europäischen – Politik spiele. »Man darf doch nicht seine Seele verkaufen, nur wegen der Freundschaft zu Piëch«, kritisiert Bode, der diese Beziehung als »extrem unappetitlich« einschätzt. Zwar stelle es »nicht die Ausnahme« dar, dass »der Kanzler nach der Pfeife der Industriebosse tanzt«. Aber »im Fall von Ferdinand Piëch ist Schröders Verhalten besonders krass«. Mit seiner »einseitigen Unterstützung der Interessen der Automobilindustrie wird der Nachweltschutz ausgehebelt«, fürchtet der Greenpeace-Chef.

🚗

Die Folgen der Lobbypolitik sind weit reichend. Zu ihnen zählt auch die Ankündigung des VW-Vorsitzenden, die Entwicklungsarbeiten für das Ein-Liter-Auto aus Kostengründen einzustellen, meint Günter Hubmann: »Eine derart kurzsichtige Aussage trifft Herr Piëch natürlich erst in dem Moment, nachdem es ihm gelungen ist, die Altautoverordnung auszuhebeln.« Zu diesem Zeitpunkt habe »Herr Piëch seinen Bundeskanzler doch längst in der Tasche« gehabt. Und es sei ihm klar gewesen, »dass ihm die Politik keine rigiden Vorgaben einer drastischen Verbrauchsreduzierung« machen werde.

🚗

»Was sich bei der Verabschiedung der Altautoverordnung abgespielt hat, ist schlichtweg ein Armutszeugnis«, urteilt der Greenpeace-Vorsitzende. »Ein wirklich in die Zukunft denkender Industrieführer setzt sich aus Verantwortungsbewusstsein dafür ein, dass die gesetzlichen Rahmenbedingungen verschärft werden«, fordert Bode von Piëch. Stattdessen würde der gesamte VW-Vorstand »mit seiner Geschäftspolitik Öl ins Feuer der globalen Klimakatastrophe« gießen.

Aber auch die Grünen hätten »in der Umweltpolitik ihre Kompetenz verspielt«. Thilo Bode hält es für »eine Katastrophe, wenn eine Partei auf ihrem ureigenen Feld einbricht«. Man dürfe »nicht alles um den Preis der Macht verkaufen«.

🚗

Bodes hartes Urteil lässt die kritische Solidarität einer Ökoorganisation mit Trittin vermissen: »Heute trauern wir einem Klaus Töpfer nach« – dem Bundesumweltminister im Kabinett Kohl.
Der war allerdings kaum ein Vorzeigeminister. Vom unterlassenen Atomausstieg über fehlende Reformen beim Bundesnaturschutzgesetz und die unterlassene Ökologisierung des Finanz- und Steuersystems bis hin zur gescheiterten Altautoverordnung blieb Töpfers Bilanz bestenfalls bescheiden.
Zu seinen härtesten Kritikern zählte damals Greenpeace.

🚗

23. Mai 2000. Mit dem im Vermittlungsverfahren zur Altautoverordnung zwischen dem EU-Parlament und dem Rat erzielten Kompromiss können scheinbar alle ganz gut leben. Für jetzt neu zugelassene Fahrzeuge tragen von nun an die Hersteller spätere Entsorgungskosten. Ab 2007 müssen die Produzenten Altautos zurücknehmen.
»Eine Ohrfeige für Bundeskanzler Schröder und Volkswagen«, urteilt die Grünen-Europaabgeordnete Hiltrud Breyer. Dagegen erkennt der VDA-Präsident eine willkommene Verbesserung des früheren Ansatzes: »Dieses ist eine dringend notwendige Entlastung für die deutschen Hersteller«, freut sich Bernd Gottschalk.

🚗

Im Nachhinein sieht Jürgen Trittin die wiederholte Einflussnahme des ACEA-Präsidenten pragmatisch: »Herr Piëch hat sich im Sinne von Parteipolitik immer aus dem Geschehen herausgehalten.« Schließlich sei es »für die Bilanz seines Unternehmens gleichgültig«, ob rot-grün oder schwarz-gelb regiere.
Manch ein Beobachter mag mittlerweile den Eindruck gewonnen haben, dass es überhaupt gleichgültig ist, wer in Berlin und Brüssel regiert. Denn die zentralen Entscheidungen werden immer häufiger von den Vorstandsetagen der Großkonzerne mit beeinflusst oder gar getroffen.

Kapitel 10: Visionär im Glaspalast

k.u.k. – könig und kassierer

>»Da kommt mir das kalte Grauen, denn die haben mit
>der Realität überhaupt nichts zu tun.«
>*Christian Genzow über Zulassungsstatistiken*

>»Er ist der größte VW-Händler auf dem Kontinent.«
>*Paul Reifferscheid über Ferdinand Piëch*

>»Die P&Ps könnten sogar in Deutschland die Flicks
>um Milliarden überholen.«
>*»Der Kurier« über das Vermögen der Familie Porsche-Piëch*

Der globale Automarkt leidet unter akuter Fresssucht. Neben den sechs
Haien – General Motors, Ford, DaimlerChrysler, Volkswagen, Toyota
und Renault – tummelt sich ein bereits arg dezimierter Schwarm im Bas-
sin der Beutefische. Anfang der Neunzigerjahre hat GM, die Nummer
eins der Autobauer, mit dem großen Fressen begonnen und sich Saab
einverleibt. Der Ford Motor Company mundeten Aston-Martin und Ja-
guar, später auch Volvo und Landrover.
Scheinbar anders Daimler-Benz: Die Schwaben fusionierten mit der
Chrysler Corporation, doch aus Jürgen E. Schrempps »Hochzeit im
Himmel« ist schnell ein wohlschmeckender Auburn-Hills-Burger und
damit eine Übernahme geworden. Auch Ferdinand Piëch hat Appetit bekommen und Rolls-Royce, Bentley, Bugatti, Lamborghini und zuletzt
Scania vernascht. Und noch immer vergnügen sich im Teich einige le-
ckere Goldfische.

Den Produktionskapazitäten von weltweit 72 Millionen Autos steht ein
Bedarf von rund 52 Millionen gegenüber. Kleinere Unternehmen haben

angesichts dieses Konkurrenzdrucks kaum eine Chance, urteilt Hannes Brachert, sie würden »systematisch vom Markt« gekauft. »Wenn man es mal zu Ende denkt«, analysiert der Herausgeber der Zeitschrift *Autohaus*, gehöre die gesamte Automobilindustrie vielleicht noch einem einzigen Weltmanager, »der dann eben 34 Marionetten steuert«. Noch ist es nicht soweit, doch schon heute stellt sich angesichts des Konzentrationsprozesses die Frage nach der Zukunft der freien Marktwirtschaft.

»Es gibt immer nur zwei Möglichkeiten«, schreibt Ferdinand Piëch kleineren Unternehmen ins Stammbuch: »Jemand lehnt sich an, oder er geht zu Grunde.« Zwischen diesen beiden Alternativen müsse »jedes Unternehmen selbst wählen«. Denn sei »es nicht mehr konkurrenzfähig, bringt eine vertiefte Kooperation nicht allzu viel«.

Während die Underdogs mitten im Existenzkampf stecken, verschiebt Piëch nur seine Figuren im Global Game. »In den aufstrebenden Märkten fühlen wir uns gut aufgestellt.« Volkswagen beginne »beispielsweise in Malaysia, Indonesien und auf den Philippinen mit der Montage von Fahrzeugen aus angelieferten Teilesätzen«. Breche »der Markt irgendwo ein, können wir dies in unserem weltweiten Verbund ausgleichen« – in der Stückzahl wie im Ergebnis, verkündet er siegessicher im *Capital*-Interview.

Bis zum Jahr 2010, so seine Prognose, würden gerade mal »sechs Pkw- und drei Lkw-Marken« diesen Prozess überstehen und Volkswagen »nicht mehr an vierter Stelle in der Welt liegen«. Der Mann hat seine Rolle definiert: als Spieler und nicht als Marionette.

Bestseller ist und bleibt der VW-Golf, der allmonatlich das Ranking mit deutlichem Vorsprung vor dem Opel Astra und dem VW-Passat anführt. Wie glaubwürdig aber sind die Verkaufszahlen?

»Spitzenreiter in der Zulassungsstatistik« werde man eben durch Zulassungen, erläutert Christian Genzow, »egal über wen, egal durch wen«. Dabei spiele es »überhaupt keine Rolle«, ob die Fahrzeuge auch »verkauft sind oder nicht«. Für ihn sei diese Statistik schon deshalb »überhaupt nicht aussagekräftig«.

Der Jurist, der sich in der Auseinandersetzung mit der Autoindustrie als Anwalt von Händlern einen Namen gemacht hat, hält die veröffentlichten Zulassungszahlen für »von hinten bis vorne gelogen«. Schließlich stünden Tausende der Automobile erst einmal »auf den Höfen der Händler« herum, viele der Fahrzeuge müssten erst noch im Direkt- und Flottengeschäft vermarktet werden. Angesichts der Zulassungsstatistiken kommt dem Kölner »das kalte Grauen, denn die haben mit der Realität überhaupt nichts zu tun«.

Porsche Holding, Salzburg. Einzelhandel mit den Marken des VW-Konzerns in Österreich und dem Ausland: Porsche Inter-Auto als Porsche-Importeur und verantwortlich für den Einzelhandel in Österreich. Porsche-Inter Auto zuständig für Ungarn und die Slowakei, die Porsche Slovenija für den slowenischen Einzelhandel, Porsche-Inter Auto CZ für den tschechischen, Auto & Service PIA für den Škoda-Einzelhandel in München.

Großhandel mit den VW-Marken in Österreich sowie weiteren Staaten: Porsche Austria als Importeur von VW- und Audi-Fahrzeugen, Porsche Konstruktionen KG, Allmobil als Seat-Importeur, Intercar Austria als Škoda-Importeur, Porsche Hungaria, Porsche Slovenija, Porsche Slovakia, Porsche Romania.

Einzel- und Großhandel der Sonauto S.A. Paris für den französischen, Sonauto Prag für den tschechischen, Stoddard Inc. für den US-Markt. Finanzgeschäfte der Porsche Bank AG in Österreich, Porsche Bank Hungaria RT in Ungarn, Porsche Leasing Gesellschaften in Slowenien, Kroatien und der Slowakei, Porsche Versicherungs AG, ARAC Auto Vermietung. Porsche Immobilien, Externa Systemhaus GmbH, Freizeit 2000, Areitalm etc., etc.

Wer das Familiensäckel der Porsches und Piëchs weiter füllen will, findet im Stamm- wie im Ausland reichlich Gelegenheit.

Die nach dem Zweiten Weltkrieg von Ferdinand Porsche mit Volkswagen ausgehandelten Verträge haben sich bezahlt gemacht. Während Sohn Ferry in Stuttgart die Dr. Ing. h.c. F. Porsche AG aufbaute, legte

Tochter Louise mit der Salzburger Porsche Holding OHG den Grundstock für das automobile Familienimperium. Für jeden gefertigten Käfer, bis heute das meistverkaufte Auto der Welt, hat der Familienclan seither Lizenzgebühren kassiert. Vor allem aber hat sich das Geschäft mit den Exklusivrechten als Importeur für VW-Fahrzeuge in Österreich und weiteren Staaten als dauerhaft sprudelnde Geldquelle erwiesen.

꩜

Bereits Mitte der Achtzigerjahre hat Ernst Piëch, Ferdinands ältester Bruder, seinen 700-Millionen-Schilling-Anteil (rund 100 Millionen Mark) an der Sportwagenfabrik in Stuttgart verkauft. »Damit zwang er das deutsche Unternehmen an die Börse«, kommentiert der *Kurier* aus Wien. Dennoch sind die Stammaktien zu 100 Prozent im Familienbesitz geblieben, die Ernst-Anteile weitgehend von der Porsche-Holding übernommen worden. Künftig soll ein Konsortialvertrag regeln, dass der Kuchen nicht mehr gesplittet werden kann.

꩜

27. März 1998. Als Ferry Porsche 89-jährig stirbt, ist er längst mit zahlreichen Ehrungen überhäuft worden: von der Ehrendoktorwürde der Technischen Hochschule Wien über das Große Verdienstkreuz der Bundesrepublik Deutschland und der Republik Österreich bis hin zum Professorentitel.
»Heimat du bist großer Söhne«, zitieren die *Salzburger Nachrichten* die Bundeshymne. Diese erinnere »allzeit an Menschen«, wie Ferdinand Porsche junior einer gewesen sei.

꩜

Bis zu ihrem Tod führte kein Weg an ihr vorbei. Auch wenn sie zuletzt in der Öffentlichkeit kaum mehr auftritt und es »schon fast unmöglich« ist, ein aktuelles Foto von ihr zu bekommen, entsteht »in Österreich um die Person Louise Piëch ein Kult«. So die Beobachtung des Wiener Motorjournalisten Rudolf Skarics, der diesen Umstand vor allem auf den Eindruck zurückführt, »dass sie das Unternehmen bis zu ihrem Lebensende fest im Griff« gehalten hat.

꩜

10. Februar 1999. Louise Piëch, geborene Porsche, stirbt im Alter von 95 Jahren in Zell am See, wo sie knapp zwei Jahrzehnte zuvor zur Ehrenbürgerin ernannt worden ist. Drei Tage darauf versammelt sich die Trauergemeinde in der mit Rosenbouquets prachtvoll geschmückten Stadtkirche. Die Totenmesse liest Stadtpfarrer Paul Strassl. In Fürbitten gedenken einige ihrer Enkelkinder der geliebten »Louise-Omi«.

Sie sei »eine der größten unternehmerischen Persönlichkeiten Europas« gewesen, so Georg Maltschnig, Bürgermeister der Berggemeinde. Louises »Treue und Loyalität« würdigt Landeshauptmann Franz Schausberger. Immerhin ist das Unternehmen mit rund 1600 Beschäftigten der heute größte industrielle Arbeitgeber im Salzburger Land. Mutter und Großvater Ferdinand hätten einen »positiven Familiengeist« entwickelt, blickt Ernst Piëch allzu verklärt in die Vergangenheit.

Im engsten Familienkreis wird Louise Piëch in der kleinen Privatkapelle beigesetzt – dort, wo auch ihr Vater und Bruder Ferry beerdigt sind.

Die ursprüngliche Konstruktion sah ein Splitting vor, bei dem jeder aus Ferdinand Porsches Kinder- und Enkelgeneration je 10 Prozent der Anteile erhielt. Mit dem Tod von Louise und Ferry sowie Ernst Piëchs Anteilsverkauf wurde dieses Gleichgewicht gestört. In Österreich wird von »virtuellen« Anteilseignern gesprochen. Wie viele Anteile Ferdinand Piëch über die ihm ehedem zustehenden 10 Prozent hinaus hält, weiß keiner so ganz genau.

Im wirtschaftlichen Sinn ist sie »wiederauferstanden, die alte k.u.k. Monarchie«, erinnert Paul Reifferscheid an die gemeinsame Außenpolitik, das Kriegs- und Finanzwesen beider Reichshälften der kaiserlichen und königlichen Monarchie in Österreich und Ungarn Mitte des 19. Jahrhunderts. Heute seien, so der Redakteur im Westdeutschen Rundfunk, »die Piëchs die wahren, die ungekrönten Könige Salzburgs«. Allein »die Hälfte der Balkanstaaten und große Teile Westeuropas werden vom Firmensitz aus regiert«.

Otto Kaschnitz, der Geschäftsführer der Porsche Holding, bestätigt: »Wir sind vor allem in Österreich als unserem Stammland aktiv, dann sind wir noch aktiv in Tschechien im Einzelhandel, dann in der Slowakei, in Ungarn, in Slowenien, in Rumänien und im Einzelhandel auch beteiligt in Frankreich.«

Unter dem Firmennamen Porsche blüht das Geschäft: vom Import über den Verkauf, die Reparatur und die Finanzierung bis hin zur Versicherung – vor allem der Fahrzeuge aus dem Volkswagen-Konzern. Kein Wunder also, dass in Salzburg richtig Reibach gemacht wird.

Zur Jahrtausendwende – im Geschäftsjahr vom 1. April 1999 bis zum 21. März 2000 – kann das »erfolgreichste private Automobilhandelshaus in Europa« seinen Geschäftsumfang um 15 Prozent auf 63,8 Milliarden Schilling (rund 9 Milliarden Mark) ausbauen. Aus dem Kalb ist eine Melkkuh geworden. Die allerdings gibt nur dann gute Milch, wenn der Preis auf hohem Niveau gehalten werden kann.

🚗

Noch herrschen hier zu Lande keine amerikanischen Verhältnisse, noch dominieren kleine und mittelständische Betriebe den deutschen Fahrzeughandel. Doch das US-System gewaltiger Handelsketten mit einem Netz von Filialen hängt wie ein Damoklesschwert über den europäischen Autohändlern. Er gehe davon aus, dass sich das Geschäft in Zukunft »auf wenige große so genannte Mega-Händler« verteilen werde, sagt Rochus Geissel. Im Verlauf eines Konzentrationsprozesses würden »die kleinen Händler mehr und mehr verdrängt«, befürchtet der Autohändler aus Neuß. Am Ende bleiben Großhändler übrig, die den Kunden Fahrzeuge gleich mehrerer Marken anbieten.

Einer allerdings hat beste Chancen, dem Trend erfolgreich entgegenzutreten. Denn schon heute verfügt er über ein gewaltiges Händlernetz.

🚗

Autohäuser in Wien, Niederösterreich, im Burgenland, in Oberösterreich, in der Steiermark, in Salzburg, Kärnten, Vorarlberg und in Tirol – zumindest ein halbes Hundert. Weitere in Rumänien, der Slowakei, Slowenien, Tschechien, Ungarn, Deutschland und den USA.

Die Porsche Holding ist eine stetig expandierende Macht. »Sie hält seit Jahrzehnten mit den Marken der VW-Gruppe die Marktführerschaft im Autohandel«, erklärt *trend*-Redakteur Christian Kornherr und erklärt die

Hintergründe: »Mit tollen Strategien, beinharten Methoden und der puren Macht des Kapitals.«

☙

Über Deutschlands Autohändler sind harte Zeiten hereingebrochen, viele haben sich verschuldet. »Deutlich unter 50 Prozent« von ihnen erwirtschaften überhaupt noch Gewinne, meint Rechtsanwalt Genzow. Viel zu viele Händler vertreiben vergleichsweise zu wenig Fahrzeuge – zumindest aus Sicht der Herstellerfirmen, die ihre Verkaufszahlen nach oben treiben wollen. Damit der eigene Konzern in Front liegt, soll das Brimborium rund ums Auto aufgepäppelt werden: größere Präsentationsflächen, noblere Verkaufsräume, bessere Reparaturwerkstätten, effektive Computervernetzung – alles in der Hoffnung auf noch mehr Käufer.

Doch was das Herz des Kunden erfreut, ist der Schrecken vieler Händler und Werkstätten. Wer nicht mithalten will oder kann, ist raus aus dem Geschäft.

☙

Ihn, seine Frau und eine Hand voll Angestellter ernährt das Autogeschäft im schwäbischen Leinfelden-Echterdingen, auch wenn er gerade mal drei Autos im Monat verkauft. Einträglich ist vor allem die VW-Werkstatt, dennoch steht dem Vertragshändler das Wasser bis zum Hals.

Walter Auch-Schwarz versucht alles, um seinen Betrieb zu retten. Nachdem die Vertreter der Volkswagen AG bei ihm vorstellig geworden sind, nimmt er einen Kredit von rund einer halben Million Mark auf und investiert das Geld in den Ausbau seines Betriebs.

☙

Nie zuvor in der deutschen Nachkriegszeit ist der Händlermarkt so sehr in Bewegung geraten, ist derart hart gesiebt worden und der Druck so gnadenlos hoch gewesen. Allein Volkswagen hat bereits einige hundert Verträge mit seinen Händlern gekündigt, eine Vielzahl weiterer soll wohl folgen. Seither ist unter den Händlern ein »ruinöser Wettbewerb ausgebrochen«. Autos werden »eigentlich keine mehr verkauft,

350

sondern Rabatte«, beschreibt Christian Genzow den Existenzkampf um die Kunden.

Rund die Hälfte der 25 000 Händler Deutschlands dürfte am Ende überleben, womit amerikanische Verhältnisse erreicht wären.

Die Kündigung des VW-Händlervertrags »kam für uns recht überraschend«. Ein »Schlag ins Gesicht« sei das, und zwar von seinem vormaligen Geschäftspartner Volkswagen.

Walter Auch-Schwarz zeigt seine Urkunde, die er 1994 für 25 Jahre »gute Partnerschaft mit Volkswagen und Audi« erhalten hat. Unterschrieben hat der Händlerbevollmächtigte Gifhorn. Derselbe Herr Gifhorn, der ein halbes Jahr danach auch die Kündigung verantwortet. Der schwäbische VW-Händler teilt sein Schicksal mit anderen, die weit mehr als er investiert und verloren haben.

Vorbei die Zeiten, da die Käufer den Listenpreis kommentarlos akzeptiert und den Scheck gefügig über den Tisch geschoben haben. Längst liefern Fachblätter und das Internet die Daten, um die Händler via Preisvergleich gegeneinander auszuspielen.

Bei 17 Prozent liegt die Spanne, die die Hersteller ihren Händlern einräumen. Was nach viel klingt, ist in Wirklichkeit erschreckend wenig, denn die anfallenden Verkaufskosten liegen bei rund 14 Prozent. Magere 3 Prozent beträgt die Gewinnspanne. Liegen die ausgehandelten Nachlässe darüber, dann wird das Neuwagengeschäft zum Verlustbringer. Der Händler hat dann allenfalls noch »die Möglichkeit, Geld im Servicegeschäft zu verdienen«, erläutert Professor Willi Diez vom Institut für Automobilwirtschaft an der Nürtinger Fachhochschule.

Jahrzehntelang haben die Vorstände von Autokonzernen auf das Prinzip Wachstum gesetzt: Mehr Händler bedeuteten mehr verkaufte Autos. Wer damals den Mut zum Risiko hatte und Vertragshändler geworden ist, sieht sich heute oftmals allein gelassen. »Schuld an dieser Misere des Autohandels sind aber nicht die Kunden«, weiß Paul Reifferscheid, »sondern die Hersteller.«

Welches Fahrzeug kaufe ich, wenn ich eine bestimmte Summe ausgeben und zugleich eine bestimmte Leistung dafür bekommen will? Und in welchem europäischen Land bekomme ich das gewünschte Fahrzeug zum günstigsten Preis?

Bei Volkswagen lohnt der Kostenvergleich gleich doppelt. Dank Piëchs Plattformstrategie können fast gleichwertige Fahrzeuge zu höchst unterschiedlichen Preisen erworben werden. Im Vergleichstest des VW Polo 1.4, des Škoda Fabia 1.4 und des Seat Ibiza 1.4 schneidet der Polo zwar noch am besten ab – doch nur mit knappem Vorsprung vor dem Fabia. Für das VW-Auto aus Tschechien sprechen dessen »gutes Raumangebot« und die »sehr sicheren Fahreigenschaften«, urteilt *auto motor sport*. Ein Argument dürfte die Kunden mehr als jedes andere überzeugen: Im Grundpreis der viertürigen Version liegt der Polo bei 29 820 Mark, der Ibiza bei 25 990 Mark und der Škoda bei 23 190 Mark.

Das ist Kannibalismus: In ein und demselben Unternehmen wird die bisher gepflegte Marke zu Gunsten einer in der Leistung vergleichbaren, jedoch preiswerteren geopfert. Noch steigen die Verkäufe bei VW, Škoda und Seat. Was aber, wenn die Tschechen und Spanier – auf Kosten der Wolfsburger – weiter aufholen?

🚗

Vier Plattformen dienen als Grundlage der Fahrzeugsegmente: der Kleinwagenklasse (Plattform A00), der Kompakt- und Mittelklasse (Plattform A), der Mittelklasse und oberen Mittelklasse (Plattform B) sowie der Oberklasse (Plattform D). Allein acht Modelle lässt Ferdinand Piëch über seine Plattform A fertigen: den Golf, Bora und New Beetle bei Volkswagen, den A3 und TT bei Audi, den Toledo und Leon bei Seat sowie den Octavia bei Škoda.

»Volkswagen hat nur nachgeholt, was für andere längst selbstverständlich war – und es besser gemacht«, verteidigt sich Piëch angesichts kritischer Fragen und propagiert die Vorteile der Plattformproduktion: »Wir haben eine Strategie, die dem Kunden mehr Wahlmöglichkeiten eröffnet.«

Allerdings scheint gerade »beim jüngsten Plattform-Fahrzeug, dem VW Bora, diese Strategie nicht aufzugehen«, moniert die *Welt am Sonntag* und verweist im Mai 1999 auf Klagen der VW-Händler, »der Bora verkaufe sich schlecht«. Piëchs Antwort klingt gut: »Der VW Bora ist nach dem Passat unser meistverkauftes Stufenheckauto. Der kommt prima an. So wie wir das wollten.« Nette Worte angesichts der Tatsache, dass von den drei Topmodellen – Golf, Passat und Polo – 1999 über 200 000 Stück weniger produziert werden. Der VW-Chef tritt die Flucht nach vorne an: »Das Wort Plattformstrategie hat in der Vergangenheit für Irritationen gesorgt«, er spreche jetzt von »Gleichteilstrategie«.

»Wenn erst einmal die Produkte austauschbar geworden sind, folgen bald die Marken«, beschwört Frank Scholtys im *manager magazin* ein Szenario herauf, das im VW-Vorstand sämtliche Alarmglocken ertönen lassen sollte. Die Kunden jedenfalls sind aufgewacht.

🚗

Des einen Freud ist des andern Leid. Robert Bauer zählt zu den Menschen, die – ganz im Sinne des europäischen Gedankens – nationale Engstirnigkeit abgelegt haben. Nach Sondierung der Fahrzeugpreise im heimischen Wien macht sich Bauer im Frühjahr 1995 auf den Weg nach Italien, wo er einen Audi A4 erwerben will.

Zum einen ist die italienische Lira gerade auf einem historischen Tiefstand. Zum anderen besteht für EU-Bürger fremder Staaten die Möglichkeit zum Kauf von Gütern zu Nettopreisen. Für Robert Bauer die Gelegenheit, beim Audi-Kauf entsprechende Steuern zu umgehen und 50 000 Schilling, rund 7000 Mark, zu sparen – denkt er.

Denn in Verona, Bozen und Venedig widerfährt ihm Seltsames: Unfreundliche Händler verweigern die Preisauskunft und blocken den Wiener ab. »Sie dürfen an Deutsche beziehungsweise Österreicher nicht verkaufen«, zitiert Bauer einen der italienischen Vertragshändler.

Notgedrungen kauft Bauer den gewünschten A4 in seiner Heimatstadt bei einem Autohaus von Porsche Interauto zum üblichen Preis – und damit rund 50 000 Schilling teurer als in bella Italia. Wäre der Wiener darob nicht so wütend gewesen, wäre alles wie gehabt weitergegangen. Robert Bauer aber wendet sich an die EU-Kommission, die sich als Wettbewerbsprüfer fortan mit dem Fall Volkswagen beschäftigt und Erstaunliches zu Tage fördert.

🚗

Bauer bleibt nicht der Einzige, der europäisch denkt. Auch andere Kunden werden nach einschlägigen Erfahrungen mit Audi- und VW-Autohäusern in Brüssel vorstellig und rufen damit Karel van Mierts Abteilung auf den Plan. Nach Hausdurchsuchungen in den Wolfsburger und Ingolstädter Konzernzentralen im Oktober 1995, beim italienischen VW- und Audi-Generalimporteur Autogerma sowie Autohäusern in Verona, Schlanders und anderen liegen dem EU-Wettbewerbskommissar eindeutige Beweise vor.

Es stellt sich heraus, dass die Firma Autogerma ihren Vertragshändlern in Italien schriftlich verboten hat, Neuwagen an Deutsche oder Österreicher zu verkaufen. In wohl zwölf Fällen ist das Druckmittel, bei Verstößen gegen dieses Verbot den Händlervertrag zu kündigen, auch vollzogen worden. Und das »auf Drängen der Konzernzentrale«, wie Paul Reifferscheid bemerkt. Auch wenn die Hersteller selbst keinen Vorteil von den Behinderungen gehabt haben, kommen diese den Nachbarländern Italiens zugute. »Allen voran in Österreich«, so der Fernsehjournalist, habe man von diesem Deal profitiert.

»In einem der Dokumente heißt es dazu, die Kündigung müsse nach außen natürlich wegen anderer Gründe erfolgen«, berichtet der *Spiegel*.

🚗

Mitte 1996 geraten Ferdinand Piëch und EU-Kommissar Karel van Miert heftig aneinander. Geht es nach dem Willen der Wettbewerbshüter, dann werden die Subventionen für die Volkswagen Sachsen GmbH in Mosel bei Zwickau und die Sächsische Automobilbau GmbH – das frühere Trabant-Werk – von 780 auf rund 540 Millionen Mark zusammengestrichen. Piëch reagiert gewohnt kooperativ: Der Investitionsstopp für den weiteren Ausbau des Mosel-Werks wirkt sich gerade in Ostdeutschland nachhaltig auf die Arbeitsplatzsituation aus.

Gegen das Votum der Kontrollbehörde hat Sachsen 142 Millionen Mark an Volkswagen überwiesen, darunter 91 Millionen, deren Genehmigung definitiv untersagt gewesen ist. Daraufhin erhebt die EU-Kommission massive Vorwürfe gegen den Wolfsburger Konzern: VW habe mittels Tricks Subventionen gleich zweimal abkassieren und sich die Erweiterung des Mosel-Werks zahlen lassen wollen. Karel van Miert spricht sogar von Erpressung der politischen Entscheidungsträger in

einer Region, die durch eine besondere Strukturschwäche benachteiligt
sei.

Erst im Sommer 1997 zeichnet sich eine Einigung ab: Volkswagen muss
erst einmal 85 Millionen Mark an widerrechtlich erhaltenen Beihilfen an
das Land Sachsen zurück überweisen. »Wenn es ums Geld geht, kennt
auch VW keine Verwandten«, kommentiert Wirtschaftsjournalist Rüdiger Liedtke.

☙

Ein halbes Jahr später beweist Karel van Miert erneut Rückgrat. Anfang
1998 verhängt die Europäische Kommission die höchste Geldbuße ihrer
Geschichte: Volkswagen muss 202 Millionen Mark Strafe dafür zahlen,
dass der Konzern Mitte der Neunzigerjahre für einen begrenzten Zeitraum nachhaltig, fortwährend und vorsätzlich gegen EU-Wettbewerbs-
regeln verstoßen hat. Systematisch, so die Anschuldigung, habe Volkswagen Kaufinteressierte in Italien behindert.

»Ferdinand Piëch hat getobt«, beschreibt Paul Reifferscheid die Reaktion
des Konzernchefs. Aus Sicht des VW-Chefs stellt der Entscheid eine
»politische Strafe« dar. Volkswagen legt vor dem Europäischen Gerichtshof in Luxemburg Klage gegen die Geldbuße ein.

☙

Warum aber hat VW überhaupt diesen Druck auf seine italienischen
Vertragspartner ausgeübt, wenn das Unternehmen gar keine unmittel-
baren Vorteile daraus hat?

Durch die Reimporte sei der »Markt überschwemmt« und der Preis-
druck auf deutsche Händler »dramatisch erhöht« worden, erläutert Professor Willi Diez. Diese hätten in der Regel »nicht mithalten« können
und seien auf Grund der vom Hersteller vorgegebenen Einkaufspreise
»massiv in die Verlustzone gefahren«. Schließlich diktiert der Preis weitgehend das Geschehen, und der differiert in den EU-Staaten im Extrem-
fall um bis zu 40 Prozent. Mittlerweile für viele Kunden ein Grund, nicht
länger dort zu kaufen, wo die Fahrzeuge mit am teuersten sind – beispielsweise in Deutschland, Großbritannien oder Österreich.

☙

Die Entwicklung scheint vorhersehbar. In Deutschland werden mehr als die Hälfte der Autohändler Opfer des Selektionsprozesses. Rund 10 000 bis 12 000 werden auf der Strecke bleiben, geschätzte 300 000 Beschäftigte ihren Job verlieren. Nur die Größten und Stärksten können den Konkurrenzkampf überstehen.

Auch in Österreich zeichnet sich eine eindeutige Entwicklung ab: »Alle, die nicht nach der Pfeife des Importeurs, in diesem Fall Porsche Österreich, handeln, können langfristig mit einer Kündigung rechnen«, meint Wilhelm Weintritt. Der Österreicher weiß, wovon er spricht. Seine Volkswagen- und Audi-Vertretung lief einst auf Hochtouren, ehe ihm von einem Tag auf den anderen gekündigt worden ist.

In dem Kündigungsbrief »stand kein konkreter Punkt drinnen«. So bleibt ihm lediglich die Vermutung, dass »ich ein Dorn im Auge war, da ich sehr erfolgreich war«: Die Firma Porsche habe versucht, »nach kurzer Zeit von mir eine höhere Pacht zu bekommen, der ich aber nicht zustimmte«. Anschließend sei er wiederholt von der Firma Porsche darauf aufmerksam gemacht worden, »dass ich außerhalb meines Marktverantwortungsgebietes keine Geschäfte machen soll«.

Für Norbert Gugerbauer liegt die Vorgehensweise der Salzburger auf der Hand: »Die wirklich attraktiven Standorte« seien in Österreich »fast überwiegend von Handelsunternehmen besetzt, die zur Porsche-Gruppe gehören«. Man habe »ganz offensichtlich mit einer gewissen Strategie darauf geachtet, dass man jene Plätze, an denen gutes Geld verdient werden kann, in den eigenen Bereich integrieren kann«, so der Wiener Kartellrechtler.

Paul Reifferscheid bringt das Geschehen trefflich auf den Punkt: »Die Porsche Holding ist einerseits Vertragspartner, nämlich Generalimporteur, und andererseits Autohändler und damit Konkurrent.« Mit jedem Jahr würden sich »die Autohäuser der Porsche Holding von diesem Kuchen ein dickeres Stück« abschneiden, sagt der Journalist angesichts der Tatsache, dass »immer mehr Betriebe privater Händler« übernommen werden.

Mit den vier Volkswagen-Marken und Porsche ist die Salzburger Holding unbestritten Österreichs führender Autokonzern. Jeder vierte Neuwagen, jährlich mehr als 100 000 Fahrzeuge, wird durch das Familienunternehmen Porsche-Piëch verkauft.

Bis heute ist kein Fall bekannt, in dem der VW-Vorsitzende Ferdinand Piëch die Porsche Holding des Miteigentümers Ferdinand Piëch begünstigt hätte. Was läuft, läuft ganz legal und ist allenfalls moralisch angreifbar.

Zum tatsächlichen Wert des Piëchschen Vermögens existieren keine offiziellen Zahlen, Schätzungen schwanken zwischen zwei und fünf Milliarden Mark. »Die Porsches und Piëchs »könnten sogar in Deutschland die Flicks um Milliarden überholen«, kommentiert der *Kurier,* vorausgesetzt sie würden »die weit über dem Börsenwert liegenden Kaufangebote von Amerikanern und Japanern annehmen«. Bislang aber hat die Familie dazu keine Neigung erkennen lassen. Warum sollte sie auch, solange die Quellen derart sprudeln?

15. Dezember 1999. Die Niederlage der Volkswagen AG und des Bundeslands Sachsen ist besiegelt, Piëchs Hoffnung auf weitere staatliche Unterstützung für die VW-Werke Sachsen II und Chemnitz II gescheitert: Der Europäische Gerichtshof verdonnert den Autokonzern zum Verzicht auf 241 Millionen Mark staatlicher Gelder. Während die bereits 1996 von der EU-Kommission genehmigten Subventionen in Höhe von 539 Millionen Mark als rechtens anerkannt worden sind, muss Piëch jetzt die 90 Millionen Mark, die seit November 1997 auf einem Treuhänder-Konto deponiert sind, an das Land Sachsen zurückerstatten; die weiteren Millionen dürfen nicht an VW entrichtet werden.

Einen Sieg allerdings kann er feiern: Seiner Kommunikationsabteilung gelingt es, die Medien von der teuren Niederlage abzulenken. Wie der Zufall so will, zaubert der Konzern exakt an diesem Tag die Nachricht aus dem Sack, Bernd Pischetsrieder werde neuer VW-Vorstand. Damit konzentriert sich die Aufmerksamkeit statt auf das folgenschwere Gerichtsverfahren auf den neuen Qualitätsvorstand.

Zwei Seelen schlagen ach in seiner Brust. Zum einen erfüllt Ferdinand Piëch die Rolle des Volkswagen-Chefs – zum Wohle der Konzernkasse.

Zum anderen ist er über seine Firmenanteile bei der Porsche Holding VW-Händler – zum Wohle der persönlichen Schatulle. »In Europa verkaufen seine Privatfirmen heute bereits jedes fünfte Auto des Konzerns«, weiß Reifferscheid nach intensiven Recherchen zu berichten – »eine wahrhaft königliche Bilanz«, meint er. Diese könnte, so der TV-Journalist, in Zukunft sogar noch besser ausfallen – denn die Tendenz des »größten VW-Händlers auf dem Kontinent« ist weiter steigend.

Die Doppelfunktion hat für Paul Reifferscheid durchaus ein »Geschmäckle«: Denn »wenn man auf der einen Seite Hersteller ist und etwas verkauft und auf der anderen Seite Händler ist, der gleichzeitig kauft, dann kann man im Einzelfall einen Interessenkonflikt überhaupt nicht ausschließen«.

Nötig hat es Piëch sicher nicht, auf seinen eigenen Vorteil zu schauen. Das Vorstandsgehalt bei der Volkswagen AG dürfte die Sachertorte des Multimilliardärs allenfalls als Sahnehäubchen zieren.

Visionen in Glas

»Mosel ist ein Juwel unter unseren deutschen Standorten.«
Ferdinand Piëch über einen möglichen Standort der Gläsernen Manufaktur

»Oberbürgermeister Wagner hat sich als verlängerter Arm von Herrn Piëch erwiesen.«
Ronald Weckesser, PDS-Fraktionsvorsitzender

»Herr Piëch ist mit erpresserischen Methoden gegen Dresden vorgegangen.«
Christine Ostrowski, PDS-Abgeordnete im Deutschen Bundestag

»An Gleis 1 bitte einsteigen. Türen schließen selbsttätig. Vorsicht bei der Abfahrt.« Die ist längst erfolgt. Interregio IR 2544 von Wolfsburg nach Hannover. Ein letzter Blick auf die gigantischen Werkshallen und die riesige Baustelle. Unbeeindruckt betet die Lautsprecherstimme ihren Sermon herunter. »An Gleis 1 bitte einsteigen. Türen schließen selbsttätig. Vorsicht bei der Abfahrt.« Noch befinden sich Gerüste um die beiden Glastürme der stetig wachsenden Autostadt. Langsam verschwinden die Fortschrittstempel aus dem Sichtfeld. »An Gleis 1 bitte einsteigen. Türen schließen selbsttätig. Vorsicht bei der Abfahrt.«

Zum sechsten Mal schon seit Abfahrt des Zugs. Die Kontrolleurin beruhigt: »Gestern tat's die Anlage gar nicht, und heute hört sie nicht damit auf.« Schärfer könnte der Kontrast nicht sein: Hier die Deutsche Bahn AG, redlich um einzelne Kunden bemüht. Dort Europas größter Konzern, Sinnbild unbegrenzten automobilen Wachstums.

🚗

»Die Grundstruktur der Stadt war so, dass Werk und Stadt durch den Mittellandkanal getrennt waren. Heute gibt es auch im Norden, auf der Volkswagen-Seite, große Stadtviertel«, erzählt Ingrid Eckel. Ende Januar 1999 teilt die Deutsche Bahn AG der Oberbürgermeisterin mit, dass der teilweise unter Denkmalschutz stehende Bahnhof nun doch noch rechtzeitig zur Weltausstellung Expo im nahe gelegenen Hannover umgebaut und renoviert werden soll.

Raus aus dem Bahnhof, nach links über die Wasserstraße zu Volkswagen, rein in die neue Autostadt. Eckel erhofft sich allerdings mehr: »Wir wollen, dass die Besucher der Autostadt auch über den Kanal kommen und in die Stadt hineingehen.« Große Hoffnungen setzt sie »auf die Menschen von außerhalb, bei denen Wolfsburg häufig das Image einer VW-Werkssiedlung hat«.

Der Global Player setzt Zeichen in der Stadt, und Wolfsburg verliert seine Beschaulichkeit. Das Projekt der neuen Autostadt stelle, so Eckel, »einen großen Impuls für unsere Stadt« dar. In Wolfsburg sammelt sich die Fangemeinde hinter dem Wiener.

🚗

Getreu seiner Erkenntnis: »Beim Autokauf entscheidet künftig mehr als bisher die Emotion«, investiert Ferdinand Piëch gut 800 Millionen Mark in die neue Erlebniswelt der Autostadt. Jahr für Jahr sollen weit über eine Million Besucher in die Showrooms gelockt werden. Rund um den

Globus werde es »nichts Vergleichbares geben«, verspricht der frühere VW-Pressesprecher und heutige Autostadt-Manager Otto Ferdinand Wachs: Rundum verglaste Hallen, 3-D-Kinos und interaktive Unterhaltung sollen die Massen anziehen. In den beiden Glastürmen warten rund 800 VW-Neufahrzeuge auf die Selbstabholer.

Die Autostadt ist Teil eines Gesamtkonzepts, mit dessen Verwirklichung die Volkswagen-Gruppe ihre Spitzenposition in Europa halten und ausbauen soll. Piëchs Angriff erfolgt in allen Klassen, gegen jeden Gegner: »Škoda steht für eine gewisse Robustheit. Seat steht für das mediterrane Element und zielt auf Alfa Romeo. Audi fährt gegen BMW. Volkswagen ist für den Bürger, was Mercedes-Benz für das Establishment ist.« Mit Volkswagen zielt Piëchs Strategie »in höhere Regionen«. Der Wiener will »sogar ein Auto für 150 000 Mark anbieten, für das andere 200 000 verlangen.«

Februar 1997. »Der Kollege macht das mit viel Fingerspitzengefühl«, verkündet der VW-Chef frohgemut. Dabei wartet auf Piëchs Landsmann keine leichte Aufgabe. Vertriebs- und Marketingvorstand Dr. Robert Büchelhofer soll dafür sorgen, »dass aus doppelt so vielen Modellen auch doppelt so viele verkaufte Autos werden«.
Genau dieselbe Strategie verfolgt aber auch Piëchs Lieblingsfeind DaimlerChrysler. Vielleicht definiert der Wiener seine Ziele darum so erstaunlich zurückhaltend: »Irgendwer wird Federn lassen müssen, deshalb planen wir sehr vorsichtig und rechnen mit nicht mehr als 10 Prozent Steigerung pro Jahr.« Gewinner und Verlierer würden »in Zukunft hauptsächlich über die Nischen ermittelt« werden. »Bis zum Jahr 2002 werden wir alles anbieten, was uns heute noch fehlt.« Das Volkswagen-Angebot werde »künftig von 15 000 bis 150 000 Mark reichen, derzeit ist noch etwa bei 60 000 Mark Schluss«. Eins muss, wie immer, klar sein: »Ich gebe mich ungern mit dem Zweitbesten zufrieden. In der Leistung. Im Antrieb. In der Qualität«, lautet die Liebesbotschaft aus Wolfsburg an die Konkurrenz in Stuttgart.

Mai 1998. In Begleitung des für Produktion und Logistik zuständigen VW-Markenvorstands Folker Weißgerber und des Dresdner Dezernenten für Wirtschaftsförderung Rolf Wolgast lässt sich Ferdinand Piëch die Plätze Dresdens zeigen. Dabei werden Standorte angefahren, die gemäß der Stadtratsvorgabe für die Gläserne Manufaktur in Frage kommen.

»Wir sind dann auch am Straßburger Platz vorbeigekommen«, weiß Wolgast, als Dezernent im Range eines Bürgermeisters, zu berichten. »Und da hat VW den Wunsch geäußert, dort sich den Straßburger Platz genauer anschauen zu dürfen.« Eigentlich hätte Wolgast vehement Widerspruch anmelden und gleich die Handbremse anziehen müssen. »Da ist noch einmal darauf hingewiesen worden, dass dieser Standort wünschenswert sei«, rechtfertigt er sich stattdessen. Piëch jedenfalls gefällt das Areal, und Folker Weißgerber verkündet: »Dresden steht und fällt für uns mit dem Straßburger Platz.«

Der Rest lässt sich regeln.

🚗

Dresdens größter und ältester Park gilt als »Grüne Lunge« der Stadt. Im Flächennutzungsplan von 1997 ist der Große Garten am Straßburger Platz als Gemeinfläche für Ausstellungen, Kultur und Freizeit ausgewiesen.

Vielen Bürgern der sächsischen Landeshauptstadt kommen bedeutende Vergleiche in den Sinn, wenn sie an den Großen Garten denken: der Central Park in New York beispielsweise oder der Tiergarten in Berlin. Eine gewerbliche Nutzung ist definitiv ausgeschlossen.

🚗

Seit Anfang der Neunzigerjahre verfügen die Christdemokraten über die absolute Mehrheit, die PDS stellt die zweitstärkste Fraktion. Grundsätzlich stehen die Stadtratsfraktionen dem VW-Projekt positiv gegenüber. Doch als die PDS-Stadträte Mitte 1998 den Zeitungen entnehmen müssen, welche Fortschritte Piëchs Gläserne Manufaktur macht, sehen sie sich ausgegrenzt. Geschickt sei die Sommerpause genutzt worden, um über die *Dresdner Neuesten Nachrichten* und die *Sächsische Zeitung* Informationen in die Öffentlichkeit zu lancieren. Dabei hatte der Oberbürgermeister doch versprochen, den Stadtrat über die Entwicklung auf dem Laufenden zu halten.

⌒

24. September 1998. »Ich habe auch die Fraktionsvorsitzenden von CDU und SPD informiert«, rechtfertigt sich Rolf Wolgast. »Haben Sie eine Erklärung dazu, warum Sie nur zwei Fraktionen des Stadtrats und nicht alle Fraktionen informiert haben?«, hakt der Grünen-Stadtrat Peter Zacher nach. Betretenes Schweigen. Weder CDU-Oberbürgermeister Herbert Wagner noch SPD-Bürgermeister Rolf Wolgast wollen weitere Stellungnahmen abgeben. »Antwort!«, ruft einer der Stadträte dazwischen. »Wir sind doch nicht im Weißen Haus«, wischt Wagner den Wunsch vom Tisch.
In Dresden formiert sich die Frustgemeinde gegen den Wiener.

⌒

4. Oktober 1998. Über die Medien waren zuvor verschiedene Standorte ins Spiel gebracht worden – Leipzig, Chemnitz, sogar Prag und Bratislava. Jetzt sind noch »zwei mögliche Standorte für ein neues Montagewerk in den neuen Bundesländern im Rennen«, verkündet der VW-Vorsitzende. »Wir haben mit Mosel gute Erfahrungen gesammelt«, freut sich Piëch und bewertet das ostdeutsche VW-Werk »als Juwel«, dem durchaus die Montagestätten des D1, des neuen Luxusliners der Wolfsburger, angegliedert werden könnten.
Was so schön klingt, kommt in den Augen manch eines Dresdners einem deutlichen Warnschuss gleich, denn die Entscheidung des Stadtrats steht kurz bevor. Sollten sich die Kommunalpolitiker Piëchs Wunsch widersetzen und die Teilbebauung des Großen Gartens ablehnen, wäre Dresden womöglich aus dem Rennen.
»Die Drohungen von Herrn Piëch« seien doch lediglich »hohle Seifenblasen«, erzürnt sich der PDS-Fraktionsvorsitzende Ronald Weckesser. Volkswagen profitiere seinerseits »von dem exklusiven Image Dresdens als Barock- und Hightech-Stadt«. Eine Fraktionskollegin, die Bundestagsabgeordnete Christine Ostrowski, kommt zum gleichen Schluss: »Herr Piëch will auf jeden Fall nach Dresden – die Perle Sachsens.«
Vieles spricht dafür, dass sie Recht hat. Denn der VW-Vorsitzende lässt

keine Zweifel daran aufkommen, warum er gerne hier investieren will:
»Die schönste Stadt Deutschlands«, so rühmt er die Sachsen-Metropole.

☙

Ihr Meisterstück legen die Sozialdemokraten ab, als sie – ganz im Sinne
einer großen Volkspartei – zugleich gegen und für die Gläserne Manu-
faktur am Straßburger Platz aktiv werden. Hoffnungsfroh reist der
SPD-Bürgermeister für Stadtentwicklung und Bau, Gunter Just, nach
Wolfsburg, um Piëch von den alternativen Standorten zu überzeugen.
In geheimer Mission bestärkt dagegen Rolf Wolgast, Dresdens SPD-
Beigeordneter für Wirtschaft und Wohnen, den VW-Vorsitzenden in
seinem Wunsch nach dem Grundstück beim Straßburger Platz.
Kein Wunder also, dass die Sozialdemokraten in Dresden nur die dritte
Geige spielen. Denn in puncto Wirtschaftsergebenheit lässt sich die
CDU nicht gern übertrumpfen.

☙

5. November 1998. Schon im Vorfeld der heutigen Stadtratssitzung
schlagen die Wogen hoch. Volkswagen drängt auf nichtöffentliche Behandlung, Grüne und PDS wollen die Teilhabe der Bürgerschaft gewährleisten. Dr. Herbert Wagner regelt den Vorgang im Sinne des Konzerns.
So sitzen zu Beginn der Zusammenkunft – für viele Stadträte überraschend – die Bürger draußen und drei VW-Vertreter im Saal. Den Hinweis, deren Anwesenheit widerspreche der Gemeindeordnung, ignoriert
Wagner. Erst als einer seiner Berater den Einwand als korrekt bestätigt,
erteilt der CDU-Oberbürgermeister entsprechend Weisung.
Den Konzernrepräsentanten bleibt nichts anderes übrig, als den Saal
vorübergehend zu verlassen.

☙

Erst im Laufe der Sitzung dürfen die VW-Vertreter das Projekt präsentieren. Sie geben sich alle Mühe, zeigen ein Modell der Manufaktur mit al-
lerlei ansprechenden Gebäuden und Gaststätten. Bis zu 200 000 Touris-
ten sollen jährlich in die Stadt gelockt werden, Teile des Güterverkehrs-
zentrums würden instand gesetzt – so lauten zwei der zahlreichen Ver-

sprechungen. Der Rest ist Formsache. Mit 42 zu 26 Stimmen segnet die große Koalition von Christdemokraten, Sozis und Liberalen den Bau des VW-Montagewerks im Bereich des Großen Gartens ab.

Die Bürger der Stadt Dresden seien »rücksichtslos übergangen, die öffentliche Meinung mit der Stimmungsmache gezielt gekippt« worden, protestiert Christine Ostrowski. Die einzige Möglichkeit, die Entscheidung rückgängig zu machen, ist ein Bürgerbegehren. Dazu müssen mehr als 19 000 Stimmen gesammelt werden.

⌘

Wie hoch ist der Preis, den der Konzern für die exklusive Altstadtlage zu zahlen hat? 800 Mark, antworten die einen, 1000 Mark behaupten andere. Mitten im Stadtzentrum sind auch schon mehrere tausend Mark pro Quadratmeter erzielt worden.

⌘

»Sitzung des Stadtrates am: 03. Dezember 1998
Beschluss-Nr.: V 3649-84-1998
VW-Ansiedlung – Grundstücksverkauf

Der Stadtrat beschließt:
1. Die im Eigentum der Landeshauptstadt Dresden stehenden Flurstücke der Gemarkung Altstadt II in Dresden, Nr. 232/5 und 232/6, zusammen 81 210 m², werden zum Preis von 250,00 DM/m², somit insgesamt 20 302 500,00 DM, zum Zwecke der Errichtung einer ›Gläsernen Manufaktur‹ zur Endfertigung von Personenkraftwagen des gehobenen Preissegments an die Volkswagen AG Wolfsburg veräußert.«

Weitere fünf Punkte folgen. Die Beschlussvorlage von Oberbürgermeister Wagner wird mit 43 zu 17 Stimmen angenommen, wieder votieren die PDS- und Grünen-Vertreter dagegen.

⌘

»Das war doch kein Zufall, dass Herr Piëch diesen exklusiven Platz wollte«, wettert Ronald Weckesser. »Auf der entscheidenden Fahrt« sei dieser Standort seiner Meinung nach »gezielt angefahren« worden. Zudem sei es, so der PDS-Fraktionsvorsitzende im Dresdner Stadtrat, »bedenklich, mit welchen Mitteln und zu welchem Preis Ferdinand Piëch das Grundstück am Straßburger Platz erworben« habe: »Dank des extrem günstigen Grundstückspreises« subventioniere der Steuerzahler die Produktion »überdimensionierter Dinosaurier« des Volkswagen-Konzerns.

»Jetzt erfolgt die Ansiedlung von VW quasi auf Kosten der Stadt«, beschwert sich auch die Grünen-Politikerin Eva Jähnigen.

🚗

»KAUFVERTRAG
über das Objekt Straßburger Platz, Dresden
zum Zwecke der Errichtung der ›Gläsernen Manufaktur‹

Präambel

Die Volkswagen Aktiengesellschaft will auf dem nachbezeichneten Grundbesitz in Dresden – Nähe Großer Garten eine so genannte ›Gläserne Manufaktur‹ errichten lassen. Es ist zwischen den Beteiligten fest vereinbart, dass eine Ausweitung der verkauften Fläche in den Bereich des ›Großen Gartens‹ (Botanischer Garten/Volkspark) ausgeschlossen ist und die Parkeisenbahn in das Projekt einbezogen wird.

Beabsichtigt ist die Schaffung von 800 Arbeitsplätzen und ein Investitionsvolumen von ca. 350 000 000 DM. …«

🚗

»Das Auto begeistert die Menschen nicht nur, sie geben auch viel Geld dafür aus«, ist sich Ferdinand Piëch sicher und erläutert sein Konzept einer transparenten Montagekette: »Wenn man ein Haus baut, dann will man es auch wachsen sehen.« Der Clou liege darin, dass »der Kunde bei uns zusehen« kann, »wie sein Auto entsteht« – ein bislang einmaliges Projekt. Natürlich könne »man sich das Leder für ein Kofferset mit aussuchen«, denn »wir lassen die Koffer dann bei einer Edelmarke in Paris nähen«. Dabei würden »ein paar ganz Edle auf der Welt zusammenspielen«.

Den Appetit sollen auch die »kulinarischen und kulturellen Genüsse« anregen. Volkswagen verspricht den Käufern ein exklusives Rahmenprogramm, der Autokauf wird zum Event. Eine Woche lang dürfen sich die Kunden auf Kosten des Konzerns vergnügen: ein Abend in der Semper-Oper, eine Tour mit dem Elbdampfer in die Sächsische Schweiz, die Fahrt zur Meißner Porzellanfabrik, Logis im Kempinski-Taschenbergpalais – alles inklusive. Und ganz nebenbei kann sich der Besucher beim Betrachten der D1-Montage verlustieren.

Christine Ostrowski kann Piëchs Vorstellungen wenig abgewinnen: »Es ist schizophren, dass ein Konzern wie Volkswagen in den neuen Bundesländern Luxuslimousinen baut, die sich allenfalls die oberen Zehntausend aus dem reichen Westen leisten können.«

🚗

Februar 1999. Nach der Zustimmung des Stadtrats versuchen Helga Burkart, Jürgen Gottschalk und Eberhard Wächtler das Ruder doch noch herumzureißen. »Die über 100-jährige öffentliche Bestimmung der Fläche geht verloren«, heißt es in ihrem Bürgerbegehren. »Es wird ein Präzedenzfall für weitere Gewerbeansiedlungen am falschen Platz geschaffen«, fürchten die Gegner des Großprojekts am Großen Garten und fordern: »Für VW muss ein anderer Standort in Dresden gefunden werden.«

Bei Wind und Wetter werben die Aktivisten um Zustimmung. Am Ende wird das erforderliche Quorum um 2000 Stimmen knapp verfehlt.

🚗

Wer glaubt, Dresdens Reputation steige dank Volkswagen, muss sich getäuscht sehen. »Die Leute werden betrogen.« Alles in allem sei die Gläserne Manufaktur ein »besseres Autohaus«, lautet Ronald Weckessers Urteil: »In Wirklichkeit handelt es sich um eine gläserne Montagehalle, in der die Karosse und das Fahrgestell angeliefert und montiert werden«, zudem erfolge die »Montage von Sonderzubehör«.

Dennoch hält der Fraktionsvorsitzende die Marketingstrategie für clever: »Der D1 könnte in Wolfsburg billiger gefertigt werden, aber dann ließe er sich nicht verkaufen.« Letztlich »profitiert Volkswagen von Dresdens fürstlichem Image und verkauft so Autos für Fürsten«.

🚗

27. Juli 1999. Ferdinand Piëch hat geladen, gekommen sind sie alle: der Kanzler und der sächsische Ministerpräsident, rund 450 Ehrengäste, 140 Medienvertreter und 22 Kamerateams. VW selbst überträgt das Spektakel via Satellit, zur freien Verfügung für TV-Sender rund um den Globus. »Hier schlägt ihr Herz aus Glas«, ertönt die eigens komponierte Ouvertüre.

»Das Flair von Elbflorenz zieht an«, schwärmt Oberbürgermeister Wagner. Piëch hat es tatsächlich angezogen: »An diesem exponierten Ort werden wir das Topfahrzeug der automobilen Oberklasse fertigen«, verkündet er gut gelaunt und erhebt den Begriff »Made in Dresden« zum Markenzeichen. Die Gläserne Manufaktur sei »ein weiteres Bekenntnis der Volkswagen AG zu den neuen Bundesländern und zum Standort Deutschland«. Das gefällt auch dem Kanzler, und artig weiß er seinerseits den VW-Vorstand zu loben: »Das hier ist kein Schnickschnack einer Konzernführung, die so viel in den Kassen hat, dass sie nicht weiß, wie sie es ausgeben soll.«
Einträchtig legen Ferdinand Piëch, Gerhard Schröder und Kurt Biedenkopf den Grundstein für eines der gewagtesten Experimente in der Karriere des Wieners.

🚗

14. September 1999, Frankfurt am Main. Die Premiere. Auf der IAA präsentiert Piëch die »neue Definition des Themas Oberklasse«. Mit der »Interpretation einer Oberklasse-Luxuslimousine der Zukunft« soll vor allem DaimlerChrysler der Kampf angesagt werden. »Die Studie ›Concept D‹ verkörpert den Luxus dieser Klasse«, strahlt dabei »Souveränität und Modernität aus« und verbindet »Eleganz mit der Klarheit und Funktionalität des Designs«.
Zielgruppe sind, so der Firmenprospekt, »sowohl traditionelle Kunden der Geschäftswelt als auch Kunden sportlicher Luxusfahrzeuge«. Die »technische Überlegenheit« werde durch den Motor deutlich, denn unter »der Motorhaube kommt ein Triebwerk zum Vorschein, wie es kein anderes in der automobilen Spitzenklasse gibt: ein V-10-Dieselmotor mit Direkteinspritzung.«

🚗

Immerhin 365 Millionen Mark lässt sich Piëch seinen Glaspalast kosten. Ab Herbst 2000 sollen hier die ersten D1-Fahrzeuge montiert werden, täglich 150 Stück. DaimlerChrysler bastelt währenddessen am legendären Maybach, der für rund eine halbe Million Mark zu haben sein soll.

Die Verkäufe der D1-Limousinen müssen sich in den kommenden Jahren an denen des 7er BMW und der S-Klasse von Mercedes messen lassen. Woher angesichts des begrenzten Kundenkreises allerdings Zehntausende neuer D1-Käufer kommen sollen, bleibt vorerst Piëchs Geheimnis. »Es ist, als erwarteten die Konzernstrategen eine wundersame Vervielfachung von Multimillionären, die mit banalen Luxusautos der alten Art unglücklich sein werden«, kommentiert die *FAZ*.

⌒

Obwohl längst klar ist, dass die D1-Limousinen im Großen Garten vom Band laufen werden, stehen sich Befürworter und Gegner des Standorts bis heute unversöhnlich gegenüber. Die Wut sitzt tief bei denen, die sich bis zuletzt gewehrt haben: »Als uns Volkswagen überrollte, war das von langer Hand vorbereitet«, schimpft die Stadträtin Ostrowski. »Der Stadtrat wurde zur Zustimmung genötigt, als die eigentliche Entscheidung längst gefallen war.«

An dem VW-Chef lässt sie kein gutes Haar. »Herr Piëch blieb zwar im Hintergrund.« Der VW-Vorsitzende sei aber »mit erpresserischen Methoden gegen Dresden vorgegangen, indem er massiv vor der Entscheidung zu Gunsten eines anderen Standorts gewarnt hat«, urteilt die Bundestagsabgeordnete. »Piëchs unverhohlene Drohung« habe darin bestanden, »diesen Standort in Dresden oder keinen« zu wählen.

Der äußerst günstige Grundstückspreis für die Gläserne Fabrik stelle »eine Subventionierung gigantischen Ausmaßes dar«, kritisiert sie das Ergebnis der Preisverhandlungen. »Dabei musste sich Herr Piëch nicht einmal wie ein Gentleman verhalten. Die Stadträte der CDU und der SPD lagen ihm zu Füßen – genau wie unser Oberbürgermeister Herbert Wagner.«

Ein Kompliment allerdings macht die Dresdner Abgeordnete dem VW-Chef dann doch noch: »Herr Piëch hat äußerst klug agiert, indem er die Fäden im Hintergrund gezogen und andere die Arbeit erledigen lassen hat.« Aus Sicht des Konzerns könne »der Erwerb des Grundstücks weit unter Verkehrswert als sein Erfolg bewertet werden«. Allerdings sei »der Versuch von Herrn Piëch, eine weiße Weste zu behalten und seinen Ruf als Rambo-Manager nicht weiter zu belasten, leicht durchschaubar«. Ostrowskis Fraktionskollege Winfried Wolf sieht den VW-Vorsitzenden als einen Mann, »der von seiner Machtgier zerfressen wird«. In seinem Innern, so der PDS-Bundestagsabgeordnete, »strebt Piëch danach, dem französischen Sonnenkönig gleich zu sein – doch hat er weder die geistige Größe noch die Majestät eines Louis XIV.« Ganz im Gegenteil, meint der bekannte Verkehrsexperte: »Seine vermeintliche Erfolgsbilanz ist durch extreme Fehlschläge getrübt, wie nicht zuletzt sein Scheitern im Fall López oder beim Rolls-Royce-Deal nachdrücklich belegt – und die Gläserne Manufaktur belegen wird.«

Heftige Vorwürfe erhebt auch Ronald Weckesser gegen Oberbürgermeister Wagner, der sich »als verlängerter Arm von Herrn Piëch erwiesen« habe. Der Stadtrat kann sich des Eindrucks nicht erwehren, Volkswagen habe »alle Widerstände platt gemacht, indem der Konzern die Medien beeinflusst und die Politiker unter Druck gesetzt« habe. Natürlich sei es ausgesprochen begrüßenswert, wenn Volkswagen Arbeitsplätze schaffe. Aber »selbst Herr Piëch muss lernen, dass man mit Kommunen verhandeln muss und sich nicht wie ein Erpresser aufführen darf«. Harter Tobak, bedenkt man, dass der VW-Chef in Dresden allenfalls ein wenig die Muskeln hat spielen lassen.

Trio der Thronfolger

»So kommandierte Piëch den erfolgreichen Audi-Vorsteher Herbert Demel auf ein Himmelfahrtskommando nach Brasilien ab.«
Der »Stern« im Juni 1998

»Ich hatte immer eine freche Schnauze.«
Wendelin Wiedeking

»Und Verlierer Piëch konnte sein Gesicht wahren.«
»manager magazin« im Januar 2000

Helmut Kohl wusste sämtliche Königsmörder erfolgreich abzuwehren. Jürgen E. Schrempp hat mit Helmut Werner, Robert J. Eaton und Thomas T. Stallkamp die einzig ernst zu nehmenden Aspiranten auf den Vorstandsvorsitz aus dem Daimler-Konzern gedrängt. Spitzenpolitiker wie Topmanager verbindet eines: der ausgeprägte Machtinstinkt.
Wer nicht vom Thron gestoßen werden will, sorgt rechtzeitig vor. Auch Ferdinand Piëch ist ein Mann mit einem feinen Gespür für die Kronprinzen im Konzern. Seinen Nachfolger sucht er sich am liebsten selbst aus.

☞

Bereits im Juli 1997 hat Piëch den Konkurrenten nach Südamerika geschickt. Dort erfährt der neue Präsident der Volkswagen do Brasil, dass die brasilianische Automobilindustrie »absolut nicht wettbewerbsfähig« ist – VW mit eingeschlossen.
Auch ein Jahr später plagen Dr. Herbert Demel ernsthafte Sorgen in São Paulo. Während der VW-Vorsitzende für den Gesamtkonzern – dank der Seat- und Škoda-Erfolge – einen neuen Auslieferungsrekord anpeilt, muss Demel ein Desaster nach dem anderen hinnehmen. Denn durch die Hochzinspolitik, mittels deren die brasilianische Regierung ihre Wirtschaft gegen die Folgen der Asienkrise abschotten will, bricht Brasiliens Automarkt regelrecht zusammen. Marktführer Volkswagen treffen die ungünstigen Bedingungen besonders hart. Innerhalb eines Jahres sinkt der Marktanteil um knapp 10 Prozent auf ein Drittel.

Als »überraschende und große Veränderungen« kommentiert Demel die »extremen Schwankungen« von bis zu 40 Prozent des Absatzes. Gerade deshalb sei »Brasilien spannend«. Der Mann hat Stehvermögen.

☙

18. Januar 1999. Mit warmen Worten und beträchtlichem Popanz eröffnet Fernando Cardoso in São José dos Pinhais im brasilianischen Süden ein neues Werk der Volkswagen-Gruppe. Der in der öffentlichen Kritik stehende Staatspräsident nutzt die Gunst der Stunde, um vor den VW- und Audi-Managern, vor allem aber vor den zahlreich teilnehmenden Pressevertretern von der andauernden Wirtschaftskrise abzulenken. Streiks erschüttern die brasilianische Autoindustrie, Ford und GM wollen nahezu die Hälfte ihrer Beschäftigten entlassen. Da passt es ganz gut, dass Dr. Herbert Demel als Vertreter des größten Privatunternehmens des Landes die 1,3 Milliarden Mark teure neue Fabrik eröffnet. Demel fürchtet die Konkurrenz, Brasiliens Fahrzeugmarkt ist heute umkämpfter denn je. Immerhin 13 Autobauer wollen bis zum Jahr 2003 gut 15 Milliarden Dollar im Land investieren. Vor allem bei der Kompaktklasse konkurrieren die Konzerne. Allein die Kapazitäten des neuen VW-Werks würden ausreichen, die rund 200 000 Fahrzeuge zu fabrizieren. Keine leichte Aufgabe, selbst für einen Manager seines Kalibers.

☙

Sollte sich der VW-Vorsitzende getäuscht haben, als er Dr. Demel nach São Paulo verbannte? Dessen Leistung ist jedenfalls beachtlich. Energisch steuert Demel sein Ziel an »möglichst schnell die Wettbewerbsfähigkeit« wiederherzustellen.
»Die Erholung geht schneller, als wir erwartet haben«, gesteht denn auch Ferdinand Piëch im Mai 1999 ein: »Wir sind geradezu über die Klippe ins Meer gestürzt, kommen aber genauso schnell wieder hoch.« Damit der Kronprinz jedoch nicht zu aufmüpfig wird, lässt der Dämpfer für Demel nicht lange auf sich warten: Es werde »schwer sein, dort in diesem Jahr eine schwarze Null« zu schreiben.
Sollte Demel im fernen Brasilien das Unmögliche gelingen, würde der Supersanierer zu Recht an die Bürotür des Chefzimmers im 13. Stock des VW-Hochhauses klopfen. Wenn Piëchs zweite Amtsperiode endet,

könnte Demels erste beginnen. Noch aber mischen gleich zwei deutlich aussichtsreichere Kandidaten mächtig mit.

🚗

Der Mann gilt als frech, forsch und freundlich zugleich. Frech bei Interviews, forsch in seinen beruflichen Ambitionen und freundlich im Wesen, selbst wenn dem Westfalen zuweilen eine harte Schale nachgesagt wird. »Nicht umsonst hegt Piëch eine anerkannte Vorliebe für den Youngster der deutschen Auto-Motoren, den Porsche-Lenker Wendelin Wiedeking«, berichtet *auto motor sport.* »Und nicht umsonst ist Wiedeking einer der designierten Nachfolgekandidaten.«
Sollten Umsatz und Rendite stimmen und sollte sich Wiedeking öffentlich etwas mäßigen, dann könnte er Piëchs Thron besteigen.

🚗

»Wir reden unseren Standort kaputt«, klagt er über Schwierigkeiten im eigenen Land. Statt der Auslandsverlagerung von Autowerken fordert der Vorstandsvorsitzende eine »groß angelegte, strategisch in die Zukunft weisende Öffentlichkeitsarbeit« für den Standort Deutschland. Keine Unterstützung also für Piëchs Politik der Globalisierung.
»Ich halte Subventionen aus innerster Überzeugung für einen Irrweg der Wirtschaftspolitik«, verkündet er. Schließlich »reden wir bei der Automobilindustrie von einer reifen Industrie und in aller Regel von sehr finanzstarken Großkonzernen«. Deshalb verzichte er »auf jede Form der staatlichen Mitgift«. Diese Gelder würden »für Kindergärten, Schulen oder den Ausbau von Straßen« fehlen. Gelder für die Werksgründung in Leipzig lehnt er ebenso ab wie Fördermittel für andere. Keine Unterstützung also auch für Piëchs Politik staatlicher Subventionierung neuer Werksansiedlungen in Ostdeutschland.
»Dass bislang etwa zwei Drittel aller Fusionen gescheitert sind«, weiß er und warnt: »Mit einer Übernahme oder einer Fusion kann man am schnellsten einen Wachstumssprung erreichen.« Das erkläre vielleicht auch die »gegenwärtige Euphorie«. Wichtiger sei es, »aus eigener Kraft zu wachsen«. Das sei zwar »mühsamer, aber dafür auch dauerhafter«. Keine Unterstützung also für Piëchs Politik künstlichen Wachstums durch Übernahmen und Beteiligungen.

»Wenn Größe das entscheidende Kriterium wäre, müssten die Dinosaurier heute noch leben«, kritisiert Wendelin Wiedeking auch die Großmannssucht deutscher Automanager im Allgemeinen. Piëch namentlich nennen kann er nicht. Zumindest nicht, wenn er die Nachfolge des Wieners antreten will. Dass er das will, darf inzwischen sogar bezweifelt werden. Denn »der Vorteil von Porsche ist doch, dass wir zwar klein, aber enorm wendig sind«. Damit setzt er sich von den Jumbos der Branche wie DaimlerChrysler oder Volkswagen bewusst ab: »Auch die Dinosaurier sind seinerzeit immer größer geworden – und am Ende ausgestorben.« Sehr zum Missfallen des Hauses Piëch.

Zu offen hat er politische Entscheidungen zu Gunsten der Autoindustrie kritisiert, zu ehrlich Fehlentscheidungen in der Führung der Fahrzeugkonzerne angeprangert, zu wagemutig die Konfrontation mit seinen Kollegen in den Chefetagen gesucht. Wendelin Wiedeking ist keiner, der als VW-Chef die Anordnungen des Aufsichtsratsvorsitzenden kommentarlos ausführen und sich rückgratlos unterordnen würde.
Die Quittung folgt stande pede, auch Wiedeking ist nicht mehr im Rennen. Freimütig erklärt er, schon »immer eine freche Schnauze« gehabt zu haben. Und die erlaubt sich der Porsche-Chef bis heute. Dafür bleibt er nun außen vor, zum Vorteil eines anderen.

1. Juli 2000. Bernd Pischetsrieder wechselt die Fronten, der vormalige BMW-Vorsitzende wird VW-Vorstand unter Ferdinand Piëch. Für Pischetsrieder wird ein neues Vorstandsressort für Qualitätssicherung eingerichtet, zugleich überträgt ihm der Aufsichtsrat die Geschäftsleitung von Seat.
Samt Familie zieht der Bayer von der Isar an den Mittellandkanal. Viele, »die mich gut kennen«, werde dieser Schritt »wundern«, erklärt er kurz nach Bekanntwerden des Coups. Viele, die ihn und den Wiener wirklich kennen, wundern sich wenig. Denn Pischetsrieder und Piëch paktieren aus rein pragmatischen Gründen.

Sie haben sich gestritten und gekeilt, bekämpft und »bekriegt«. Piëchs kurzfristiger Sieg – Volkswagen fertigt bis 2002 Rolls-Royce-Fahrzeuge – ist mit seiner letztlichen Niederlage erkauft – BMW übernimmt 2003 die Namensrechte. Warum holt der VW-Vorsitzende ausgerechnet den Mann in seine Mannschaft, der ihm eine der empfindlichsten Niederlagen zugefügt hat? Dahinter verbirgt sich auch ein Stück Anerkennung. Denn sosehr Piëch eine verlorene Konfrontation schmerzt, so sehr achtet er die Stärke seines Gegners. Und einer, der es geschafft hat, ihm zu widerstehen oder ihm gar eine Niederlage beizubringen, steht bei ihm in Achtung und Ansehen ganz oben.

Zudem hat Pischetsrieder in der Stunde von Piëchs Niederlage Größe gezeigt und sich nicht »als Triumphator aufgespielt«, erklärt Frank Scholtys im *manager magazin* den Wechsel des BMW-Managers zu Volkswagen.

Die Claims sind millimetergenau abgesteckt: Der Wiener verpflichtet mit dem Münchner einen der profiliertesten und erfahrensten Automanager Europas. Bernd Pischetsrieder dagegen verbindet mit seinem neuen Amt mehr als nur die Aufgabe, VW-Rückrufaktionen zu organisieren oder nach den Werksbesuchen in Barcelona einige erholsame Urlaubstage an der Costa Brava zu verbringen.

»Ich will auch in Zukunft für das Bauen von Automobilen verantwortlich sein«, verkündet er. Was er nicht laut sagt, ist, dass er diese Aufgabe in Wolfsburg bald in rangoberster und nicht in untergeordneter Position auszuüben gedenkt. Vorerst aber muss der Qualitätsvorstand gute Arbeit leisten und sich Piëch unterordnen.

»Die Suche nach dem Thronfolger geht in die heiße Phase«, kommentiert die *Wirtschaftswoche*. Die Bewerber stehen Schlange. Mit Martin Winterkorn, Anwärter auf den Posten des Entwicklungsvorstands im Gesamtkonzern, wird das Trio zum quattro. Der VW-Markenvorstand ist als einer aus der Ingroup mit Piëch von Ingolstadt nach Wolfsburg gewechselt. Mann der »ersten Wahl« aber ist derjenige, dem der Wiener den größten Respekt zollt, der genauso machtorientiert und – aus taktischen Gründen – zur zeitlich befristeten Unterordnung bereit ist: Bernd Pischetsrieder.

Die Ära Piëch – eine Zwischenbilanz

»Ferdinand Piëch hat das Werk in der norddeutschen Tiefebene
wieder in den Olymp gehoben.«
»auto motor sport« über Piëchs Leistung

»Automarken kaufen, sammeln, wie Spielzeugautos,
sie dann paradieren lassen, die Industrie beherrschen.«
Rüdiger Liedtke über Piëchs Kauflust

»Ich will aufs Treppchen – und das möglichst schnell.«
*Ferdinand Piëch über sein Bestreben, VW zum drittgrößten
Fahrzeughersteller der Welt zu machen*

Seine Ausgangslage als neu gewählter VW-Vorstandsvorsitzender ist bestimmt durch die denkbar schlechte Hinterlassenschaft seines Vorgängers: Massive Einbrüche im Fahrzeuggeschäft, sinkende Umsatzerlöse
im In- und Ausland, ein stark verminderter Cash-flow und ein desaströ-
ses Jahresergebnis machen einen Stellenabbau in den deutschen wie den
ausländischen Werken unumgänglich. Die Erbschaft, die ihm Toni
Schmücker nach seinem Abgang 1981 hinterlassen hat, lastet schwer auf
seinen Schultern.
Im Wolfsburger Autoriesen schlummert beträchtliches Wachstumspotenzial, das es zu aktivieren gilt. Mittels einer konsequenten Konzernsanierung, einer innovativen Produkt- und offensiven Marktpolitik kann
die Unternehmensbilanz in den fünf Jahren seiner ersten Amtszeit nachhaltig aufgebessert werden.
Wohin aber hat Dr. Carl Horst Hahn die Volkswagen AG danach geführt?

🚗

Seine Ausgangslage als neu gewählter VW-Vorstandsvorsitzender ist bestimmt durch die denkbar schlechte Hinterlassenschaft seines Vorgängers: Massive Einbrüche im Fahrzeuggeschäft, sinkende Umsatzerlöse
im In- und Ausland, ein stark verminderter Cash-flow und ein desaströ-

ses Jahresergebnis machen einen Stellenabbau in den deutschen wie den ausländischen Werken unumgänglich. Die Erbschaft, die ihm Carl H. Hahn nach seinem Abgang 1992 hinterlassen hat, lastet schwer auf seinen Schultern.

Im Wolfsburger Autoriesen schlummert beträchtliches Wachstumspotenzial, das es zu aktivieren gilt. Mittels einer konsequenten Konzernsanierung, einer innovativen Produkt- und offensiven Marktpolitik kann die Unternehmensbilanz in den fünf Jahren seiner ersten Amtszeit nachhaltig aufgebessert werden.

Wohin aber wird Dr. Ferdinand Piëch die Volkswagen AG in den kommenden Jahren führen?

🚗

Selbstverständlich hat der Wiener 1993 eine noch schwierigere Ausgangslage zu meistern gehabt als sein Vorgänger, denn Hahns Erblast wiegt schwerer als die des Toni Schmücker. Dem 300-Millionen-Mark-Defizit im Jahr eins der Ära Hahn stehen Verluste von knapp zwei Milliarden Mark gegenüber, die Piëch abzubauen hat.

Dennoch sind die Parallelen beim Karrierenvergleich frappierend. Beide haben sie die Chance genutzt, die mit der katastrophalen Ausgangslage für sie selbst verbunden gewesen ist. Beide haben sie das Unternehmen mit Erfolg gegenüber der Konkurrenz positioniert. Für beide brechen in der zweiten Amtsperiode härtere Zeiten an, und zumindest Hahn muss am Ende eine Negativbilanz verbuchen. Piëch könnte ihm auch da folgen.

🚗

Seit seinem Amtsantritt im Januar 1993 schraubt der Wiener Umsatzerlöse wie Jahresergebnisse in bislang unerreichte Höhen. Mit Hahns dunkelroter Abschlussbilanz rutschte der Gesamtkonzern in eine tiefe Krise. Bereits 1994 kann Piëch 150 Millionen Mark im schwarzen Bereich bilanzieren, drei Jahre später wird mit 1,36 Milliarden Mark erstmals die Rekordmarke seines Vorgängers überschritten.

Zum Ende des Jahrhunderts kann Ferdinand Piëch für den Gesamtkonzern ein Umsatzvolumen vorweisen, das sich von 76,6 Milliarden Mark (1993) auf 147,0 Milliarden (1999) nahezu verdoppelt hat – Tendenz steigend. Beim Jahresergebnis ist es ihm im gleichen Zeitraum gelungen, bei fast gleichen Summen das Vorzeichen vom Negativen ins Positive zu verkehren: von einem Verlust von 1,94 Milliarden (1993) in einen Gewinn in Höhe von 1,65 Milliarden (1999). Durch Firmenkäufe, aber auch durch eigenes Wachstum bei gleichzeitiger Einführung der Viertagewoche konnte die Zahl der Beschäftigten von 253 000 auf 306 000 ausgeweitet und dabei Tausende neuer Stellen geschaffen werden. Hätte man 1999 eine Piëch-Gedenkmedaille geprägt, ihre Sonnenseite würde im Licht der Bilanzen erstrahlen.

Noch steigen die Umsatzerlöse. Doch rangieren die Umsatzzuwächse über denen des Ergebnisses. Die Zuwachsraten aber flachen sich drastisch ab – das Ende des Autobooms naht. Und kaum ein Konzern bekommt das deutlicher zu spüren als die Volkswagen AG. »Andere Hersteller haben weit besser abgeschnitten«, kommentiert Karl-Heinz Büschemann in der *Süddeutschen Zeitung*.
Tatsächlich türmen sich die Probleme bis zum 13. Stock des VW-Hochhauses: hohe Anlaufkosten für neue Modelle auf dem brasilianischen Markt, rund 600 Millionen Mark Ausfälle durch die Steuerreform, eine Rendite weit unter den selbst gesetzten Erwartungen, Pannen beim Audi TT, Absatzprobleme des Möchtegern-Kultcars New Beetle in Europa, der bevorstehende Verlust von Rolls-Royce – und, und, und.
»Die VW-Gewinnzahlen sähen noch schlechter aus, hätte der Konzern – verglichen zum Vorjahr – nicht über eine halbe Milliarde DM aus dem außerordentlichen Ergebnis mobilisiert«, moniert Karl-Heinz Büschemann. Angesichts des gedämpften Konjunkturverlaufs kommt der Automobilexperte der *Süddeutschen Zeitung* zum Ergebnis, »der Wettbewerb um Marktanteile wird noch härter«.
Würde man heute eine Piëch-Gedenkmedaille prägen, ihre Schattenseite würde von diesen dräuenden Defiziten verfinstert.

Frühjahr 2000. Das neue Jahrtausend beginnt mit schlechten Nachrichten: Bei verbesserter Geschäftslage im Ausland geht die inländische Fahrzeugauslieferung im Januar 2000 massiv zurück. Beim Toptrio VW Golf, Bora und Vento – allmonatlich deutsche Verkaufsspitzenreiter –

brechen die Absatzzahlen gegenüber dem Januar des Vorjahrs um 23,5 Prozent, beim VW Passat sogar um 43,3 Prozent ein.

Bei der Präsentation des 225-PS-Sport-Beetle gibt sich Piëch auf dem Genfer Automobilsalon dennoch optimistisch. Beide »Negativereignisse« – die drastischen Rückgänge beim Fahrzeugverkauf wie die unzureichenden Zuwächse beim Geschäftsergebnis – seien zeitlich befristet. Frohgemut verspricht der Konzernchef bessere Zeiten und dank der 40 Neuvorstellungen für 2000 weitere Rekorde: »Das holen wir dieses Jahr locker wieder rein«, frohlockt Piëch nach verbesserter Tagesbilanz im Februar.

⌛

April 2000. Aus Möhringen hört man derweil ganz andere Töne: »Nach den Fundamentaldaten – Ergebnis, Wachstum, strategische Möglichkeiten – schlagen wir uns besser als die Konkurrenz«, verkündet Jürgen E. Schrempp zufrieden. Im Vergleich zum Wiener kann der Freiburger deutlich höhere Zielmarken avisieren: Bis zum Jahr 2001 will Schrempp den Gewinn nach dem amerikanischen Bilanzierungssystem US-GAAP von 8,6 auf 12,5 Milliarden Euro um 50 Prozent steigern. »Gehen Sie davon aus, dass der Operating Profit wie der Umsatz wächst«, verkündet der Herr der Sterne und gibt eine Zielrichtung vor, von der der Boss der Beetles nur träumen kann: »Mit 10 Prozent Wachstum pro Jahr setzen wir derzeit den Maßstab.«

Nach GM und Ford ist DaimlerChrysler im Umsatz bereits heute die Nummer drei, mit der Mitsubishi-Beteiligung auch im Fahrzeugverkauf – deutlich vor dem Volkswagen-Konzern. Auf der Hauptversammlung in Berlin gibt der DaimlerChrysler-Chef seine Zielrichtung vor: »Wir wollen die Nummer eins in der Automobilindustrie werden.«

Wer Piëchs brennenden Ehrgeiz kennt, weiß, wie sehr ihn diese Worte treffen.

⌛

Die Bewertung der Piëchschen Taten und Erfolge bleibt ambivalent. »Sein Drang, in die Automobilgeschichte einzugehen, ist unverkennbar«, beurteilt Autojournalist Rudolf Skarics die Erfolge seines Landmanns, »und er hat es sich schon längst verdient.« Und dennoch wird er eines nie erreichen: Immer und ewig wird er im Schatten seines berühmten Großvaters Ferdinand Porsche stehen.

☞

Der seit der Nachkriegszeit sechste Vorstandsvorsitzende der Volkswagen AG kann schon jetzt auf die drittlängste Amtsperiode zurückblicken: Lediglich Heinrich Nordhoff, von 1948 bis 1968 Regent im Reich der Käfer, und Carl Hahn, von 1982 bis 1992 immerhin ein gutes Jahrzehnt im Amt, konnten sich länger als Ferdinand Piëch an der Konzernspitze halten. Mittlerweile hat der Wiener selbst Toni Schmücker überrundet, der die Geschicke der Volkswagen AG von 1975 bis 1981 gelenkt hat. Kurt Lotz (1968–1971) und Rudolf Leiding (1971–1975) gaben jeweils nur ein drei- beziehungsweise vierjähriges Gastspiel.

Am 31. Dezember 2002 endet Piëchs Amtszeit. Er erreicht sein 65. Lebensjahr und scheidet aus dem VW-Vorstand aus. Was wird er dann tun? Kann Ferdinand Piëch von der Macht lassen, die er über andere ausübt und die ihn selbst gefangen hält? Oder wechselt er in den Aufsichtsrat? Will er gar Klaus Liesen als Vorsitzenden des Kontrollgremiums ablösen, um die Geschäftspolitik weiterhin maßgeblich zu beeinflussen?

☞

»Dieser Mann hätte nie VW-Chef werden dürfen«, hat Stefan Baron, Chefredakteur der *Wirtschaftswoche,* unter dem Eindruck des López-Skandals im August 1993 geschrieben. Wegen seines Charakters und seiner Personalentscheidungen ist der Mann mit der sanften Stimme und dem bedächtigen Auftreten gefürchtet. Wegen seiner wirtschaftlichen Erfolge – vor allem in seiner ersten Amtsperiode – ist der Turbokapitalist geachtet. Doch zu Beginn des neuen Jahrtausends hat das Bild vom hypererfolgreichen Topmanager unübersehbare Risse bekommen. Falls sich die Aufsichtsräte Piëchs Willen nicht widersetzen – was sie wohl weder können noch beabsichtigen –, wird man in nicht allzu ferner Zukunft vielleicht ergänzend zu Baron sagen: »Und dieser Mann hätte nie und nimmer VW-Aufsichtsratsvorsitzender werden dürfen.« Dann allerdings wird es wieder einmal zu spät sein.

☞

In den vergangenen Jahren haben die Volkswagen-Aufsichtsräte auch kapitale Eigentore des VW-Vorstands abgesegnet. Wenn der Wiener mit seinem Chefsessel vom Vorstand in den Aufsichtsrat umzieht, würden sie ihren womöglich größten Fehler begehen.

Als alte und zugleich neue Schlüsselfigur könnte er dann dafür sorgen, dass die von ihm zu verantwortenden Fehlentscheidungen weder aufgeklärt noch rückgängig gemacht werden und die Geschäftspolitik wie gehabt fortgeführt wird: von der Personalpolitik über den Kannibalismus der Konzerntöchter, das Rolls-Royce-Debakel bis hin zum Einstieg des Massenproduzenten Volkswagen in die Luxusklasse der 555-PS-Boliden. Um sein Lebenswerk zu sichern, könnte ein Aufsichtsratsvorsitzender Piëch die dringend notwendigen Reformen verhindern und in der Folge den Konzern Milliarden kosten. Nicht zuletzt der Fall López sollte allen Beteiligten eindringlich vor Augen führen, wie weit dieser Mann zu gehen bereit ist, wenn er es im Sinn der Sache für notwendig hält.

＊

Seine Visionen sind in Glas gebaut. Die Glastürme der Autostadt, die Gläserne Manufaktur in Dresden – Symbole des aufstrebenden VW-Konzerns und seines erfolgshungrigen Vorstandsvorsitzenden. Doch Erfolg und Misserfolg, Mut und Übermut, Vision und Wirklichkeit liegen bekanntlich nah beieinander. Und Glas zerbricht schneller, als einem Visionär lieb sein kann.

Was, wenn die Besuchermassen in den Jahren nach der Expo ausbleiben? Schließlich ist Wolfsburg nicht gerade eine europäische Metropole. Was, wenn der Konkurrenzkampf um die Vorherrschaft im Segment der Luxuslimousinen gegen DaimlerChrysler verloren geht? Schließlich ist VW in erster Linie ein Massenproduzent, das wird sich nicht so leicht überschminken lassen. Was, wenn die Kunden in Zukunft – wie von den meisten Autokonzernen erwartet – ihr Auto lieber via Internet kaufen? Wie stehen dann Piëchs gläserne Denkmäler da?

Die Scherben werden andere für ihn zusammenkehren müssen.

＊

Gleichgültig wie der neue VW-Vorsitzende heißen wird, eines ist ihm gewiss: Er wird sich dem Diktat des neuen Aufsichtsratsvorsitzenden beugen und – Aktion Sündenbock lässt grüßen – seinen Kopf für die Fehler des Vorgängers hinhalten müssen. Und sollte er die Probleme seines Vorgängers nicht lösen können, dann wird es ihm wohl kaum besser ergehen als Franz-Josef Kortüm, den der vom Audi-Vorsitzenden zum Aufsichtsratschef gewechselte Piëch nach 13 Monaten dankend freigestellt hat.

Seinen Ruf hat sich der Wiener in jahrelanger »Kriegs«führung erarbeitet: vom »Rottweiler der Motorwelt« *(Financial Times)* bis zum »streitsüchtigen Straßenkämpfer« *(Business Week)*. Mittlerweile aber gibt sich der Konzernchef bei seinen öffentlichen Auftritten gelassener. »Ist der Rottweiler zahm geworden?«, fragt die *Financial Times* sichtlich irritiert. Nein, zahm geworden ist Piëch noch lange nicht. Allenfalls älter. Das aber mindert keinesfalls die Gefahr, dass der »Rottweiler« erneut zubeißt.

Ende der Achtzigerjahre hat Piëch seine Hobbys benannt: »Segeln, alles rund ums Fliegen und die Flugzeugindustrie.« Ein Objekt, das ihm noch mehr Spaß bereite als ein Auto, sei ein Flugzeug. »Vielleicht ergibt sich einmal die Gelegenheit«, eines zu bauen.

Bis heute hat er zumindest den einen Gedanken nicht aufgegeben: »Mit meiner Familie segeln«, antwortet er 1999 auf die Frage, was er nach seiner Vorsitzendentätigkeit im Jahr 2003 plane. Und das »einmal um die Welt. Das ist ein alter Traum von mir.«

Aber ist Piëch wirklich fähig, sich von der Macht zu befreien? Sollte ihm dies gelingen, dann wird der Global Player zum Globetrotter. Zweifelsohne ein attraktiver Traum.

Nachwort: Kalte Kommunikation

>»Wir dürfen uns für Ihr Angebot bedanken, sehen uns aber
nicht in der Lage, es in Anspruch zu nehmen.«
>*Schreiben von Kurt Rippholz und Günther Scherelis zum*
>*Gesprächsangebot an Ferdinand Piëch*

>»Was er allenfalls zeigt, das ist sein Desinteresse an einer
kontroversen öffentlichen Auseinandersetzung.«
>*Norbert Cultus über Ferdinand Piëch*

>»Wir haben fast körperliche Angst vor dem.«
>*Ferry Porsche über Ferdinand Piëch*

Der Einstieg ist kommunikativ. Beim Stuttgarter Symposium zur Aufar-
beitung der Zwangsarbeiterproblematik im März 1999 zeigt sich Dr.
Manfred Grieger gesprächsbereit, vermittelt Kontakte, nimmt sich wäh-
rend des Essens in einer nahe gelegenen Gaststätte Zeit zur Abklärung
von Kooperationsmöglichkeiten. Meine Anfrage zum Besuch des VW-
Archivs, das unter seiner Leitung aufgebaut wird, beantwortet der in
Diensten der Volkswagen AG stehende Historiker grundsätzlich positiv.
Rasch ist ein Termin für den Besuch im Unternehmensarchiv vereinbart.
Ein geselliger Presseabend in »Angie's Night Club« am Vorabend der
Hauptversammlung im Juni, die Betreuung durch die Kommunikations-
abteilung auf der Hamburger Aktionärsversammlung – alles ist vorbild-
lich organisiert. Seit längerem ist für den folgenden Tag eine Archivbege-
hung mit Dr. Manfred Grieger vereinbart. Zudem eröffnet sich in der
Hansestadt ein weiterer viel versprechender Kontakt: Ein Vertreter der
VW-Kommunikation will versuchen, mir Treffen mit Managern und
Vorständen zu vermitteln. So funktioniert fürsorgliche Betreuung.

🚗

Noch in Hamburg sagt Grieger ab. Erst im Spätherbst sei eine Archiv-
begehung möglich, die Aufbauarbeiten seien noch voll im Gange, die

wenigen Termine bereits vergeben. Das Treffen kommt, trotz wiederholten Nachhakens, nie zu Stande.

Auch der hilfsbereite Herr von der Unternehmenskommunikat klingt bei Telefonaten wenig später plötzlich ganz anders. Meinen Wunsch nach einem Kontakt zu Dr. Jens Neumann, als Vorstandsmitglied zuständig für die weltweite Konzernstrategie, jedenfalls kann er nicht erfüllen.

⌬

Brennend interessiert mich die Frage, wie der Globalisierungsprozess in den Auslandswerken von Volkswagen und DaimlerChrysler vonstatten geht. Auf der Hauptversammlung wurde mir Unterstützung zur Besichtigung der Produktionsstätten des New Beetle in Mexiko in Aussicht gestellt. Auch bei DaimlerChrysler frage ich nach. Innerhalb kürzester Zeit organisiert das Team um den Pressechef Dr. Christoph Walther ein Besuchsprogramm in der zweiten Augustwoche. Volkswagen lässt sich Zeit.

Ende Juni hake ich schriftlich nach und teile den Termin von DaimlerChrysler mit, um Überschneidungen vorzubeugen. Auf dem Reisebüro ist schon alles vorbesprochen. Dann die Ernüchterung: »Leider sehen wir keine Möglichkeiten, Ihren Mexiko-Besuch bei DaimlerChrysler ex Wolfsburg oder in Puebla zu unterstützen«, schreibt Günther Scherelis und endet mit dem Satz: »Wir bedauern, Ihnen keine andere Nachricht geben zu können.«

Wer ist das, der hier eine so verschwiegene Kommunikationspolitik betreibt? – Dass Ferdinand Piëch mehr und mehr in den Mittelpunkt meiner Recherchen gerückt ist, hat er sich selbst oder seinem Beraterstab zu verdanken. Für mich als Autor, wie sich herausstellen sollte, eine interessante Aufgabe – verbunden mit intensiver Reisetätigkeit im In- und Ausland.

⌬

14. September 1999. Können Sekunden einen bleibenden Eindruck hinterlassen? Was verrät der erste persönliche Kontakt mit einem Menschen?

Als ich Ferdinand Piëch auf der IAA im Heer der Journalisten begrüße, ihm die Hand schüttle, mich kurz vorstelle, ihm das laufende Buchprojekt beschreibe, lächelt er wie verlegen. Er schaut mir nicht in die Augen, fällt mir auf. Ich überreiche meine Visitenkarte, dann ist alles vorbei. »Herr Grässlin, wir kennen das Projekt. Wir kommen auf Sie zu«, schreitet die Presseabteilung ein.

☙

Keine zehn Tage später kommt der nächste Blocker: »Da der publizistische wie wissenschaftliche Status Ihres Projekts nicht zu evaluieren ist«, so die schriftliche Rückmeldung der Herren Grieger und Graef, »müssen wir nach einschlägiger Entscheidung auf unserer Seite auf eine Kooperation verzichten.« Weshalb diese Abschottung?
»Alles, was sein Ziel gefährdet, im Jahre 2001 Aufsichtsratschef zu werden, wird als gefährlich eingestuft«, analysiert ein Volkswagen-Kenner. Deshalb »unternimmt Piëch alles, um zu verhindern, dass vorher etwas Kritisches hochkommt«. Der Informant will sogar gehört haben, »dass jeder, der mit Grässlin zusammenarbeitet, einen Kopf kürzer gemacht wird«. So die vertrauliche Mitteilung Ende September 1999.

☙

Jetzt bleibt nur noch der Weg, schriftlich zu dem Vorstandsvorsitzenden in Kontakt zu treten. In einem an ihn persönlich adressierten Brief verweise ich auf unsere kurze Begegnung auf der IAA und auf die positiven Erfahrungen der Gespräche mit Jürgen E. Schrempp. Der Daimler-Vorsitzende, so mein Hinweis, habe »die Gelegenheit zur Kommunikation intensiv genutzt und sich zu fünf Treffen – zumeist unter vier Augen – bereit erklärt. Dabei habe ich ihm die entsprechenden Fragen gestellt und die an ihn gerichteten Aussagen mitgeteilt, um ihm Gelegenheit zur Gegenargumentation bzw. zur Klärung zu geben.« Meine Zielsetzung ist, »eine verbale Auseinandersetzung wie im Falle des Buches von Frau Rita Stiens« zu vermeiden.
Im Oktober 1999 hatte die Autorin auf der Frankfurter Buchmesse ihre lesenswerte Biografie *Ferdinand Piëch. Der Auto-Macher* vorgestellt. Volkswagen reagierte prompt: »Grob fehlerhaft«, eine »Fälschung«, die »Kompilation mehrfach zitierter Sekundärquellen«, lauteten einige der bitterbösen Unterstellungen.

☙

Ferdinand Piëch delegiert. Bereits wenige Tage später antworten Kurt Rippholz und Günther Scherelis »zuständigkeitshalber« auf meinen Brief: »Ein vergleichbarer Angang liegt außerhalb unserer publizistischen Usancen, die sich um sachbezogene Information gegenüber den für eine Aktiengesellschaft relevanten Zielgruppen bemühen.« Nein, das ist kein Übertragungsfehler, sondern die moderne Form von Mitteilungen aus dem Hause Volkswagen. Aus diesem Grund dürfen »wir uns für Ihr Angebot bedanken, sehen uns aber nicht in der Lage, es in Anspruch zu nehmen«.

Ich kann mich des Eindrucks nicht erwehren, dass hier mehrere Dinge zusammenkommen: Daimler-Chef Schrempp ist im Hause Piëch höchst unbeliebt, der Name Stiens steht für unziemliches Verhalten, und ohne Fremdwörterlexikon ist die Kommunikation mit der VW-Kommunikationsabteilung von vornherein zum Scheitern verurteilt.

Neues Jahrtausend, neues Glück? Unverdrossen unternehme ich einen letzten Anlauf. »Ich habe mittlerweile meine Recherchen nahezu abgeschlossen, in deren Rahmen ich mehr als 80 Interviews Ihre Person betreffend geführt habe«, schreibe ich im Februar 2000 an Ferdinand Piëch. »Noch bin ich mit der Formulierung der Texte beschäftigt, so dass durchaus Gelegenheit bestünde, Ihre Aussagen, Stellungnahmen oder Meinung mit einzubeziehen.« In dem Managerprofil werden sich, so meine Ankündigung, »sowohl würdigende als auch kritische Bemerkungen finden«. Dabei »erscheint es durchaus vorstellbar, dass Sie selbst Ihre eigenen Entscheidungen als Vorstandsmitglied bzw. Vorsitzender der Audi AG bzw. der Volkswagen AG anders beurteilen als beispielsweise neutrale Beobachter oder davon betroffene Personen. Gerne möchte ich Ihnen Gelegenheit geben, geschilderten Sachverhalten bzw. geäußerter Kritik mit inhaltlichen Argumenten entgegenzutreten oder Ihre Sicht der Geschehnisse darzustellen.«

Auch dieses Gesprächsangebot hätte ich mir sparen können. »Wie wir Ihnen bereits dargestellt haben, kann es nicht im betrieblichen Interesse eines Unternehmens liegen, literarische Werke, die außerhalb der Berichterstattungsaufgaben einer Aktiengesellschaft liegen, zu fördern«, begründen Rippholz und Scherelis Piëchs Position und ergänzen: »Dass die

Fachöffentlichkeit unsere Auffassung teilt, hat sich zuletzt an der Reaktion auf eine andere ›kalt geschriebene‹ Biografie gezeigt.
Mit freundlichen Grüßen, Ihre Volkswagen Kommunikation.«
Wenig später meldet sich einer meiner Informanten. Ihm sei geraten worden, keinesfalls mit dem Autor der Biografie über Ferdinand Piëch zu sprechen.

🚗

»Der Mann ist völlig emotionslos – er grinst kaum, noch zeigt er seinen Ärger«, schildert der weithin bekannte Aktionär das Auftreten des VW-Vorsitzenden auf den Hauptversammlungen. »Es ist, als ob er sich hinter einer Maske verstecken würde«, ergänzt Norbert Cultus, der den Eindruck gewonnen hat: »Piëch ist eiskalt, ihm geht es nur um das Geschäft.«
Der Berliner kann auf durchaus positive Kontakte mit VW-Vorstand Dr. Jens Neumann zurückblicken. Der Strategie-Vorstand »ist ein völlig anderer Typ als Ferdinand Piëch: Er ist offener, zeigt Emotionen und geht auf seine Mitmenschen zu«. Im Gegensatz dazu sei das Verhalten des Wieners gekennzeichnet vom »Desinteresse an einer kontroversen öffentlichen Auseinandersetzung«.
Tatsächlich scheint der Mann nicht nur unwillig, sondern einfach nicht dazu fähig. Bisher meidet er den Dialog mit externen Kritikern wie der Teufel das Weihwasser. Der Techniker fühlt sich dort sicher, wo er seine Macht über Untergebene ausüben kann, dort nämlich, wo sie sich nicht trauen, ihm zu widersprechen. Innerhalb des Unternehmens weiß er Konflikte auf seine Weise zu regeln.

🚗

Es käme einer Sensation gleich, wenn sich Ferdinand Piëch vor laufender Kamera in einem Streitgespräch mit den Fragen seiner Kritiker auseinander setzen würde. Was von jedem Politiker erwartet wird, scheint diesem Mann unmöglich zu sein. Hat er nie gelernt, Meinungsverschiedenheiten auszudiskutieren? Mangelt es ihm an Selbstbewusstsein? Oder ist er so arrogant zu glauben, der Hochadel von Volkswagen habe es nicht nötig, sich mit dem Volk auseinander zu setzen?
Ferdinand Piëch mag denken, er verhalte sich klug, wenn er sich der Dis-

kussion entzieht. Die Erfahrung lehrt anderes. Auf Anraten seines Kommunikationsberaters Detmar Grosse-Leege hat Jürgen E. Schrempp seinerzeit das Angebot zum Dialog genutzt – hat seine Argumente eingebracht, seine Position vertreten, Aussagen der Kritiker kommentiert und zuweilen widerlegt. Davon profitiert in allererster Linie er selbst, denn die Leser meines Schrempp-Porträts können Argument und Gegenargument abwägen.

Diesem Buch liegen 86 Interviews mit Gesprächspartnern im In- und Ausland zu Grunde. In einer Zahl und Vehemenz wie bei keinem anderen meiner bisherigen Bücher haben Informanten darauf bestanden, dass ihr Name keinesfalls genannt werden dürfe. Selbst die Umschreibung ihrer heutigen oder – im Falle ihres unfreiwilligen Ausscheidens – früheren Tätigkeit im Volkswagen-Konzern sollte nur äußerst diffus erfolgen. Mehrere Gesprächspartner haben ein Treffen von der Zusicherung völliger Vertraulichkeit abhängig gemacht.

Die Zeiten vom November 1993, als eine Gruppe von VW-Managern anonym an den Aufsichtsratsvorsitzenden geschrieben und Klaus Liesen um Hilfe gebeten hat, sind passé. Schon deshalb, weil Piëch seinen extremistischen Kurs bis zum – für viele bitteren – Ende durchgezogen hat. Dennoch erinnern mich die Unsicherheiten und Ängste meiner Informanten an die damalige Situation. Ferry Porsche hat einmal von der »fast körperlichen Angst« vor Ferdinand Piëch gesprochen. Genau die war nicht wenigen meiner Gesprächspartner anzumerken – obwohl der Wiener natürlich nie bei einem dieser Gespräche zugegen gewesen ist.

Das überraschte mich anfangs insofern, als ich solche Situationen bislang nur von meinen Recherchen über die deutsche Rüstungsindustrie her kannte. Bei der Arbeit für ein Buch über Volkswagen und Ferdinand Piëch hatte ich nicht erwartet, auf ein solches Klima der Angst zu treffen. Inzwischen, nach vielen Gesprächen und vielfach bestätigten Informationen, von denen nicht alle in diesem Buch wiedergegeben werden können, finde ich die Sorgen und Ängste meiner Gesprächspartner verständlich, wenn nicht gar berechtigt. Allein was mir während der Recherchen zu diesem Buch über die Überwachungsmethoden bei und durch Volkswagen zu Ohren gekommen ist, lässt jede nur erdenkliche Vorsicht geraten erscheinen.

Biografien werden verfasst mit oder ohne Einwilligung der behandelten Person. Welche Variante erhellender ist, hängt ganz und gar davon ab, ob der Beschriebene bereit ist, seinen Lebensweg in der gebotenen Offenheit darzustellen und zu erläutern. Nur wenn er Licht *und* Schatten schildert, wenn er seine Stärken darstellt *und* Schwächen einräumt, Handlungsweisen verständlich macht *und* Fehler eingesteht, Erfolge *und* Misserfolge begründet und dabei eigene Leistungen von günstigen Rahmenbedingungen unterscheiden kann – nur dann bringt die Mitwirkung des Porträtierten einen echten Gewinn. Oder wenn er zulässt, dass seine eigene Darstellung kontrastiert wird mit den Meinungen und Erfahrungen, die andere mit ihm gemacht haben.

Häufiger wohl als jeder andere Topmanager der Autoindustrie steht Ferdinand Piëch zu Interviews bereit. In den letzten Jahren vor allem dann, wenn die Weiterentwicklung von Fahrzeugmodellen, neue Motorentypen, verbesserte Materialien, technische Finessen oder neue Unternehmensstrategien der Öffentlichkeit präsentiert werden sollten. Dann liest ihm eine Heerschar von Motorjournalisten jedes Wort von den Lippen ab. Kritischen Fragen weiß der Wiener für gewöhnlich geschickt auszuweichen. Wie wären seine Antworten auf die in diesem Buch aufgeworfenen Fragen ausgefallen?

Aufgabe einer Biografie ist es, den Porträtierten in all seinen Facetten zu zeigen – seine Prägungen, Beweggründe, Erfahrungen, Ziele und Methoden in positiven wie in negativen Aspekten zu beleuchten.

Hierzu hoffe ich einen Beitrag geleistet zu haben.

Freiburg, im Juni 2000
Jürgen Grässlin

388

Dank

Auch dieses Buch hätte nicht ohne die Unterstützung meiner Frau Eva entstehen können. Nicht nur, dass sie sämtliche Texte gegengelesen, wichtige Tipps und Anregungen gegeben sowie zahlreiche Verbesserungsvorschläge gemacht hat. Zugleich hat sie den Haushalt gemanagt und sich intensiv um die weiteren – in diesen Monaten besonders vielfältigen – Verpflichtungen gekümmert. An sie geht mein ganz besonders liebevolles Dankeschön.

Unseren Kindern Sandra und Philipp sei ein weiteres Mal für ihre Geduld, ihr Verständnis und ihre Mithilfe gedankt.

Ein herzliches Dankeschön gilt auch unseren Freunden: Alex für das Gegenlesen der Texte und den fachlichen Rat fast rund um die Uhr, Holger für die kompetente Beratung, Traudel für die wiederholt erwiesene Gastfreundschaft, Hermann für die Vermittlung, Martin und Sönke für die fortwährende Unterstützung bei der Informationsbeschaffung.

Zeittafel: Tabellarischer Lebenslauf Dr. techn. h.c. Dipl.-Ing. ETH Ferdinand Piëch

Kindheit, Jugend, Berufsausbildung (1937–1962)

17. April 1937	Ferdinand Piëch wird als Sohn des Rechtsanwalts Dr. Anton Piëch und der Mutter Louise, geb. Porsche, in Wien geboren. Er besucht die Grund- und Hauptschule in Zell am See und für zwei Jahre eine Salzburger Realschule.
1952	Beginn der Schulausbildung am Internat in Zuoz (Oberengadin), Abschluss mit der Matura.
1962	Nach acht Semestern Abschluss seines Studiums an der Eidgenössischen Technischen Hochschule (ETH) Zürich als Dipl.-Ing. ETH.

Porsche KG, Stuttgart (1963–1972)

1. April 1963	Beginn der beruflichen Laufbahn als Sachbearbeiter im Motorenversuch der Dr.-Ing. h.c. F. Porsche KG in Stuttgart. Übernahme der Versuchsleitung (1966) und später der Entwicklungsleitung (1968).
1. April 1971	Piëch wird zum Technischen Geschäftsführer der Porsche KG berufen.
1. März 1972	Gemäß dem Beschluss von Ferry Porsche ziehen sich alle zehn Familienmitglieder aus dem operativen Geschäft zurück. Piëch verlässt das Unternehmen.

Tätigkeit als freier Ingenieur, Stuttgart (1972)

1972   Piëch arbeitet als freier Ingenieur, u. a. Beteiligung am Projekt eines Fünfzylinder-Dieselmotors für die Daimler-Benz AG.

Audi NSU Auto Union AG, heute Audi AG, Ingolstadt (1972–1993)

1. August 1972   Eintritt in die Audi NSU Auto Union AG als Hauptabteilungsleiter für Sonderaufgaben der Technischen Entwicklung. Aufstieg zum Bereichsleiter für den Gesamtversuch (1973) und zum Leiter der Technischen Entwicklung (1974).

1. August 1975   Übernahme der Leitung des Geschäftsbereichs Technische Entwicklung im Audi-Vorstand. Zu seinen bedeutenden Entwicklungen und Neueinführungen zählen u. a. 5-Zylinder-Ottomotor, permanenter Allradantrieb, TDI-Antrieb, Sicherheits-Leichtbauweise und vollverzinkte Ganzstahl-Karosserie.

1. September 1983   Berufung zum stellvertretenden Vorstandsvorsitzenden.

25. November 1987   Nachdem Piëch im März des Jahres bei der Wahl zum neuen Audi-Vorsitzenden durchgefallen ist, droht er, das Unternehmen zu verlassen. Unter dem Druck beendet der Aufsichtsrat die Amtszeit von Wolfgang R. Habbel vorzeitig und bestimmt P. in der zweiten Abstimmung zum kommenden Audi-Chef.

1. Januar 1988   Beginn der fünfjährigen Amtszeit als Audi-Vorsitzender.

Geschäftsjahr 1991	Mit dem besten Ergebnis in der Audi-Firmengeschichte unterstreicht Piëch seine Anwärterschaft auf die Nachfolge des VW-Vorsitzenden Carl H. Hahn.
10. April 1992	Der VW-Aufsichtsrat wählt Piëch zum nächsten Vorsitzenden der Volkswagen AG. Mit sofortiger Wirkung wird er zum VW-Vorstand berufen.

Volkswagen AG, Wolfsburg (1993 bis heute)

1. Januar 1993	Beginn der fünfjährigen Amtszeit von Piëch als VW-Vorsitzender, Daniel Goeudevert wird sein Stellvertreter.
16. März 1993	Auf Piëchs Betreiben wird José Ignacio López de Arriortúa von General Motors (GM) als VW-Beschaffungsvorstand verpflichtet. Dessen vermeintliche Industriespionage und P.s Rückendeckung führen VW in die tiefste Krise der Nachkriegszeit.
28. Juli 1993	Auf einer weltweit viel beachteten Pressekonferenz stellt sich Piëch in Wolfsburg demonstrativ hinter López und erklärt GM/Opel den »Krieg«. Es folgen langjährige rechtliche Auseinandersetzungen.
31. Juli 1993	Daniel Goeudevert scheidet als stellvertretender VW-Vorsitzender aus dem Amt.
1. Januar 1994	Mit der Viertagewoche wird unter Piëch ein revolutionäres Arbeitszeitmodell eingeführt. Dank täglicher Arbeitszeitverkürzung und Reduzierung der Wochenarbeitszeit von 36 auf 28,5 Stunden werden Kosteneinsparungen von bis zu 20% erzielt und Arbeitsplatzgarantien für anfangs zwei Jahre gewährt.

29. November 1996	Das Ausscheiden von José Ignacio López aus dem VW-Vorstand schafft die Voraussetzung für die Beilegung des Rechtsstreits mit GM. Piëch übernimmt dessen Vorstandsbereich Produktionsoptimierung und Beschaffung.
10. Januar 1997	Außergerichtliche Einigung mit GM. »Als moralischer Sieger verlässt General Motors die Arena« *(Börsen Zeitung)*, VW zahlt 100 Millionen Dollar und kauft bei GM Ersatzteile für eine Milliarde Dollar.
21. März 1997	Der Aufsichtsrat verlängert Piëchs Vertrag als VW-Vorsitzender, der zum Jahresende ausgelaufen wäre, um weitere fünf Jahre bis zum 31. Dezember 2002.
Anfang 1998	Unter der Führung von Karel van Miert verhängt die EU-Kommission die höchste Geldbuße ihrer Geschichte: VW muss 202 Millionen DM Strafe dafür zahlen, dass der Konzern Mitte der Neunzigerjahre Kaufinteressierte behindert und damit gegen EU-Wettbewerbsregeln verstoßen hat. Piëch beklagt, es handle sich um eine »politische Strafe«.
28. Juli 1998	Zu einem überteuerten Preis von 1,44 Mrd. DM erwirbt Piëch die Rechte für Rolls-Royce und Bentley, muss jedoch die Übertragung der RR-Namensrechte bis Ende 2002 an BMW akzeptieren.
1998	Mit den Übernahmen der Bugatti International S.A. Holding (im Sommer) und der Lamborghini SpA (im Herbst) setzt Piëch seine Zukunftsstrategie fort.

1999	Für ein Jahr wird Piëch zum Präsidenten des Verbands der europäischen Automobilhersteller (ACEA) gewählt und nimmt mit Unterstützung von Bundeskanzler Gerhard Schröder maßgeblich Einfluss auf die Umweltminister der 15 EU-Staaten zur Entschärfung der Altautoverordnung.
20. Mai 1999	In Barcelona unterzeichnet Piëch mit dem Vorstand und Betriebsräten den Gründungsvertrag für den VW-Weltbetriebsrat.
2000	Ende des Jahres sollen 90% der gesamten VW-Fahrzeugfertigung auf vier Basisplattformen erfolgen, damit weitere Kosten minimiert, Lagerproduktion und lange Lieferzeiten vermieden werden. Zu Piëchs Innovationen zählen 3-Liter-Autos, der verstärkte Einbau von leichten Werkstoffen im Automobilbau sowie die Entwicklung von W-12- und W-18-Zylinder-Ottomotoren.
27. März 2000	Nach dem EU-Verbot einer Fusion von Volvo und Scania erwirbt Piëch den schwedischen Nutzfahrzeughersteller Scania und schließt damit eine entscheidende Lücke in seiner Produktionskette.
23. Mai 2000	Auf der Hauptversammlung kann Piëch für den Gesamtkonzern neue Rekordzahlen für 1999 verkünden: 4,92 Millionen verkaufte Fahrzeuge, 147 Mrd. DM Umsatz, 1,65 Mrd. DM Gewinn. Das Jahresergebnis ist jedoch gegenüber 1998 um 26,4% rückläufig.
31. Dezember 2002	Piëchs zweite Amtsperiode als VW-Vorsitzender endet.

Literaturverzeichnis

Drosdek, Andreas: *Der Samurai-Faktor. Durch Chaosmanagement aus der Krise,* Frankfurt / Main 1995

Etzold, Hans-Rüdiger, Ewald Rother und Thomas Erdmann: *Im Zeichen der vier Ringe 1945--968, Band II,* Bielefeld 1995

Geschäftsberichte Audi AG, Ingolstadt 1980 bis 1999

Geschäftsberichte Volkswagen AG, Wolfsburg 1986 bis 1999

Goeudevert, Daniel: *Wie ein Vogel im Aquarium. Aus dem Leben eines Managers,* Berlin 1996

Goeudevert, Daniel: *Mit Träumen beginnt die Realität. Aus dem Leben eines Europäers,* Berlin 1999

Grässlin, Jürgen: *Daimler-Benz. Der Konzern und seine Republik,* München 1995

Grässlin, Jürgen: *Jürgen E. Schrempp. Der Herr der Sterne,* München Neuausgabe 2000

Hartz, Peter: *Das atmende Unternehmen. Jeder Arbeitsplatz hat einen Kunden,* Frankfurt/Main und Wolfsburg 1996

Herles, Wolfgang: *Die Machtspieler. Hinter den Kulissen großer Konzerne,* Düsseldorf 1998

Lax, Karl: *Aus der Chronik von Gmünd in Kärnten,* Gmünd 1987

Lewandowski, Jürgen: *Audi. Typen und Geschichte,* Augsburg 1998

Lewandowski, Jürgen: *Porsche. Typen und Geschichte,* Augsburg 1998

Lewandowski, Jürgen: *VW. Typen und Geschichte,* Augsburg 1998

Lewandowski, Jürgen, Herbert Völker und Marion Zellner: *New Beetle,* Bielefeld 1998

Lewandowski, Jürgen und Marion Zellner: *Der Konzern. Die Geschichte der Marken VW, Audi, Seat und Škoda,* Bielefeld 1997

Liedtke, Rüdiger: *Wem gehört die Republik? Die Konzerne und ihre Verflechtungen. Namen Zahlen Fakten 2000,* Frankfurt/Main 1999

López, Ignacio José: *Du kannst es. Memoiren eines Arbeiters,* München 1999

Mommsen, Hans, und Manfred Grieger: *Das Volkswagenwerk und seine Arbeiter im Dritten Reich,* Düsseldorf 1996

Müller, Fabian: *Ferdinand Porsche,* Berlin 1999

Müller, Peter: *Ferdinand Porsche. Der Vater des Volkswagens,* Graz, Stuttgart Neuauflage 1998

Musashi, Miyamoto: *Das Buch der fünf Ringe,* München 1999

Nordhoff, Heinrich: *Reden und Aufsätze. Zeugnisse einer Ära,* Düsseldorf 1992

Ogger, Günter: *Macher im Machtrausch,* München 1999

Peters, Jürgen (Hrsg.): *Modellwechsel. Die IG Metall und die Viertagewoche bei VW*, Göttingen 1994

Petersen, Rudolf, und Harald Diaz-Bone: *Das Drei-Liter-Auto*, Berlin, Basel, Boston 1998

Petersen, Rudolf, und Karl Otto Schallaböck: *Mobilität für morgen. Chancen einer zukunftsfähigen Verkehrspolitik*, Berlin, Basel, Boston 1995

Porsche, Ferry, und Günther Molter: *Ferry Porsche. Mein Leben*, Stuttgart 1998

Preston, Thomas: *Samurai-Geist. Der Weg eines Kriegers in den japanischen Kampfkünsten*, Leimen 1991

Schweres, Michael, und Louisette Gouverne (Hrsg.): *Autos für morgen. Ferdinand Piëch, die Automobilindustrie und das Modell Volkswagen*, Bergisch Gladbach 1998

Seiff, Ingo: *Das große VW-Buch. Alle Marken des Erfolgs*, Augsburg 1999

Schmincke, Don: *Samurai-Prinzipien für den Manager des 21. Jahrhunderts. Was wir von der alten japanischen Führungselite lernen können*, Bern, München, Wien 1997

Siegfried, Klaus-Jörg: *Das Leben der Zwangsarbeiter im Volkswagenwerk 1939–1945*, Frankfurt/Main 1988

Siegfried, Klaus-Jörg: *Rüstungsproduktion und Zwangsarbeit im Volkswagenwerk 1939–1945*, Frankfurt/Main 1999

Stiens, Rita: *Ferdinand Piëch. Der Auto-Macher*, Wiesbaden 1999

Toogood, Malcolm: *Porsche. Werbung und Prospekte aus vier Jahrzehnten*, Stuttgart 1995

Werner, Hans-Joachim, und Siegfried Hörmann: *Fritz Böhm – Streiter für Arbeit und Recht*, Kösching 1990

Zeichner, Walter; *Typenkompass Audi Personenwagen seit 1965*, Stuttgart 1998

Die Zitate von Ferdinand Piëch stammen aus Interviews und Berichten, die den folgenden Zeitungen und Zeitschriften entnommen wurden:

Augsburger Allgemeine, Auto Bild, Automobil Revue, auto motor sport, autorevue, Autozeitung, Badische Zeitung, Berliner Zeitung, Bizz, Business Week, Capital, Detroit Free Press, Donaukurier, Financial Times, Financial Times Deutschland, Focus, Frankfurter Allgemeine Zeitung, Frankfurter Rundschau, Hannoveraner Zeitung, Handelsblatt, Kurier, manager magazin, mot (2000), News, Playboy, profil, Spiegel, Der Standard, Stern, Süddeutsche Zeitung, die tageszeitung, trend, TV-Media/Auto spezial, Volkswagen Magazin, Vorwärts, Die Welt, Welt am Sonntag, Wirtschaftswoche, Die Woche, Wolfsburger Kurier, Wolfsburger Nachrichten, Die Zeit

Register